LIBERTAÇÃO
ANIMAL

LIBERTAÇÃO ANIMAL

O CLÁSSICO DEFINITIVO SOBRE O MOVIMENTO PELOS DIREITOS DOS ANIMAIS

Peter Singer

Tradução
MARLY WINCKLER
MARCELO BRANDÃO CIPOLLA

Revisão técnica
RITA PAIXÃO

Esta obra foi publicada originalmente em inglês com o título
ANIMAL LIBERATION
por Harper Collins
Copyright © 1975, 1990, 2002, 2009 by Peter Singer
Todos os direitos reservados. Este livro não pode ser reproduzido, no todo ou em parte, armazenado em sistemas eletrônicos recuperáveis nem transmitido por nenhuma forma ou meio eletrônico, mecânico ou outros, sem a prévia autorização por escrito do Editor.
Copyright © 2010, Editora WMF Martins Fontes Ltda.,
São Paulo, para a presente edição.

1ª edição 2010
4ª tiragem 2022

Tradução
MARLY WINCKLER
MARCELO BRANDÃO CIPOLLA

Revisão técnica
Rita Paixão
Revisão da tradução
Vicky Adler
Acompanhamento editorial
Márcia Leme
Preparação do original
Baby Siqueira
Revisões
Alessandra Miranda de Sá
Ana Maria de O. M. Barbosa
Edição de arte
Katia Harumi Terasaka
Produção gráfica
Geraldo Alves
Paginação
Studio 3 Desenvolvimento Editorial
Capa
Adriana Translatti
Imagem da capa
Mark Lewis/Getty Images

Dados Internacionais de Catalogação na Publicação (CIP)
(Câmara Brasileira do Livro, SP, Brasil)

Singer, Peter
  Libertação animal / Peter Singer ; tradução Marly Winckler, Marcelo Brandão Cipolla ; revisão técnica Rita Paixão. – São Paulo : Editora WMF Martins Fontes, 2010.

  Título original: Animal liberation.
  Bibliografia.
  ISBN 978-85-7827-312-5

  1. Animais – Bem-estar – Aspectos morais e éticos 2. Animais – Direitos – Filosofia 3. Vegetarismo I. Título.

10-06580   CDD-179.3

Índices para catálogo sistemático:
1. Animais : Direitos : Ética   179.3

Todos os direitos desta edição reservados à
Editora WMF Martins Fontes Ltda.
Rua Prof. Laerte Ramos de Carvalho, 133 01325-030 São Paulo SP Brasil
Tel. (11) 3293.8150 e-mail: info@wmfmartinsfontes.com.br
http://www.wmfmartinsfontes.com.br

Para Richard e Mary, Ros e Stan e, especialmente, para Renata

Esta edição, revisada, também é dedicada a todos aqueles que mudaram suas vidas para que a libertação animal ficasse mais próxima. Essas pessoas nos fazem acreditar que o poder do raciocínio ético pode prevalecer sobre o interesse de nossa espécie.

ÍNDICE

Prefácio à edição brasileira IX
Prefácio à edição de 2009 XIX

LIBERTAÇÃO ANIMAL

CAPÍTULO 1 | **Todos os animais são iguais...**   3
ou por que o princípio ético no qual se baseia a igualdade humana exige que se estenda a mesma consideração também aos animais

CAPÍTULO 2 | **Instrumentos de pesquisa...**   37
como seus impostos são utilizados

CAPÍTULO 3 | **Visita a um criador industrial...**   139
ou o que aconteceu com seu jantar quando ele ainda era um animal

CAPÍTULO 4 | **Tornando-se vegetariano...**   233
ou como provocar menos sofrimento e produzir mais alimentos com baixo custo ambiental

CAPÍTULO 5 | O domínio do homem... 269
uma breve história do especismo

CAPÍTULO 6 | O especismo hoje... 309
defesas, racionalizações, objeções à libertação animal e avanços feitos para superá-las

Leituras adicionais 363
Notas bibliográficas 369
Agradecimentos 407
Índice remissivo 411

P.S.
IDEIAS, ENTREVISTAS E MUITO MAIS...

Sobre o autor 425
    Peter Singer por ele mesmo

Sobre o livro 433
    Prefácio à edição de 1975

Leitura suplementar 441
    Trinta anos de libertação animal

PREFÁCIO À EDIÇÃO BRASILEIRA

Mais de um quarto de século após a publicação da primeira edição deste livro, muitos norte-americanos ainda ignoram a maneira como seus alimentos são produzidos. Não se trata de mero acaso. Os produtores de carne e ovos não medem esforços para garantir que tudo fique como está. Recentemente, uma emissora de tevê propôs fazer um programa a meu respeito e sugeriu que gravássemos uma discussão sobre o livro *Libertação animal* com animais ao fundo. "Claro, mas não quero aparecer com um cachorro ou um gato. Não é disso exatamente que trata a libertação animal. Vamos mostrar como vivem outros animais. Gravemos em um galinheiro ou em um chiqueiro, nos próprios lugares em que eles são criados", sugeri. "Ótima ideia", responderam. E ficaram de contatar alguns criadores de Nova Jersey, onde eu trabalhava, avisando-me quando tudo estivesse pronto. Uma semana mais tarde, telefonaram dizendo que não haviam conseguido nada. Nenhum dos criadores contatados concordou em deixá-los filmar seus animais. A equipe apelou até para a Animal Industry Foundation, um grupo lobista de criadores. Esse grupo afirma que os criadores norte-americanos não têm do que se envergonhar em relação à maneira como criam os animais. Mas a fundação não encontrou nenhum produtor disposto a deixá-los entrar em suas instalações.

Os europeus conheceram a indústria de agronegócio quando do surgimento de duas doenças: a da vaca louca e a aftosa. A doença da vaca louca ensinou ao público europeu que os livros que liam para os filhos eram obsoletos. As vacas não se alimentavam só de grama. Nem sequer herbívoras eram mais. Para aumentar a proteína da dieta, davam-lhes sobras dos abatedouros. Depois, quando a aftosa se disseminou pela Grã-Bretanha, as pessoas viram nos noticiários de televisão centenas de milhares de animais sendo mortos, simplesmente porque *poderiam* contrair aftosa (uma doença branda para a maioria dos animais, mas que, caso não fosse eliminada, poria a perder a indústria britânica de exportação de carne). O que se viu foi uma prova incontestável de que a moderna produção pecuária trata os animais como coisas, apenas meios para seus fins. É como se existissem somente para isso.

Milhares de pessoas entraram em contato com grupos de defesa dos animais e organizações vegetarianas, em busca de alternativas para os produtos de origem animal. Deixar de comer carne é a decisão certa, e antes tarde do que nunca. Mas o que essas pessoas pensavam que acontecia com os animais que comiam antes de assistir à morte deles pela televisão? Achavam que morriam de maneira natural? O surpreendente é que tenham levado tanto tempo para compreender a verdadeira natureza da indústria de produção animal.

Libertação animal foi publicado originalmente em 1975. O texto que se segue a este prefácio é a edição revisada, publicada pela primeira vez em 1990. As revisões incluem descrições das principais campanhas e conquistas do movimento pelos direitos dos animais até 1990. Desde então, as ideias desse movimento tornaram-se parte do caldo geral da cultura popular norte-americana, reveladas em filmes como *Babe, o porquinho*, e *Fuga das galinhas*, e em programas de televisão como *Law and Order* [*Lei e ordem*], da NBC (apresentado no Brasil pela emissora Universal), que deu tratamento favorável às ideias deste livro em um episódio de janeiro de 2001, sobre um ativista vegetariano que libertou macacos de laboratório.

Ao longo dos últimos 25 anos, o árduo trabalho de milhões de pessoas foi recompensado com alguns benefícios concretos para os animais. Sob a pressão do movimento, a indústria de cosméticos começou a investir na descoberta de alternativas para os testes em animais. Isso logo se espalhou para a indústria química. O desenvolvimento de métodos para testar produtos sem envolver animais ganhou ímpeto na comunidade científica e é parcialmente responsável pelo controle do número de espécimes utilizados. Apesar das alegações da indústria de que "a pele está de volta", as vendas de peles ainda não recuperaram o nível atingido na década de 1980, quando o movimento pelos direitos dos animais começou a atacá-las. Os donos de animais de estimação estão mais educados e responsáveis e, embora ainda bastante elevado, o número de animais rejeitados e de rua, mortos em abrigos e em depósitos públicos, caiu drasticamente.

Entretanto, o maior avanço no manejo dos animais ocorreu entre produtores europeus. O crescimento, aparentemente inevitável, das unidades de criação industrial sofreu seu primeiro revés na Suíça, onde o sistema de produção de ovos em baterias de gaiolas, descrito no capítulo 3, tornou-se ilegal no final de 1991. Os produtores suíços agora deixam as galinhas ciscar em chão coberto de palha, ou outro material orgânico, e botar ovos em ninhos cobertos, macios. Depois de a Suíça mostrar que a mudança é possível, a oposição ao sistema de gaiolas empilhadas aumentou em toda a Europa, e a União Europeia, que compreende 15 países-membros, concordou em acabar com a caixa-padrão, de arame. Em 2012, os produtores europeus terão de destinar ao menos 7,5 metros quadrados a cada ave, provendo-a de poleiro e de ninho. Se ainda quiserem mantê-las em gaiolas, elas terão de ser bem maiores, permitindo recursos adicionais. Muitos produtores perceberão que é mais econômico mudar a forma de alojamento, para que as galinhas tenham liberdade de passear, ciscar, fazer ninhos, seja em galinheiros com poleiros, seja em espaços abertos.

O tratamento dado a galinhas poedeiras é apenas um exemplo das medidas que a Europa vem tomando para assegurar o bem-estar dos animais. Como deixo claro no capítulo 3, dentre todas as criações intensivas, a de vitelos, deliberadamente mantidos anêmicos, sem palha para deitar-se e confinados em engradados individuais tão estreitos que não conseguem nem se virar, provavelmente é a que submete os animais à vida mais miserável. Esse sistema já havia sido banido na Grã-Bretanha quando revisei o texto deste livro para a edição de 1990. A União Europeia decidiu que, até 2007, todos os países-membros deveriam bani-lo. O confinamento de porcas prenhes em "celas de gestação" foi eliminado na Grã-Bretanha em 1998, e será proibido na Europa, exceto nas primeiras quatro semanas de prenhez.

Essas mudanças significativas contam com o amplo apoio de toda a União Europeia e o endosso dos principais especialistas em alojamento para animais de criação. Significam, também, o reconhecimento de muito daquilo que tem sido dito, há bastante tempo, pelos defensores dos animais, como no livro pioneiro de Ruth Harrison, *Animal Machines* [Máquinas animais], de 1964. Quando me juntei à campanha contra os criadores industriais, em 1971, tive a sensação de atacar um gigante inatingível, guiado tão somente pelo imperativo econômico. Felizmente, ao menos na Europa, não foi esse o caso. Contudo, para nossa decepção, as mudanças em curso na Europa não foram adotadas pelos Estados Unidos, onde uma gaiola para galinhas poedeiras tem apenas cerca de um metro quadrado de espaço – 50% a menos do que o atual mínimo europeu e apenas 40% do que será exigido pela União Europeia em 2012 – e tanto bezerros como porcas continuam a ser mantidos em engradados ou compartimentos muito estreitos, impedidos de se virar, e curtos demais, não lhes sendo possível caminhar. Nos Estados Unidos, a grande esperança de que as galinhas vivam em condições melhores vem, por incrível que pareça, do McDonald's. Em 2000, a cadeia de restaurantes *fast-food* anunciou que exigiria de seus fornecedores de ovos a destinação de cerca de 2 metros quadrados para cada galinha – ainda assim, o suficiente apenas para satisfazer o atual padrão da Europa, que os próprios europeus agora veem como obsoleto e inaceitável. Outras diretrizes do McDonald's excluem o método de fazer que as galinhas passem fome para induzi-las à troca de penas, prática ilegal na Europa, mas comum nos Estados Unidos. A técnica consiste em cortar a ração e a água das poedeiras. Um dia depois, a água volta, mas as aves não recebem alimento durante até duas semanas, para melhorar a frequência com que botam ovos após o retorno da comida. O McDonald's também estuda maneiras de eliminar a prática de cortar o bico das galinhas, um procedimento doloroso, mas rotineiro na indústria de poedeiras e que visa a reduzir prejuízos devido ao estresse excessivo das aves, que bicam umas às outras. Essas medidas constituem a primeira melhoria significativa para o bem-estar animal na indústria norte-americana de produção de ovos desde que este livro foi publicado, mais de um quarto de século atrás. Mas, a menos que os principais compradores de ovos dos Estados Unidos possam ser persuadidos a seguir o exemplo do McDonald's, essas medidas continuarão a afetar apenas uma minoria das galinhas que vivem naquele país.

Os norte-americanos muitas vezes se consideraram mais preocupados com os animais do que algumas nações da Europa, sobretudo as mediterrâneas. Agora, o oposto acontece. Até na Espanha, com a cultura de touradas, a vasta maioria dos animais tem mais espaço do que nos Estados Unidos, e esse abismo continuará a se ampliar à medida que a União Europeia levar adiante suas reformas. O número de touros mortos nas arenas é ínfimo em comparação com o número de galinhas, porcos e bezerros confinados em espaços muito menores nos Estados Unidos do que na Espanha.

Desde que me mudei para os Estados Unidos, em 1999, venho refletindo sobre os motivos pelos quais o país está tão atrasado, em relação à Europa, na proteção de animais de criação. Serão os norte-americanos mais insensíveis e de mentalidade mais estreita do que os colegas europeus? Talvez. Mas há outras explicações. Por razões compreensíveis, as organizações de direitos e de bem-estar dos animais nos Estados Unidos não fizeram bastante para chamar a atenção do público para os animais de criação. Quando os direitos dos animais começaram a mobilizar a opinião pública, no final dos anos 1970 e 1980, as questões levantadas pelo movimento tinham a ver com espécimes utilizados em testes e pesquisas de produtos. Experiências com o sexo dos gatos do Museu Americano de História Natural, testes de cosméticos nos olhos de coelhos, a automutilação de macacos em jaulas imundas do Instituto de Pesquisas Comportamentais de Silver Springs, Maryland – tais eram os protestos que se tornavam manchete. O foco em animais utilizados em pesquisas, sobretudo gatos, porcos, cães, primatas e coelhos, atrai a atenção e a simpatia do público. Imagens de galinhas, ou até mesmo de porcos, não. A pesquisa com animais é uma indústria que envolve bilhões de dólares, e enfrentá-la não é fácil para um movimento novo e com pouquíssimo dinheiro. Mas, ainda assim, a pesquisa é um oponente mais fraco, com menos força política, do que o agronegócio. Por isso as condições que os animais de criação precisam enfrentar receberam pouca atenção, ainda que, para cada espécime usado em pesquisa nos Estados Unidos, mais de cem sejam criados para se transformar em comida ou botar ovos.

O movimento pelos direitos dos animais propaga-se por todo o mundo, e não apenas nas nações industrializadas. A publicação deste livro no Brasil é um sinal estimulante. Ele já foi traduzido para o chinês, o coreano e o japonês, bem como para a maioria dos idiomas europeus. É muito importante que países como o Brasil não sigam o curso equivocado tomado pelas nações desenvolvidas e não adotem o sistema de confinamento de animais, em escala cada vez maior, em unidades de criação intensiva. Os europeus procuram resolver os equívocos que cometeram. Seria trágico, tanto para os animais como para os seres humanos, se os países em desenvolvimento seguissem os modelos obsoletos estabelecidos pelos europeus nas décadas de 1960 e 1970.

Antes de concluir, gostaria de voltar ao tema que levantei no último parágrafo do prefácio que escrevi para a primeira edição (v. p. 440). Muitos pensam que o crescimento excessivamente rápido da população humana significa que *temos* de criar animais industrialmente, a fim de alimentar tantas pessoas. Enfocam o fato de que uma criação intensiva confina um grande número de animais em um pequeno espaço, imaginando ser esse, portanto, um uso mais eficiente da terra do que o empregado em criações tradicionais, onde se reserva um amplo espaço para um pequeno número de animais. Mas a verdade é exatamente o oposto. A pecuária intensiva é por demais ineficiente, desperdiçando até 90% do valor alimentar das plantas cultivadas para alimentar os animais confinados em espaços reduzidos.

Portanto, na conclusão do prefácio de 1975, escrevi sobre a maior quantidade de alimentos que poderíamos produzir, com menor impacto ambiental, se parássemos de criar e matar animais para servir de alimento. Isso ainda é verdadeiro, e, mesmo que, em relação a 1975, uma porcentagem menor da população mundial vá para a cama com fome, o número de pessoas que passam fome agora é maior do que era então. A propagação da criação industrial na Ásia, para alimentar sua crescente classe média, apenas agrava o problema. Porém, há ainda outra questão sobre a qual eu não me havia dado conta em 1975, embora já a tivesse percebido na época em que fiz as revisões da edição de 1990: o aquecimento global. Como descrevo no capítulo 4, a criação intensiva contribui para o aquecimento do planeta, pois exige enorme quantidade de energia para o cultivo de alimentos destinados aos animais, para o transporte desses alimentos e para mantê-los sob ventilação nos galpões. Além disso, os próprios animais, sobretudo as vacas, produzem uma quantidade considerável de metano, gás que agrava o efeito estufa e que é 20 vezes mais eficaz em reter calor do que o dióxido de carbono. Em 1990, alguns ainda questionavam a base científica na qual se fundamentava a ideia do aquecimento global. Hoje, há um esmagador consenso de que o problema é real. Os Estados Unidos produzem mais gases geradores de efeito estufa por pessoa do que qualquer outra nação do mundo. O norte-americano típico é responsável por 15 vezes, no mínimo, a produção de um indiano comum. De acordo com o Relatório de Desenvolvimento Humano das Nações Unidas de 1998, uma criança nascida nos Estados Unidos contribui mais com o consumo e a poluição durante sua vida do que 30 a 50 crianças nascidas em países em desenvolvimento. Uma dieta que gera tamanho desperdício e é tão pouco saudável e rica em produtos derivados de animais criados de maneira intensiva auxilia substancialmente para esse consumo, a poluição e a alteração do clima de nosso planeta. Está na hora de mudar essa dieta, pelos animais, mas também pelos seres humanos, nossos semelhantes.

Peter Singer
Nova York, abril de 2003.

PREFÁCIO À EDIÇÃO DE 2009

Em 2008, dezenas de milhões de norte-americanos, horrorizados e estupefatos, assistiram no noticiário noturno a um vídeo clandestino que mostrava bovinos doentes, incapazes de andar, sendo chutados, submetidos a choques elétricos, golpeados nos olhos com pedaços de madeira e carregados com uma empilhadeira para que pudessem chegar ao local onde seriam abatidos e processados para virar carne. O vídeo foi feito no abatedouro Westland/Hallmark, em Chino, Califórnia – uma empresa de porte, supostamente ultramoderna, grande fornecedora do Programa Nacional de Merenda Escolar, localizada não numa região perdida da zona rural, mas a meros 50 quilômetros do coração de Los Angeles. Uma vez que o consumo da carne de animais incapazes de andar pode fazer mal à saúde, o vídeo ocasionou o maior *recall* de carne de toda a história dos Estados Unidos.

Essas revelações confirmaram de maneira dramática a tese deste livro. Depois de se declarar culpado da acusação de crueldade contra os animais, Daniel Ugarte Navarro – o administrador do abatedouro, que aparecia no vídeo dando choques elétricos em vacas doentes, espancando-as e usando uma empilhadeira mecânica para deslocá-las – afirmou que nada havia feito de errado e que estava somente "fazendo o seu trabalho". É uma desculpa que já ouvimos antes, mas nem por isso deixa de ter um incômodo fundo de verdade. Por desprezíveis que sejam os atos de Ugarte, há um erro ainda mais fundamental na ética e nas leis que regem o modo como tratamos os animais. Se as pessoas querem comer criaturas sencientes e existe concorrência para que a carne delas seja fornecida ao preço mais baixo possível, o sistema recompensará aqueles que atenderem a essa demanda. Nesse sentido, é fato que Ugarte estava *apenas* fazendo seu trabalho. Não fosse o "azar" que caiu sobre ele e a Westland/Hallmark – de um investigador da Sociedade Humanitária dos Estados Unidos ter filmado secretamente suas atividades –, Ugarte teria continuado a maximizar os lucros de seu empregador.

A repulsa generalizada evocada por este e outros vídeos clandestinos de maus-tratos contra animais demonstra que não é a indiferença, mas a ignorância que permite que a crueldade institucionalizada e maciça continue existindo nos Estados Unidos. Agora que os meios de comunicação estão levando mais a sério os assuntos relacionados aos animais, essa ignorância está começando a diminuir. Porém, foi preciso uma longa batalha para chegar a esse ponto. Desde que foi publicada a primeira edição deste livro, em 1975, o trabalho incansável de inúmeros ativistas gerou frutos não só no que se refere à maior consciência do público acerca dos maus-tratos cometidos, mas também aos benefícios concretos que os animais têm recebido. Na década de 1980, sob pressão do movimento pelos direitos dos animais, os fabricantes de cosméticos começaram a investir dinheiro na busca de alternativas aos testes feitos com animais. O desenvolvimento de métodos para testar produtos sem o uso de animais já caminha com impulso próprio na comunidade científica e é parcialmente responsável pela diminuição do número de animais utilizados. Apesar de o setor de vestuário afirmar que está novamente trabalhando com peles naturais, a venda de peles não voltou a atingir o nível em que estava na década de 1980, quando o movimento pelos direitos dos animais começou a visá-la. Os donos de animais de estimação se tornaram mais informados e responsáveis; o número de animais perdidos e abandonados sacrificados diminuiu drasticamente, embora ainda seja altíssimo.

Porém, a maioria dos animais maltratados pelos seres humanos são animais de criação. Ao passo que os animais usados em pesquisas nos Estados Unidos são cerca de 25 milhões, número mais ou menos igual ao da população do Texas, o número de aves e mamíferos mortos todo ano para servir de alimento – mais uma vez, somente nos Estados Unidos – é de cerca de 10 bilhões, ou seja, uma vez e meia a população do planeta. (Esse número não inclui peixes nem outros animais aquáticos.) Uma vez que a maioria desses animais é criada na pecuária industrial, eles sofrem desde o nascimento até a morte.

As primeiras conquistas dos animais de criação ocorreram na Europa. Na Suíça, o sistema de gaiolas para produção de ovos descrito no capítulo 3 se tornou ilegal no final de 1991.

Em vez de enfiar suas galinhas em minúsculas gaiolas de tela metálica, onde os animais não podem sequer abrir as asas, os produtores suíços de ovos transferiram as aves para galpões onde podem ciscar num chão coberto de palha ou outros materiais orgânicos e pôr ovos em ninhos abrigados, forrados de material macio. Depois que os suíços demonstraram que é possível mudar, a oposição às gaiolas cresceu em toda a Europa. A União Europeia, que reúne 27 Estados-membros e quase 500 milhões de pessoas, concordou agora em eliminar a gaiola metálica padronizada até 2012, oferecendo mais espaço às galinhas, facultando-lhes o acesso a um poleiro e a um ninho onde pôr seus ovos.

Seguiram-se outras medidas, todas amplamente apoiadas pelo público e defendidas pelos maiores cientistas e veterinários da União Europeia. Como demonstram as páginas seguintes, os vitelos criados no sistema de pecuária intensiva – mantidos deliberadamente num estado de anemia, privados de palha onde possam se deitar e confinados em baias individuais tão pequenas que impedem que o animal sequer se vire – contam-se entre os mais infelizes animais de corte. Esse sistema de criação de bezerros já havia sido proibido na Inglaterra quando revisei o texto deste livro para a edição de 1990. Hoje em dia, as baias que restringem os movimentos dos vitelos são proibidas não só no Reino Unido, mas em toda a União Europeia. Também melhorou a situação das porcas reprodutoras. O confinamento de porcas prenhes em baias individuais foi proibido no Reino Unido em 1998 e será proibido na Europa inteira a partir de 2013, exceto durante as quatro primeiras semanas de prenhez da porca.

Enquanto a Europa debatia e legislava essas mudanças, parecia não haver nenhuma perspectiva de que leis semelhantes fossem aprovadas pelo Congresso norte-americano ou mesmo por qualquer outra casa legislativa nos Estados Unidos. O primeiro sinal de mudança ocorreu em 2002: uma iniciativa de grupos defensores do bem-estar dos animais levou a referendo, na Flórida, a proibição de baias para porcas prenhes. A Flórida não se destaca entre os estados norte-americanos por ser progressista em matéria de direitos dos animais, mas a proposta foi aprovada por ampla maioria. Quatro anos depois, a mesma questão surgiu no Arizona, onde se acrescentou à proposta a proibição do confinamento de vitelos em baias apertadas. Mais uma vez, os eleitores aprovaram a medida por sólida margem.

O resultado do referendo no Arizona alertou os produtores. Apenas um mês depois, os dois maiores produtores de vitela nos Estados Unidos prometeram abolir as baias num prazo de dois a três anos. Em seguida, os maiores produtores de carne suína dos Estados Unidos e do Canadá anunciaram que, no decorrer dos próximos dez anos, deixarão de confinar porcas em baias. Justificando tais medidas, a Smithfield, produtora norte-americana, mencionou a opinião de seus consumidores, dos quais o McDonald's é um dos maiores. Essa cadeia de restaurantes *fast-food*, que aplaudiu a decisão, já conversava com ativistas havia anos acerca da redução do sofrimento dos animais usados em seus produtos. Outros grandes produtores de carne suína acabaram seguindo o mesmo caminho. Em 2007, o Oregon se tornou o primeiro estado norte-americano a promulgar por via legislativa a proibição das baias para porcas em vez de levar o assunto a referendo popular; no ano seguinte, a Assembleia Legislativa do Colorado proibiu o uso de baias para porcas e vitelos. Depois de resistir durante décadas às críticas dirigidas contra as baias individuais para vitelos, a Associação Norte-Americana dos Produtores de Vitela resolveu recomendar que seus membros passassem a propiciar mais bem-estar aos animais, adotando o alojamento em grupo até 2017.

Muitos dos maiores *chefs*, varejistas e fornecedores de alimentos norte-americanos também estão se afastando das formas mais insidiosas de confinamento animal. Wolfgang Puck reduziu o uso de carne de porcas confinadas em baias e de ovos de galinhas engaioladas. Grandes redes de restaurantes, como Burger King, Hardee's e Carl's Jr., começaram a comprar carne suína e ovos de produtores que não usam baias nem baterias de gaiolas. Centenas de *campi* universitários nos Estados Unidos evitam agora os ovos de galinhas criadas em gaiolas. E, em 2007, a Compass Group, maior prestadora de serviços de alimentação do mundo, anunciou que no futuro todos os seus ovos integrais serão adquiridos de produtores que não usam gaiolas.

A mais significativa de todas as vitórias, porém, ocorreu em 4 de novembro de 2008, dia que será lembrado não só pela eleição do senador Barack Obama para a presidência dos Estados Unidos como também pelo fato de os californianos terem aprovado, por uma bela margem de 63 por cento, uma iniciativa que garante a todos os animais de criação naquele estado o espaço necessário para esticar as patas e se virar de lado sem encostar em outros animais ou nas paredes das baias. Em 2015, não só as baias de confinamento de porcas e vitelos como também as gaiolas de galinhas serão ilegais na Califórnia, e 19 milhões de galinhas terão mais espaço para andar e estender as asas. Os produtores de ovos gastaram 9 milhões de dólares para tentar deter essa iniciativa, mas foram enfrentados por uma coalizão de associações de defesa dos animais comandada pela Sociedade Humanitária dos Estados Unidos, a maior organização em prol do bem-estar animal no país, a qual, sob a presidência de Wayne Pacelle, voltou a atenção para os animais de criação, tendo obtido notável sucesso.

O referendo californiano, na esteira dos realizados na Flórida e no Arizona, mostra que, sempre que têm essa oportunidade, os norte-americanos rejeitam as práticas tradicionais da pecuária que lhes fornecem a carne suína, a vitela e os ovos que comem todos os dias. Solidamente amparado pela opinião pública, o movimento pelos direitos dos animais nos Estados Unidos está a um passo de transformar as condições de vida em que são mantidos centenas de milhões de animais de criação.

Todas essas mudanças atendem àquilo que os defensores dos animais vêm dizendo há muito tempo. Em 1971, quando organizei uma pequena manifestação contra a pecuária industrial, parecíamos enfrentar um setor imenso da economia que esmagaria toda oposição como um rolo compressor. Felizmente, as ideias e a compaixão mostraram-se ser suficientemente fortes para mudar o sistema que determina a vida e a morte de centenas de milhões de animais.

A posição defendida neste livro vai muito além dessa melhoria no bem-estar dos animais de criação, por significativa que seja. Precisamos de uma mudança muito mais fundamental no modo como pensamos sobre os animais. O primeiro sinal de que isso pode realmente acontecer veio em 2008 na forma de uma votação histórica por uma comissão do Parlamento espanhol, que declarou que um animal poderia ter sua condição jurídica equiparada à de uma pessoa humana dotada de direitos. A moção foi aprovada como apoio ao Projeto dos Grandes Símios (Great Ape Project), organização que busca garantir direitos básicos – à vida, à liberdade e à proteção contra a tortura – a nossos mais próximos parentes não humanos: chimpanzés, bonobos, gorilas e orangotangos. A resolução manda que o governo espanhol promova uma declaração semelhante no nível da União Europeia. Manda também que o governo adote, no prazo de um ano, leis que proíbam a realização de experimentos potencialmente nocivos em grandes símios. A manutenção de grandes símios em cativeiro será permitida apenas para fins de conservação, e mesmo assim sob condições rigorosamente reguladas, a fim de proporcionar aos macacos a melhor vida possível. Além disso, a resolução recomenda que a Espanha atue em foros e organizações internacionais a fim de garantir que os grandes símios sejam protegidos de maus-tratos de toda espécie, da escravidão, da tortura e do assassinato.

Em comparação com as mudanças nas condições de criação dos animais de pecuária, a resolução espanhola é significativa não em razão do número de animais diretamente afetados por ela, mas por derrubar a barreira antes intransponível que erigimos entre nós, seres dotados de dignidade e direitos, e os animais não humanos, entendidos como simples coisas. Quando voltamos o olhar para nossos mais próximos parentes não humanos, como nos ajudaram a fazer as pesquisadoras Jane

Goodall e Dian Fossey, entre outras, percebemos que as diferenças entre nós e os animais não humanos são, em importantes aspectos, diferenças de grau, e não de tipo. A resolução espanhola assinala o primeiro ato oficial de aceitação das implicações morais e jurídicas atreladas ao reconhecimento das semelhanças que existem entre nós e pelo menos alguns animais não humanos. O mais notável talvez seja o uso do termo "escravidão" em referência a algo que é errado infligir aos animais. Isso porque até agora foi ponto pacífico que os animais são *por direito* nossos escravos e que podemos usá-los como nos aprouver, para puxar carroças, ser inoculados com doenças humanas na pesquisa científica ou ceder ovos, leite e carne para nos alimentar. O reconhecimento de que pode ser errado escravizar os animais, vindo da parte de um Parlamento nacional, é um passo significativo rumo à libertação animal.

Peter Singer
Nova York, novembro de 2008

LIBERTAÇÃO
ANIMAL

CAPÍTULO 1

TODOS OS ANIMAIS SÃO IGUAIS...

ou por que o princípio ético no qual se baseia a igualdade humana exige que se estenda a mesma consideração também aos animais

A expressão "libertação animal" pode soar mais como uma paródia de outros movimentos por libertação do que um que tenha um objetivo sério. De fato, a ideia de "direitos dos animais" foi usada, anteriormente, para parodiar a defesa dos direitos das mulheres. Quando Mary Wollstonecraft, uma das precursoras das feministas atuais, publicou seu livro *Vindication of the Rights of Woman* [Defesa dos direitos das mulheres], em 1792, suas avaliações foram consideradas absurdas. Pouco tempo depois surgiria uma publicação anônima intitulada *A Vindication of the Rights of Brutes* [Uma defesa dos direitos dos brutos]. O autor dessa obra satírica (que agora se sabe ter sido Thomas Taylor, eminente filósofo de Cambridge) tentou refutar os argumentos de Mary Wollstonecraft, mostrando que eles poderiam ser levados um pouco mais longe: se o argumento a favor da igualdade valia quando aplicado às mulheres, por que não o seria para o caso de cães, gatos e cavalos? O raciocínio parecia válido também para esses "brutos"; no entanto, afirmar que eles teriam direitos seria obviamente absurdo. Portanto, o raciocínio mediante o qual se chegou a essa conclusão deve ser inválido e, se o é quando aplicado aos brutos, também deve sê-lo quando aplicado às mulheres, uma vez que os mesmos argumentos foram utilizados em ambos os casos.

A fim de explicar a base da argumentação a favor da igualdade dos animais, seria útil começar com um exame da argumentação em defesa da igualdade das mulheres. Supondo que desejássemos sustentar os direitos das mulheres contra o ataque de Thomas Taylor, como poderíamos responder?

Uma maneira de replicar seria dizer que o argumento a favor da igualdade entre homens e mulheres não pode ser legitimamente estendido a animais não humanos. Por exemplo, as mulheres têm o direito de votar, pois são tão capazes de tomar decisões racionais sobre o futuro quanto os homens. Cães, por outro lado, são incapazes de compreender o significado do voto; portanto, não podem ter o direito de votar. Há várias outras semelhanças óbvias entre homens e mulheres, ao passo que seres humanos e animais diferem bastante. Por conseguinte, seria possível afirmar: homens e mulheres são seres semelhantes e devem ter direitos semelhantes, ao passo que seres humanos e não humanos são diferentes e seus direitos não devem ser iguais.

O raciocínio subentendido nesssa réplica à analogia de Taylor é correto até certo ponto, mas não vai muito longe. Há, evidentemente, diferenças importantes entre seres humanos e outros animais, e tais diferenças devem dar origem a outras tantas nos direitos de cada um. O reconhecimento desse fato evidente, entretanto, não impede o argumento em defesa da extensão do princípio básico da igualdade a animais não humanos.

São igualmente inegáveis as diferenças entre homens e mulheres, e aqueles que apoiam o movimento pela libertação da mulher estão cientes de que tais diferenças podem dar origem a direitos distintos. Muitas feministas afirmam que as mulheres têm direito ao aborto. Isso não quer dizer – uma vez que essas mesmas feministas fazem campanha pela igualdade entre homens e mulheres – que elas precisem apoiar o direito dos homens a abortar. Como um homem não pode fazê-lo, não há sentido em falar de seu direito de praticá-lo. Como os cães não podem votar, não há sentido em falar sobre o direito deles de votar. Não há motivo para que o movimento pela libertação da mulher ou o pela libertação animal se envolvam em questões absurdas como essas. A extensão do princípio básico da igualdade de um grupo para outro não implica que devamos tratá-los da mesma maneira, ou que devamos conceder-lhes os mesmos direitos. O que devemos ou não fazer depende da natureza dos membros desses grupos. O princípio básico da igualdade não requer *tratamento* igual ou idêntico, mas sim igual consideração. Igual consideração por seres diferentes pode levar a tratamentos e direitos distintos.

 Existe, portanto, uma maneira diferente de responder à tentativa de Taylor, de parodiar o argumento a favor dos direitos da mulher, sem negar as diferenças evidentes entre seres humanos e não humanos, mas penetrando mais profundamente na questão da igualdade e revelando, enfim, que nada há de absurdo na ideia de aplicar aos chamados "brutos" o princípio básico da igualdade. A essa altura, tal conclusão pode parecer estranha. Porém, se examinarmos em maior profundidade a base sobre a qual repousa nossa oposição à discriminação étnica ou sexual, veremos que estaríamos em terreno pouco firme caso reivindicássemos igualdade para negros, mulheres e outros grupos de seres humanos oprimidos, negando, ao mesmo tempo, igual consideração a não humanos. Para deixar isso claro, precisamos ver, primeiro, por que o racismo e o sexismo são errados. Quando dizemos que todos os seres humanos, sem distinção de etnia, credo ou sexo, são iguais, o que estamos afirmando? Aqueles que desejam defender sociedades hierárquicas e desiguais com frequência mostram que, seja qual for o critério escolhido, não é verdade que todos os seres humanos são iguais. Gostemos disso ou não, temos de encarar o fato de que os seres humanos têm diferentes feitios e tamanhos, diferentes capacidades morais e intelectuais, diferentes intensidades de sentimentos benevolentes e sensibilidade em relação às necessidades dos outros, diferentes capacidades de se comunicar de modo eficaz e diferentes capacidades de experimentar prazer e dor. Em suma, se a exigência de igualdade tivesse de se basear na igualdade efetiva de todos os seres humanos, teríamos de deixar de exigi-la.

Ainda assim, poderíamos agarrar-nos à concepção de que a exigência de igualdade entre seres humanos baseia-se na igualdade efetiva entre diferentes etnias e sexos. Embora seja possível dizer que os seres humanos são diferentes como indivíduos, não há diferenças entre etnias e sexos como tais. Partindo do mero fato de uma pessoa ser negra ou mulher, nada podemos inferir sobre sua capacidade intelectual ou moral. É por esse motivo, pode-se argumentar, que o racismo e o sexismo são errados. O racista branco afirma que os brancos são superiores aos negros, mas isso é falso. Embora haja diferenças entre os indivíduos, alguns negros são superiores a alguns brancos em todas as capacidades e habilidades que se possam conceber como relevantes. Aquele que se opõe ao sexismo diria o mesmo: o sexo de uma pessoa não serve como orientação para avaliar suas capacidades ou habilidades; eis por que a discriminação com base no sexo não se justifica.

Contudo, a existência de variações individuais que vão além da etnia ou do sexo deixa-nos sem nenhuma defesa contra um oponente mais sofisticado da igualdade, alguém que proponha, por exemplo, que os interesses de todos aqueles com QI inferior a 100 obtenham menor consideração do que os com QI superior a 100. Talvez os que tivessem índices inferiores a 100 fossem, numa sociedade assim, escravos daqueles com QI superior. Uma sociedade hierárquica desse tipo seria melhor do que a baseada em etnia e sexo? Acredito que não. Mas, se limitarmos a aplicação do princípio moral da igualdade à igualdade factual existente entre as diferentes raças ou sexos, tomados como diferentes conjuntos, nossa oposição ao racismo e ao sexismo não nos provê nenhuma base para formular uma objeção a esse tipo de não igualitarismo.

Há um segundo motivo importante para não basearmos nossa oposição ao racismo e ao sexismo em algum tipo de igualdade factual, até mesmo aquele restrito, segundo o qual as variações de capacidade e habilidade estão distribuídas de maneira uniforme entre as diferentes etnias e sexos: não podemos ter garantia absoluta de que tais capacidades e habilidades estejam, de fato, distribuídas de modo uniforme entre os seres humanos, sem levar em conta etnia ou sexo. Quanto às habilidades efetivas, parece haver certas diferenças mensuráveis, tanto entre etnias como entre sexos. Essas diferenças não aparecem, é claro, em todos os casos, mas apenas quando se usam médias. E o que é mais importante: ainda não sabemos quantas dessas diferenças se devem, realmente, à dotação genética de etnias e sexos e quantas são devidas a uma escolaridade deficiente, a moradias precárias e a outros fatores resultantes de uma discriminação passada e contínua. Talvez todas as diferenças importantes se mostrem, afinal, ambientais, e não genéticas. Qualquer pessoa que se oponha ao racismo e ao sexismo espera que assim seja, pois isso tornaria a tarefa de eliminar a discriminação bem mais fácil; porém, seria perigoso embasar os argumentos contra o racismo e o sexismo na crença de que todas as diferenças significativas são de origem ambiental. O oponente do racismo que adotasse essa linha de pensamento não poderia, por exemplo, deixar de concordar com que, se as diferenças de capacidade se mostrassem geneticamente relacionadas à etnia, o racismo seria, de certo modo, defensável.

Felizmente, não há necessidade de restringir a defesa da igualdade ao resultado específico de uma investigação científica. A resposta apropriada aos que afirmam ter encontrado a prova da existência de diferenças entre etnias ou sexos, em relação a capacidades com base genética, não é agarrar-se à crença de que a explicação genética deve estar errada, sejam quais forem as provas em contrário. Devemos deixar bem claro que a defesa da igualdade não depende da inteligência, da capacidade moral, da força física ou de outros fatos similares. A igualdade é uma ideia moral, não é a afirmação de um fato. Não existe uma razão obrigatória, do ponto de vista lógico, para pressupor que uma diferença factual de capacidade entre duas pessoas justifique diferenças na consideração que damos a suas necessidades e a seus interesses. *O princípio da igualdade dos seres humanos não é a descrição de uma suposta igualdade de fato existente entre seres humanos: é a prescrição de como devemos tratar os seres humanos.* Jeremy Bentham, fundador da escola reformista-utilitarista de filosofia moral, incorporou a base essencial da igualdade moral em seu sistema de ética através da fórmula "Cada um conta como um e ninguém como mais de um". Em outras palavras, os interesses de cada ser afetado por uma ação devem ser levados em conta e receber o mesmo peso que os interesses semelhantes de qualquer outro ser. Um utilitarista posterior, Henry Sidgwick, expressou isso da seguinte maneira: "O bem de qualquer indivíduo não tem importância maior, do ponto de vista (se assim se pode dizer) do Universo, do que o bem de qualquer outro." Mais recentemente, figuras proeminentes da filosofia moral contemporânea demonstraram consenso ao especificar como pressuposição fundamental de suas teorias morais uma exigência semelhante, que garanta igual consideração aos interesses de todos – embora, em linhas gerais, esses escritores não concordem quanto à melhor maneira de formular tal exigência[1].

Uma das implicações desse princípio de igualdade é que nosso interesse pelos outros e nossa prontidão em considerar seus interesses não devem depender da aparência ou das capacidades que possam ter. O que nossa preocupação ou consideração exige que façamos pode variar de acordo com as características daqueles que são afetados com aquilo que fazemos: a preocupação com o bem-estar de crianças em fase de crescimento nos Estados Unidos exigiria que as ensinássemos a ler;

a preocupação com o bem-estar de porcos exigiria apenas que os deixássemos com outros porcos num lugar onde houvesse comida adequada e espaço para correrem livremente. Mas o elemento básico – levar em conta os interesses de um ser, sejam quais forem esses interesses – deve, de acordo com o princípio da igualdade, ser estendido a todos os seres, negros ou brancos, do sexo masculino ou feminino, humanos ou não humanos.

Thomas Jefferson, responsável pela redação do princípio da igualdade dos homens na Declaração de Independência dos Estados Unidos, percebeu esse ponto. Isso o levou a opor-se à escravidão, mesmo não tendo conseguido libertar-se completamente de suas origens escravocratas. Numa carta ao autor de um livro, que enfatizava as extraordinárias realizações intelectuais dos negros, no intuito de refutar a noção, comum na época, de que possuíam capacidades intelectuais limitadas, Jefferson escreveu:

> Tenha certeza de que ninguém deseja de modo mais sincero do que eu ver a completa refutação das dúvidas que eu mesmo nutri e expressei acerca do grau de inteligência que lhes foi conferido pela Natureza e chegar à conclusão de que estão no mesmo nível que nós [...] porém, o grau de seu talento, seja qual for, não se constitui na medida de seus direitos. O fato de Isaac Newton ter sido superior a outros indivíduos, em relação à inteligência, não o tornou senhor de propriedades, nem de pessoas.[2]

Da mesma maneira, quando, na década de 1850, o clamor pelos direitos da mulher ecoou nos Estados Unidos, uma extraordinária feminista negra chamada Sojourner Truth levantou o mesmo ponto, em termos mais veementes, numa convenção feminista:

Eles falam sobre esta coisa na cabeça, como é que a chamam? ["Intelecto", soprou alguém ali perto.] É isso mesmo. O que isso tem a ver com os direitos das mulheres ou dos negros? Se o meu copo não contiver mais de meio litro e o seu contiver um litro, não seria mesquinho de sua parte não me deixar encher por completo o meu copinho?[3]

É nesse fundamento que os argumentos contra o racismo e o sexismo devem, em última instância, apoiar-se; e é com base nesse princípio que a atitude que podemos chamar de "especismo", por analogia ao racismo, também deve ser condenada. Especismo – a palavra não é muito atraente, mas não me ocorre outra melhor – é o preconceito ou a atitude tendenciosa de alguém a favor dos interesses de membros da própria espécie, contra os de outras. Deveria ser óbvio que as objeções fundamentais ao racismo e ao sexismo levantadas por Thomas Jefferson e Sojourner Truth aplicam-se igualmente ao especismo. Se o fato de possuir um elevado grau de inteligência não autoriza um ser humano a utilizar outro para os próprios fins, como seria possível autorizar seres humanos a explorar não humanos com o mesmo propósito?[4]

Muitos filósofos e escritores, de um modo ou de outro, propuseram o princípio da igual consideração de interesses como um preceito moral básico; porém, poucos reconheceram que esse princípio aplica-se também aos membros de outras espécies. Jeremy Bentham foi um dos poucos que compreendeu isso. Em uma passagem que revela grande antevisão, escrita numa época em que os escravos negros haviam sido libertados pelos franceses, mas ainda eram tratados, nos domínios britânicos, da maneira como hoje tratamos os animais, Bentham escreveu:

> *Talvez* chegue o dia em que o restante da criação animal venha a adquirir os direitos que jamais poderiam ter-lhe sido negados, a não ser pela mão da tirania. Os franceses já descobriram que o escuro da pele não é razão para que um ser humano seja irremediavelmente abandonado aos caprichos de um torturador. É possível que um dia se reconheça que o número de pernas, a vilosidade da pele ou a terminação do osso sacro são motivos igualmente insuficientes para abandonar um ser senciente ao mesmo destino. O que mais deveria traçar a linha intransponível? A faculdade da razão, ou, talvez, a capacidade da linguagem? Mas um cavalo ou um cão adultos são incomparavelmente mais racionais e comunicativos do que um bebê de um dia, de uma semana, ou até mesmo de um mês. Supondo, porém, que as coisas não fossem assim, que importância teria tal fato? A questão não é "Eles são capazes de *raciocinar*?", nem "São capazes de *falar*?", mas, sim: "Eles são capazes de *sofrer*?"[5]

Nessa passagem, Bentham aponta a capacidade de sofrer como a característica vital que confere a um ser o direito a igual consideração. A capacidade de sofrer – ou, mais estritamente, de sofrer e/ou de sentir prazer ou felicidade – não é tão só outra característica, tal como a capacidade da linguagem ou da compreensão da matemática avançada. Bentham não está dizendo que os que tentam demarcar a "linha intransponível", que determina se os interesses de um ser devem ser levados em consideração, terminaram por escolher a característica errada. Ao afirmar que devemos considerar os interesses de todos os seres com capacidade de sofrer ou sentir prazer, Bentham não deixa arbitrariamente de admitir a consideração de quaisquer interesses – como o fazem os que traçam a linha por referência à posse de razão ou da linguagem. A capacidade de sofrer e de sentir prazer é um *pré-requisito para um ser ter algum interesse*, uma condição que precisa ser satisfeita antes que possamos falar de interesse de maneira compreensível. Seria um contrassenso afirmar que não é do interesse de uma pedra ser chutada na estrada por um menino de escola. Uma pedra não tem interesses porque não sofre. Nenhum modo de atingi-la fará diferença para o seu bem-estar. A capacidade de sofrer e de sentir prazer, entretanto, não apenas é necessária, mas também suficiente para que possamos assegurar que um ser possui interesses – no mínimo, o interesse de não sofrer. Um camundongo, por exemplo, tem interesse em não ser chutado na estrada, pois, se isso acontecer, sofrerá.

Embora Bentham fale de "direitos" na referida passagem, o argumento trata, na verdade, de igualdade, e não de direitos. De fato, em outra passagem famosa, Bentham alude a "direitos naturais" como um "absurdo", e a "direitos naturais inalienáveis" como um "absurdo ao quadrado". Ele falava de direitos morais como um modo abreviado de se referir a proteções que pessoas e animais devem, moralmente, possuir; contudo, o peso real do argumento moral não se apoia na afirmação da existência do direito, pois esta, por sua vez, deve ser justificada com base nas potencialidades de sofrimento e felicidade. Assim, podemos argumentar a favor da igualdade para os animais sem nos enredar em controvérsias filosóficas sobre a natureza última dos direitos.

Em mal direcionadas tentativas de refutar os argumentos deste livro, alguns filósofos se deram o trabalho de desenvolver argumentos para mostrar que os animais não têm direitos[6]. Eles alegam que, para ter direitos, é preciso que um ser seja autônomo, membro de uma comunidade, que tenha a capacidade de respeitar os direitos dos outros ou possua senso de justiça. Essas alegações são irrelevantes para o argumento a favor da libertação animal. A linguagem dos direitos é uma conveniente taquigrafia política. É ainda mais valiosa na era dos anúncios publicitários de tevê com 30 segundos de duração do que o foi nos dias de Bentham; entretanto, é absolutamente desnecessária para o argumento a favor de uma mudança radical em nossa atitude concernente aos animais.

Se um ser sofre, não pode haver justificativa moral para deixar de levar em conta esse sofrimento. Não importa a natureza do ser; o princípio da igualdade requer que seu sofrimento seja considerado da mesma maneira como o são os sofrimentos semelhantes – na medida em que comparações aproximadas possam ser feitas – de qualquer outro ser. Caso um ser não seja capaz de sofrer, de sentir prazer ou felicidade, nada há a ser levado em conta. Portanto, o limite da senciência (usando o termo como uma redução conveniente, talvez não estritamente precisa, para a capacidade de sofrer e/ou experimentar prazer) é a única fronteira defensável de preocupação com os interesses alheios. Demarcar essa fronteira com outras características, tais como inteligência ou racionalidade, seria fazê-lo de maneira arbitrária. Por que não escolher alguma outra característica, como a cor da pele? Os racistas violam o princípio da igualdade ao conferir mais peso aos interesses de membros de sua etnia quando há um conflito entre os próprios interesses e os daqueles que pertencem a outras etnias. Os sexistas violam o princípio da igualdade ao favorecer os interesses do próprio sexo. Analogamente, os especistas permitem que os interesses de sua espécie se sobreponham aos interesses maiores de membros de outras espécies. O padrão é idêntico em todos os casos.

A maioria dos seres humanos é especista. Os capítulos que se seguem mostram que seres humanos comuns – não uns poucos excepcionalmente cruéis ou insensíveis, mas a esmagadora maioria dos humanos – tomam parte ativa, concordam e permitem que seus impostos paguem práticas que exigem o sacrifício dos interesses mais importantes de membros de outras espécies a fim de promover os interesses mais triviais da própria espécie.

Há, contudo, uma defesa genérica das práticas, que serão descritas nos dois próximos capítulos. Ela precisa ser descartada antes de discutirmos as práticas em si mesmas. É uma defesa que, se verdadeira, permitiria que fizéssemos qualquer coisa a não humanos, pelo motivo mais insignificante, ou sem motivo algum, sem que nos coubesse um modo justificável de censura. Essa defesa alega que nunca seremos culpados por negligenciar os interesses de outros animais, e a razão é incrivelmente simples: eles não têm interesses. Animais não humanos não têm interesses, de acordo com essa visão, pois não seriam capazes de sofrer. Com isso, não se pretende dizer simplesmente que eles são incapazes de sofrer de todas as maneiras pelas quais sofrem os seres humanos – por exemplo, um bezerro não sofre com o pensamento de ser abatido dentro de seis meses. Essa alegação modesta é, sem dúvida, verdadeira. Mas não livra os seres humanos da acusação de especismo, uma vez que permite que os animais possam sofrer de outras maneiras – por exemplo, recebendo choques elétricos ou sendo confinados em pequenas gaiolas. A defesa que vou analisar consiste na alegação muito mais ampla – embora correspondentemente menos plausível – de que os animais são incapazes de sofrer, seja de que maneira for; de que são autômatos inconscientes, desprovidos de pensamentos, de sentimentos ou de qualquer tipo de vida mental.

Embora, como veremos em um dos próximos capítulos, a visão de que os animais são autômatos tenha sido proposta, no século XVII, pelo filósofo francês René Descartes, para a maioria das pessoas – naquela época e hoje – é óbvio que, se, por exemplo, cravássemos uma faca afiada no estômago de um cão não anestesiado, ele sentiria dor. Essa verdade é admitida pelas leis da maioria dos países civilizados, que proíbem crueldades gratuitas contra os animais. Os leitores cujo bom-senso diz que os animais sofrem, sim, podem preferir pular o restante deste assunto, passando para a página 24, uma vez que as páginas intermediárias refutam uma posição que essas pessoas não assumem. Por mais implausível que seja, para a argumentação não ficar incompleta, essa posição cética precisa ser discutida.

Os animais não humanos sentem dor? Como sabemos? Bem, como sabemos se alguém, humano ou não humano, sente dor? Sabemos que *nós* experimentamos a dor pela experiência direta; por aquilo que sentimos quando, por exemplo, alguém pressiona um cigarro aceso no dorso de nossa mão. Mas como sabemos que os outros sentem dor? Não podemos experimentar diretamente a dor dos outros, seja este "outro" o nosso melhor amigo ou um cão de rua. A dor é um estado de consciência, um "evento mental" e, como tal, não pode ser observado. Comportamentos como contorções, gritos ou o afastar da mão de um cigarro aceso não constituem a dor em si. Tampouco a constituem os registros que um neurologista possa fazer quando observa a atividade cerebral resultante da dor. A dor é algo que sentimos, e podemos tão somente inferir que outros a estejam sentindo a partir da observação de vários sinais externos.

Teoricamente, sempre *podemos* estar equivocados quando supomos que outros seres humanos sentem dor. É concebível que um de nossos mais íntimos amigos seja, na realidade, um robô construído de maneira inteligente, controlado por um cientista brilhante, de modo que expresse sinais de sofrimento mas que não seja, na verdade, mais sensível do que qualquer outra máquina. Nunca poderemos ter absoluta certeza de que não é esse o caso. No entanto, embora isso possa representar um enigma para os filósofos, nenhum de nós tem a menor dúvida de que nossos amigos íntimos sentem dor, exatamente como nós sentimos. Trata-se de uma inferência razoável, baseada nas observações do comportamento alheio em situações nas quais sentiríamos dor, e no fato de que temos, todos, motivos para pressupor que nossos amigos são seres como nós, com sistema nervoso parecido com o nosso, que supostamente funciona como o nosso e que provoca sensações semelhantes em circunstâncias semelhantes.

Se é justificável admitir que outros seres humanos sentem dor como nós sentimos, há algum motivo para que uma inferência equivalente não seja justificável no caso de outros animais? Quase todos os sinais externos que nos levam a inferir a existência de dor em seres humanos podem ser observados em outras espécies, sobretudo naquelas mais intimamente relacionadas a nós: os mamíferos e as aves. Os sinais comportamentais incluem contorções, contrações do rosto, gemidos, ganidos ou outras formas de apelos, tentativas de evitar a fonte da dor, demonstrações de medo diante da perspectiva de repetição e assim por diante. Além disso, sabemos que esses animais possuem sistemas nervosos muito semelhantes aos nossos, que respondem fisiologicamente como os nossos, quando se encontram em circunstâncias em que sentiríamos dor: elevação inicial da pressão sanguínea, pupilas dilatadas, transpiração, aceleração do pulso e, se o estímulo continuar, queda da pressão sanguínea. Embora os seres humanos possuam um córtex cerebral mais desenvolvido do que o de outros animais, essa parte do cérebro está mais relacionada às funções do pensamento do que propriamente aos impulsos básicos, às emoções e às sensações. Esses impulsos, emoções e sensações situam-se no diencéfalo, que é bem desenvolvido em muitas outras espécies, sobretudo em mamíferos e aves[7].

Também sabemos que o sistema nervoso de outros animais não foi construído de maneira artificial – como um robô o seria – para imitar o comportamento dos seres humanos diante da dor. O sistema nervoso dos animais evoluiu, assim como o nosso; as histórias evolucionárias dos seres humanos e dos outros animais, sobretudo a dos mamíferos, só se desviaram depois que as características centrais do nosso sistema nervoso já estavam formadas. A capacidade de sentir dor aumenta a perspectiva de sobrevivência de uma espécie, pois faz com que seus membros evitem fontes de danos físicos. Não é razoável supor que sistemas nervosos literalmente idênticos do ponto de vista fisiológico (com origem e funções evolucionárias comuns), que resultam em formas semelhantes de comportamento em circunstâncias análogas, devam operar de maneira inteiramente diferente no nível das sensações subjetivas.

Há muito já se aceita, como procedimento correto na ciência, buscar a explicação mais simples possível para aquilo que tentamos explicar. Por esse motivo, às vezes alega-se que "não é científico" explicar o comportamento dos animais por meio de teorias que se referem a experiências como sensações e desejos conscientes, pois, se o comportamento em questão puder ser explicado por uma teoria que não faça apelo à consciência ou às sensações, esta será a teoria mais simples. No entanto, hoje percebemos que tais explicações – quando avaliadas em relação à real conduta, tanto de animais humanos como de não humanos – são muito mais complexas do que outras. Sabemos, por experiência própria, que as explicações para nosso comportamento que não se referissem à consciência e à sensação de dor seriam incompletas; e é mais simples supor que o comportamento de animais com sistemas nervosos semelhantes deva ser explicado da mesma maneira. É desnecessário inventar outro motivo para esse comportamento ou para essa suposta divergência entre humanos e não humanos.

A maioria dos cientistas que se debruçou sobre a questão concorda com esse ponto de vista. Lorde Brain*, um dos mais eminentes neurologistas de nosso tempo, afirmou:

> Pessoalmente, não vejo motivo para admitir a mente em membros da minha espécie e negá-la nos animais. [...] Ao menos, não duvido de que os interesses e as atividades dos animais estejam relacionados à consciência e à capacidade de sentir, da mesma maneira como os meus; e, tanto quanto sei, podem ser tão vívidos quanto os meus.[8]

O autor de um livro sobre a dor escreve:

> Cada mínima evidência dos fatos apoia o argumento de que os mamíferos vertebrados superiores têm sensações de dor tão intensas quanto as nossas. Dizer que sentem menos porque são animais inferiores é um absurdo: facilmente se pode demonstrar que vários de seus sentidos são muito mais apurados do que os nossos — a acuidade visual de certas aves, a audição da maioria dos animais selvagens, o tato em outros. Hoje em dia, esses animais dependem, mais do que nós, da percepção mais aguda possível de um ambiente hostil. Deixando de lado a complexidade do córtex cerebral (que não percebe diretamente a dor), seu sistema nervoso é praticamente idêntico ao nosso, e suas reações à dor, extraordinariamente semelhantes, embora careçam (até onde sabemos) de nuances filosóficas e morais. O elemento emocional é mais do que evidente, sobretudo na forma de medo e ira.[9]

▼
* O autor refere-se a Walter Russell Brain (1895-1966), neurologista britânico. (N. do E.)

Na Grã-Bretanha, três diferentes comitês governamentais de especialistas em assuntos relacionados aos animais aceitaram a conclusão de que os animais sentem dor. Após observar claras evidências comportamentais que apoiam esse ponto de vista, os membros do Comitê sobre a Crueldade com Animais Selvagens, criado em 1951, afirmaram:

[...] acreditamos que as provas fisiológicas e, mais especificamente, as anatômicas justificam plenamente e reforçam a crença, baseada no senso comum, de que os animais sentem dor.

Após o exame do valor evolutivo da dor, o relatório do comitê concluiu que ela é de "utilidade biológica evidente". Esse é "um terceiro tipo de prova de que os animais sentem dor". Os membros do comitê passaram, então, à consideração de outras formas de sofrimento, além da dor física, e terminaram acrescentando que estavam "convencidos de que os animais sofrem, de fato, medo intenso e terror". Relatórios subsequentes dos comitês governamentais britânicos sobre experimentação animal e bem-estar dos animais submetidos a métodos de criação intensiva concordaram com esse ponto de vista, concluindo que os animais são capazes de sofrer em consequência de danos físicos diretos e indiretos, como medo, ansiedade, estresse etc.[10]. Finalmente, durante a última década, a publicação de estudos científicos com títulos como *Animal Thought* [Pensamento animal], *Animal Thinking* [O pensar dos animais] e *Animal Suffering: The Science of Animal Welfare* [Sofrimento animal: a ciência do bem-estar animal] tornaram claro que a consciência dos animais não humanos é, agora, aceita como tema sério para investigação[11].

Poderíamos considerar que isso bastaria para liquidar o assunto. Porém, há que levar em conta outra objeção. Afinal, ao sentir dor, os seres humanos apresentam um sinal comportamental que os animais não humanos não têm: uma linguagem desenvolvida. Os outros animais podem comunicar-se uns com os outros, mas, ao que tudo indica, não da maneira complexa como o fazemos. Alguns filósofos, entre eles Descartes, consideraram importante o fato de os seres humanos, ao contrário dos outros animais, serem capazes de falar uns aos outros, com riqueza de detalhes, sobre a experiência da dor. É interessante observar que esta outrora clara linha divisória entre os seres humanos e as outras espécies vem sendo ameaçada pela descoberta de que os chimpanzés podem aprender uma linguagem[12]. Mas, como Bentham observou há muito tempo, a capacidade de utilizar uma linguagem não é relevante para a questão de como um ser deve ser tratado – a menos que pudesse ser relacionada à capacidade de sofrer, de tal modo que a ausência de uma linguagem lançasse dúvida sobre a existência dessa capacidade.

Pode-se tentar estabelecer essa relação de duas maneiras. Em primeiro lugar, há uma linha difusa de pensamento filosófico – derivada, talvez, de doutrinas associadas ao influente filósofo Ludwig Wittgenstein – que afirma não ser possível atribuir, de modo significativo, estados de consciência a seres que não possuem linguagem. Essa posição parece-me bastante implausível. A linguagem pode ser necessária para o pensamento abstrato, ao menos em alguns níveis; mas estados como a dor são mais primitivos, nada tendo a ver com a linguagem.

A segunda maneira – mais fácil de ser compreendida – de ligar a linguagem com a existência de dor é assegurar que a melhor prova que podemos ter de que outras criaturas sofrem é elas nos dizerem isso. Essa é uma linha distinta de argumentação, pois não nega que aqueles que não usam uma linguagem *possam* sofrer; nega, apenas, que temos um motivo suficiente para *acreditar* que sofram. Ainda assim, essa linha de argumentação também tem falhas. Como Jane Goodall demonstrou em seu estudo sobre chimpanzés, *In the Shadow of Man* [À sombra do homem], quando se trata de expressar sensações e emoções, a linguagem é menos importante do que modos não linguísticos de comunicação, tais como um tapinha nas costas, um forte abraço, um aperto de mãos e assim por diante. Os sinais básicos que utilizamos para transmitir dor, medo, amor, alegria, surpresa, excitação sexual e muitos outros estados emocionais não são específicos de nossa espécie[13]. A afirmação "Estou sentindo dor" pode ser um elemento de prova para a conclusão de que o falante está com dor, mas não é a única prova possível, e, como as pessoas, às vezes, mentem, nem mesmo é a melhor prova possível.

Mesmo que existisse uma base mais sólida para alguém se recusar a atribuir dor aos que não possuem uma linguagem, as consequências dessa recusa poderiam levar-nos a rejeitar a conclusão. Bebês humanos e crianças pequenas não utilizam linguagem. Negaríamos que uma criança de um ano de idade pode sofrer? Se não negarmos esse fato, não podemos concluir que a linguagem é crucial. A maioria dos pais entende as respostas dos filhos melhor do que entende as respostas de outros animais; mas esse é apenas um exemplo do conhecimento relativamente maior que possuímos de nossa própria espécie, e do maior contato que temos com bebês, em comparação aos animais. Os que estudam o comportamento de outros animais e aqueles que convivem com animais de estimação logo começam a compreender suas respostas tão bem como compreendemos as de um bebê; às vezes, até melhor.

Portanto, para concluir: não há boas razões, científicas ou filosóficas, para negar que os animais sentem dor. Se não duvidamos de que outros seres humanos experimentam a dor, não devemos duvidar de que outros animais também a experimentam.

Os animais são capazes de sentir dor. Como vimos anteriormente, não há justificativa moral para considerar que a dor (ou o prazer) sentida pelos animais seja menos importante do que a mesma intensidade de dor (ou prazer) experimentada por seres humanos. Contudo, quais são as consequências práticas que se seguem dessa conclusão? Para não haver mal-entendido, explicarei um pouco melhor o que quero dizer.

Se dermos uma palmada forte na anca de um cavalo, com a mão espalmada, ele poderá assustar-se, mas provavelmente sentirá pouca dor. Seu couro é espesso bastante para protegê-lo de um simples tapa. Contudo, se dermos um tapa de mesma intensidade em um bebê, ele chorará e sentirá dor, pois sua pele é mais sensível. Portanto, é pior dar uma palmada num bebê do que num cavalo, caso elas sejam dadas com a mesma força. Mas deve haver algum tipo de pancada – não sei exatamente qual, talvez com um pedaço pesado de madeira – que provocaria no cavalo tanta dor quanto a causada em um bebê com uma palmada. É a isso que me referi quando falei em "mesma intensidade de dor". E, se considerarmos errado infligir essa dor a um bebê, então, a menos que sejamos especistas, deveremos considerar igualmente errado infligir a mesma dor a um cavalo.

Outras diferenças entre humanos e animais dão origem a novas complicações. Seres humanos adultos normais possuem capacidades mentais que, em certas circunstâncias, levam-nos a sofrer mais do que sofreriam animais, nas mesmas circunstâncias. Se, por exemplo, decidíssemos realizar um experimento científico extremamente doloroso ou letal em adultos humanos normais, raptados, de maneira aleatória, em parques públicos para esse propósito, veríamos que os adultos que gostam de passear em parques passariam a ter medo de ser raptados. O terror resultante seria um modo de sofrimento adicionado à dor da experiência. Os mesmos experimentos realizados em animais não humanos lhes causariam menos sofrimento, uma vez que não sentiriam, antecipadamente, o pavor de ser raptados e submetidos a uma experiência. Isso não significa, é claro, que seria *certo* realizar a experiência em animais, mas, apenas, que há uma razão, *não* especista, para preferir utilizar animais em vez de seres humanos adultos normais se a experiência tiver de ser feita. Deve-se observar, entretanto, que esse mesmo argumento fornece um motivo para preferir o uso, em experiências, de bebês humanos – órfãos, talvez – ou de seres humanos gravemente retardados em vez de adultos, pois bebês e seres humanos retardados não fazem a menor ideia do que lhes acontecerá. No que diz respeito a esse argumento, animais não humanos, bebês e seres humanos retardados estão na mesma categoria. Portanto, se quisermos usá-lo para justificar experiências em animais não humanos, teremos de nos perguntar se também estamos dispostos a admitir que elas sejam realizadas em bebês e em seres humanos retardados. Porém, se fizéssemos uma distinção entre os animais e esses seres humanos, em que base poderíamos fazê-la, a não ser uma descarada – e moralmente indefensável – preferência por membros de nossa própria espécie?

A capacidade mental superior de seres humanos adultos normais faz a diferença em muitas questões: previsão, memória mais detalhada, maior compreensão dos fatos e assim por diante. No entanto, nem todas essas diferenças apontam maior sofrimento por parte do ser humano normal. Em alguns casos, os animais podem sofrer mais, devido à capacidade de compreensão mais limitada. Por exemplo, se fizermos prisioneiros de guerra, podemos explicar-lhes que, embora tenham de se submeter à captura, revista e confinamento, não serão importunados de outras maneiras, e terão a liberdade quando cessarem as hostilidades. Se capturarmos animais selvagens, entretanto, não podemos explicar-lhes que sua vida não está ameaçada. Um animal selvagem não consegue distinguir entre uma tentativa de dominação para confinamento e uma tentativa de morte: uma provoca tanto terror quanto a outra.

Alguém poderia objetar que é impossível comparar o sofrimento de diferentes espécies e, por esse motivo, quando os interesses de animais e humanos entram em conflito, o princípio da igualdade não serve como orientação. É provável que seja verdadeira a impossibilidade de comparação precisa do sofrimento entre membros de espécies diferentes, mas a precisão não é essencial. Ainda que fosse para evitar sofrimento a animais apenas quando se tivesse completa certeza de que os interesses dos seres humanos não seriam afetados na extensão em que os interesses dos animais o são, teríamos, forçosamente, de promover mudanças radicais no tratamento dado aos animais, que envolveriam nossa dieta, os métodos de criação, os procedimentos experimentais em muitos campos da ciência, nossa atitude em relação à vida selvagem, à caça, à utilização de armadilhas e ao uso de peles, e atividades de entretenimento tais como circos, rodeios e zoológicos. Como resultado, muito sofrimento seria evitado.

Até agora, escrevi muito sobre o sofrimento imposto aos animais, mas nada sobre seu abate. Essa omissão foi deliberada. A aplicação do princípio da igualdade ao padecimento infligido aos animais é, ao menos em teoria, bastante evidente. A dor e o sofrimento são, em si, ruins, e devem ser evitados ou minimizados, independentemente da etnia, do sexo ou da espécie do ser que sofre. Quão ruim é uma dor depende de quão intensa ela é e de quanto dura; mas dores com a mesma intensidade e duração são igualmente ruins, sejam sentidas por seres humanos ou animais.

O erro em matar um ser é uma questão mais complicada. Mantive e continuarei a manter a questão da morte em segundo plano, porque, no atual estado da tirania humana em relação a outras espécies, o princípio mais simples e direto da igual consideração em relação à dor ou ao prazer é fundamento suficiente para identificar os principais maus-tratos praticados contra animais por seres humanos – e para protestar contra eles. Contudo, é necessário dizer algo sobre matar.

Assim como a maioria dos seres humanos é especista por se dispor a causar dor a animais por motivos pelos quais não causaria dor similar a seres humanos, a maioria é especista, também, por se dispor a matar um animal nas mesmas circunstâncias em que se negaria a matar um ser humano. Todavia, temos de avançar com muita cautela nesse terreno, pois as pessoas têm pontos de vista bem diferentes sobre as circunstâncias sob as quais é legítimo matar seres humanos, como atestam os contínuos debates a respeito de aborto e eutanásia. Os próprios filósofos morais não chegaram a um acordo sobre o que, exatamente, faz com que seja errado matar seres humanos e sob quais circunstâncias isso seria justificável.

Consideremos, primeiro, o ponto de vista de que é sempre errado tirar uma vida humana inocente. Podemos denominar essa visão de "sacralidade da vida". As pessoas que defendem esse ponto de vista opõem-se ao aborto e à eutanásia. Entretanto, em geral não se opõem a que se matem animais não humanos – portanto, talvez fosse mais acurado descrever esse ponto de vista como "sacralidade da vida *humana*". A crença de que a vida humana, e tão somente ela, é sacrossanta é uma forma de especismo. Para ilustrar, vejamos o seguinte exemplo.

Suponhamos que, como tantas vezes ocorre, um bebê nasça com lesões cerebrais importantes e irreparáveis. As lesões são tão graves que o bebê não terá mais do que uma "vida vegetativa": incapaz de falar, reconhecer outras pessoas, agir de maneira independente ou desenvolver a autoconsciência. Os pais constatam que não há esperança de melhora nas condições do bebê. Não se dispõem a gastar, nem a solicitar ao Estado que gaste os milhares de dólares necessários, anualmente, para dar um tratamento adequado à criança. Por isso pedem ao médico que o mate de modo indolor.

O médico deve fazer o que os pais lhe pedem? Do ponto de vista legal, não deveria: a lei reflete a visão da sacralidade da vida, segundo a qual a existência de cada ser humano é sagrada. No entanto, há pessoas que sustentam isso em relação ao bebê, mas não fazem objeção a matar animais não humanos. Como podem justificar julgamentos tão diferentes? Chimpanzés adultos, cães, porcos e membros de diversas outras espécies superam, em muito, a criança com lesões cerebrais no tocante às capacidades de se relacionar com outros, agir de modo independente, ser autoconsciente e quaisquer outras capacidades que poderiam ser consideradas, de maneira razoável, como as que conferem valor à vida. Mesmo com o maior cuidado intensivo possível, alguns bebês gravemente retardados jamais poderão chegar ao nível de inteligência de um cão. Nem seria possível apelar para a preocupação dos pais, uma vez que eles, nesse exemplo imaginário (e em alguns casos reais), não desejam manter o filho vivo. A única coisa que distingue o bebê do animal, aos olhos dos que alegam o "direito à vida", é ele ser, biologicamente, um membro da espécie *Homo sapiens*, ao passo que os chimpanzés, os cães, os porcos não o são. Mas usar *essa* diferença como princípio para conceder direito à vida ao bebê e não a outros animais é puro especismo[14]. É exatamente esse tipo de diferença arbitrária que o racista mais grosseiro e declarado usa, na tentativa de justificar a discriminação étnica.

Isso não significa que, para evitar o especismo, devamos sustentar que é tão errado matar um cão quanto matar um ser humano em plena posse de suas faculdades. A única posição irremediavelmente especista é a que tenta fazer a fronteira do direito à vida correr paralela à fronteira de nossa espécie. Os que sustentam a perspectiva da sacralidade da vida fazem-no porque, embora distingam claramente entre seres humanos e outros animais, não permitem distinções dentro da própria espécie: objetam à morte de pessoas com grave retardo mental e de pessoas senis, sem esperança de recuperação, tão intensamente quanto objetam à morte de adultos normais.

Para evitar o especismo, temos de admitir que seres semelhantes, em todos os aspectos relevantes, tenham direito semelhante à vida. O fato de um ser pertencer à nossa espécie biológica não pode constituir um critério moralmente relevante para que ele tenha esse direito. Dentro desses limites, ainda poderíamos sustentar, por exemplo, que é pior matar um ser humano adulto normal, com capacidade de autoconsciência, de planejar o futuro e de manter relações significativas com os outros do que matar um camundongo que, presumivelmente, não compartilha todas essas características. Ou poderíamos apelar para os laços familiares íntimos e outros elos pessoais, que seres humanos possuem em um grau não encontrado em camundongos; ou poderíamos pensar que são as consequências para outros seres humanos, que passarão a temer pela própria vida, que constituem a diferença crucial; ou poderíamos pensar que essa diferença é uma combinação desses fatores, ou todos eles somados.

No entanto, sejam quais forem os critérios escolhidos, temos de admitir que não seguem precisamente a fronteira de nossa espécie. Podemos sustentar que há algumas características de certos seres que tornam suas vidas mais valiosas do que a de outros; mas haverá alguns animais não humanos cujas vidas, sejam quais forem os padrões, são mais valiosas do que as de alguns seres humanos. Um chimpanzé, um cão ou um porco, por exemplo, terão um grau superior de autoconsciência, e maior capacidade de estabelecer relações significativas com outros, do que um bebê gravemente retardado ou alguém em estado senil avançado. Portanto, se basearmos o direito à vida em tais características, precisaremos conceder que esses animais têm tal direito de modo tão ou mais válido do que seres humanos retardados ou senis.

Esse argumento pode ter duas interpretações: a primeira mostraria que chimpanzés, cães e porcos, junto com algumas outras espécies, têm o direito de viver, e que cometemos uma grave ofensa moral sempre que os matamos, mesmo quando estão velhos e sofrendo e nossa intenção seja acabar com o sofrimento. A outra mostraria que seres humanos retardados e senis, sem esperança de recuperação, não têm direito à vida e podem ser mortos por razões triviais, como fazemos com os animais.

Como o principal assunto deste livro são as questões éticas relacionadas aos animais, e não à moralidade da eutanásia, não tentarei tratar desta última de maneira definitiva[15]. Contudo, penso ser razoavelmente claro que, embora ambas as interpretações recém-descritas evitem o especismo, nenhuma delas é satisfatória. Precisamos de uma posição intermediária, que evite o especismo, mas que não torne a vida de seres humanos retardados ou senis tão insignificante quanto a de porcos e cães, ou que torne a vida de porcos e cães tão sacrossanta que pensássemos ser errado livrá-los de uma situação irreversivelmente miserável. O que precisamos fazer é trazer os animais para a esfera das nossas preocupações morais e parar de tratar a vida deles como descartável, utilizando-a para propósitos vulgares. Ao mesmo tempo, ao perceber que o fato de um ser pertencer à nossa espécie não é, em si, suficiente para fazer com que seja sempre errado matá-lo, podemos reconsiderar nossa política de preservar a vida humana a qualquer custo, mesmo quando não há nenhuma perspectiva de uma existência com sentido ou sem uma terrível dor.

Concluo, então, que a rejeição do especismo não implica que todas as vidas tenham igual valor. Embora a autoconsciência, a capacidade de pensar o futuro e de ter esperanças e aspirações, bem como a de estabelecer relações significativas com os outros, e assim por diante, não sejam relevantes para a questão de infligir dor – uma vez que dor é dor, sejam quais forem as demais capacidades que o ser tenha, além daquela de sofrer –, essas capacidades são relevantes para a questão de tirar a vida. Não é uma arbitrariedade afirmar que a vida de um ser autoconsciente, capaz de pensamento abstrato, de planejar o futuro, de ações complexas de comunicação e assim por diante, é mais valiosa do que a vida de um ser que não possua essas capacidades. Para perceber a diferença entre infligir dor e tirar a vida, considere como escolheríamos dentro de nossa espécie. Se tivéssemos de optar entre salvar um ser humano normal e um deficiente mental, provavelmente preferiríamos manter vivo o ser humano normal; mas, se tivéssemos de escolher entre acabar com a dor de um ser humano normal e a de um deficiente mental – supondo que ambos tivessem ferimentos dolorosos, mas superficiais, e dispuséssemos de apenas uma dose de analgésico –, não é tão claro quem deveríamos escolher. O mesmo acontece quando consideramos outras espécies. O mal da dor, em si, não é afetado pelas características do ser que a sente; mas o valor da vida é afetado por essas características. Para dar apenas um motivo a essa diferença: tirar a vida de um ser com esperanças, planos e esforços para alcançar objetivos futuros é privá-lo de realizar todos esses esforços; tirar a vida de um ser com capacidade mental abaixo do nível necessário para se perceber como um ser com um futuro pela frente – e menos ainda para fazer planos para esse futuro – não pode envolver esse tipo específico de privação[16].

Isso significa que, se tivermos de optar entre a vida de um ser humano e a vida de outro animal, deveríamos escolher salvar a vida do ser humano; mas pode haver casos especiais em que o inverso seja verdadeiro, porque o ser humano em questão não possui as capacidades de um ser humano normal. Portanto, essa perspectiva não é especista, embora assim possa parecer à primeira vista. Em casos normais, a preferência por salvar uma vida humana em detrimento da vida de um animal, quando *precisamos* fazer uma escolha, é baseada nas características de seres humanos normais, e não no simples fato de serem eles membros da nossa espécie. É por isso que, quando consideramos pessoas que carecem das características de seres humanos normais, não podemos mais dizer que a vida delas deve sempre ser preferida à de outros animais. Essa questão é tratada de maneira prática no próximo capítulo. Contudo não necessitamos dar uma resposta precisa à questão de quando é errado matar (de maneira indolor) um animal. Desde que lembremos que devemos proporcionar, à vida dos animais, o mesmo respeito que conferimos à vida dos seres humanos com nível mental semelhante, não cometeremos erros graves[17].

Em todo caso, as conclusões defendidas neste livro partem do princípio da minimização do sofrimento. A ideia de que também é errado matar animais de modo indolor dá suporte adicional a algumas dessas conclusões, o que é bem-vindo, porém não estritamente necessário. Contudo, é interessante observar que isso se aplica à conclusão de que deveríamos nos tornar vegetarianos. Essa conclusão, na mente popular, baseia-se, em linhas gerais, em algum tipo de proibição absoluta de matar.

O leitor já pode ter refletido sobre certas objeções à posição que tomei neste capítulo. Por exemplo: o que proponho fazer com os animais que podem causar mal a seres humanos? Deveríamos tentar impedir os animais de matar uns aos outros? Como saber se as plantas sentem dor? E, se sentem, temos de passar fome? Para não interromper o fluxo do argumento principal, optei por discutir essa e outras objeções em um capítulo à parte. Os leitores impacientes, que queiram ver as respostas a suas objeções, podem consultar o capítulo 6.

Os dois próximos capítulos exploram dois exemplos de especismo. Limitei-me a dois exemplos a fim de ter espaço para uma discussão razoavelmente ampla, embora esse limite signifique que o livro não contém uma discussão sobre outras práticas, que existem apenas porque não levamos seriamente em conta os interesses de outros animais – práticas como a caça, seja por esporte, seja para a obtenção do couro; a criação de *vison*, raposa e outros para lhes retirar a pele; a captura de animais selvagens (muitas vezes após as mães terem sido mortas) e seu aprisionamento em gaiolas pequenas, para que seres humanos os observem; a tortura de animais a fim de que aprendam a fazer acrobacias exibidas em circos ou a entreter o público em rodeios; a morte de baleias com arpões explosivos, à guisa de pesquisa científica; o afogamento anual de mais de 100 mil golfinhos em redes utilizadas na pesca do atum; a morte de 3 milhões de cangurus, todos os anos, na Austrália, para lhes retirar o couro e fabricar ração para animais de estimação; e a desconsideração, em linhas gerais, dos interesses de animais selvagens à medida que ampliamos nosso império de concreto e poluição na superfície do globo.

Não direi nada, ou quase nada, sobre essas coisas, pois, como mencionei, este livro não é um compêndio de todas as coisas detestáveis que fazemos aos animais. Escolhi dois exemplos centrais do especismo. Não são exemplos isolados de sadismo, mas práticas que envolvem, em um caso, 10 milhões de animais e, em outro, bilhões de animais a cada ano. Tampouco podemos fingir que nada temos a ver com tais práticas. Uma delas – a experimentação animal – é promovida pelo governo que elegemos, e substancialmente financiada com os impostos que pagamos. A outra – a criação de animais para servir de alimento – é possível somente porque a maioria das pessoas compra e consome os produtos de tal prática. Eis por que optei por discutir essas formas de especismo. Elas estão no âmago do problema. Provocam mais sofrimento, a um número maior de animais, do que qualquer outra coisa que os seres humanos fazem. Para interrompê-las precisamos mudar a política de nosso governo e modificar nossas vidas, a ponto de alterar a alimentação. Se essas formas de especismo, oficialmente promovidas e aceitas quase em âmbito universal, puderem ser abolidas, a extinção de outras práticas especistas não tardará a acontecer.

CAPÍTULO 2

INSTRUMENTOS DE PESQUISA...

como seus impostos são utilizados

Projeto X, um filme de grande sucesso lançado em 1987, deu a muitos norte-americanos a primeira ideia dos experimentos realizados em animais pelas Forças Armadas de seu país. A trama do filme centra-se numa experiência da força aérea, cujo objetivo era ver se os chimpanzés continuariam a "pilotar" um simulador de voo após terem sido expostos à radiação. Um jovem cadete, destacado para o serviço no laboratório, apega-se a um dos chimpanzés, com o qual se comunica em linguagem de sinais. Quando chega a vez de esse chimpanzé ser exposto à radiação, o jovem (com a ajuda da bela namorada, claro) resolve libertar todos os chimpanzés.

A trama era fictícia, mas os experimentos não. Baseavam-se nos testes realizados ao longo de muitos anos na Base Aérea de Brooks, no Texas. Ainda hoje, variantes desses experimentos são realizadas. Os que assistiram ao filme, porém, não ficaram sabendo de toda a história. O que aconteceu com os chimpanzés no filme foi uma versão muito suavizada daquilo que realmente ocorre. Assim sendo, podemos analisar os próprios experimentos, conforme descritos nos relatórios da Base Aérea de Brooks.

Como referido no filme, os experimentos envolvem uma espécie de simulador de voo. O aparelho é conhecido como Plataforma de Equilíbrio de Primatas (PEP). Trata-se de uma plataforma que pode ser inclinada e girar, como uma aeronave. Os macacos sentam-se numa cadeira que faz parte da plataforma. À frente deles há uma alavanca de controle, por intermédio da qual a plataforma pode ser conduzida à posição horizontal. Depois de treinados a fazê-lo, eles são submetidos à radiação e a agentes químicos de guerra. O objetivo é observar de que maneira isso afeta a capacidade de pilotar (veja foto da Plataforma de Equilíbrio de Primatas após a página 308).

O procedimento-padrão de treinamento para a PEP é descrito em uma publicação da Base Aérea de Brooks intitulada "Procedimento de treinamento para a plataforma de equilíbrio de primatas"[1]. Segue-se um resumo:

Fase I (adaptação à cadeira): os macacos são presos (em outras palavras, amarrados) à cadeira da PEP, uma hora por dia, durante cinco dias, até que consigam sentar-se quietos.

Fase II (adaptação à alavanca): os macacos são presos à cadeira da PEP. A cadeira é, então, inclinada para a frente e os macacos, submetidos a choques elétricos. Isso faz com que "se virem na cadeira ou mordam a plataforma. [...] Esse comportamento é redirecionado para a mão enluvada [do experimentador], colocada diretamente sobre a alavanca de controle". Tocar a mão resulta na interrupção do choque, e o macaco (que não foi alimentado naquele dia) ganha uma uva-passa. Isso é feito com cada animal, cem vezes por dia, de cinco a oito dias.

Fase III (manipulação da alavanca): dessa vez, quando a PEP é inclinada para a frente, não basta simplesmente tocar na alavanca para interromper o choque. Os macacos continuam a receber cargas elétricas até puxar a alavanca para trás. Isso se repete cem vezes por dia.

Fases IV a VI (empurrar e puxar a alavanca): a PEP é inclinada para trás e os macacos recebem choques elétricos até que empurrem a alavanca para a frente. A PEP é, então, novamente inclinada para a frente e eles precisam reaprender a puxar a alavanca para trás. Esse procedimento é repetido cem vezes por dia. Depois, a plataforma é movimentada aleatoriamente para trás e para a frente, e, de novo, os macacos recebem choques até reagir de modo apropriado.

Fase VII (controle da posição da plataforma): até este ponto, embora os macacos empurrem e puxem a alavanca, a posição da plataforma não foi ativamente controlada. Agora, os macacos passam a controlar a posição da plataforma mediante a manipulação da alavanca. Nessa fase, o dispositivo automático de choques não está ligado. Os choques são dados manualmente, a intervalos de três a cinco segundos, aproximadamente, com duração de 0,5 segundo. A frequência é menor do que a anterior, para garantir que o comportamento correto não seja punido e, com isso, usando o jargão do manual, "extinto". Se o macaco não se comportar conforme o desejado, o treinamento volta à fase VI. Caso contrário, continua na fase VII até que o animal mantenha a plataforma num nível quase horizontal, evitando, assim, 80 por cento dos choques. O tempo necessário para o treinamento, da fase III até a VII, varia de dez a doze dias.

Após esse tempo, o treinamento prossegue por mais vinte dias. Durante esse período adicional, usa-se um dispositivo aleatório para fazer a cadeira inclinar-se e girar mais violentamente. O macaco, entretanto, deve manter o mesmo nível de desempenho para fazer a cadeira voltar à posição horizontal; caso contrário, recebe choques elétricos frequentes.

Todo esse treinamento, envolvendo milhares de descargas elétricas, é apenas preliminar ao experimento propriamente dito. Uma vez que os macacos aprendam a manter a plataforma na posição horizontal, são expostos, na maior parte das vezes, a doses subletais ou letais de radiação ou a agentes químicos usados em guerras, a fim de testar por quanto tempo conseguem continuar "pilotando" a plataforma. Assim, enjoados e provavelmente vomitando, em decorrência da dose letal de radiação, são forçados a tentar manter a plataforma na posição horizontal. Se falharem, recebem choques elétricos frequentes. Eis um exemplo retirado de um relatório da U.S. Air Force School of Aerospace Medicine [Escola de Medicina Aeroespacial da Força Aérea Norte-Americana], publicado em outubro de 1987, após o lançamento do filme *Projeto X*^{2}.

O relatório intitula-se "Primate Equilibrium Performance Following Soman Expositure: Effects of Repeated Daily Expositures to Low Soman Doses" [Desempenho do equilíbrio de primatas após exposição ao *soman*: efeitos de exposições repetidas diárias a baixas doses de *soman*]. *Soman* é o nome de um gás neurotóxico, agente químico que provocou terrível agonia às tropas na Primeira Guerra Mundial, mas que, felizmente, tem sido muito pouco usado desde então. O documento começa reportando-se a vários relatórios anteriores, nos quais a mesma equipe estudou os efeitos da "intensa exposição ao *soman*" sobre o desempenho dos chimpanzés na Plataforma de Equilíbrio de Primatas. Esse estudo em particular, entretanto, é sobre o efeito de doses baixas ministradas ao longo de vários dias. Nesse experimento, os macacos operavam a plataforma "ao menos uma vez por semana", pelo período mínimo de dois anos; haviam recebido várias drogas e pequenas doses de *soman*, sustadas nas seis semanas que precediam o experimento. Os pesquisadores calcularam doses suficientes para reduzir a capacidade dos primatas na operação da plataforma. Para esse cálculo ser feito, os macacos, evidentemente, receberam choques elétricos, por causa da incapacidade de manter a plataforma no nível horizontal. Embora o relatório se refira, sobretudo, ao efeito do gás neurotóxico sobre o nível de desempenho dos chimpanzés, dá uma ideia de outros efeitos provocados por armas químicas:

> O animal ficava completamente prostrado no dia seguinte à última exposição, exibindo sintomas neurológicos que incluíam grave falta de coordenação, fraqueza e tremores. [...] Esses sintomas persistiam após vários dias, durante os quais o animal não conseguia realizar a tarefa da PEP.[3]

Durante vários anos, o dr. Donald Barnes foi o principal pesquisador da U.S. Air Force School of Aerospace Medicine, encarregado dos experimentos na Plataforma de Equilíbrio de Primatas da Base Aérea de Brooks. Barnes estima ter submetido à radiação cerca de mil macacos, treinados durante os anos em que ocupou o cargo. Posteriormente, ele escreveu:

Durante alguns anos, tive dúvidas sobre a utilidade dos dados que coletávamos. Fiz algumas tentativas no sentido de averiguar o destino e o propósito dos relatórios técnicos que publicávamos, mas agora reconheço minha ânsia em aceitar a garantia dada por meus superiores de que, de fato, estávamos prestando um serviço útil à Força Aérea e, portanto, à defesa de um mundo livre. Usei essas garantias como viseiras para evitar a realidade do que observava no campo e, ainda que não as usasse sempre à vontade, quando o fazia, protegiam-me das inseguranças associadas a uma potencial perda de *status* e de salário. [...]

Assim, certo dia, as viseiras caíram e tive um sério confronto com o dr. Roy DeHart, comandante da U.S. Air Force School of Aerospace Medicine. Tentei mostrar-lhe que, na eventualidade de um confronto nuclear, seria improvável que os comandantes da operação utilizassem gráficos e números baseados em dados do macaco *rhesus* para estimar a provável força ou a capacidade de desferir um segundo ataque. O dr. DeHart insistiu na ideia de que os dados teriam valor incalculável, afirmando: "Eles não sabem que os dados se baseiam em estudos com animais."[4]

Barnes demitiu-se e tornou-se um grande opositor dos testes em animais; mas os experimentos com a Plataforma de Equilíbrio de Primatas continuaram.

O filme *Projeto X* levantou o véu de um tipo de experimento realizado pelos militares. Examinamos esse experimento com alguns pormenores, mas levaríamos muito tempo para descrever todas as formas de radiação e de agentes químicos testados, em doses variadas, nos macacos da Plataforma de Equilíbrio de Primatas. O que precisamos entender é que esta é apenas uma pequena parte do total de experimentos realizados, pelos militares, em animais. A preocupação com tais pesquisas já dura alguns anos.

Em julho de 1973, o deputado Les Aspin, de Wisconsin, soube, através de um anúncio em um jornal obscuro, que a força aérea norte-americana planejava comprar duzentos cachorros da raça *beagle* com as cordas vocais operadas, para que não latissem, a fim de testar gases venenosos. Pouco depois, soube-se que o exército também estava propondo a utilização de *beagles* – desta vez, quatrocentos – em testes semelhantes. Aspin iniciou um protesto veemente, com o apoio de sociedades antivivisseccionistas. Anúncios foram colocados nos principais jornais do país. Multiplicaram-se cartas de leitores indignados. Um ajudante de ordens do Comitê da Câmara dos Representantes das Forças Armadas disse que tinha recebido mais cartas sobre os *beagles* do que sobre qualquer outro assunto desde que Truman exonerara o general MacArthur, ao passo que um memorando interno do Departamento de Defesa redigido por Aspin declarava que o volume de cartas recebido pelo departamento a respeito de um único acontecimento fora o maior de todos os tempos, superando até mesmo a correspondência enviada sobre o bombardeio do Camboja e do Vietnã[5]. Depois de, inicialmente, defender os experimentos, o Departamento de Defesa anunciou que os havia postergado e estudava a possibilidade de substituir os *beagles* por outros animais.

Tudo isso deu origem a um curioso incidente – curioso porque o furor do público, em relação a esse experimento, revela uma enorme ignorância quanto à natureza dos testes realizados por Forças Armadas, instituições de pesquisa, universidades e empresas de diferentes tipos. A verdade é que os experimentos propostos pela força aérea e pelo exército foram projetados de um modo que levaria muitos animais a sofrer e a morrer sem que se tivesse certeza de que esse sofrimento e essas mortes salvariam a vida de um único ser humano ou se, de algum modo, beneficiariam seres humanos. O mesmo pode ser dito de milhões de outros experimentos realizados todos os anos, só nos Estados Unidos. Talvez a preocupação da opinião pública tivesse sido despertada pelo fato de os testes usarem *beagles*. Mas, se assim fosse, por que não houve protesto em relação ao experimento descrito a seguir?

Sob a direção do Laboratório de Pesquisas e Desenvolvimento de Bioengenharia Médica do Exército Norte-Americano, de Fort Detrick, em Frederick, Maryland, os pesquisadores ministraram doses variadas do explosivo TNT a 60 *beagles*. Durante seis meses, os cães ingeriram o TNT em cápsulas, diariamente. Os sintomas observados incluíram desidratação, emaciação, anemia, icterícia, baixa temperatura corporal, descoloração da urina e das fezes, diarreia, perda de apetite e de peso, aumento do fígado, dos rins e do baço. Além disso, os *beagles* perderam a coordenação. Uma das fêmeas, "encontrada moribunda" na 14ª semana, foi sacrificada; outra foi encontrada morta na 16ª semana. O relatório declara que o experimento representa "parte" dos dados desenvolvidos pelo laboratório de Fort Detrick sobre os efeitos do TNT em mamíferos. Como foram observadas lesões com doses mais baixas, o estudo não pôde estabelecer o nível em que o TNT não apresenta efeitos observáveis; assim, o relatório conclui que "é preciso que novos estudos [...] sobre o TNT em *beagles* sejam feitos"[6].

Em todo caso, é errado limitar nossa preocupação a cães. As pessoas tendem a se preocupar com cães porque, em geral, estão mais familiarizadas com eles como animais de estimação; mas outros animais são tão passíveis de sofrimento quanto os cães. Poucos sentem simpatia por ratos. No entanto, eles são inteligentes e não há dúvida de que sofrem com os incontáveis experimentos dolorosos neles realizados. Se o Exército parasse de usar cães e passasse a utilizar ratos, não deveríamos nos preocupar menos.

Alguns dos piores experimentos dos militares são realizados em um lugar conhecido como AFRRI – U.S. Armed Forces (USAF) Radiobiology Research Institute [Instituto de Pesquisas em Radiobiologia das Forças Armadas], em Bethesda, Maryland. Ali, em vez de usar uma Plataforma de Equilíbrio de Primatas, os pesquisadores amarravam os animais a cadeiras e os submetiam a radiação ou os treinavam a pressionar alavancas para observar os efeitos da radiação em seu desempenho. Também treinaram macacos para correr em uma "roda de atividades", uma espécie de esteira cilíndrica (veja foto após a página 308). Os macacos recebiam choques elétricos, a menos que mantivessem a roda em movimento numa velocidade acima de 1,6 km por hora.

Num experimento que utiliza essa roda, Carol Franz, do Departamento de Ciências do Comportamento do AFRRI, treinou, durante nove semanas, 39 macacos, duas horas por dia, até que conseguissem alternar períodos de "trabalho" e de "descanso", por seis horas contínuas. Eles eram submetidos a doses variadas de radiação. Aqueles que recebiam as doses mais altas vomitavam até sete vezes. Eram, então, postos de volta na roda, para a medição do efeito da radiação na capacidade de "trabalhar". Durante esse período, se um macaco não movimentasse a roda por um minuto, "aumentava-se a intensidade do choque para 10 mA". (Trata-se de um choque elétrico extremamente forte, mesmo para os padrões excessivos da experimentação animal norte-americana, e deve provocar dores muito intensas.) Alguns macacos continuavam a vomitar enquanto estavam na roda de atividades. Franz registrava o efeito que as doses variadas de radiação exerciam no desempenho deles. O relatório também indica que os símios submetidos à radiação levaram entre um dia e meio a cinco dias para morrer[7].

Como não pretendo ocupar todo o capítulo com descrições dos experimentos realizados pelas Forças Armadas dos Estados Unidos, passarei a tratar dos testes não militares (embora, de passagem, examinemos um ou dois experimentos militares, quando relevantes para outros tópicos). Nesse ínterim, espero que os contribuintes norte-americanos, seja qual for o orçamento destinado aos militares que julguem adequado, perguntem: é isso que quero que as Forças Armadas façam com os impostos que pago?

Não devemos, é claro, julgar todos os experimentos em animais pelos testes recém-descritos. As Forças Armadas, poderíamos pensar, são mais insensíveis em relação ao sofrimento porque lidam com guerra, morte e ferimentos. Com certeza, as pesquisas científicas genuínas são muito diferentes, não são? Veremos. Para começar nossa análise, deixarei que o professor Harry F. Harlow fale. Ele trabalhou no California Primate Research Center [Centro de Pesquisas de Primatas], em Madison, Wisconsin, e foi, durante muitos anos, editor de uma revista importante de psicologia. Até sua morte, era tido em alta estima pelos colegas de pesquisa. Seu trabalho tem sido citado positivamente em muitos manuais básicos de psicologia, lidos por milhões de alunos das disciplinas introdutórias do curso ao longo dos últimos 20 anos. Após sua morte, colegas e ex-alunos deram prosseguimento à linha de pesquisa iniciada por ele.

Num artigo de 1965, Harlow descreve seu trabalho nos seguintes termos:

> Nos últimos dez anos tenho estudado os efeitos do isolamento social parcial, criando macacos em gaiolas de arame desde seu nascimento. [...] Esses macacos sofrem completa privação materna. [...] Mais recentemente, iniciamos uma série de estudos sobre os efeitos do isolamento social total, criando macacos de algumas horas de vida até três, seis ou doze meses de idade em uma câmara de aço inoxidável. Durante o período na câmara, o macaco não tem contato com nenhum animal, humano ou sub-humano.

A partir desses estudos, prossegue Harlow, chegamos à conclusão de que:

> o isolamento precoce suficientemente restritivo e duradouro reduz esses animais a um nível socioemocional em que a reação social primária é o medo.[8]

Em outro artigo, Harlow e seu ex-aluno e colega Stephen Suomi descreveram como procuravam induzir a psicopatologia em bebês macacos com uma técnica que, aparentemente, não funcionava. Receberam a visita do psiquiatra inglês John Bowlby. Segundo a descrição de Harlow, Bowlby ouviu a história das dificuldades que ambos enfrentavam e, a seguir, percorreu o laboratório de Wisconsin. Após ter visto os macacos nas gaiolas individuais, perguntou: "Por que vocês querem provocar psicopatologia em macacos? Aqui há mais macacos sofrendo de psicopatologias do que já se viu na face da Terra."[9]

Bowlby, a propósito, era um renomado pesquisador sobre as consequências da privação materna, mas realizava pesquisas com crianças, sobretudo órfãs, refugiadas ou internadas em instituições. Já em 1951, antes que Harlow iniciasse seus estudos com primatas não humanos, Bowlby concluíra:

> As provas foram revistas. Chegamos à conclusão de que elas não deixam lugar a dúvidas quanto à proposição geral de que a privação prolongada de cuidados maternos em crianças pequenas pode ter efeitos graves e de longo alcance sobre seu caráter; portanto, durante toda a sua vida futura.[10]

Isso não impediu Harlow e seus colegas de projetar e levar a cabo os experimentos em macacos.

No mesmo artigo em que relatam a visita de Bowlby, Harlow e Suomi descrevem como tiveram a "fascinante ideia" de induzir bebês macacos à depressão, "permitindo que se apegassem a mães de pano que podiam transformar-se em monstros":

> O primeiro desses monstros foi uma macaca mãe de pano que, mediante programação ou comando, lançava ar comprimido de alta pressão. Isso praticamente arrancava a pele do animal. O que fazia o macaco bebê? Ele simplesmente se agarrava cada vez mais ao boneco de pano, porque um bebê com

medo se agarra à mãe a todo custo. Não constatamos nenhuma psicopatologia.

Contudo, não desistimos. Construímos outra mãe-monstro que se sacudia tão violentamente que até a cabeça e os dentes do bebê chacoalhavam. Tudo o que o bebê fez foi agarrar-se cada vez mais à mãe artificial. O terceiro monstro que construímos continha uma estrutura de arame dentro do corpo que se inclinava para a frente, jogando o bebê para longe de sua superfície ventral. O bebê levantava-se do chão, esperava a estrutura voltar ao corpo de pano e agarrava-se novamente a ela. Por fim, construímos nossa mãe porco-espinho. Com um comando, essa mãe lançava afiados espinhos de bronze, saídos de toda a superfície ventral de seu corpo. Embora os bebês ficassem aflitos com essa manifestação de repulsa, simplesmente esperavam até que os espinhos recuassem e então tornavam a agarrar-se à mãe.

Esses resultados, comentaram, não foram tão surpreendentes, uma vez que o único recurso que resta a uma criança machucada é agarrar-se à mãe.

Finalmente, Harlow e Suomi desistiram das mães-monstros artificiais, pois encontraram algo melhor: uma mãe macaca verdadeira que era um monstro. Para produzir essas mães, criaram macacas em isolamento, e, depois, tentaram fazê-las emprenhar. Infelizmente, as fêmeas não mantinham relações sexuais normais com os machos. Por isso tinham de ser emprenhadas mediante uma técnica que Harlow e Suomi denominavam "*rack* de estupro"*. Quando os bebês nasceram, os experimentadores

▼

* *Rack* é um instrumento de tortura em que o corpo é esticado. (N. do T.)

observaram as macacas. Descobriram que algumas simplesmente ignoravam os filhotes, não lhes dando o peito quando choravam, ao contrário do que fazem as macacas normais ao ouvir a cria chorar. Eles observaram também um padrão de comportamento diferente:

> Outras macacas tinham comportamento brutal ou letal. Um de seus truques favoritos consistia em triturar o crânio do bebê com os dentes. Mas o comportamento realmente doentio consistia em esmagar o rosto do bebê contra o chão, esfregando-o para a frente e para trás.[11]

Em um artigo de 1972, Harlow e Suomi afirmam que, como a depressão em seres humanos se caracteriza por um estado de "desamparo e desesperança, em que a pessoa se sente mergulhada em um poço de desespero", eles inventaram, "com base intuitiva", um dispositivo para reproduzir esse "poço de desespero". Construíram uma câmara vertical, com paredes de aço inoxidável que se inclinavam, formando um fundo arredondado, e ali encerraram macaquinhos por períodos de até 45 dias. Descobriram que, após alguns dias de confinamento, eles "passavam a maior parte do tempo encolhidos num canto da câmara". O confinamento produziu "comportamento psicopatológico grave e persistente, de natureza depressiva". Nove meses depois de libertados, os macacos ainda se sentavam com os braços cruzados, em vez de se movimentarem e explorarem o ambiente, como os símios normais. O relatório termina de maneira inconclusa e agourenta:

Se [os resultados] podem ser atribuídos especificamente a variáveis como forma e tamanho da câmara, duração do confinamento, idade dos animais na época do confinamento ou, mais provavelmente, a uma combinação dessas e de outras variáveis, permanece uma questão a ser explorada em futuras pesquisas.[12]

Outro artigo explica como Harlow e seus colegas criaram, além do "poço de desespero", um "túnel do terror" para apavorar os macacos[13]. Em outro relatório, Harlow descreve como conseguiu "induzir a morte psicológica em macacos *rhesus*" dando-lhes "mães substitutas" de pano felpudo, mantidas a uma temperatura de 37,2 graus centígrados, mas que podiam ser rapidamente resfriadas a 1,6 grau centígrado para simular uma espécie de rejeição maternal[14].

Harlow está morto, mas seus discípulos e admiradores se espalharam pelos Estados Unidos e continuam a realizar testes imbuídos desse estado de espírito. John P. Capitanio, sob a direção de um dos alunos de Harlow, W. A. Mason, realizou experimentos de privação no California Primate Research Center, da Universidade da Califórnia, Davis. Neles, Capitanio comparou o comportamento social de macacos *rhesus* "criados" por um cão com o de símios "criados" por um cavalinho de plástico. Concluiu que, "embora os membros de ambos os grupos fossem anormais quanto a suas interações sociais", os macacos mantidos com o cachorro lidavam melhor com situações sociais do que os mantidos com o cavalinho de plástico[15].

Depois que saiu de Wisconsin, Gene Sackett continuou os estudos sobre privação no Centro de Primatas da Universidade de Washington. Criou *rhesus*, macaca *nemestrina* e *cynomolgus* (macaca *fascicularis*) em isolamento total para estudar as diferenças entre comportamento pessoal, social e exploratório. Descobriu diferenças entre as distintas espécies de macacos que "questionam a generalização da 'síndrome de isolamento' entre os primatas". Se há diferenças até entre espécies intimamente associadas de macacos, a generalização para seres humanos deve ser ainda mais questionável[16].

Martin Reite, da Universidade do Colorado, realizou experimentos de privação em macacas *radiata* e *nemestrina*. Ele tinha conhecimento das observações de chimpanzés selvagens órfãos feitas por Jane Goodall, que descreviam "profundas perturbações de comportamento, sendo a tristeza ou as alterações afetivo-depressivas os principais componentes". Mas, como "relativamente pouco foi publicado sobre experimentos de separação de grandes macacos em comparação com os estudos com outros macacos", ele e demais pesquisadores decidiram estudar sete bebês chimpanzés, separados da mãe ao nascer e criados em um berçário. Após períodos que variaram entre sete e dez meses, alguns foram colocados em câmaras de isolamento por cinco dias. Eles gritavam, sacudiam-se e jogavam-se contra as paredes da câmara. Reite concluiu que o "isolamento de bebês chimpanzés pode ser acompanhado de marcantes alterações de comportamento", mas observou que (adivinhou, não é?) novas pesquisas seriam necessárias[17].

Desde que Harlow começou suas pesquisas sobre privação materna, há 30 anos, mais de 250 experimentos desse tipo foram feitos nos Estados Unidos, submetendo mais de 7 mil animais a procedimentos que induziam angústia, desespero, ansiedade, perturbações psicológicas gerais e morte. Como mostram alguns exemplos já apresentados, as pesquisas alimentam a si próprias. Reite e seus colegas fizeram experimentos com chimpanzés porque havia sido feito relativamente pouco trabalho experimental em grandes macacos, em comparação a outros primatas. Pelo que se percebe, não viram necessidade de responder à pergunta básica do motivo pelo qual seria preciso realizar experimentos sobre privação materna em animais. Nem sequer tentaram justificar seus experimentos, alegando que beneficiariam seres humanos. O fato de contarmos com amplas observações sobre chimpanzés órfãos no seu meio selvagem não pareceu oferecer nenhum interesse para eles. A atitude foi clara: isso fora feito com animais de uma espécie, mas não com animais de outra; portanto, vamos fazê-lo. A mesma atitude é recorrente em todo o campo das ciências do comportamento e da psicologia. A parte mais incrível da história é que os contribuintes pagam por tais pesquisas – quantias que ultrapassam 58 milhões de dólares quando destinadas aos testes sobre privação materna[18]. A esse respeito, mas não apenas quanto a ele, a experimentação com animais no meio civil não é tão diferente da experimentação militar.

A prática de testes em animais não humanos, da maneira como é feita hoje, em todo o mundo, revela as consequências do especismo. Muitos pesquisadores infligem dor aguda sem a mais remota perspectiva de benefícios para seres humanos ou quaisquer outros animais. Esses experimentos não são exemplos isolados, mas parte de uma indústria poderosa. Na Grã--Bretanha, onde os cientistas são obrigados a declarar o total de "procedimentos científicos" realizados em animais, os números oficiais do governo mostram que, em 1988, foram feitos 3,5 milhões desses procedimentos[19]. Nos Estados Unidos não há dados precisos, para fins de comparação. Com base na Lei do Bem-Estar Animal, o Departamento da Agricultura Norte-Americano publica um relatório que lista o número de espécimes usado por instituições registradas, mas o relatório é incompleto. Não inclui ratos, camundongos, aves, répteis, rãs, nem animais de produção usados para fins experimentais; não inclui animais usados em escolas secundárias; tampouco inclui os experimentos realizados por instituições que não transportam os animais de um estado para outro, que não recebem bolsas ou que não têm contratos com o governo federal.

Em 1986, o U.S. Congress Office of Technology Assessment (OTA) [Gabinete de Avaliação Tecnológica do Congresso Norte-Americano] publicou um relatório intitulado "Alternativas à utilização de animais em pesquisas, testes e educação". Os pesquisadores tentaram determinar o número de animais utilizados em experimentos nos Estados Unidos e disseram que as "estimativas anuais variam de 10 milhões a mais de 100 milhões". Concluíram que tais estimativas não eram confiáveis, mas acreditavam que o número seria "no mínimo de 17 milhões a 22 milhões"[20].

Essa avaliação é extremamente conservadora. Em depoimento ao Congresso, em 1966, a Laboratory Animal Breeders Association [Associação dos Criadores de Animais de Laboratório] calculou que o número de camundongos, ratos, cobaias, *hamsters* e coelhos utilizados para experimentação em 1965 foi de aproximadamente 60 milhões[21]. Em 1984, o dr. Andrew Rowan, da Faculdade de Medicina Veterinária da Universidade

Tufts, estimou que cerca de 71 milhões de animais são utilizados a cada ano. Em 1985, Rowan refez seus cálculos para discriminar o número de animais produzidos, adquiridos e realmente utilizados. Chegou à conclusão de que entre 25 milhões e 35 milhões de animais são utilizados em experimentos a cada ano[22]. Esse número omite aqueles que morrem durante o transporte ou que são mortos antes de a pesquisa começar. Uma análise, na Bolsa de Valores, de apenas um dos grandes fornecedores, Charles River Laboratories, revela que essa empresa produz anualmente 22 milhões de animais de laboratório[23]. O relatório de 1988 do Departamento de Agricultura listou 140.471 cães, 42.271 gatos, 51.641 primatas, 431.457 cobaias, 331.945 *hamsters*, 459.254 coelhos e 178.249 "animais selvagens": um total de 1.635.288 animais usados em experimentos. Lembremo-nos de que esse relatório não se preocupa em contar ratos e camundongos, e cobre, no máximo, uma estimativa de 10 por cento do número total de animais utilizados. Dos cerca de 1,6 milhão de espécimes declarados pelo Departamento de Agricultura como usados em experimentação, mais de 90 mil são submetidos a "dor e estresse incessantes". Ainda uma vez, esse número provavelmente corresponde, no máximo, a 10 por cento do total de animais que sofrem dor e estresse incessantes – e, como os pesquisadores estão menos preocupados em provocar dor incessante em ratos e camundongos do que em cães, gatos e primatas, a proporção poderá ser ainda menor.

Outras nações desenvolvidas utilizam grande número de animais. No Japão, por exemplo, um estudo muito incompleto publicado em 1988 chegou a um total de mais de 8 milhões de animais[24].

Um modo de compreender a natureza da experimentação animal como uma indústria de ampla escala é observar os produtos comercializados aos quais ela dá origem e a maneira como são vendidos. Entre esses "produtos" estão, naturalmente, os próprios animais. Vimos quantos são produzidos pelos laboratórios Charles River. Em revistas como *Lab Animal*, eles são anunciados com se fossem carros. Sob a fotografia de duas cobaias, uma normal e outra completamente sem pelos, o texto do anúncio diz:

> Agora você pode escolher a sua cobaia. Pode optar pelo modelo-padrão, que vem completo, com pelos. Ou, para maior rapidez e eficiência, pode tentar o novo modelo 1988, sem pelos.
> Nossas cobaias eutímicas, sem pelos, são resultado de anos de pesquisa. Podem ser usadas em estudos dermatológicos sobre agentes produtores de cabelos. Sensibilização cutânea. Terapia transdérmica. Estudos com ultravioleta. E muito mais.

Um anúncio dos laboratórios Charles River, publicado na *Endocrinology* (jun. 1985), pergunta:

> Gostaria de conhecer como trabalhamos?
> Oferecemos exatamente o que o médico receitou: hipofisectomias, adrenalectomias, castrações, timectomias, ovariectomias e tireoidectomias. Realizamos milhares de "endocrinotomias" todos os meses em ratos, camundongos e *hamsters*. Além de cirurgias especiais por encomenda (esplenectomias, nefrotomias, cecostomias). [...] Para animais alterados cirurgicamente, adequados a suas necessidades específicas, telefone

para [número do telefone]. Nossas telefonistas estão disponíveis a qualquer momento.

Além dos próprios animais, os experimentos criaram um mercado de equipamentos especializados. A *Nature*, conceituada revista científica britânica, tem uma seção intitulada "Novidades do mercado" que informou a seus leitores sobre um novo equipamento para pesquisa:

> O último instrumento para pesquisas em animais da Columbus Instruments é uma esteira de ar comprimido que coleta dados sobre o consumo de oxigênio durante a prática de exercício. A esteira possui pistas isoladas de corrida munidas de estímulos elétricos que podem ser configurados para até quatro ratos ou camundongos. [...] O sistema básico de 9.737 libras inclui um controlador de velocidade da correia e um dispositivo de choques com ajuste de voltagem. O modelo de 13.487 libras é totalmente automático e pode ser programado para realizar experimentos consecutivos, com períodos de descanso, monitorando automaticamente o número de viagens até a grade de choques, o tempo gasto correndo e o tempo despendido na grade de choques.[25]

A Columbus Instruments fabrica vários instrumentos engenhosos. Ela anuncia na *Lab Animal*:

> O Medidor de Convulsões da Columbus Instruments possibilita que se façam medidas objetivas e quantitativas das convulsões dos animais. Uma célula de precisão sensorial, instalada em uma plataforma, converte os componentes ver-

ticais da intensidade da convulsão em sinais elétricos proporcionais. [...] O usuário deve observar o comportamento do animal e ativar o medidor através de um comutador ao perceber uma convulsão iminente. No final do experimento obtêm-se a intensidade e o tempo total das convulsões.

Depois, há o *The Whole Rat Catalog* [Catálogo completo de ratos]. Publicado pela Harvard Bioscience, consiste de 140 páginas de equipamentos utilizados em experimentos com animais de pequeno porte, todo ele escrito em jargão publicitário gracioso. Por exemplo, sobre os compartimentos de plástico transparente para imobilizar coelhos, o catálogo diz: "A única coisa que se mexe é o nariz!" Às vezes, contudo, transparece um pouco de sensibilidade quanto à natureza controvertida do assunto; por exemplo, a descrição da caixa de transporte de roedores sugere: "Use esta caixa discreta para levar seu animal favorito de um lugar para outro, sem chamar a atenção." Além de caixas comuns, eletrodos, materiais cirúrgicos e seringas, o catálogo anuncia cones restritivos para roedores, sistemas giratórios de imobilização Harvard, luvas resistentes a radiação, equipamento de telemetria FM implantável, dietas líquidas para ratos e camundongos para estudos sobre o álcool, decapitadores para animais de pequeno e grande porte e até mesmo um emulsificador de roedores, que "rapidamente reduz as sobras de animais de pequeno porte a uma suspensão homogênea"[26].

Imagina-se que as empresas não se preocupariam em fabricar e anunciar esses equipamentos se não esperassem realizar vendas consideráveis. E os artigos não seriam comprados se não fossem utilizados.

Entre dezenas de milhões de experimentos realizados, pode-se considerar que apenas alguns contribuem para pesquisas médicas importantes. Um número imenso de animais é utilizado em departamentos universitários, como o florestal e de psicologia. Muitos outros são empregados com fins comerciais, para testar novos cosméticos, xampus, corantes alimentícios e demais produtos não essenciais. Tudo isso só é possível graças ao nosso preconceito de não levar a sério o sofrimento de seres não pertencentes à nossa espécie. Normalmente, os que defendem os experimentos em animais não negam que eles sofrem.

Não podem negá-lo, pois precisam ressaltar as semelhanças entre humanos e outros animais para alegar que os experimentos podem ter alguma relevância para fins humanos. O cientista que obriga ratos a escolher entre morrer de fome e levar choques elétricos, para verificar se desenvolvem úlcera (o que de fato acontece), faz isso porque o rato tem um sistema nervoso muito parecido com o nosso e, presumivelmente, sente o choque elétrico de maneira semelhante.

Há muito tempo existe oposição à experimentação em animais. Essa oposição alcançou poucos resultados porque os pesquisadores, apoiados por empresas que lucram com o suprimento de cobaias e equipamentos, têm conseguido convencer os legisladores e o público de que a oposição é feita por fanáticos desinformados, que consideram os interesses dos animais mais importantes do que os interesses dos seres humanos. Mas, para se opor ao que acontece hoje, não é preciso insistir em que cessem imediatamente todos os experimentos. Tudo o que precisamos dizer é que, quando não servem a objetivos diretos e urgentes, devem cessar de imediato, e, nos demais campos de pesquisa, devem-se buscar, sempre que possível, métodos alternativos, que não utilizem cobaias.

Para compreender por que essa aparentemente modesta mudança seria tão importante precisamos saber mais sobre os experimentos realizados hoje e que vêm sendo feitos há um século. Poderemos, então, avaliar a alegação dos defensores da presente situação, segundo os quais as pesquisas são realizadas unicamente com objetivos relevantes. As próximas páginas, portanto, descrevem alguns experimentos em animais. A leitura não é agradável, mas temos a obrigação de obter informações sobre o que é feito em nossa comunidade. Sobretudo porque pagamos, por intermédio dos impostos, a maioria dessas pesquisas. Se os animais devem ser submetidos a esses experimentos, o mínimo que podemos fazer é ler os relatórios e nos informar. Eis por que não tentei suavizar ou atenuar nada. Tampouco procurei tornar as coisas piores do que são. Os relatos que se seguem são todos retirados de descrições escritas pelos próprios pesquisadores e por eles publicados nas revistas científicas através das quais se comunicam entre si.

Essas descrições são, inevitavelmente, mais favoráveis aos cientistas do que o seriam caso fossem feitas por algum observador de fora. Há dois motivos para isso. Um é que os pesquisadores não enfatizam o sofrimento que infligem, a menos que seja necessário para comunicar os resultados da experiência; mas esses casos são raros. A maior parte do sofrimento, portanto, não é descrita. Os cientistas podem considerar desnecessário incluir em seus relatórios alguma menção ao que acontece quando dispositivos usados para aplicar choques elétricos são deixados ligados, quando deveriam ter sido *desli-*

gados; quando os animais recobram a consciência em meio a uma cirurgia, em consequência de um anestésico mal administrado; quando animais doentes morrem durante o fim de semana, por falta de atendimento. O segundo motivo pelo qual as revistas científicas são uma fonte favorável aos pesquisadores é que incluem apenas os experimentos que estes, e os editores, consideram significativos. Um comitê do governo britânico descobriu que apenas um quarto dos testes com animais é publicado[27]. Não há motivo para acreditar que um número maior de relatos seja publicado nos Estados Unidos. Como a proporção de faculdades menores, que contam com pesquisadores menos talentosos, é muito mais alta nos Estados Unidos do que na Grã-Bretanha, é provável que uma proporção ainda menor de experimentos conduza a resultados com algum significado.

Portanto, ao ler as páginas que se seguem, tenha em mente que elas foram retiradas de fontes que favorecem os cientistas. E, se os resultados dos experimentos não parecem ter importância suficiente para justificar o sofrimento que causam, lembre-se de que esses exemplos foram todos retirados de uma pequena fração dos experimentos que os editores consideraram significativos para publicação. Uma última advertência: os relatórios divulgados em revistas sempre aparecem com o nome dos pesquisadores. Em geral, mantive esses nomes, pois não vejo por que protegê-los sob o manto do anonimato. Porém, não se deve supor que essas pessoas sejam especialmente más ou cruéis. Fazem aquilo para o que foram treinadas, o que milhares de colegas seus também fazem. Os experimentos não pretendem ilustrar o sadismo dos cientistas, mas sim a mentalidade institucionalizada do especismo, que lhes possibilita executar essas coisas sem levar em conta os interesses dos animais que utilizam.

Muitos dos experimentos mais dolorosos são realizados no campo da psicologia. Para que se tenha uma ideia do número de animais submetidos a pesquisas nos laboratórios dessa disciplina, considere-se que, em 1986, o National Institute of Mental Health (NIMH) [Instituto Nacional de Saúde Mental] financiou 350 experimentos com animais. O NIMH é somente uma das fontes de financiamento federal para pesquisas no campo da psicologia. A agência investiu mais de 11 milhões de dólares em experimentos que envolveram manipulação direta do cérebro; mais de 5 milhões de dólares naqueles que estudaram os efeitos de drogas sobre o comportamento; quase 3 milhões em experimentos sobre aprendizado e memória e mais de 2 milhões em pesquisas envolvendo privação de sono, estresse, medo e ansiedade. Essa agência governamental gastou, em um ano, mais de 30 milhões de dólares em experimentos com animais[28].

Uma das formas mais comuns de experimentação, no campo da psicologia, é aplicar choques elétricos em animais. Isso pode ser feito com o objetivo de descobrir como eles reagem a vários tipos de punição ou para treiná-los a executar diferentes tarefas. Na primeira edição deste livro, descrevi experimentos realizados no final dos anos 1960 e início dos 1970, em que os pesquisadores ministravam choques elétricos aos animais. Eis apenas um exemplo daquele período:

O. S. Ray e R. J. Barrett, que trabalhavam na unidade de pesquisas em psicologia do Veterans Administration Hospital, em Pittsburgh, aplicaram choques elétricos nas patas de 1.042 camundongos. A seguir, provocaram convulsões por intermédio de choques mais intensos, mediante eletrodos em forma de taça aplicados aos olhos dos animais ou clipes presos às suas orelhas. Relataram que, infelizmente, alguns camundongos que "haviam completado com sucesso o treinamento do Dia Um foram encontrados doentes ou mortos, antes dos testes do Dia Dois".[29]

Quase vinte anos depois, enquanto escrevo a segunda edição deste livro, os cientistas ainda inventam novas variações para testar em animais. W. A. Hillex e M. R. Denny, da Universidade da Califórnia, em San Diego, colocaram ratos em um labirinto e ministraram-lhes choques elétricos quando, na tentativa seguinte após uma escolha incorreta, deixavam de escolher, em três segundos, a direção certa a tomar. Concluíram que os "resultados lembram o trabalho anterior sobre fixação e regressão nos ratos, no qual os animais recebiam choques no tronco de um labirinto em forma de T, pouco antes do ponto em que tinham de escolher. [...]" Em outras palavras, a administração de choques elétricos no ponto do labirinto em que tinham de escolher, e não antes desse ponto – o novo recurso dessa experiência específica –, não produziu diferenças significativas. Os cientistas prosseguem, citando trabalhos realizados em 1933, 1935 e outros anos, até 1985[30].

O experimento a seguir é uma tentativa de mostrar que os resultados que, conforme se sabe, ocorrem em seres humanos também se aplicam a camundongos: Curt Spanis e Larry Squire, da Universidade da Califórnia, San Diego, fizeram uso de dois tipos diferentes de choque, num teste que visava a examinar de que modo os "choques eletroconvulsivos" afetam a memória de camundongos. O animal é colocado em um compartimento iluminado, numa câmara com dois compartimentos, o outro permanecendo escuro. Quando ele cruza o limite entre o compartimento iluminado e o escuro, recebe choques elétricos nas patas. Depois do "treinamento", recebe "tratamento de choques eletroconvulsivos [...] administrados quatro vezes, com intervalos de uma hora [...]. Em todos os casos ocorreram ataques convulsivos". O tratamento com choques eletroconvulsivos provocou amnésia retrógrada, que perdurou por um mínimo de 28 dias. Spanis e Squire concluíram que isso ocorreu porque os camundongos não se lembraram de que não deviam ir para o compartimento escuro, o que os fazia receber choques elétricos. Ambos observaram que suas descobertas eram "consistentes" com aquelas que Squire já fizera em estudos com pacientes psiquiátricos. Reconheceram que os resultados "não podem corroborar nem rejeitar com firmeza" as ideias ora existentes sobre perda de memória, em razão da "alta variação dos escores nos diferentes grupos". Apesar disso, afirmam: "Essas descobertas ampliam o paralelo existente entre a amnésia experimental em animais de laboratório e a amnésia em seres humanos."[31]

Em uma experiência semelhante, J. Patel e B. Migler, trabalhando na ICI Americas, Inc., em Wilmington, Delaware, treinaram saguis a pressionar uma alavanca para obter bolinhas de comida. Colocavam, então, coleiras metálicas no pescoço dos animaizinhos, por meio das quais eram aplicados choques cada vez que recebiam uma bolinha de comida. Eles podiam evitar o choque se esperassem três horas antes de tentar obter comida. Foram necessárias oito semanas de sessões de treinamento, seis horas por dia, para que os saguis aprendessem a evitar os choques. Supostamente, isso produziria uma situação de "conflito". Eles recebiam, então, várias drogas, para testar se, quando drogados, sentiriam os choques. Os experimentadores declararam ter adaptado o teste também para ratos, e que ele seria "útil para identificar potenciais agentes ansiolíticos"[32].

Experimentos de condicionamento são realizados há mais de 85 anos. Um relatório compilado em 1982 pelo grupo United Action for Animals [Ação Unida pelos Animais], de Nova York, localizou 1.425 artigos sobre "experimentos clássicos de condicionamento". Ironicamente, a futilidade da maior parte dessas pesquisas é revelada, de modo sombrio, por um artigo publicado por um grupo da Universidade de Wisconsin. Susan Mineka e equipe submeteram 140 ratos a choques aos quais podiam fugir e a choques dos quais não conseguiam fugir, a fim de comparar os níveis de medo gerado pelos diferentes tipos de descarga elétrica. Eis o que foi dito como fundamentação de seu trabalho:

> Ao longo dos últimos 15 anos, uma quantidade enorme de pesquisas foi direcionada para a compreensão do comportamento diferenciado e dos efeitos fisiológicos que se originam da exposição a elementos aversivos controláveis em oposição a elementos aversivos incontroláveis. A conclusão geral foi que a exposição a eventos aversivos incontroláveis é consideravelmente mais estressante para o organismo do que a exposição a eventos aversivos controláveis.

Após terem submetido seus ratos a intensidades variadas de choques elétricos, dando-lhes, às vezes, a possibilidade de fugir, os pesquisadores não conseguiram determinar quais mecanismos poderiam ser considerados corretos na explicação de seus resultados. Apesar disso, disseram acreditar que esses resultados eram importantes porque "levantam algumas questões sobre a validade das conclusões de centenas de experimentos realizados ao longo dos últimos 15 anos"[33].

Em outras palavras, 15 anos ministrando choques a animais podem não ter produzido resultados válidos. Mas, no mundo bizarro dos experimentos psicológicos em animais, essa descoberta serve como justificativa para novas pesquisas, em que serão administradas descargas elétricas inescapáveis em outros animais a fim de que resultados "válidos" possam, finalmente, ser produzidos – e, lembrem-se, esses "resultados válidos" ainda poderão ser aplicados apenas ao comportamento de animais presos submetidos a choques elétricos inescapáveis.

Uma história de futilidade, igualmente triste, é a dos experimentos destinados a produzir o que é conhecido por "desamparo aprendido" – supostamente, um modelo da depressão humana. Em 1953, R. Solomon, L. Kamin e L. Wynne, da Universidade de Harvard, colocaram quarenta cães em um aparelho conhecido como "caixa de esquiva", que consiste num recipiente dividido em dois compartimentos, separados por uma barreira. Inicialmente, a barreira era posta à altura das costas dos cães. Centenas de choques elétricos eram ministrados em suas patas, através de um piso gradeado. No início, os cães podiam evitar o choque se aprendessem a saltar a barreira que os separava do outro compartimento. Na tentativa de "desencorajar" um cão a saltar, os cientistas forçavam-no a pular cem vezes sobre a grade do outro compartimento, que também transmitia choques a suas patas. Eles disseram que, no momento em que o cão saltava, emitia um "latido agudo de antecipação, que se transformava em ganido quando batia com os pés na grade eletrificada". Então bloquearam com vidro a passagem entre os compartimentos. Relataram que o cão "saltava e esmagava a cabeça contra o vidro". Inicialmente, apresentavam sintomas como "defecação, urinação, ganidos e guinchos agudos, tremedeira, ataques ao aparelho e assim por diante; mas, depois de dez ou doze dias de testes, os cães impedidos de fugir dos choques paravam de resistir". Os pesquisadores declararam estar "impressionados" com isso, concluindo que a combinação de barreira de vidro e choque nas patas era "muito eficaz" para eliminar o salto dos cães[34].

Esse estudo mostrou ser possível induzir um estado de desamparo e desespero mediante a administração sistemática de choques intensos inescapáveis. Esses estudos sobre "desamparo aprendido" tornaram-se ainda mais requintados nos anos 1960. Martin Seligman foi um pesquisador proeminente da Universidade da Pensilvânia. Ministrou choques elétricos em cães, através de um piso de aço gradeado, com tal intensidade e persistência que eles pararam de tentar escapar e "aprenderam" a ficar impotentes. Em um estudo escrito com os colegas Steven Maier e James Geer, Seligman descreve seu trabalho:

> Quando um cão normal é submetido a treinamento de fuga em uma caixa de esquiva, ocorre em geral o seguinte comportamento: no início dos choques elétricos, o cão corre fre-

neticamente, defecando, urinando e uivando até se jogar contra a barreira e, dessa forma, escapar dos choques. Na tentativa seguinte, correndo e uivando, ele cruza mais rapidamente a barreira, e assim por diante, até conseguir evitá-los com eficiência.

Seligman alterou esse padrão, prendendo os cães com correias e ministrando-lhes choques dos quais não tinham como fugir. Quando eles eram colocados na situação original, da caixa de esquiva de onde conseguiam escapar, Seligman descobriu que:

> De início, esse cão reage, na caixa de esquiva, da mesma maneira que o cão normal. Entretanto, em drástico contraste com o cão normal, ele logo para de correr e permanece quieto até cessarem os choques. Não transpõe a barreira para escapar dos choques. Ao contrário, parece "desistir" e "aceitá-los" passivamente. Em tentativas sucessivas, não tentava fugir, levando, assim, choques intensos e pulsantes por cinquenta segundos em cada tentativa. [...] Um cão previamente exposto a choques inescapáveis [...] pode tomar inúmeras descargas elétricas, sem procurar escapar deles ou evitá-los.[35]

Na década de 1980, os psicólogos prosseguiram com os experimentos de "desamparo aprendido". Na Universidade Temple, Filadélfia, Philip Bersh e três outros pesquisadores ensinaram ratos a reconhecer uma luz de advertência que os alertava sobre a iminência de um choque a ser ministrado em cinco segundos. Uma vez percebido o alerta, os ratos poderiam evitar a descarga se corressem para um compartimento seguro. Depois que aprenderam esse comportamento, foi-lhes impedido o acesso à câmara segura. Os cientistas submeteram-nos a prolongados períodos de choques inescapáveis. Como era de esperar, mesmo depois, quando podiam fugir, os ratos não conseguiram reaprender rapidamente o comportamento de fuga[36].

Bersh e equipe também submeteram 372 ratos a testes de choques aversivos, para tentar determinar a relação entre o condicionamento pavloviano e o desamparo aprendido. Relataram que as "implicações dessas descobertas para a teoria do desamparo aprendido não estão inteiramente claras" e que "resta um número substancial de questões a responder"[37].

Na Universidade de Tennessee, em Martin, G. Brown, P. Smith e R. Peters tiveram grande trabalho para criar uma caixa de esquiva especialmente inventada para peixinhos dourados, talvez para verificar se a teoria de Seligman não tinha "furos". Submeteram 45 peixinhos a 65 sessões de choques cada um e concluíram que "os dados do presente estudo não dão suporte à hipótese de Seligman de que o desamparo é aprendido"[38].

Essas pessoas infligiram dor intensa e prolongada em muitos animais – primeiro, para provar uma teoria, depois, para refutá-la e, enfim, para apoiar versões modificadas da teoria original. Steven Maier, que, juntamente com Seligman e Geer, é coautor do relatório já citado sobre a indução do desamparo aprendido em cães, fez carreira à custa da perpetuação desse modelo. No entanto, em artigo recente de revisão de literatura, Maier tinha o seguinte a dizer sobre a validade desse "modelo animal" de depressão:

> Pode-se argumentar que não há concordância suficiente sobre as características, neurobiologia, indução e preven-

ção/cura da depressão para tornar essa comparação significativa. [...] Assim, num sentido geral, parece improvável que o desamparo aprendido seja um modelo de depressão.³⁹

Embora Maier tente salvar algo dessa conclusão desoladora, dizendo que o desamparo aprendido pode constituir-se não em um modelo de depressão, mas de "estresse e enfrentamento", ele efetivamente admite que mais de trinta anos de experimentação animal foram uma perda de tempo e de valores substanciais de dinheiro dos contribuintes, sem contar a imensa quantidade de intensa dor física causada.

Na primeira edição deste livro, reportei-me a uma experiência, publicada em 1973, realizada na Universidade Bowling Green, de Ohio, por P. Badia e dois colegas. Nessa experiência, dez ratos foram testados em sessões de seis horas de duração, durante as quais choques frequentes eram "sempre inevitáveis e inescapáveis". Os ratos podiam pressionar qualquer uma de duas alavancas no interior da câmara de testes para ser avisados de um choque eminente. Os pesquisadores concluíram que os animais preferiam ser avisados do choque⁴⁰. Em 1984, esse mesmo experimento ainda era realizado. Como alguém havia sugerido que o teste anterior poderia ter sido "metodologicamente infundado", P. Badia, dessa vez com B. Abbott, da Universidade de Indiana, colocou dez ratos em câmaras eletrificadas, sujeitando-os novamente a sessões de choques com seis horas de duração. Seis ratos recebiam choques inevitáveis a intervalos de um minuto, precedidos, às vezes, por um aviso. Depois, era-lhes facultado pressionar uma das alavancas para receber choques precedidos por um sinal de alerta ou choques sem aviso. Os quatro ratos restantes foram usados em uma variação desse experimento, recebendo choques a intervalos de dois e de quatro minutos de duração. Os pesquisadores descobriram que os animais, mais uma vez, preferiam choques precedidos por avisos, ainda que isso resultasse em mais choques[41].

Choques elétricos também são usados para provocar comportamento agressivo em animais. Em um estudo da Universidade de Iowa, Richard Viken e John Knutson dividiram 160 ratos em grupos e os "treinaram" em uma caixa de aço, com piso eletrificado. Pares deles recebiam choques elétricos até aprender a brigar, atacando o outro, em pé e de frente, ou mordendo o outro. Foram necessárias, em média, trinta tentativas para os ratos aprenderem a fazer isso ao primeiro choque. Os pesquisadores colocaram, então, os ratos treinados na caixa dos não treinados e registraram seu comportamento. Depois de um dia, todos foram mortos e raspados para o exame das feridas. Os cientistas concluíram que os "resultados não serviam para compreender a natureza ofensiva e defensiva da resposta induzida pelo choque"[42].

No Kenyon College, em Ohio, J. Williams e D. Lierle realizaram uma série de três experimentos para estudar os efeitos do controle do estresse sobre o comportamento defensivo. O primeiro baseou-se na suposição de que choques incontroláveis aumentam o medo. Dezesseis ratos foram colocados em tubos de plexiglas e submetidos a choques elétricos inescapáveis nas caudas. Em seguida foram postos, como intrusos, em uma colônia já estabelecida. Registraram-se suas interações com os outros. No segundo experimento, 24 ratos conseguiram, mediante treinamento, controlar os choques. No terceiro, 32 deles foram expostos a choques inescapáveis e a choques controláveis. Os pesquisadores concluíram:

> Embora essas descobertas e nossas formulações teóricas enfatizem as inter-relações entre a controlabilidade do choque, a previsibilidade do término do choque, dicas de estresse condicionado, medo e comportamento defensivo, novos experimentos são necessários para examinar a natureza precisa dessas complexas interações.[43]

Esse relatório, publicado em 1986, cita trabalhos experimentais anteriores nesse campo, que remontam a 1948.

Na Universidade de Kansas, uma unidade denominada Bureau of Child Research tem submetido vários animais a choques elétricos. Em um experimento, pôneis da raça *shetland* foram privados de água até ficar com sede; receberam, então, potes com água que podia ser eletrificada. Dois alto-falantes foram acoplados a cada um dos lados da cabeça dos pôneis. Quando surgia um ruído do lado esquerdo do alto-falante, o pote era eletrificado e os pôneis recebiam choques se estivessem bebendo. Eles aprenderam a parar de beber quando ouviam o ruído no alto-falante esquerdo, mas não no direito. Então, os alto-falantes foram colocados mais próximos um do outro, até que os pôneis não mais conseguissem distinguir entre eles e, portanto, não pudessem evitar as descargas. Os pesquisadores referem-se a experimentos semelhantes em ratos-brancos, ratos-cangurus, ratos-do-campo, porcos-espinhos, cães, gatos, macacos, gambás, focas, golfinhos e elefantes. Concluíram que os pôneis têm grande dificuldade de distinguir a direção dos ruídos em comparação com outros animais[44].

Não é fácil perceber como essa pesquisa beneficiará crianças. O que mais perturba quanto aos exemplos de pesquisas citados é que, apesar do sofrimento vivenciado pelos animais, os resultados obtidos, mesmo como relatados pelos próprios experimentadores, são triviais, óbvios ou sem sentido. As conclusões mostram, com muita clareza, que os psicólogos fizeram um grande esforço para nos dizer, em jargão científico, o que já sabíamos desde o princípio, e que poderíamos descobrir de maneiras menos dolorosas com um pouco de reflexão – e esses experimentos supostamente eram mais significativos do que outros, não publicados.

Examinamos uma pequena parcela dos experimentos na área da psicologia que envolvem choques elétricos. De acordo com o relatório do OTA:

> Um levantamento de 608 artigos publicados de 1979 a 1983 em revistas da Associação Norte-Americana de Psicologia, que geralmente publicam pesquisas com animais, identificou que 10 por cento dos estudos utilizavam choques elétricos.[45]

Muitas outras revistas não associadas à Associação Norte-Americana de Psicologia também publicaram relatórios de estudos com animais submetidos a choques elétricos. Não devemos esquecer experimentos que nunca são publicados. E esse é apenas um dos tipos de pesquisa dolorosa ou angustiante, feita em animais, no campo da psicologia. Examinamos os estudos sobre privação materna, mas poderíamos encher vários livros com breves descrições de outros experimentos psicológicos, como comportamento anormal, modelos animais de esquizofrenia, movimento, manutenção corporal, cognição, comunicação, relações predador-presa, motivação e emoção, sensação e percepção, privação de sono, alimento e água. Consideramos apenas alguns das dezenas de milhares de testes realizados anualmente no campo da psicologia, mas eles devem bastar para mostrar como muitos experimentos, ainda realizados, causam grande dor a animais e não oferecem perspectiva de produzir conhecimento novo vital. Infelizmente, os animais se tornaram meros instrumentos para psicólogos e outros pesquisadores. Um laboratório pode considerar o custo desses "instrumentos", mas é visível certa insensibilidade em relação a eles, não só nos experimentos como também na fraseologia dos relatórios. Considerem, por exemplo, a menção de Harlow e Suomi a seu *rack de estupro* e o tom jocoso com que relatam os "truques favoritos" das macacas nascidas como resultado de sua utilização.

A indiferença é facilitada pela utilização de jargão técnico, que disfarça a verdadeira natureza do que acontece. Os psicólogos, sob a influência da doutrina behaviorista de que apenas o que pode ser observado deve ser mencionado, desenvolveram uma coleção considerável de termos que se referem à dor, sem parecer que é disso que se trata. Alice Heim, uma das poucas psicólogas a se pronunciar contra a experimentação sem sentido praticada por seus colegas em animais, descreve-a da seguinte maneira:

> O trabalho sobre "comportamento animal" é sempre expresso em terminologia científica de conotação higiênica, o

que permite a doutrinação do jovem estudante normal de psicologia não sádico a seguir em frente, sem que sua ansiedade seja despertada. Assim, "técnica de extinção" é o termo utilizado para designar o que, de fato, é tortura por privação de água, quase inanição ou choque elétrico; "reforço parcial" é o termo para o ato de frustrar um animal, respondendo só de vez em quando às expectativas nele despertadas pelos pesquisadores, em treinamento prévio; "estímulo negativo" é o termo usado quando submetem um animal a um estímulo que ele evita, se possível. O termo "evitar" ou "evitação" é bom, por ser uma atividade observável. Os termos estímulo "doloroso" ou "atemorizador" são piores, porque antropomórficos, e implicam que o animal tem emoções e sensações – que podem ser semelhantes às emoções e sensações humanas. Isso não é permitido porque não é behaviorista, nem científico – e porque pode impedir o pesquisador mais jovem e menos calejado de realizar certos experimentos engenhosos, criando espaço para sua imaginação funcionar. O pecado capital para o psicólogo experimental, que trabalha no campo do "comportamento animal", é o antropomorfismo. No entanto, se não acreditasse na analogia entre o ser humano e o animal inferior, é provável que até mesmo ele considerasse seu trabalho amplamente injustificado.[46]

O tipo de jargão a que se refere Heim pode ser encontrado nos relatórios já citados. Observe que, mesmo quando Seligman se sente compelido a dizer que os sujeitos de seus experimentos "desistiram" de tentar escapar do choque, ele acha necessário colocar o termo entre aspas, como se dissesse que não está imputando algum processo mental ao cão. No entanto, a consequência lógica dessa visão de "método científico" é que os experimentos em animais nada podem nos ensinar sobre seres humanos. Por incrível que pareça, alguns psicólogos, no afã de evitar o antropomorfismo, aceitam essa conclusão. Tal atitude é ilustrada pela seguinte afirmação autobiográfica, que apareceu na revista *New Scientist*:

> Quando, há 15 anos, matriculei-me num curso de psicologia, um entrevistador bastante sagaz, ele próprio psicólogo, questionou-me minuciosamente sobre meus motivos e perguntou-me o que eu achava que era psicologia e qual seu tema principal. Pobremente tolo e simplório, respondi que se tratava do estudo da mente e que seu material bruto eram os seres humanos. Com um brado alegre por poder dissuadir-me de maneira tão efetiva, o entrevistador declarou que os psicólogos não estavam interessados na mente, que o foco dourado de seus estudos eram os ratos, e não as pessoas; aconselhou-me então, enfaticamente, a dirigir-me ao departamento de filosofia, na porta ao lado. [...][47]

Talvez poucos psicólogos afirmassem agora, com orgulho, que seu trabalho nada tem a ver com a mente humana. No entanto, muitos experimentos feitos em ratos só podem ser explicados se supusermos que os pesquisadores estão realmente interessados no comportamento dos ratos, com vistas a beneficiá-los, sem nenhuma intenção de aprender algo útil sobre os seres humanos. Porém, nesse caso, qual seria a justificativa para infligir tanto sofrimento? Certamente não seria a de beneficiar os ratos.

Assim, o dilema central do pesquisador se impõe de modo especialmente agudo na psicologia: ou o animal não é como nós e, por isso, não há por que fazer o experimento, ou o animal é como nós, e, nesse caso, não deveríamos realizar nele um experimento que seria considerado ultrajante se executado em um de nós.

Outro campo importante da experimentação envolve o envenenamento anual de milhões de animais. Muitas vezes isso também é feito por razões triviais. Na Grã-Bretanha, em 1988, foram realizados 588.997 procedimentos científicos em animais para testar drogas e outros produtos; desses, 281.358 não eram relacionados a testes de produtos médicos ou veterinários[48]. Nos Estados Unidos não há números precisos disponíveis, mas, se a proporção for similar à da Grã-Bretanha, o número de cobaias deve ser de três milhões, no mínimo – ou o dobro ou o triplo disso, porque há muitas pesquisas e desenvolvimento de produtos nesse campo, nos Estados Unidos, e a Food and Drug Administration (FDA) exige extensos testes de novas substâncias antes de liberá-las. Pode-se julgar justificável a exigência de testar drogas capazes de salvar vidas, mas os mesmos tipos de testes são utilizados para produtos como cosméticos, corantes alimentícios e ceras para assoalho. Devem milhares de animais sofrer para que um novo batom ou uma nova cera seja lançado no mercado? Já não temos um excesso da maioria dessas mercadorias? Quem se beneficia com a introdução de novos produtos no mercado, a não ser as empresas que esperam lucrar com eles?

Quando se trata de algum teste médico, é muito provável que ele nada faça para melhorar nossa saúde. Os cientistas que trabalham para o Departamento Britânico de Saúde e Segurança Social examinaram as drogas comercializadas na Grã-Bretanha entre 1971 e 1981. Descobriram que novas drogas

> haviam sido introduzidas em áreas terapêuticas já demasiado saturadas [...] para doenças comuns, em grande parte crônicas, e que ocorrem principalmente em sociedades ocidentais afluentes. A inovação, portanto, é decidida, em grande medida, numa relação direta com o retorno comercial, e não com a necessidade terapêutica.[49]

Para avaliar o que está envolvido na introdução desses novos produtos é necessário saber algo sobre os métodos padronizados de testagem. Para determinar quão venenosa é uma substância, são realizados "testes de toxicidade aguda por via oral". Nesses testes, desenvolvidos na década de 1920, os animais são forçados a ingerir certas substâncias, inclusive produtos não comestíveis, como batom e papel. Muitas vezes, as cobaias não consomem a substância se ela for colocada em sua comida; portanto, os pesquisadores forçam-nas a ingeri-la pela boca ou mediante um tubo que inserem em sua garganta. Testes padronizados são realizados por 14 dias, mas alguns podem durar até seis meses – se os animais sobreviverem até lá. Durante esse período, eles muitas vezes exibem sintomas clássicos de envenenamento, entre os quais vômito, diarreia, paralisia, convulsões e hemorragia interna.

O teste de toxicidade aguda mais conhecido é o DL_{50}, acrônimo para "dose letal para 50 por cento": a quantidade de substância que matará metade dos animais do estudo. Para descobrir o nível dessa dose, são envenenados grupos de amostragem. Em geral, antes do ponto em que metade das cobaias morre, todas já estão muito doentes e com sinais evidentes de sofrimento. No caso de substâncias razoavelmente nocivas, considera-se um bom procedimento encontrar a concentração que leva metade dos animais à morte. Em decorrência, é preciso obrigá-los a ingerir enorme quantidade da substância. A morte pode ser provocada pelo grande volume engolido ou pela alta concentração ministrada. Isso não tem nenhuma relevância para as circunstâncias em que os seres humanos usarão o produto. Como o objetivo desses experimentos é medir a quantidade da substância que envenena metade dos animais, levando-os a óbito, os agonizantes não são libertados do tormento porque há o temor de produzir dados imprecisos. O Gabinete de Avaliação Tecnológica do Congresso Norte-Americano estimou que "vários milhões" de animais são utilizados todos os anos em testes toxicológicos nos Estados Unidos. Estimativas mais específicas para o teste DL_{50} não estão disponíveis[50].

Cosméticos e outras substâncias são testados nos olhos dos animais. Os testes Draize de irritação dos olhos foram usados, primeiro, na década de 1949, quando J. H. Draize, trabalhando para a Food and Drug Administration, desenvolveu uma escala para avaliar quão irritante era uma substância quando colocada nos olhos de coelhos. Os animais são, em geral, postos em dispositivos imobilizadores, ficando apenas com a cabeça de fora. Isso impede que cocem ou esfreguem os olhos. A substância a ser testada (como alvejante, xampu ou tinta) é, então, colocada no olho de cada coelho. O método utilizado consiste em puxar a pálpebra inferior e colocar a substância no "copinho" que se forma dessa maneira. O olho é, então, mantido fechado. Às vezes, a aplicação é repetida. Os coelhos são observados diariamente quanto a inchaço, ulceração, infecção e sangramento. Os estudos podem durar até três semanas. Um pesquisador, funcionário de uma grande empresa química, descreveu o mais alto nível de reação nos seguintes termos:

> Perda total da visão devido a graves lesões internas na córnea ou na estrutura interna. O animal mantém o olho firmemente fechado. Pode guinchar, arranhar o olho, saltar e tentar fugir.[51]

Mas, é claro, quando estão no dispositivo imobilizador, os coelhos não podem nem arranhar os olhos nem fugir (veja fotografia após a p. 308). Algumas substâncias provocam dano tão grave que os olhos perdem todas as características diferenciadoras – a íris, a pupila e a córnea assumem a aparência de uma única massa infeccionada. Os cientistas não são obrigados a usar anestésicos, mas, às vezes, utilizam uma pequena quantidade de anestesia tópica no momento em que introduzem a substância, desde que isso não interfira no teste. Esse procedimento em nada alivia a dor resultante de duas semanas com produto para limpeza de forno no olho. Os números do Departamento de Agricultura Norte-Americano mostram que, em 1983, os laboratórios que fazem testes de toxicidade usaram 55.785 coelhos, e as empresas químicas, outros 22.034. Pode-se supor que muitos deles foram utilizados em testes Draize, embora não se encontrem disponíveis números mais precisos[52].

- Os animais também são submetidos a outros experimentos para determinar a toxicidade de várias substâncias. Durante estudos de inalação, são colocados em câmaras fechadas e forçados a inalar *sprays*, gases e vapores. Em estudos de toxicidade dérmica, o pelo dos coelhos é raspado, para que a substância seja colocada sobre sua pele. Os animais são presos, para que não possam coçar o corpo irritado. O couro pode sangrar, cobrir-se de bolhas e escamar. Estudos sobre imersão, em que os animais são colocados em cubas com substâncias diluídas, provocam, às vezes, afogamento, antes que quaisquer resultados possam ser obtidos. Em estudos sobre injeções, a substância é injetada no animal, via subcutânea, intramuscular ou diretamente em algum órgão.

Esses são procedimentos-padrão. Eis dois exemplos de como são feitos:

Em experimentos realizados na Inglaterra, pelo Huntingdon Research Institute, junto com a empresa gigante ICI, quarenta macacos foram envenenados com o herbicida letal paraquat. Ficaram muito doentes: vomitavam, tinham dificuldade para respirar e apresentaram hipotermia. Morreram lentamente, ao longo de vários dias. Já se sabia que o envenenamento de seres humanos com este herbicida resultava em morte lenta e agonizante[53].

Iniciamos este capítulo com alguns experimentos militares. Voltemos a eles.

Cientistas do U.S. Army Medical Research Institute of Infectious Diseases [Instituto de Pesquisas Médicas de Doenças Infecciosas do Exército Norte-Americano] envenenaram ratos com T2. Esse veneno, segundo o Departamento de Estado, "tem a vantagem adicional de ser uma arma de terror eficaz, que provoca sintomas estranhos e pavorosos", como "grave hemorragia", bolhas e vômito, de modo que seres humanos e animais podem ser "mortos de maneira horripilante". O T2 foi administrado por via intramuscular, intravenosa, subcutânea e interperitonial – ou seja, injetado nos tecidos musculares, nas veias, sob a pele e nos tecidos abdominais –, e por boca, nariz e pele. Oito testes foram feitos para determinar valores de DL_{50}. A morte, em geral, ocorreu entre 9 e 18 horas após a exposição, mas os ratos que receberam o veneno mediante aplicação na pele levaram, em média, seis dias para ir a óbito. Antes de morrer, não conseguiam mais caminhar nem comer, apresentando putrefações cutâneas e intestinais, agitação e diarreia. Os pesquisadores relataram que suas descobertas foram "bastante compatíveis com estudos publicados anteriormente sobre exposição subcutânea e crônica ao T2"[54].

Como ilustra esse exemplo, não são testados apenas produtos destinados ao consumo de seres humanos. Agentes químicos utilizados na guerra, pesticidas e todo o tipo de bens industriais ou domésticos são dados aos animais, para que eles os ingiram, ou colocados em seus olhos. O manual *Clinical Toxicology of Commercial Products* [Toxicologia clínica de produtos comerciais] apresenta dados, em sua maioria de experimentos com animais, sobre o grau de toxicidade de centenas de produtos comerciais, que incluem inseticidas, anticongelantes, líquidos de freio, alvejantes, *sprays* para árvores de Natal, velas, produtos de limpeza de forno, desodorantes, loções refrescantes para a pele, sais de banho, cremes depilatórios, maquiagem para os olhos, extintores de incêndio, tintas, óleos bronzeadores, esmaltes para as unhas, máscaras para cílios, *sprays* para os cabelos, tintas de parede e lubrificantes para zíper[55].

Muitos cientistas e médicos criticam esse tipo de teste, salientando que os resultados não podem ser aplicados a seres humanos. O dr. Christopher Smith, médico de Long Beach, Califórnia, afirmou:

> Os resultados desses testes não podem ser usados para prever a toxicidade, nem para orientar a terapia no caso de uma exposição humana. Como profissional especializado em medicina de emergência e com mais de 17 anos de experiência no tratamento de envenenamento acidental e exposição a substâncias tóxicas, não conheço nenhum exemplo em que um médico socorrista tenha utilizado os dados de testes Draize para tratar lesões nos olhos. Nunca usei os resultados de testes em animais para tratar de casos de envenenamento acidental. Quando precisam determinar o melhor curso de tratamento para seus pacientes, os médicos socorristas utilizam relatórios de casos, experiência clínica e dados experimentais de testes clínicos em seres humanos.[56]

Há muito os toxicólogos sabem que a extrapolação de uma espécie para outra é um procedimento extremamente arriscado. A droga mais conhecida por provocar danos inesperados em seres humanos é a talidomida – que foi extensivamente testada em animais antes de ser liberada. Mesmo depois da suspeita de que a substância provocava disformias em seres humanos, nenhum dos testes de laboratório provocou deformidades em cadelas, gatas, ratas, macacas e *hamsters* prenhes, nem em galinhas. Elas apareceram apenas quando uma raça específica de coelhos foi testada[57]. Mais recentemente, o Opren foi aprovado em todos os testes habituais com animais antes de ser liberado e amplamente anunciado por seu fabricante, o gigante do ramo farmacêutico Eli Lilly, como uma nova "droga maravilhosa" para o tratamento de artrite. O medicamento foi retirado do mercado na Grã-Bretanha após 61 óbitos e mais de 3.500 casos registrados de reações adversas. Segundo um relatório publicado na *New Scientist*, o número verdadeiro pode ser bem mais elevado[58]. Outras drogas consideradas seguras após terem sido testadas em animais, mas que, mais tarde, mostraram-se nocivas a seres humanos são o Practolol, para cardiopatias, que provoca cegueira, e o antitussígeno Zipeprol, que provoca convulsões e coma em alguns doentes[59].

Além de expor pessoas ao perigo, os testes realizados em animais podem levar-nos a não identificar produtos valiosos, perigosos para eles mas não para os humanos. A insulina é capaz de provocar deformidades em coelhinhos e camundongos, embora não cause efeito semelhante em seres humanos[60]. A morfina, calmante para as pessoas que dela necessitam, provoca frenesi em ratos. E, como afirmou outro toxicólogo: "Se a penicilina fosse julgada por sua toxicidade em cobaias, talvez jamais tivesse sido utilizada no homem"[61].

Após décadas de testes sem sentido em animais, começaram a surgir alguns sinais de reflexão. Como afirmou a dra. Elizabeth Whelan, cientista e diretora executiva do American Council on Science and Health: "Não é preciso um doutorado em ciências para compreender que a exposição de roedores ao equivalente, em sacarina, a 1.800 garrafas de refrigerante à base de soda, por dia, não diz muito sobre nossa ingestão diária de alguns copos da substância." Whelan saudou o fato de funcionários da Agência de Proteção Ambiental terem, recentemente, minimizado o valor de estimativas anteriores dos riscos de pesticidas e outras substâncias químicas ambientais, observando que a avaliação do risco de câncer, derivada da extrapolação de testes em animais, baseava-se em suposições "simplistas" que "comprometem a credibilidade". Isso significa, diz ela, que "nossos reguladores estão começando a perceber que a literatura científica rejeita a infalibilidade dos testes em animais de laboratório"[62].

A American Medical Association (AMA) também admitiu que a precisão dos modelos animais é questionável. Um representante da AMA testemunhou, em uma audiência no Congresso sobre testes de drogas, que, "frequentemente, os estudos em animais provam pouco ou nada, e é muito difícil correlacioná-los a seres humanos"[63].

Felizmente, tem havido muito avanço na eliminação de experimentos em animais desde a primeira edição deste livro. A maioria dos cientistas, então, não levava a sério a possibilidade de encontrar substitutos eficazes para esses testes, a fim de aferir a toxicidade de substâncias. Foram persuadidos de que isso era possível pelo árduo trabalho de um amplo número de opositores aos experimentos em animais. Proeminente entre eles foi Henry Spira, ex-ativista dos direitos civis que criou coalizões contra os testes Draize e DL_{50}. A Coalition Against the Draize Test [Coalizão para a Abolição do Teste Draize] iniciou seus trabalhos convidando a Revlon, a maior empresa de cosméticos dos Estados Unidos, a destinar um décimo de 1 por cento de seus lucros para o desenvolvimento de uma alternativa ao teste Draize. Quando a Revlon declinou do convite, anúncios de página inteira no *The New York Times* perguntaram: "QUANTOS COELHOS A REVLON CEGA EM NOME DA BELEZA?"[64] Pessoas vestidas de coelho apareceram na reunião geral anual da Revlon. A empresa entendeu a mensagem e alocou os fundos requisitados para pesquisas sobre alternativas aos experimentos com animais. Outras empresas, como a Avon e a Bristol-Myers, seguiram o exemplo[65]. Como resultado, o trabalho desenvolvido na Grã-Bretanha nesse campo pelo Fundo para a Substituição de Animais em Experimentos Médicos teve continuação, nos Estados Unidos, numa escala mais ampla, sobretudo no Johns Hopkins Center for Alternatives to Animal Testing [Centro Johns Hopkins para Alternativas aos Testes com Animais], em Baltimore. O aumento do interesse resultou no lançamento de várias novas revistas importantes, como *In-Vitro Toxicology*, *Cell Biology and Toxicology* e *Toxicology in Vitro*.

Demorou algum tempo para que esse trabalho apresentasse resultados, mas, gradualmente, o interesse cresceu. Empresas como a Avon, a Bristol-Myers, a Mobil e a Procter & Gamble começaram a utilizar alternativas nos laboratórios, reduzindo, assim, o número de experimentos em animais. No final de 1988, o ritmo da mudança acelerou-se. Em novembro, uma campanha internacional contra a Benetton, liderada pela organização People for the Ethical Treatment of Animals (Peta) [Pessoas em Favor do Tratamento Ético de Animais], de Washington, convenceu a cadeia de lojas a interromper os testes em animais em seu departamento de cosméticos[66]. Em dezembro de 1988, a Noxell Corporation, fabricante dos cremes para a pele Noxzema, e a empresa de cosméticos Cover Girl anunciaram que passariam a usar um teste de triagem que reduziria em 80 a 90 por cento o número de animais utilizados em testes de segurança nos olhos; subsequentemente, a Noxell declarou não ter utilizado animais em testes de segurança na primeira metade de 1989⁶⁷.

O movimento ganhou ímpeto. Em abril de 1989, a Avon anunciou ter validado testes que utilizam um material sintético, desenvolvido especialmente para esse fim, chamado Eytex, em substituição aos testes Draize. Como resultado dessa descoberta, nove anos após Spira ter iniciado sua campanha, a Avon parou de utilizar os testes Draize⁶⁸. Notícias ainda melhores estavam por vir. Em maio de 1989, tanto a Mary Kay Cosmetics quanto a Amway anunciaram ter cessado de utilizar cobaias para realizar testes de segurança em seus produtos e se preparavam para usar alternativas⁶⁹. Em junho, a Avon, sob a pressão de outra campanha da Peta, anunciou o término, em caráter definitivo, de todos os testes em animais⁷⁰. Oito dias após o anúncio da Avon, a Revlon disse que havia concluído seu plano de longo prazo para eliminar os experimentos com cobaias em todas as fases de pesquisa, desenvolvimento e fabricação de seus produtos, e, portanto, abandonara essa prática. A seguir, a Fabergé parou de utilizar animais nos testes de cosméticos e de produtos de limpeza e higiene. Assim, em poucos meses (embora como resultado de muitos anos de trabalho), a primeira, a segunda e a quarta maiores empresas de cosméticos dos Estados Unidos haviam abandonado todos os experimentos com cobaias⁷¹.

Embora o desenvolvimento mais dramático tenha ocorrido na amplamente pública e, por isso mesmo, relativamente vulnerável indústria de cosméticos, o movimento contra os testes em animais também se alastra em áreas mais amplas. Como afirma um relatório da revista *Science*:

> Aguilhoados pelo movimento pelo bem-estar animal, os grandes fabricantes de produtos farmacêuticos, pesticidas e produtos domésticos fizeram avanços significativos em anos recentes com o objetivo de reduzir o número de animais utilizados em testes de toxicidade. Métodos alternativos, como cultura de células e tecidos e modelos em computador, são vistos não só como uma boa política de relações públicas, mas como econômica e cientificamente desejáveis.[72]

O relatório prossegue citando Gary Flamm, diretor do Departamento de Ciências Toxicológicas da Food and Drug Administration, afirmando que o DL_{50} "deve ser substituído na vasta maioria dos casos". Um artigo do *New York Times* citou um toxicólogo importante da G. D. Searle & Co., admitindo que "um número espantoso de argumentos do movimento pelo bem-estar animal é radical, porém correto".[73]

Parece haver pouca dúvida de que, como resultado desse desenvolvimento, evitou-se uma quantidade imensa de dor e sofrimento desnecessários. Quanto, precisamente, é difícil dizer, mas milhões de animais teriam sofrido, ano após ano, em testes que agora não são mais realizados. A tragédia é que, se os toxicólogos, as empresas e as agências reguladoras se preocupassem com os animais que utilizavam, milhões deles poderiam ter sido poupados de dor aguda. Foi somente após o movimento pela libertação animal ter começado a conscientizar as pessoas sobre o assunto que os responsáveis pelo comércio acerca dos testes pensaram no sofrimento dos animais. As coisas mais estúpidas e cruéis eram feitas apenas porque regulamentos assim o exigiam; e ninguém se preocupava em tentar mudá-los. Não foi senão em 1983, por exemplo, que as agências federais norte-americanas afirmaram que irritantes cáusticos conhecidos, como a lixívia, a amônia e produtos de limpeza de fornos, não precisavam ser testados nos olhos de coelhinhos conscientes[74]. Mas a batalha de modo algum chegou ao fim. Cito, mais uma vez, o relatório da *Science,* de 17 abril de 1987:

> Testes desnecessários ainda matam muitos animais, não apenas devido a exigências ultrapassadas, mas porque grande parte das informações existentes é de difícil acesso. Theodore M. Farber, diretor do Departamento de Toxicologia da Agência de Proteção Ambiental dos Estados Unidos, disse que sua agência possui arquivados 42 mil testes realizados e 16 mil testes DL_{50}. Afirmou que poderiam ter uma utilização muito melhor na eliminação de testes redundantes se fossem computadorizados, tornando-se de fácil acesso. "Muitos de nós, que atuamos na regulamentação toxicológica, vemos os mesmos estudos serem feitos vezes sem conta", afirmou Farber.[75]

Não seria difícil parar com esse desperdício de vidas e com essa dor desnecessária imposta aos animais caso se desejasse realmente isso. O desenvolvimento de alternativas adequadas para todos os testes de toxicidade levaria mais tempo, mas seria possível. Nesse ínterim, há uma maneira simples de reduzir o sofrimento envolvido nesses experimentos. Até que tenhamos alternativas satisfatórias, deveríamos, como primeiro passo, passar sem nenhuma nova substância potencialmente nociva que não seja essencial à nossa vida.

Quando os experimentos podem ser incluídos na categoria "médica", inclinamo-nos a pensar que o sofrimento envolvido deve justificar-se, porque a pesquisa contribui para o alívio do sofrimento. Mas já vimos que os testes de drogas terapêuticas são motivados menos pelo desejo de maximizar o bem de todos do que pelo desejo de lucrar o máximo. O amplo rótulo de "pesquisa médica" também pode ser usado para encobrir pesquisas motivadas por mera curiosidade intelectual. Essa curiosidade pode ser aceitável como parte de uma busca básica de conhecimento quando não envolve sofrimento, mas não deveria ser tolerada caso provoque dor. Com muita frequência pesquisas médicas básicas arrastam-se por décadas, e a maioria delas mostra-se, a longo prazo, completamente inútil. Como ilustração, considere a seguinte série de experimentos que remontam a quase um século, sobre os efeitos do calor em animais:

Em 1880, H. C. Wood colocou vários animais em caixas com tampa de vidro e as depositou sobre um pavimento de tijolos em um dia quente. Ele utilizou coelhos, pombas e gatos. Suas observações sobre coelhos são típicas. A uma temperatura de 43 °C, o coelho salta e "esperneia com as patas traseiras com grande fúria". A seguir, tem um ataque convulsivo. A 44 °C, o animal deita-se de lado, babando. A 49 °C, ofega e guincha baixinho. Morre logo depois.⁷⁶

Em 1881, foi publicado um relatório na revista *The Lancet* sobre cães e coelhos cuja temperatura tinha sido elevada para 45 °C. Descobriu-se que era possível evitar a morte mediante correntes de ar fresco, e os resultados, diziam, indicavam "a importância de manter baixa a temperatura nos casos em que ela mostra tendência a subir a alturas extremas"[77].

Em 1927, W. W. Hall e E. G. Wakefield, da U.S. Naval Medical School [Escola Médica Naval dos Estados Unidos], colocaram dez cães em uma câmara quente e úmida para fazer um teste de intermação provocada. Primeiro, os animais ficaram agitados, apresentando dificuldade de respirar, inchaço, congestão dos olhos e sede. Alguns sofreram convulsões. Outros morreram no início da experiência. Os demais tiveram grave diarreia e foram a óbito depois de serem retirados da câmara[78].

Em 1954, na Escola de Medicina da Universidade de Yale, M. Lennox, W. Sibley e H. Zimmerman colocaram 32 gatinhos em uma câmara de "calor radiante", submetendo-os "a um total de 49 sessões de calor. [...] As brigas eram comuns, sobretudo quando a temperatura subia". Houve convulsões em nove ocasiões: "Convulsões repetidas eram a regra." Trinta convulsões ocorreram em rápida sequência. Cinco gatinhos morreram durante as convulsões e seis sem convulsão. Os demais foram mortos pelos cientistas, para autópsia. O relato: "Os achados sobre febre induzida artificialmente em gatinhos estão de acordo com os resultados clínicos, os obtidos por eletroencefalogramas de seres humanos e os resultados clínicos anteriores sobre gatinhos."[79]

O experimento a seguir foi realizado no K. G. Medical College, em Lucknow, Índia. Incluo-o como exemplo do triunfo dos métodos ocidentais de pesquisa e atitude para com os animais sobre a antiga tradição hinduísta, que tem mais respeito por não humanos do que a tradição judaico-cristã. Em 1968, K. Wahal, A. Kumar e P. Nath expuseram 46 ratos a alta temperatura por quatro horas. Eles ficaram agitados, respiraram com dificuldade e salivaram profusamente. Um animal morreu durante o experimento e os outros foram mortos pelos pesquisadores, porque "não sobreviveriam mesmo"[80].

Em 1969, S. Michaelson, veterinário da Universidade de Rochester, expôs cães e coelhos a micro-ondas geradoras de calor até que sua temperatura alcançasse o nível crítico de 41,6 °C ou mais. Observou que os cães começaram a arquejar logo depois do início da exposição. A maioria "apresentou um aumento de atividade que variava de inquietação a extrema agitação". Perto do momento da morte, ocorreu fraqueza e prostração. No caso de coelhos, "após cinco minutos, são feitas tentativas desesperadas para fugir da gaiola". Os coelhos morrem em quarenta minutos. Michaelson concluiu que um aumento do calor gerado por micro-ondas provoca danos "indistinguíveis da febre"[81].

No Heller Institute of Medical Research [Instituto Heller de Pesquisa Médica], de Tel Aviv, Israel, em experimentos publicados em 1971 e financiados pelo Serviço de Saúde Pública dos Estados Unidos, T. Rosenthal, Y. Shapiro e outros colocaram 33 cães "escolhidos aleatoriamente no canil mais próximo" numa câmara com controle de temperatura e forçaram-nos a se exercitar em uma esteira, com temperaturas que chegavam a 45 °C, até "entrarem em colapso por intermação ou atingirem determinada temperatura retal". Vinte e cinco cães morreram. Nove foram, então, submetidos a uma temperatura de 50 °C, sem o exercício na esteira. Apenas dois cães sobreviveram mais de 24 horas, e a autópsia mostrou que todos sofreram hemorragia. Os pesquisadores concluíram: "Os achados estão de acordo com o que é relatado na literatura sobre seres humanos."[82] Em outro relatório, publicado em 1973, os mesmos cientistas descrevem experimentos em 53 cães, que envolvem várias combinações de calor e exercício em esteira. Seis vomitaram, oito tiveram diarreia, quatro entraram em convulsão, doze perderam a coordenação motora e todos salivaram excessivamente. Dos dez cães cuja temperatura retal atingiu 45 °C, cinco morreram "no momento de máxima temperatura retal" e os outros cinco, entre trinta minutos e onze horas após o término do experimento. Os pesquisadores concluíram que "quanto antes for reduzida a temperatura da vítima de intermação, maior a chance de recuperação"[83].

Em 1984, cientistas da Federal Aviation Administration [Administração Aeronáutica Federal], afirmando que "animais ocasionalmente morrem de estresse por calor nos sistemas nacionais de transporte", submeteram dez *beagles* a experimentos com calor. Os cães foram isolados em câmaras, amordaçados e expostos à temperatura de 35 °C, combinada com alta umidade. Não lhes deram alimento nem água, mantendo-os nessas condições por 24 horas. O comportamento dos cães foi observado. Incluiu "agitação deliberada, como agarrar com as patas as paredes da gaiola, andar em círculos sem parar, sacudir a cabeça para tirar a mordaça, esfregar a mordaça para a frente e para trás no chão da gaiola e ações agressivas contra os anteparos de proteção dos sensores". Alguns morreram nas câmaras. Quando os sobreviventes foram retirados, alguns vomitavam sangue e todos estavam fracos e exaustos. Os cientistas referiram-se a "experimentos subsequentes em mais de cem *beagles*"[84].

Em outro exemplo militar, R. W. Hubbard, do U.S. Army Research Institute of Environmental Medicine [Instituto de Pesquisas de Medicina Ambiental do Exército Norte-Americano] em Natick, Massachusetts, publicou artigos com títulos como "Mortalidade de ratos-modelo por intermação aguda" por mais de uma década. É bem conhecido que, quando ratos estão aquecidos, espalham saliva sobre o corpo; a saliva desempenha o mesmo papel refrescante do suor nos seres humanos. Em 1982, Hubbard e dois colegas notaram que ratos incapazes de produzir saliva espalhavam urina, caso outro líquido não estivesse disponível[85]. Portanto, em 1985, os três pesquisadores, junto com outro colega, injetaram atropina nos ratos, uma droga que inibe a sudorese e a secreção salivar. Outros tiveram as glândulas salivares extraídas por cirurgia. Os cientistas colocaram-nos, então, em câmaras, a 41,6 °C, até que a temperatura do corpo atingisse os 42,6 °C. Traçaram diagramas, comparando o "padrão de espalhamento de urina" de um rato que havia recebido atropina, ou cuja glândula salivar fora retirada mediante cirurgia, com outro, não submetido a tratamento. Descobriram que o "rato-modelo que recebera atropina e fora submetido a calor" era "um instrumento promissor para examinar o papel da desidratação em doenças provocadas pelo calor"[86].

Acabamos de citar uma série de experimentos que remontam ao século XIX – e tive espaço suficiente para incluir apenas uma pequena fração da literatura publicada. Os testes, obviamente, provocaram grande sofrimento; e as principais descobertas parecem ser o conselho de que as vítimas de intermação deveriam ser resfriadas – algo conhecido pelo mais rudimentar bom-senso e que já fora observado em pessoas que sofreram intermação natural. Quanto à aplicação dessa pesquisa a seres humanos, B. W. Zweifach mostrou, em 1961, que cães são fisiologicamente diferentes de seres humanos em aspectos que afetam sua reação à intermação e, portanto, são um mau modelo para a intermação em seres humanos[87]. É difícil levar a sério a sugestão de que os animaizinhos peludos, drogados com atropina, que espalham urina sobre si mesmos quando estão muito aquecidos, sejam um modelo melhor.

Séries semelhantes de experimentos são encontradas em muitos outros campos da medicina. Na sede da United Action for Animals, de Nova York, há fichários abarrotados de fotocópias de experimentos publicados em revistas científicas. Cada pasta grossa contém relatórios sobre numerosos testes, muitas vezes 50 ou mais. As etiquetas sobre as pastas dizem tudo: "Aceleração", "Agressão", "Asfixia", "Cegueira", "Centrifugação", "Compressão", "Concussão", "Superlotação", "Esmagamento", "Descompressão", "Testes com drogas", "Neurose experimental", "Congelamento", "Aquecimento", "Hemorragia", "Imobilização", "Isolamento", "Lesões múltiplas", "Abate da presa", "Privação de proteínas", "Punição", "Radiação", "Fome", "Choques", "Lesões na medula espinhal", "Estresse", "Sede" e muitas outras. Embora alguns desses experimentos possam ter redundado em avanço do conhecimento médico, o valor desse conhecimento é muitas vezes questionável e, em alguns casos, poderia ter sido obtido de outras maneiras. Muitos testes parecem ser banais ou malconcebidos, e alguns nem sequer foram projetados visando a obter benefícios importantes.

Considere, como outro exemplo das infindáveis variações de como um mesmo experimento ou de experimentos semelhantes são realizados, certos testes relacionados com a produção experimental de choques em animais (não choques elétricos, mas o estado de choque mental ou físico que ocorre com frequência após grave lesão). Em 1946, um pesquisador de campo, Magnus Gregersen, da Universidade de Columbia, fez uma análise da literatura e encontrou mais de oitocentos artigos publicados sobre estudos experimentais com choques. Ele descreve os métodos utilizados na indução de choques:

> Aplicação de torniquete em uma ou mais extremidades, esmagamento, compressão, trauma muscular por contusão mediante pancadas leves com um martelo, tambor Noble-Collip (dispositivo em que os animais são colocados em um tambor rotativo; eles caem repetidamente no fundo do tambor e se machucam), ferimentos por disparos, estrangulamento ou nó intestinal, congelamento e queimadura.

Gregersen também observa que a hemorragia é "amplamente empregada" e "um número crescente desses estudos tem sido realizado sem o fator complicador da anestesia". No entanto, essa diversidade não o agrada, e ele se queixa de que a variedade de métodos torna "extremamente difícil" avaliar os resultados; há, diz, uma "necessidade gritante" de padronizar os procedimentos que, invariavelmente, produzem estado de choque[88].

Oito anos mais tarde, a situação não havia mudado muito. S. M. Rosenthal e R. C. Millican escreveram que "as pesquisas sobre animais no campo do choque traumático produziram resultados diversificados e muitas vezes contraditórios". Não obstante, aguardavam "futuros experimentos" e, como Gregersen, desencorajavam o uso de anestesia: "A influência da anestesia é controversa [...] [e] na opinião dos autores é melhor que se evite a anestesia prolongada. [...]" Eles também recomendavam que "um número adequado de animais seja empregado para que as variações biológicas sejam superadas"[89].

Em 1974, os pesquisadores ainda trabalhavam com "modelos animais" em choques experimentais, realizando testes preliminares para determinar que lesões poderiam ser provocadas para levar a um estado de choque de "padrão" satisfatório. Após décadas de testes planejados para produzir estado de choque em cães mediante hemorragia induzida, estudos mais recentes indicaram que (oh, surpresa!) o choque produzido por hemorragia em cães não se assemelha ao choque em seres humanos. Em vista desses estudos, os cientistas da Universidade de Rochester passaram a provocar hemorragia em porcos, que, acreditam, podem ser mais parecidos com seres humanos nesse sentido, para determinar qual seria o volume de perda de sangue adequado para a produção de choque[90].

Centenas de experimentos que viciam animais em drogas também são realizados a cada ano. Somente com cocaína, por exemplo, houve mais de quinhentos estudos. Uma análise de apenas 380 deles calculou que custaram cerca de 100 milhões de dólares, a maior parte proveniente de impostos[91].

Em um laboratório do Downstate Medical Center (Centro Médico Downstate), dirigido por Gerald Deneau, macacos *rhe-*

sus foram imobilizados em cadeiras e treinados a autoadministrar cocaína diretamente na corrente sanguínea, na quantidade que quisessem, apertando um botão. Segundo um relatório,

os macacos testados pressionavam o botão uma vez após a outra, mesmo depois de ter sofrido convulsões. Não dormiam. Ingeriam de cinco a seis vezes a quantidade normal de comida, contudo, mesmo assim emagreciam. [...] Em seguida começaram a provocar mutilações em si mesmos, morrendo, finalmente, por excesso de cocaína.

O dr. Deneau reconheceu que "poucas pessoas conseguiriam as doses maciças de cocaína que esses macacos obtinham"[92].

Ainda que cinco centenas de experimentos em animais, envolvendo cocaína, tenham sido realizadas, essa é uma pequena parte do total. Na primeira edição deste livro relatei um conjunto semelhante de experimentos com morfina e anfetaminas.

Há exemplos mais recentes. Na Universidade de Kentucky foram utilizados *beagles* para a observação de sintomas de privação de Valium e de um tranquilizante análogo, chamado Lorazepam. Os cães foram forçados a se viciar na droga. Posteriormente, a cada duas semanas, os tranquilizantes eram retirados. Os sintomas de privação incluíram contrações, movimentos espasmódicos, fortes tremores do corpo, corridas desenfreadas, rápida perda de peso, medo e agachamento. Após quarenta horas de privação de Valium, "foram observadas inúmeras convulsões tônico-clônicas em sete dos nove cães. [...] Dois tiveram episódios repetidos de ataques clônicos, envolvendo todo o corpo". Quatro cães morreram – dois durante uma convulsão e dois após rápida perda de peso. O Lorazepam provocou sintomas semelhantes, mas não ocorreram mortes por crise convulsiva. Os pesquisadores analisaram testes anteriores, até 1931, em que foram observados sintomas de privação de barbitúricos e tranquilizantes em ratos, gatos, cães e primatas[93].

Após analisar a história dos experimentos que mostravam que "efeitos semelhantes à privação podem ocorrer após a simples administração de opiatos em várias espécies", incluindo cães, camundongos, macacos e ratos, D. M. Grilly e G. C. Gowans, da Universidade do Estado de Cleveland, prosseguiram com os trabalhos, a fim de testar a hipótese de que a privação de morfina provoca hipersensibilidade à dor. Ratos foram submetidos a um procedimento que envolvia uma média de 6.387 provas de treinamento em "discernimento de choque". Nessas provas, eles reagiam a uma situação em que recebiam um choque elétrico. Recebiam morfina e, um, dois, três e sete dias após, choques elétricos. Os pesquisadores notaram que a sensibilidade ao choque aumentava durante os dias seguintes à administração da droga[94].

Eis um exemplo ainda mais bizarro de pesquisa com drogas: Na Universidade da Califórnia, em Los Angeles, Ronald Siegel acorrentou dois elefantes a um estábulo. A elefanta foi usada em testes, com vistas à determinação de amplitude, "para definir procedimentos e dosagens da administração de LSD"[95]. Ministraram-lhe a droga via oral e por meio de dardos. Depois disso, foram administradas doses aos dois elefantes todos os dias, por dois meses, e seu comportamento foi observado. Doses altas do alucinógeno faziam a fêmea tombar de lado, tremendo e respirando mal, por cerca de uma hora. O macho, por sua vez, tornava-se agressivo com doses elevadas e atacava Siegel, que descreveu esse repetido comportamento agressivo como "impróprio".

Meu episódio final nessa sombria história de experimentação com drogas teve, ao menos, um final feliz. Os pesquisadores da Faculdade de Medicina da Universidade Cornell administraram grandes doses de barbitúricos a gatos por meio de tubos implantados cirurgicamente no estômago deles. Então, cortaram abruptamente os barbitúricos. Eis as descrições dos sintomas de privação:

> Alguns não conseguiam ficar em pé. [...] Nos animais que exibiam os sinais mais graves de abstinência observou-se a "postura da águia" e o tipo mais frequente de convulsão conhecido como grande mal. Quase todos morreram durante períodos de atividade convulsiva contínua, ou logo após. [...] A respiração rápida ou difícil era observada com frequência, quando outros sinais de abstinência eram mais intensos. [...] Observava-se hipotermia quando os animais estavam mais fracos, sobretudo após ataques persistentes e quando estavam perto da morte.[96]

Esses experimentos começaram em 1975. Embora o abuso de barbitúricos tenha sido um grave problema alguns anos antes, nessa época o uso já era severamente restringido e a sua utilização declinara. E assim tem sido desde então. No entanto, os testes com gatos na Cornell continuaram por 14 anos. Portanto, em 1987, o Trans-Species, grupo de defesa dos direitos dos animais da Pensilvânia, compilou todas as informações disponíveis sobre experimentos e deu início a uma campanha para acabar com eles. Durante quatro meses os ativistas fizeram piquete diante do laboratório onde se realizavam os estudos com gatos e escreveram cartas para agências financiadoras, para a imprensa, para a universidade e para os deputados. Depois de defender esse tipo de pesquisa por um longo tempo, no final de 1988 a Universidade Cornell e Michiko Okamoto, cientista responsável pelos experimentos, escreveram para a agência financiadora, o National Instituto on Drug Abuse [Instituto Nacional sobre o Abuso de Drogas], anunciando que desistiam da bolsa de 530 mil dólares, que pagaria mais três anos de experimentos[97].

Como essas coisas podem acontecer? Como podem pessoas que não são sádicas passar a vida provocando depressão em macacos, esquentando cães até a morte ou viciando gatos em drogas? Como podem tirar o jaleco branco, lavar as mãos e ir para casa jantar com a família? Como podem os pagadores de impostos permitir que seu dinheiro seja usado para apoiar esses experimentos? Como os estudantes puderam protestar contra todo tipo de injustiça, discriminação e opressão, por mais distantes que fossem de sua casa, e ignorar as crueldades que eram – e ainda são – cometidas no *campus* das próprias universidades?

A resposta para essas perguntas está na aceitação, sem questionamento, do especismo. Toleramos crueldades infligidas a membros de outras espécies que nos indignariam se realizadas na nossa. O especismo permite que pesquisadores considerem os animais sujeitos a experimentos como itens de equipamento, instrumentos de laboratório, e não criaturas vivas, que sofrem. Nas agências governamentais que financiam as pesquisas, os animais são listados como "suprimento", ao lado de tubos de ensaio e instrumentos de registro.

Além da atitude especista que os pesquisadores compartilham com outros cidadãos, alguns fatores especiais também ajudam a tornar possíveis os experimentos que descrevi. Em primeiro lugar, entre eles está o imenso respeito que as pessoas ainda têm pelos cientistas. Embora o advento das armas nucleares e da poluição ambiental tenha nos feito compreender que a ciência e a tecnologia não são tão benéficas como podem parecer à primeira vista, a maioria das pessoas ainda tende a se maravilhar com qualquer pessoa que use um jaleco branco e que tenha um Ph.D. Em uma conhecida série de experimentos, Stanley Milgram, psicólogo de Harvard, demonstrou que indivíduos comuns obedecem a instruções de um pesquisador de jaleco branco para administrar o que parece ser (mas de fato não é) um choque elétrico em outro ser humano como "castigo" por não ter respondido perguntas corretamente, e continuam a fazê-lo mesmo quando o sujeito grita e finge estar sentindo muita dor[98]. Se isso acontece quando os participantes sabem estar infligindo dor em um ser humano, quanto mais fácil não será, para os estudantes, deixar de lado os escrúpulos iniciais quando os professores os instruem a fazer experimentos em animais? O que Alice Heim acertadamente chamou de "doutrinação" dos alunos é um processo gradual, que se inicia com a dissecação de sapos nas aulas de biologia do ensino médio. Quando os futuros estudantes de medicina, psicologia ou veterinária chegam à universidade e descobrem que, para concluir o curso no qual depositaram tantas esperanças, precisam fazer experimentos em animais vivos, é difícil recusar-se a fazê--lo, sobretudo porque sabem que lhes é pedida uma prática corrente. Aqueles que se recusam a se envolver nessas pesquisas são reprovados e, muitas vezes, forçados a abandonar o campo de estudo que escolheram.

A pressão não acaba quando os estudantes recebem o diploma. Se prosseguirem nos estudos em campos nos quais as pesquisas com animais são costumeiras, serão estimulados a conceber os próprios experimentos e a escrever uma tese de doutorado sobre eles. Se os estudantes forem orientados assim, tenderão a dar continuidade a essa prática quando se tornarem professores e, por sua vez, treinarão os alunos a fazer o mesmo.

O testemunho de Roger Ulrich, ex-pesquisador que se livrou do condicionamento e reconheceu ter infligido "anos de tortura" a animais, de ratos a macacos, é particularmente revelador. Em 1977, a revista *Monitor*, publicada pela Associação Norte-Americana de Psicologia, relatou que os experimentos sobre agressão realizados por Ulrich haviam sido selecionados por um subcomitê do Congresso como exemplo de pesquisa desumana. Para surpresa dos antivivisseccionistas que o haviam criticado e, sem dúvida, do editor da *Monitor*, Ulrich confessou estar "sensibilizado" com as críticas e acrescentou:

> Inicialmente, minhas pesquisas eram impulsionadas pelo desejo de compreender e ajudar a resolver o problema da agressão humana; mais tarde, porém, descobri que os resultados de meu trabalho não pareciam justificar sua continuidade.

Comecei, então, a me perguntar se os fatores mantenedores não seriam, talvez, as recompensas financeiras, o prestígio profissional, a oportunidade de viajar etc., e se nós, da comunidade científica (apoiados por nosso sistema burocrático e legislativo), não éramos, de fato, parte do problema.[99]

Don Barnes, que, como vimos, também mudou de ideia quanto a seu trabalho com irradiação de macacos treinados para a Força Aérea Norte-Americana, denomina o processo descrito por Ulrich de "cegueira ética condicionada". Em outras palavras, da mesma maneira como um rato pode ser condicionado a pressionar uma alavanca em troca de comida, um ser humano pode ser condicionado, mediante recompensas profissionais, a ignorar as questões éticas suscitadas pelos experimentos em animais. Como afirma Barnes:

> Eu era um exemplo clássico do que denomino "cegueira ética condicionada". Toda a minha vida consistiu em ser recompensado por utilizar animais, tratando-os como fontes de aprimoramento ou entretenimento humano. [...] Nos 16 anos que passei em laboratórios, a moralidade e a ética de utilizar animais jamais foram mencionadas, quer em reuniões formais, quer em encontros informais, antes de eu ter levantado essas questões, nos sombrios dias de minha ocupação como vivisseccionista.[100]

Não são apenas os cientistas que sofrem de cegueira ética condicionada. Instituições de pesquisa, às vezes, respondem aos críticos dizendo-lhes que contam com um veterinário para cuidar dos animais. Essas afirmações são feitas para tranquilizar, em razão da crença amplamente difundida de que todos os veterinários são pessoas que cuidam de animais e jamais permitiriam que sofressem. Lamentavelmente, não é o que acontece. Sem dúvida, muitos veterinários escolheram essa área de atuação porque se preocupam com os não humanos, mas é difícil, para pessoas que de fato gostam dos animais, fazer um curso de medicina veterinária sem que sua sensibilidade em relação ao sofrimento deles não seja embotada. Os que se preocupam mais podem não conseguir concluir os estudos. Um ex-estudante de veterinária escreveu para uma organização de bem-estar animal:

> O sonho e a ambição de toda a minha vida de me tornar veterinário dissiparam-se após experiências traumáticas que envolveram os procedimentos experimentais utilizados pelos instrutores insensíveis da faculdade Pre-Vet da universidade do meu estado. Eles achavam perfeitamente aceitável fazer experimentos e depois acabar com a vida de todos os animais que utilizavam, o que considerei revoltante e inaceitável, segundo meu próprio código moral. Após numerosos confrontos com esses vivisseccionistas insensíveis, decidi, com pesar, seguir uma carreira diferente.[101]

Em 1966, por ocasião de certa movimentação no sentido de aprovar leis de proteção aos animais de laboratório, a Associação Médica Veterinária Norte-Americana admitiu perante comitês do Congresso que, embora fosse a favor de leis que proibissem o roubo de animais de estimação para subsequente venda a laboratórios, opunha-se ao licenciamento e à regulamentação das instalações dos laboratórios de testes, uma vez que isso poderia interferir nas pesquisas. A atitude básica da profissão era, como mostra um artigo no *Journal of the American Veterinary Medical Association*, que "a razão de ser da profissão veterinária é o bem-estar geral do homem – não de animais inferiores"[102]. Uma vez que as implicações desse belo exemplo de especismo foram compreendidas, não deveria ser surpresa para ninguém o fato de os veterinários fazerem parte das equipes que realizam muitos dos experimentos descritos neste capítulo. Para um exemplo, veja a descrição, a partir da página 40, da experiência da Plataforma de Equilíbrio de Primatas que envolveu a exposição ao gás neurotóxico *soman*. O relatório de onde foi retirada tal descrição declara: "O cuidado rotineiro dos animais estava a cargo da Divisão de Ciências Veterinárias da U.S. Air Force School of Aerospace Medicine."

Veterinários norte-americanos dispensam "cuidados rotineiros" a animais que são desnecessariamente maltratados. É para isso que existe a profissão? (Contudo, há alguma esperança para esses profissionais, porque foi criada uma nova organização para dar apoio a veterinários e estudantes que se preocupam com a ética do tratamento a animais não humanos.)

Uma vez que um padrão de experimentação com animais se torne o modo aceito de pesquisa em um campo particular, o processo passa a se autorreforçar e é difícil interrompê-lo. São publicações, promoções, prêmios e bolsas aos experimentos. Os administradores dos fundos para pesquisa estão sempre dispostos a apoiar propostas para novos testes se no passado apoiaram outros, semelhantes. Novos métodos que não utilizam animais parecerão menos familiares e é menos provável que recebam apoio.

Tudo isso ajuda a explicar por que nem sempre é fácil, para pessoas de fora das universidades, compreender os motivos pelos quais as pesquisas são realizadas sob os auspícios dessas instituições. Originalmente, talvez, estudiosos e pesquisadores se esforçassem para resolver os problemas mais importantes sem se deixar influenciar por outras considerações. Sem dúvida, alguns ainda são motivados por tais preocupações. Com muita frequência, entretanto, a pesquisa acadêmica acaba emaranhada em pormenores banais, pois as grandes questões já foram estudadas, ou resolvidas. Portanto, os pesquisadores deixam de lado campos bem trilhados em busca de novos territórios, onde o que quer que descubram será novo, embora a relação com o problema principal possa ser remota. Não é incomum, como vimos, a admissão de que experimentos semelhantes já foram realizados muitas vezes, mas sem esta ou aquela pequena variação. E a conclusão mais comum de uma publicação científica é: "novas pesquisas são necessárias".

Quando lemos relatórios de experimentos que provocam dor e que, aparentemente, nem sequer pretendem produzir resultados significativos, inclinamo-nos, no início, a pensar que algo mais estivesse envolvido, algo que não percebemos – e que os cientistas devem ter algum motivo melhor, para o que realizam, do que indicam nos relatórios. Quando descrevo esses experimentos ou os cito, a reação mais comum é de perplexidade e ceticismo. Contudo, quando nos aprofundamos mais no assunto, descobrimos que o que parece banal na superfície é, com muita frequência, realmente banal. Embora de modo não oficial, os próprios pesquisadores, muitas vezes, admitem-no. H. F. Harlow, cujos experimentos conhecemos no início deste capítulo, foi, durante 12 anos, editor do *Journal of Comparative and Physiological Psychology*, revista que publicou mais experimentos dolorosos com animais do que qualquer outra. No final desse período, em que Harlow estima ter analisado cerca de 2.500 manuscritos submetidos a publicação, ele escreveu, em uma nota de despedida semi-humorística, que "a maioria dos experimentos não merece ser feita e os dados obtidos não merecem ser publicados"[103].

Não deveríamos nos surpreender com isso. Os pesquisadores, mesmo os das áreas de psicologia, medicina e ciências biológicas, são seres humanos. Portanto, suscetíveis às mesmas influências que afetam quaisquer outras pessoas. Gostam de subir na carreira, de ser promovidos e de ver seu trabalho lido e discutido pelos colegas. Artigos publicados em revistas especializadas são elementos importantes para galgar a escada da promoção e ter prestígio. Isso ocorre em todos os campos: na filosofia e na história, assim como na psicologia e na medicina. Trata-se de algo compreensível e, em si, não há por que ser criticado. Filósofos e historiadores que publicam para melhorar suas perspectivas na carreira causam pouco mal, além de desperdiçar papel e entediar os colegas. No entanto, aqueles cujo trabalho envolve a experimentação em animais podem provocar grande dor ou prolongado sofrimento. Portanto, seu trabalho deveria estar sujeito a padrões muito mais restritos de necessidade.

As agências governamentais dos Estados Unidos, da Grã-Bretanha e de outros lugares que promovem pesquisa no campo das ciências biológicas tornaram-se as principais financiadoras de experimentos com animais. Fundos públicos, provenientes de impostos, financiaram a vasta maioria dos testes descritos neste capítulo. Muitas dessas agências dão verbas para experimentos que têm remotíssima relação com os objetivos para os quais foram criadas. Nas páginas precedentes, descrevi algumas pesquisas financiadas por organizações como os U.S. National Institutes of Health; Alchool, Drug Abuse and Mental Health Administration; Federal Aviation Administration; Defense Department, U.S. National Science Foundation; U.S. National Aeronautics and Space Administration e outras. Não é fácil entender por que o exército norte-americano deva pagar pelo estudo dos padrões de espalhamento de urina de ratos drogados ou em hipertermia, ou por que o Serviço de Saúde Pública deva dar dinheiro para ministrar LSD a elefantes.

Como esses experimentos são financiados por agências governamentais, não há lei que impeça os cientistas de realizá-los. Há leis que proíbem pessoas comuns de bater em cães até a morte, mas, nos Estados Unidos, os cientistas podem fazer a mesma coisa impunemente, sem que ninguém verifique se desse fato advirão benefícios. O motivo é que a força e o prestígio do estabelecimento científico, apoiado pelos vários grupos de interesse – incluindo os que criam animais para vender aos laboratórios –, têm sido suficientes para impedir as tentativas no sentido de realizar um controle legal efetivo.

Robert J. White, do Hospital Metropolitano Geral, de Cleveland, especializou-se no transplante de cabeças de macaco e em manter essas cabeças vivas em líquidos, depois de terem sido separadas do corpo. Ele é um exemplo perfeito do cientista que considera um animal de laboratório um "instrumento de pesquisa": afirmou que o principal objetivo de seu trabalho de decapitação de macacos é "oferecer um instrumento de laboratório vivo" para a pesquisa do cérebro. O jornalista a quem ele fez essa afirmação referiu-se à visita ao laboratório de White como "um raro e terrível vislumbre do trabalho clínico e frio do cientista, em que a vida de um animal não tem nenhum significado além do objetivo imediato da experiência"[104].

Na opinião de White, "a inclusão de animais em nosso sistema ético não tem sentido filosófico e é operacionalmente impossível"[105]. Em outras palavras, White considera-se isento de constrangimentos éticos com relação ao que faz. Por isso não é de admirar que outro jornalista, ao entrevistá-lo, tenha notado que White "se irrita com regulamentos, sejam de administradores de hospitais ou de seguradoras. 'Sou elitista', disse. Ele acredita que os médicos deviam ser dirigidos por seus pares"[106].

Outro opositor ativo aos regulamentos governamentais é David Baltimore, professor do Instituto de Tecnologia de Massachusetts, agraciado com o prêmio Nobel. Numa palestra recente, proferida em uma reunião nacional da Associação Norte-Americana para o Progresso da Ciência, ele se referiu às "longas horas" que gastara, com seus colegas, brigando com regulamentos para suas pesquisas[107]. Baltimore deixou clara, alguns anos antes, a base para sua oposição a tais regulamentos quando apareceu em um programa de televisão com o filósofo Robert Nozick, de Harvard, e outros cientistas. Nozick perguntou-lhes se o fato de uma experiência matar centenas de animais é considerado, por eles, um motivo para não realizá-la. Um dos cientistas respondeu: "Não que eu saiba." Nozick pressionou um pouco mais: "Os animais não contam?" Outro replicou: "E por que deveriam contar?" A essa altura Baltimore pronunciou-se, dizendo não pensar que experimentos em animais suscitassem questões morais[108].

Homens como White e Baltimore podem ser cientistas brilhantes, mas seus pronunciamentos sobre animais mostram ignorância em relação à filosofia. Não conheço um único filósofo, escritor profissional, que concorde hoje que não "faz sentido" ou que seja "impossível" incluir os animais em nosso sistema ético, ou que os experimentos em animais não levantam questões de ordem moral. Essas afirmações são comparáveis, em filosofia, a afirmar que a Terra é plana.

Os cientistas norte-americanos têm sido, até agora, extraordinariamente intransigentes com a fiscalização pública daquilo que fazem com os animais. Têm obtido sucesso em impedir até mesmo regulamentações mínimas de proteção contra o sofrimento em experimentos. Nos Estados Unidos, a única lei federal sobre o assunto é a Lei de Bem-Estar Animal, que estabelece as normas de transporte, abrigo e manipulação de animais de estimação, para exibição ou para utilização em pesquisas. No que concerne à experimentação, entretanto, ela permite que os pesquisadores façam o que lhes aprouver. Isso é proposital: o motivo oferecido pelo Comitê de Conferência do Congresso Norte-Americano quando a lei foi aprovada é o que segue:

> oferecer proteção para o pesquisador dessa matéria, isentando de regulamentações todos os animais utilizados em pesquisas e experimentos. [...] O comitê não tem a menor intenção de interferir, seja como for, nas pesquisas ou nos experimentos.[109]

Um dos artigos da lei exige que as empresas privadas e outras organizações legalmente registradas (agências governamentais que realizam pesquisas ou empresas de pequeno porte não precisam registrar-se) preencham uma declaração afirmando que os experimentos dolorosos, sem uso de anestésicos, são necessários para alcançar os objetivos da pesquisa. Nenhuma tentativa é feita para avaliar se tais "objetivos" são suficientemente importantes para justificar que se inflija sofrimento. Nessas circunstâncias, a exigência nada mais faz do que aumentar a papelada, e essa é uma das principais reclamações dos cientistas. Eles não podem, é claro, ministrar choques elétricos contínuos em cães para provocar um estado de desamparo se, ao mesmo tempo, os anestesiarem. Nem é possível provocar depressão em macacos mantendo-os, ao mesmo tempo, felizes e distraídos sob o efeito de drogas. Nesses casos, portanto, podem alegar que os objetivos não serão alcançados caso utilizem drogas para alívio da dor, dando, assim, prosseguimento a suas pesquisas, exatamente como faziam antes de a lei existir.

Portanto, não é de surpreender que o relatório do experimento sobre a Plataforma de Equilíbrio de Primatas com *soman* seja prefaciado com a seguinte afirmação:

> Os animais envolvidos nesse estudo foram obtidos, mantidos e utilizados de acordo com a Lei de Bem-Estar Animal e o "Guia de cuidados e utilização de animais de laboratório" preparado pelo Institute of Laboratory Animal Resources – National Research Council [Instituto de Recursos de Animais de Laboratório do Conselho Nacional de Pesquisa].

A mesma afirmação é feita no Manual de Treinamento da Força Aérea (da base de Brooks) da Plataforma de Equilíbrio de Primatas, no relatório do experimento "roda de atividades" do Instituto de Pesquisas Radiobiológicas das Forças Armadas e em muitas outras publicações norte-americanas já citadas.

A afirmação nada diz sobre quanto sofrem os animais, nem quão banais são os objetivos pelos quais eles sofrem; mas diz-nos muito sobre o valor da Lei de Bem-Estar Animal e sobre o "Guia de cuidados e utilização de animais de laboratório" preparado pelo Instituto de Recursos de Animais de Laboratório do Conselho Nacional de Pesquisa.

A ausência total de regulamentação eficaz nos Estados Unidos está em agudo contraste com a situação em muitos outros países desenvolvidos. Na Grã-Bretanha, por exemplo, nenhum experimento pode ser realizado sem uma licença concedida pelo secretário de Estado do Interior, e a Lei Relativa aos Animais (Procedimentos Científicos), de 1986, determina expressamente que, ao avaliar a concessão de uma licença para um projeto experimental, "o secretário de Estado deve comparar os prováveis efeitos adversos sobre animais com os benefícios potenciais resultantes". Na Austrália, o Código de Conduta desenvolvido pelos principais órgãos científicos governamentais (equivalentes aos U.S. National Institutes of Health [Institutos Nacionais de Saúde]) exige que todos os experimentos sejam aprovados por um Comitê de Ética sobre Experimentos com Animais. Esses comitês devem incluir uma pessoa com interesse no bem-estar animal que não tenha vínculo empregatício com a instituição que realiza o experimento e outra pessoa, independente, que não esteja envolvida em testes com cobaias. O comitê deve aplicar um conjunto detalhado de princípios e condições, que incluem instruções para avaliar o valor científico ou educativo do experimento em relação aos potenciais efeitos sobre o bem-estar dos animais. Além disso, deve ser aplicada anestesia se o experimento "pode provocar dor de um tipo e grau para o qual a anestesia seria, normalmente, usada na prática médica ou veterinária". O Código de Conduta australiano aplica-se a todos os pesquisadores que pretendam obter bolsas governamentais e é compulsório para todos os cientistas de Victoria, New South Wales e South Australia[110]. Na Suécia também se exige que os experimentos sejam aprovados por comitês que incluam membros leigos. Em 1986, após examinar as leis de Austrália, Canadá, Japão, Dinamarca, Alemanha, Holanda, Noruega, Suécia, Suíça e Reino Unido, o U.S. Congress Office of Technology Assessment concluiu:

> A maioria dos países examinados para esta avaliação tem leis que protegem muito mais os animais utilizados em experimentos do que os Estados Unidos. A despeito dessa proteção, os defensores do bem-estar animal têm exercido considerável pressão para que se promulguem leis ainda mais rigorosas, e muitos países, incluindo a Austrália, a Suíça, a Alemanha Ocidental e o Reino Unido, estão considerando a possibilidade de implementar mudanças substanciais.[111]

Desde que essa declaração foi feita, leis mais rigorosas já foram aprovadas na Austrália e no Reino Unido.

Espero que essa comparação não seja mal interpretada. Ela não tenciona mostrar que tudo vai bem com a experimentação em animais em nações como o Reino Unido e a Austrália. Isso estaria muito longe da verdade. Nesses países, o "equilíbrio" entre os benefícios potenciais e os danos causados ainda é avaliado segundo uma ótica especista, tornando impossível a igual consideração de interesses dos animais e dos seres humanos.

Comparei a situação nos Estados Unidos com a de outros países apenas para mostrar que os padrões norte-americanos, nessa matéria, são terríveis, tanto do ponto de vista daqueles que lutam pela libertação animal como da perspectiva dos modelos aceitos pela comunidade científica de nações desenvolvidas importantes. Seria salutar que os cientistas dos Estados Unidos se vissem como os veem seus colegas de outros países. Em conferências médicas e científicas de que participo na Europa e na Austrália, sou interpelado com frequência por cientistas que me dizem não concordar com minhas opiniões sobre a experimentação animal, mas... E então me contam, com genuíno horror na voz, algo que presenciaram na última viagem feita aos Estados Unidos. Não admira que, na respeitada revista britânica *New Scientist*, um escritor tenha descrito os Estados Unidos como um "país que, conforme reflete sua legislação relativa à proteção aos animais, parece uma nação de bárbaros"[112]. Assim como os Estados Unidos ficaram para trás, em relação ao mundo civilizado, na abolição da escravatura, também estão atrasados em amenizar as brutalidades sem limites cometidas contra animais escravizados.

As tímidas emendas à Lei de Bem-Estar Animal, de 1985, levaram a melhorias, como a exigência de exercícios para os cães e de abrigo para primatas, mas não trataram do controle sobre o que acontece durante um experimento. Elas previram o estabelecimento de comitês institucionais, mas, como se manteve inalterada a isenção de interferência nos testes, esses comitês não têm autoridade sobre os experimentos[113].

Em todo caso, apesar de a lei ter sido aprovada há mais de 20 anos, seu cumprimento é praticamente nulo. Tanto é assim que o Departamento de Agricultura jamais redigiu alguma regulamentação que estendesse a camundongos, ratos, pássaros e animais de criação o âmbito de aplicação da lei. Isso se deve, presumivelmente, porque o departamento, que nem mesmo dispõe de número suficiente de inspetores para verificar as condições de cães, gatos e macacos, tampouco seria capaz de fiscalizar o uso de pássaros, ratos, camundongos e animais de criação. Como disse o U.S. Congress Office of Technology Assessment (OTA): "Os fundos e o pessoal para fazer cumprir a lei jamais corresponderam às expectativas dos que acreditam que a missão principal da existência dela seja a prevenção ou o alívio do sofrimento dos animais utilizados em experimentos." Funcionários do OTA analisaram uma lista de 112 instalações experimentais e descobriram que 39 por cento delas não estavam nem sequer registradas no setor do Departamento de Agricultura que inspeciona laboratórios. Além disso, o relatório do OTA afirma que, provavelmente, essa é uma estimativa conservadora do número real de entidades não registradas, isto é, de laboratórios que não passam por nenhum tipo de inspeção e controle[114].

A regulamentação da experimentação em animais nos Estados Unidos é uma farsa: há uma lei que, aparentemente, aplica-se a todos os animais de sangue quente, mas que apenas pode ser implementada mediante regulamentos que, nas palavras do OTA, "provavelmente não afetam uma porcentagem substancial de animais utilizados para fins experimentais". A organização afirma também que a exclusão de muitas espécies da proteção prevista na lei "parece frustrar a intenção do Congresso e estar além da autoridade estatutária do Departamento da Agricultura"[115]. São palavras duras, pronunciadas pelo comedido OTA; mas, passados três anos, absolutamente nada foi feito para mudar a situação. Um relatório redigido em 1988 por um painel de eminentes cientistas norte-americanos considerou, porém rejeitou, uma recomendação de que se ampliassem os regulamentos para abranger todos os animais de sangue quente. Não forneceram motivo para a rejeição: trata-se de outro exemplo da atitude obstrucionista dos cientistas quanto às melhorias mais elementares das condições dos animais que utilizam[116].

Portanto, a farsa não dá sinais de estar chegando ao fim. O problema é que, decididamente, isso não tem graça alguma. Não há motivo para acreditar que ratos e camundongos sejam menos sensíveis à dor e ao sofrimento, ou que suas necessidades quanto a padrões mínimos de alojamento e transporte sejam menores do que as de cobaias, *hamsters*, coelhos e muitos outros.

Nas descrições dos experimentos deste capítulo, limitei-me, até agora, a resumir os relatórios escritos pelos próprios pesquisadores, publicados em revistas científicas. Essas provas não podem ser acusadas de exagero. Mas, dada a total falta de inspeção e exame adequados do que acontece nesses experimentos, a realidade é, frequentemente, muito pior do que aquilo que vem a público. Isso ficou claro em 1984, no caso das pesquisas realizadas por Thomas Gennarelli, na Universidade de Pensilvânia. O objetivo dos experimentos era provocar lesões na cabeça de macacos e, a seguir, examinar a natureza dos danos cerebrais. De acordo com os documentos oficiais de concessão de bolsas, os símios deviam ser anestesiados antes de sofrer os ferimentos. Assim, parecia que os experimentos não envolveriam sofrimento. Mas membros de um grupo chamado Animal Liberation Front [Frente de Libertação Animal] tinham informações diferentes. Ficaram sabendo que Gennarelli gravara os testes em vídeo. Arrombaram o laboratório e roubaram as fitas. Quando as assistiram, viram babuínos conscientes, sem anestesia, debatendo-se enquanto eram amarrados, antes de receber golpes na cabeça. Viram animais contorcendo-se, aparentemente sem anestesia, enquanto cirurgiões operavam seu cérebro exposto. Também ouviram os pesquisadores zombar e rir do medo e do sofrimento dos animais. Os videoteipes eram tão impressionantes que, após um ano de trabalho árduo do Peta, sediado em Washington, e centenas de ativistas, o Departamento da Saúde e Serviços Humanos suspendeu a bolsa de Gennarelli[117]. Desde então, outros exemplos vieram à luz, baseados, em geral, em informações fornecidas por pessoas que haviam trabalhado no laboratório e feito denúncias, à custa da perda do emprego. Em 1986, por exemplo, Leslie Fain, técnica que cuidava de animais no laboratório de testes da Gillette, em Rockville, Maryland, demitiu-se e forneceu as fotografias que tirara a membros de grupos de libertação animal. As fotografias mostravam testes, feitos no laboratório da Gillette, de novas fórmulas de tinta rosa e marrom para canetas Paper Mate, que consistiam em colocá-la nos olhos de coelhos conscientes. A tinta era extremamente irritante, tendo provocado sangramento nos olhos de alguns espécimes[118]. Podemos imaginar em quantos laboratórios o tratamento dispensado aos animais é tão brutal como esse, mas ninguém ainda mostrou coragem suficiente para fazer algo contra isso.

Em que circunstâncias os testes com animais se justificam? Ao tomar conhecimento da natureza de muitos experimentos, algumas pessoas reagem, dizendo que todos deviam ser proibidos. Mas, para exigências assim absolutas, os cientistas têm uma resposta pronta: estamos preparados para deixar milhares de seres humanos morrer quando poderiam ser salvos com um simples experimento, em um único animal?

Essa questão é, sem dúvida, puramente hipotética. Nunca houve, nem jamais haverá um único experimento que salve milhares de vidas. A melhor maneira de responder a essa pergunta hipotética é com outra pergunta: os pesquisadores estariam preparados para realizar seus testes em um ser humano órfão, com menos de seis meses, se essa fosse a única maneira de salvar milhares de vidas?

Se eles não estiverem preparados para usar um bebê humano, o fato de utilizar não humanos revela uma forma injustificável de discriminação com base na espécie, uma vez que primatas, macacos, cães, gatos, ratos e outros animais adultos são mais conscientes daquilo que ocorre com eles, mais autônomos, e, portanto, até onde podemos dizer, ao menos tão sensíveis à dor como um bebê humano. (Esclareci que o bebê humano seria órfão para evitar as complicações dos sentimentos dos pais. A especificação do caso nesses termos é, quando muito, ultragenerosa com aqueles que defendem a utilização de animais na experimentação, uma vez que mamíferos destinados a pesquisas são, em geral, apartados da mãe muito cedo, quando a separação causa angústia tanto para a mãe como para o filhote.)

Até onde sabemos, bebês humanos não possuem características moralmente relevantes, em grau mais elevado, do que animais adultos não humanos, a menos que se levem em conta as potencialidades dos bebês como característica que torne errada sua utilização em experimentos. Se essas características devem ser levadas em conta, é algo controverso. Se forem, deveríamos condenar também o aborto, uma vez que as potencialidades do bebê e do feto são as mesmas. Para evitar as complexidades dessa questão, entretanto, podemos alterar um pouco nossa questão original e pressupor que o bebê sofra de danos cerebrais irreversíveis graves, que impeçam seu desenvolvimento mental além do nível de seis meses de vida. Infelizmente, existem muitas crianças assim, encerradas em estabelecimentos especiais, muitas delas há muito abandonadas pelos pais e por outros parentes e, tristemente, às vezes sem o amor de ninguém. Apesar da deficiência mental, a anatomia e a fisiologia desses bebês são, quase em tudo, idênticas às de bebês normais. Se, portanto, os obrigássemos a ingerir grandes quantidades de cera para assoalho ou pingássemos soluções concentradas de cosméticos em seus olhos, teríamos indícios muito mais confiáveis da segurança desses produtos em relação aos seres humanos do que ora obtemos tentando extrapolar os resultados de testes sobre uma variedade de outras espécies. Os testes DL_{50} e Draize, os experimentos com radiação, com intermação e muitos outros descritos neste capítulo poderiam nos dizer mais sobre reações humanas a uma situação experimental se fossem realizados em seres humanos com grave deficiência mental em vez de em cães ou coelhos. Desse modo, sempre que os cientistas alegarem que suas pesquisas são importantes o bastante para justificar a utilização de animais, devemos perguntar-lhes se estão preparados para usar um ser humano com um nível mental semelhante ao dos animais que planejam testar. Não posso imaginar que alguém se disponha seriamente a realizar os experimentos descritos neste capítulo em humanos deficientes mentais. Sabe-se que, de modo ocasional, são feitos experimentos médicos em seres humanos sem o consentimento deles; um desses casos envolveu crianças intelectualmente incapacitadas, nas quais foi inoculada hepatite[119]. Quando esses testes nefastos se tornam conhecidos, despertam clamor contra os cientistas, e com justa razão. Eles são, muitas vezes, um exemplo adicional da arrogância de quem trabalha no campo da pesquisa, que justifica tudo sob a alegação de aumentar nossos conhecimentos. Mas, se o pesquisador argumenta que o experimento é importante o suficiente para justificar a imposição de sofrimento a animais, por que não é importante o bastante para justificar que se inflija sofrimento a seres humanos do mesmo nível mental? Qual é a diferença entre os dois? Apenas que um é membro de nossa espécie e o outro não é? Apelar para essa diferença é revelar um preconceito não mais defensável do que o racismo ou qualquer outra forma de discriminação.

A analogia entre o especismo e o racismo se aplica tão bem à prática como à teoria na área da experimentação. O especismo flagrante leva a testes dolorosos em outras espécies, defendidos sob a alegação de que contribuem para o conhecimento e sua possível utilidade para a nossa espécie. O racismo flagrante levou a experimentos dolorosos em outras raças, defendidos sob a alegação de sua contribuição para o conhecimento e possível utilidade para a etnia em que foram realizados os testes. Na Alemanha, sob o regime nazista, quase duas centenas de médicos, alguns eminentes, participaram de pesquisas com prisioneiros judeus, russos e poloneses. Milhares de outros médicos sabiam desses experimentos, alguns dos quais foram objeto de conferências em escolas da área. Os registros mostram que eles ouviram relatos verbais sobre os horríveis danos infligidos a essas "raças inferiores", e prosseguiram discutindo as lições que podiam tirar deles, sem que ninguém apresentasse o mais leve protesto contra a natureza dos experimentos. Os paralelos entre essa atitude e a dos pesquisadores de hoje, com relação aos animais, são notórios. Então, como agora, os sujeitos eram congelados, aquecidos e colocados em câmaras de descompressão. Então, como agora, esses acontecimentos foram descritos num jargão científico desapaixonado. O seguinte parágrafo foi retirado de um relatório, escrito por um cientista nazista, sobre um experimento em um ser humano colocado em uma câmara de descompressão:

> Após cinco minutos, surgiram espasmos; a frequência da respiração aumentou entre o sexto e o sétimo minuto, a TP (*test person*) [pessoa em teste] perdeu a consciência. Entre o décimo primeiro e o décimo terceiro minuto a respiração diminuiu para três inalações por minuto, cessando completa-

mente no final do período. [...] Cerca de meia hora após ter cessado a respiração, iniciou-se a autópsia.[120]

Os experimentos com câmaras de descompressão não terminaram com a derrota dos nazistas. Transferiram-se para animais não humanos. Na Universidade de Newcastle on Tyne, na Inglaterra, por exemplo, os cientistas utilizaram porcos, submetidos a cerca de 81 períodos de descompressão ao longo de nove meses. Todos sofreram ataques decorrentes do mal da descompressão e alguns morreram por isso[121]. O exemplo ilustra muito bem o que escreveu o grande escritor judeu Isaac Bashevis Singer: "Em seu comportamento com os animais, todos os homens são nazistas."[122]

A experimentação em sujeitos fora do grupo dos cientistas repete-se constantemente, com diferentes vítimas. Nos Estados Unidos, no século XX, o exemplo mais notório foi o não tratamento deliberado de pacientes com sífilis em Tuskegee, Alabama, para que o curso natural da doença pudesse ser observado. Essa situação perdurou muito depois de a penicilina ter se mostrado um tratamento eficaz. As vítimas da experiência eram, claro, negras[123]. Talvez o principal escândalo internacional de experimento em seres humanos do século XX tenha vindo à luz na Nova Zelândia, em 1987. Um médico respeitado, de um importante hospital de Auckland, decidiu não tratar pacientes que apresentavam os primeiros sinais de câncer. Ele tentava provar sua teoria não ortodoxa de que aquela forma de câncer não se desenvolveria, mas não informou, às pacientes, que elas faziam parte de uma experiência. A teoria estava errada e 27 delas morreram. Dessa vez, as vítimas eram mulheres[124].

Quando acontecimentos como esses vêm a público, a reação deixa claro que nossa esfera de consideração moral é mais ampla do que a dos nazistas, e não estamos mais dispostos a aprovar um grau menor de consideração com outros humanos; mas ainda há muitos seres sencientes em relação aos quais parecemos não ter nenhuma consideração.

Ainda não respondemos à pergunta sobre as circunstâncias em que um experimento pode ser justificável. De nada adianta dizer "nunca!". É tentador expressar essa justificativa em termos morais mutuamente excludentes, porque assim se elimina a necessidade de pensar em casos específicos; mas, em situações extremas, essas respostas absolutistas acabam não funcionando. A tortura de um ser humano é quase sempre errada, mas não é absolutamente errada. Se a tortura fosse a única maneira de descobrir a localização de uma bomba nuclear escondida em algum porão da cidade de Nova York, programada para explodir em uma hora, a tortura se justificaria. Analogamente, se uma simples experiência pudesse curar uma doença como a leucemia, essa experiência seria justificável. Mas, na vida real, os benefícios sempre são remotos e, com frequência, inexistentes. Como decidir, então, quando uma experiência é justificável?

Vimos que os cientistas revelam um preconceito a favor da própria espécie sempre que realizam experimentos em não humanos com objetivos que não considerariam justificáveis em humanos, mesmo aqueles com lesões cerebrais. Esse princípio serve de guia para responder a nossa pergunta. Como o preconceito especista, a exemplo de um preconceito racista, é injustificável, nenhuma experiência pode ser legítima, a menos que seja tão importante que a utilização de um ser humano com lesões cerebrais também possa se justificar. Esse não é um princípio absoluto. Não acredito que se possa justificar a realização de uma experiência em um ser humano com lesões cerebrais. Se realmente fosse possível salvar várias vidas mediante um experimento que tirasse apenas uma vida, e se não houvesse outra maneira de salvá-las, seria correto realizar o experimento. Mas esse seria um caso extremamente raro. Com certeza, nenhum experimento descrito neste capítulo passaria no teste. É admissível, como ocorre com qualquer linha divisória, que exista uma área cinzenta, onde seja difícil decidir a legitimidade de uma pesquisa científica. Mas não precisamos perder tempo com considerações dessa natureza. Como mostra este capítulo, estamos em meio a uma situação de emergência, em que um terrível sofrimento está sendo infligido a milhões de animais, com objetivos que, de acordo com qualquer ponto de vista imparcial, são inadequados para justificar tal sofrimento. Quando tivermos cessado de realizar esses experimentos, então haverá tempo suficiente para discutir o que fazer acerca dos restantes, tidos como essenciais para salvar vidas ou evitar sofrimentos maiores.

Nos Estados Unidos, onde a presente falta de controle sobre a experimentação permite realizar os testes descritos nas páginas anteriores, um primeiro passo, mínimo, seria a exigência de que nenhum deles fosse feito sem a prévia aprovação de um comitê de ética, que incluísse representantes do bem-estar dos animais. Esse comitê teria a competência de não aprovar experimentos quando considerasse que os benefícios potenciais não superariam os males causados aos animais. Como vimos, existem sistemas como esses em outros países, como Austrália e Suécia, e são aceitos como justos e razoáveis pela comunidade científica. Com base nos argumentos éticos defendidos neste livro, tal sistema está longe do ideal. Os representantes do bem-estar animal de tais comissões são oriundos de grupos com grande variedade de pontos de vista, mas, por razões óbvias, os que recebem e aceitam convites para integrar os comitês de ética tendem a vir dos grupos menos radicais. Podem até considerar que os interesses dos não humanos não devem merecer a mesma consideração dos interesses humanos; ou, se mantiverem essa posição, podem achar impossível colocá-la em prática, ao julgar os pedidos para realizar experimentos em animais, porque não conseguiriam persuadir os outros membros do comitê. É provável que insistissem na consideração de alternativas apropriadas, em esforços genuínos para minimizar a dor e numa clara demonstração dos significativos benefícios potenciais, suficientemente importantes para superar quaisquer dores ou sofrimentos que não possam ser eliminados. Um comitê de ética sobre a experimentação, que operasse hoje, quase inevitavelmente aplicaria esses padrões de maneira especista, conferindo menos peso ao padecimento dos animais do que ao benefício potencial para os seres humanos. Mesmo assim, a ênfase em tais padrões eliminaria muitas pesquisas dolorosas, ora permitidas, e reduziria o sofrimento causado por outras.

Numa sociedade fundamentalmente especista, não há solução rápida para as dificuldades apresentadas pelos comitês de ética. Por esse motivo, alguns membros de grupos de libertação animal não querem saber deles. Ao contrário, exigem a total e imediata eliminação de todos os experimentos em animais. Tais demandas foram apresentadas muitas vezes no último século e meio de atividades antivivisseccionistas, porém não conquistaram a maioria dos votos em nenhum país. Nesse ínterim, o número de animais que sofre em laboratórios continuou a crescer, até os recentes avanços, já descritos neste capítulo. Esses avanços resultaram do trabalho de pessoas que abriram um caminho entre a mentalidade do "tudo ou nada" que, efetivamente, significava "nada" no que tange aos animais.

Um motivo pelo qual a demanda pela imediata abolição da experimentação em animais não foi capaz de persuadir o público é que os cientistas respondem que aceitar essa exigência é desistir da perspectiva de encontrar a cura para doenças importantes, que ainda matam a nós e a nossos filhos. Nos Estados Unidos, onde os pesquisadores podem fazer praticamente o que lhes aprouver com os animais, uma maneira de progredir seria indagar, aos que utilizam esse argumento, se estariam preparados para aceitar o veredicto de um comitê de ética. Este, a exemplo dos existentes em muitos países, incluiria representantes de movimentos pelo bem-estar animal e teria autorização para fazer um balanço entre os custos para as cobaias e os possíveis benefícios da pesquisa. Se a resposta fosse negativa, a defesa da experimentação em animais, com base na necessidade de curar doenças importantes, se mostraria um engodo, que serve para enganar o público quanto ao que os cientistas realmente desejam: permissão para fazer o que bem entendem com os animais. Se não fosse assim, os pesquisadores aceitariam deixar a decisão de realizar experimentos para um comitê de ética – que, certamente, também teria grande interesse, como o restante da comunidade, em ver debeladas as principais doenças. Se a resposta fosse positiva, seria possível pedir que o pesquisador assinasse uma declaração, solicitando a criação de um comitê de ética.

Supondo que pudéssemos ir além das reformas mínimas já existentes em nações mais esclarecidas, que pudéssemos chegar a um ponto em que os interesses dos animais recebessem consideração igual ao dado a interesses semelhantes de seres humanos, chegaria ao fim a vasta indústria de experimentação em animais, como a conhecemos hoje. Em todo o mundo, gaiolas seriam esvaziadas e laboratórios, fechados. Não se pense, todavia, que a pesquisa médica cessaria ou que uma avalanche de produtos não testados inundaria o mercado. No que se refere a novos produtos, como já vimos, teríamos de nos contentar com uma quantidade menor deles, que utilizassem ingredientes já conhecidos e seguros. Não me parece uma grande perda. Mas, quanto aos testes de produtos essenciais, bem como para outros tipos de pesquisas, podem ser e de fato seriam descobertos métodos alternativos, que não exijam a utilização de animais.

Na primeira edição deste livro escrevi que os "cientistas não buscam alternativas porque não se preocupam o suficiente com os animais que utilizam". Fiz, então, uma previsão: "Considerando o pouco esforço nesse campo, os resultados anteriores prometem progressos muito maiores caso os esforços aumentem." No século passado, essas duas afirmações mostraram-se verdadeiras. Já vimos que houve um grande aumento nos esforços encetados na busca de alternativas aos experimentos em animais – não porque os cientistas subitamente começaram a se preocupar mais com eles, mas como resultado de árduas campanhas de grupos de libertação animal. O mesmo pode ocorrer em muitos outros campos da experimentação. Embora dezenas de milhares de animais tenham sido forçados a inalar fumaça de tabaco durante meses e até anos, a prova da ligação entre o consumo de tabaco e o câncer de pulmão baseou-se em dados oriundos de observações clínicas realizadas em seres humanos[125]. O governo dos Estados Unidos continua a injetar bilhões de dólares em pesquisas sobre o câncer, ao mesmo tempo que subsidia a indústria do tabaco. Grande parte do dinheiro das pesquisas vai para experimentos em animais, muitos dos quais apenas remotamente se relacionam com o combate ao câncer. Alguns cientistas mudaram o título de seu trabalho para "pesquisa sobre o câncer" depois de descobrir que poderiam ganhar mais dinheiro assim do que de outra maneira. Enquanto isso, estamos perdendo a luta contra as principais formas de câncer. Os números fornecidos pelo Instituto Nacional do Câncer dos Estados Unidos, em 1988, mostram que os índices gerais da doença, mesmo quando ajustados ao aumento da idade da população, subiram cerca de um por cento ao ano durante trinta anos. Relatórios sobre o declínio nos índices de câncer de pulmão entre norte-americanos mais jovens podem ser o primeiro sinal da reversão dessa tendência, uma vez que esse câncer provoca mais óbitos do que outros tipos da doença. Se o câncer de pulmão está em declínio, entretanto, essa boa notícia não é resultado de nenhuma melhoria no tratamento, mas sim porque os jovens, sobretudo brancos do sexo masculino, estão fumando menos. As taxas de sobrevivência ao câncer de pulmão praticamente não se alteraram[126]. Sabemos que o fumo provoca entre 80 e 85 por cento de todos os casos de câncer de pulmão. Devemos perguntar: podemos justificar que milhares de animais sejam forçados a inalar fumaça de cigarro para que desenvolvam câncer de pulmão, quando já sabemos que poderíamos praticamente erradicar a doença eliminando o uso do tabaco? Se as pessoas decidirem continuar fumando, mesmo sabendo que correm o risco de desenvolver câncer, é correto que o ônus dessa decisão recaia sobre os animais?

O baixo desempenho do tratamento de câncer de pulmão corresponde ao que ocorre com o tratamento de qualquer tipo de câncer. Embora tenha havido progressos na terapia de alguns tipos de câncer, desde 1974 o número de pessoas que sobrevivem cinco ou mais anos após o diagnóstico aumentou em menos de um por cento[127]. A prevenção, sobretudo mediante a educação das pessoas, no sentido de levar uma vida mais saudável, é uma abordagem mais promissora.

Mais e mais cientistas percebem que a experimentação em animais, na verdade, impede o avanço de nossa compreensão das doenças em seres humanos e sua cura. Os pesquisadores do National Institute of Environmental Health Sciences [Instituto Nacional de Ciências da Saúde Ambiental], da Carolina do Norte, alertaram para a possibilidade de os testes em animais deixarem de detectar substâncias químicas que provocam câncer nas pessoas. A exposição ao arsênico parece aumentar o risco do desenvolvimento do câncer, mas não causa esse efeito em testes de laboratório realizados em animais[128]. Uma vacina contra a malária, desenvolvida nos Estados Unidos em 1985, no prestigioso Walter Reed Army Institute of Research [Instituto de Pesquisas do Exército Walter Reed], funciona em animais mas é ineficaz em seres humanos; uma vacina desenvolvida por cientistas colombianos, que trabalharam com voluntários humanos, revelou-se mais eficaz[129]. Hoje em dia, os defensores da pesquisa com animais muitas vezes referem-se à importância de encontrar a cura da aids; mas Robert Gallo, o primeiro norte-americano a isolar o HIV (o vírus da aids), disse que uma potencial vacina desenvolvida pelo pesquisador francês Daniel Zagury mostrou-se mais eficaz em estimular a produção de anticorpos ao HIV em seres humanos do que em animais. E acrescentou: "Os resultados em chimpanzés não foram muito animadores. [...] Talvez devêssemos realizar testes em pessoas de modo mais contundente."[130] É significativo que indivíduos com aids tenham endossado esse apelo: "Deixem-nos ser suas cobaias", pediu o ativista *gay* Larry Kramer[131]. Esse apelo faz sentido. A cura será descoberta com mais rapidez se os experimentos forem feitos diretamente em voluntários humanos; e, em razão da natureza da doença e dos fortes laços existentes entre muitos membros da comunidade *gay*, não faltam voluntários. Naturalmente, certos cuidados precisam ser tomados para que eles compreendam o que estão fazendo e para que não sejam coagidos ou pressionados a participar de algum experimento. Mas seria razoável conceder essa autorização. Por que pessoas devem morrer de uma doença fatal enquanto uma cura potencial é testada em animais que não desenvolvem a aids?

Os defensores do uso de cobaias gostam de dizer que os experimentos aumentaram muito nossa expectativa de vida. Em meio ao debate sobre a reforma da lei de testes em animais na Grã-Bretanha, por exemplo, a Association of the British Pharmaceutical Industry publicou um anúncio de página inteira no *The Guardian* com o título: "Dizem que a vida começa aos 40. Não muito tempo atrás, era mais ou menos por aí que a vida terminava." O anúncio prosseguia dizendo que agora se considera uma tragédia quando um homem morre aos 40 anos de idade, ao passo que, no século XIX, era comum ir ao funeral de alguém dessa faixa etária, pois a expectativa de vida em média era de apenas 42 anos. O anúncio afirmava que "é sobretudo graças aos progressos alcançados pelas pesquisas que requerem animais que a maioria de nós pode viver até os 70".

Essas alegações são falsas. O anúncio é tão enganador que um especialista em medicina pública, o dr. David St. George, escreveu para *The Lancet* dizendo: "O anúncio é um bom material didático, uma vez que ilustra dois grandes erros de interpretação das estatísticas." Ele também se referiu ao influente livro de Thomas McKeown, *The Role of Medicine* [O papel da medicina], publicado em 1976[132], que desencadeou um debate sobre a contribuição relativa das mudanças sociais e ambientais, comparada com a intervenção médica, nas melhorias ocorridas na mortalidade desde meados do século XIX. E acrescentou:

> Esse debate foi resolvido, e agora é bem-aceito que as intervenções médicas tiveram um efeito apenas marginal na mortalidade da população e, em particular, num estágio muito tardio, depois de as taxas já terem caído drasticamente.[133]

J. B. e S. M. McKinley chegaram a conclusão semelhante num estudo sobre o declínio das dez principais doenças infecciosas nos Estados Unidos. Demonstraram que em todos os casos, exceto na poliomielite, a taxa de mortalidade já havia caído bastante (talvez em consequência do melhoramento das condições sanitárias e nutricionais) antes que qualquer nova forma de tratamento médico tivesse sido introduzida. Concentrando-se na queda de 40 por cento da mortalidade nos Estados Unidos, entre 1910 e 1984, eles estimaram "prudentemente" que:

> talvez 3,5 por cento da queda na taxa de mortalidade total possa ser explicada por intervenções médicas para as principais doenças infecciosas. De fato, dado que é precisamente com relação a essas doenças que a medicina alega ter obtido maior sucesso na redução da mortalidade, 3,5 por cento provavelmente representam uma estimativa razoável do máximo da contribuição total das medidas médicas para o declínio na mortalidade de doenças infecciosas nos Estados Unidos.[134]

Lembrem-se de que esses 3,5 por cento representam todas as intervenções médicas. A contribuição da experimentação em animais pode ser, quando muito, apenas uma fração dessa pequena ajuda para o declínio da mortalidade.

Não resta dúvida de que alguns campos da pesquisa científica seriam prejudicados por uma investigação genuína dos interesses dos animais usados na experimentação. Sem dúvida, houve alguns avanços no conhecimento, que não teriam sido alcançados tão facilmente sem a utilização de animais. Exemplos de descobertas importantes mencionados com frequência por aqueles que a defendem remontam ao trabalho de Harvey sobre a circulação sanguínea. Incluem a descoberta da insulina por Banting e Best e seu papel no diabetes; o reconhecimento da poliomielite como um vírus e o desenvolvimento de uma vacina para a doença; várias descobertas que serviram para tornar possíveis cirurgias de coração aberto e transplantes de artérias para fazer "pontes" coronarianas, a compreensão de nosso sistema imune e de modos de superar a rejeição de órgãos transplantados[135]. A alegação de que a experimentação em animais foi essencial para essas descobertas foi contestada por alguns opositores do método[136]. Não pretendo entrar nessa controvérsia. Acabamos de ver que qualquer conhecimento obtido da experimentação com animais deu, na melhor das hipóteses, uma pequena contribuição para o aumento da expectativa de vida humana; sua contribuição para a melhoria da qualidade de vida é ainda mais difícil de estimar. Em um sentido mais fundamental, a controvérsia sobre os benefícios derivados dos testes com animais é insolúvel, pois, mesmo que descobertas valiosas tivessem sido feitas, não podemos dizer quão bem-sucedida seria a pesquisa médica se tivesse se empenhado, desde o início, em desenvolver métodos alternativos de investigação. Algumas descobertas provavelmente teriam sido proteladas, ou talvez não tivessem sido feitas, mas tampouco teriam sido seguidas muitas pistas falsas, e é possível que a medicina tivesse se desenvolvido em uma direção muito diferente e mais eficaz, enfatizando a saúde em lugar da cura.

Em todo caso, a questão ética quanto à justificabilidade da experimentação em animais não pode ser estabelecida com base em seus benefícios para nós, por mais persuasivas que possam ser as provas em favor desses benefícios. O princípio ético da igual consideração de interesses excluiria alguns meios de obter conhecimento. Nada há de sagrado no direito de buscá-lo. Já aceitamos muitas restrições à iniciativa científica. Não acreditamos que os cientistas tenham direito geral e irrestrito de realizar experimentos dolorosos ou letais em seres humanos sem seu consentimento, embora haja muitos casos em que tais experimentos serviriam para que o conhecimento avançasse muito mais rapidamente do que qualquer outro método. Agora necessitamos ampliar o âmbito das restrições no tocante à pesquisa científica.

Por fim, é importante perceber que os principais problemas de saúde do mundo continuam a existir, não porque não sabemos como prevenir as doenças e manter as pessoas saudáveis, mas porque ninguém está se esforçando e destinando dinheiro suficiente para que se faça o que já sabemos fazer. As doenças que devastam a Ásia, a África, a América Latina e os bolsões de pobreza do Ocidente industrializado são aquelas que, de modo geral, sabemos como curar. Elas foram extintas em comunidades com adequadas condições sanitárias, nutricionais e de cuidados com a saúde. Estima-se que 250 mil crianças morrem por semana no mundo, e que um quarto dessas mortes se deva à desidratação provocada por diarreia. Um tratamento simples, já conhecido, e que não necessita de experimentação em animais, poderia prevenir a morte dessas crianças[137]. Os que estão realmente preocupados com a melhoria nos cuidados de saúde na certa dariam uma contribuição mais eficaz para a saúde humana se deixassem os laboratórios e providenciassem para que o estoque de conhecimento médico que já possuímos chegasse aos que dele mais necessitam.

Resta ainda uma questão: o que pode ser feito para mudar a prática, amplamente difundida, da experimentação em animais? Algumas ações que mudem as políticas governamentais se fazem necessárias. Mas quais? O que os cidadãos comuns podem fazer para ajudar a promover tais mudanças?

Os legisladores tendem a ignorar os protestos relativos à experimentação em animais vindos de seus eleitores, pois são demasiado influenciados por grupos científicos, médicos e veterinários. Nos Estados Unidos, esses grupos mantêm *lobbies* políticos registrados em Washington, que exercem forte pressão política contra propostas restritivas aos experimentos. Como os legisladores não têm tempo para adquirir conhecimento especializado nesses campos, recorrem ao que lhes dizem os "especialistas". Mas essa é uma questão moral, e não científica, e os "especialistas", em geral, têm interesse na continuação da experimentação ou estão por demais imbuídos da ética de fazer avançar o conhecimento para se distanciar dessa posição e analisar de modo crítico a maneira como seus colegas agem. Além disso, surgiram organizações profissionais de relações públicas, como a National Association for Biomedical Research [Associação Nacional de Pesquisa Biomédica], cujo único objetivo é melhorar a imagem das pesquisas realizadas em animais diante do público e dos legisladores. A associação tem publicado livros, produziu videoteipes e organizou oficinas sobre a maneira como os pesquisadores devem defender a experimentação. Junto com algumas organizações semelhantes, ela prosperou à medida que mais pessoas começaram a se interessar pela questão. Já vimos, no caso de outro grupo lobista, a Association of the British Pharmaceutical Industry, como esses grupos podem enganar o público. Os legisladores precisam aprender que, ao discutir a experimentação em animais, devem tratar essas organizações, e as associações de médicos, veterinários, psicólogos e biólogos, como tratariam a General Motors e a Ford ao discutir a poluição do ar.

A tarefa da reforma tampouco é facilitada pelas grandes empresas envolvidas em negócios lucrativos, que se dedicam a criar ou a capturar animais para revendê-los, ou a manufaturar e a comercializar as caixas onde eles vivem, a comida utilizada para alimentá-los e os equipamentos usados para neles realizar experimentos. Essas empresas estão preparadas para despender enormes somas de dinheiro para se opor a leis que as privem desse mercado lucrativo. Com tais interesses financeiros, aliados ao prestígio da medicina e da ciência, a luta para acabar com o especismo nos laboratórios está fadada a ser longa e difícil. Qual é a melhor maneira de avançar? Não parece provável que alguma grande democracia ocidental vá abolir toda a experimentação em animais de um só golpe. Os governos não funcionam assim. O método cessará apenas quando uma série de pequenas reformas tiver reduzido sua importância, levado à sua substituição em muitos campos e mudado a atitude pública com relação aos animais. A tarefa imediata, então, é trabalhar para atingir esses objetivos parciais, que podem ser vistos como marcos na longa marcha para a eliminação de toda a exploração dos seres sencientes.

Todos os que se preocupam em pôr fim ao sofrimento dos animais podem tentar tornar conhecido, em sua comunidade, o que ocorre em universidades e laboratórios comerciais. Consumidores podem recusar-se a comprar produtos que tenham sido testados em animais – sobretudo cosméticos, para os quais existem alternativas disponíveis. Estudantes devem recusar-se a realizar experimentos que considerem antiéticos. Qualquer pessoa pode estudar as revistas acadêmicas para descobrir onde estão sendo feitos os experimentos dolorosos e, então, descobrir alguma maneira de fazer o público saber o que está se passando.

Também é necessário politizar a questão. Como já vimos, os legisladores recebem uma quantidade enorme de cartas sobre experimentação em animais. Mas foram necessários muitos anos de trabalho árduo para transformar esse método de pesquisa numa questão política. Felizmente, isso começou a acontecer em vários países. Na Europa e na Austrália, os experimentos em animais vêm sendo levados a sério pelos partidos, sobretudo os mais próximos da ala verde do espectro político. Nas eleições presidenciais de 1988, nos Estados Unidos, a plataforma do Partido Republicano dizia que o processo de certificação de alternativas para os testes de drogas e cosméticos em animais devia ser simplificado e acelerado.

A exploração de animais de laboratório é parte do problema mais amplo do especismo, e é improvável que seja eliminada de todo até que o próprio especismo o seja. Um dia, porém, os filhos de nossos filhos, ao lerem sobre o que era feito nos laboratórios do século XX, terão a mesma sensação de horror e incredulidade perante o que pessoas, tão civilizadas em outras áreas, puderam fazer, como o que sentimos quando lemos sobre as atrocidades cometidas nas arenas pelos gladiadores romanos ou no comércio de escravos do século XVIII.

CAPÍTULO 3

VISITA A UM CRIADOR INDUSTRIAL...

*ou o que aconteceu com seu jantar quando
ele ainda era um animal*

Para a maioria dos seres humanos, sobretudo os que vivem em centros urbanos e suburbanos modernos, a maneira mais direta de contato com animais não humanos ocorre nas refeições, quando os comem. Esse simples fato está no cerne de nossas atitudes para com outros animais, e é a chave do que cada um de nós pode fazer para mudar essas atitudes. Levando em conta o número de espécimes afetados, o uso e o abuso daqueles criados para servir como comida excedem, em muito, quaisquer outras formas de maus-tratos. Mais de 100 milhões de bois, porcos e ovelhas são criados e abatidos, por ano, somente nos Estados Unidos; quanto a aves de produção, chega ao assombroso número de cinco bilhões. Isso significa que cerca de oito mil aves – principalmente frangos – são abatidas no tempo que se gasta para ler esta página. É então, na mesa de jantar e no supermercado ou no açougue do bairro, que entramos em contato direto com a mais extensa exploração de outras espécies que já existiu.

Em geral, ignoramos os maus-tratos cometidos contra as criaturas vivas que estão por trás dos alimentos que ingerimos. A compra desses alimentos, num mercado ou restaurante, é a culminância de um longo processo, do qual tudo, exceto os produtos finais, é delicadamente afastado de nossos olhos. Compramos carne e aves em embalagens limpas de plástico. Quase não sangram. Não há por que associar essa embalagem a um animal vivo, que respira, caminha e sofre. As próprias palavras que usamos escondem, muitas vezes, sua origem: comemos bife, e não boi; vitela, e não bezerro; costeletas e pernil, e não porco* – embora, por algum motivo, achemos mais fácil encarar a verdadeira natureza de um pernil de cordeiro. O termo "carne" é, por si só, enganoso. Originalmente, designava qualquer alimento sólido, não apenas a carne de animais. Esse sentido ainda subsiste em expressões como "carne do coco", referindo-se à porção comestível ou polpa de uma fruta. Ao usar esse termo genérico, evitamos encarar o fato de que o que estamos comendo são realmente pedaços do corpo de um ser vivo.

Esses disfarces linguísticos encobrem a camada superior de uma ignorância muito mais profunda quanto à origem dos alimentos. Considere as imagens evocadas pela palavra "fazenda": uma casa, um celeiro, um galo tomando conta de um terreiro com uma porção de galinhas ciscando, uma manada de vacas sendo conduzida do pasto ao curral para ser ordenhadas e, talvez, uma porca fossando no pomar, com uma ninhada de leitõezinhos correndo e guinchando alegres à sua volta.

▼
* Em inglês, a distinção é mais nítida: *beef* significa a carne de bovinos; *pork* designa a carne de porco; *pig*, o próprio animal. (N. do E.)

Jamais as fazendas foram tão idílicas como nos faz crer essa imagem tradicional. No entanto, ainda pensamos numa fazenda como um lugar agradável, muito distante de nossa vida citadina industrial, voltada para o lucro. Dos poucos que pensam sobre a vida dos animais nas fazendas, menos ainda conhecem os métodos modernos de criação. Alguns indagam se os animais são abatidos de modo indolor, e qualquer pessoa que tenha seguido um caminhão com gado sabe que eles são transportados amontoados, em condições extremamente precárias; mas poucos suspeitam que o transporte e o abate sejam algo mais do que o breve e inevitável fim de uma vida fácil e feliz, que contém os prazeres naturais da existência de um animal, sem as agruras que os espécimes selvagens precisam enfrentar na luta pela sobrevivência.

Essas confortáveis suposições pouco têm a ver com a realidade das instalações de criação ou das fazendas modernas. Para começar, elas não são mais controladas por pessoas simples do interior. Nos últimos cinquenta anos, grandes empresas e métodos de linha de montagem transformaram a agricultura em agronegócio. O processo começou quando essas grandes empresas passaram a controlar a produção de aves, antes a cargo da esposa do agricultor. Hoje, cinquenta companhias praticamente dominam a produção avícola dos Estados Unidos. Na área de ovos, na qual, cinquenta anos atrás, um grande produtor poderia ter 3 mil galinhas poedeiras, hoje há mais de 500 mil; os maiores empresários contam com mais de 10 milhões. Os restantes, pequenos produtores, tiveram de adotar os métodos dos gigantes ou mudar de ramo. Empresas que não tinham nenhuma vinculação com a agricultura passaram a criar animais em ampla escala, para obter incentivos fiscais ou para diversificar os lucros. A Greyhound Corporation* agora produz perus; e a carne de gado consumida por um leitor norte-americano pode ter vindo da John Hancock Mutual Life Insurance** ou de uma das dezenas de empresas petrolíferas que investiram em pecuária, construindo currais de engorda que abrigam 100 mil ou mais cabeças de gado[1].

As grandes empresas e os que com elas precisam competir não estão preocupados com nenhum senso de harmonia entre plantas, animais e natureza. A criação é competitiva, e os métodos adotados são os que reduzem custos e aumentam a produção. Isso a transformou em "criação industrial de animais". Eles são tratados como máquinas, que convertem forragem de baixo preço em carne de preço elevado, e qualquer inovação será utilizada caso resulte numa "taxa de conversão" mais barata. A maior parte deste capítulo trata simplesmente da descrição desses métodos e do que significam para os animais aos quais são aplicados. O objetivo é demonstrar que, quando submetidos a esses métodos, eles levam uma vida miserável, do nascimento à morte no abatedouro. Mais uma vez, entretanto, não pretendo afirmar com isso que as pessoas que fazem essas coisas sejam cruéis e más. Ao contrário, a atitude dos consumidores e dos produtores não é fundamentalmente diferente. Os métodos utilizados na criação de animais, que descreverei a seguir, são a aplicação lógica de atitudes e preconceitos discutidos neste livro. Quando retiramos os animais

▼

* Empresa norte-americana de transporte de passageiros. (N. do T.)
** Empresa de seguros de vida. (N. do T.)

não humanos da esfera de consideração moral e os tratamos como coisas que utilizamos para satisfazer nossos desejos, o resultado é previsível.

A exemplo do capítulo anterior, para tornar as descrições o mais objetivas possível, não as baseei nas minhas observações pessoais dos locais de criação, nem das condições neles existentes. Se o tivesse feito, poderia ser acusado de descrição seletiva, tendenciosa, baseada em algumas poucas visitas a locais de criação anormalmente ruins. Ao contrário, as descrições são retiradas, em grande parte, de fontes que, espera-se, sejam as mais favoráveis à indústria de produção animal: revistas e jornais comerciais dessa indústria.

É evidente, não se encontram artigos que exponham de modo direto o sofrimento dos animais de criação em revistas especializadas, sobretudo agora, em que a delicadeza do assunto foi apontada. As publicações da agroindústria não estão interessadas no sofrimento dos animais. Os criadores são, às vezes, aconselhados a evitar práticas que provoquem dor porque, nessas condições, os animais ganhariam menos peso; e são estimulados a tratá-los com menos brutalidade, quando os enviam para o abate, porque uma carcaça machucada alcança um preço mais baixo. Mas a ideia de evitar confinar animais em condições pouco confortáveis – porque isso, em si, é algo mau – não é mencionada. Ruth Harrison, autora de *Animal Machines*, pioneira na exposição dos métodos de criação intensiva na Grã-Bretanha, concluiu que a "crueldade é reconhecida apenas quando cessa o lucro"[2]. Essa, certamente, é a atitude demonstrada nas páginas das revistas da agroindústria, tanto nos Estados Unidos como na Grã-Bretanha.

Ainda assim, podemos aprender muito, nessas revistas, acerca das condições dos animais de criação. Tomamos conhecimento da atitude de alguns criadores em relação aos espécimes que estão sob suas absolutas e irrestritas regras; também ficamos conhecendo os novos métodos e técnicas adotados e os problemas que surgem em decorrência deles. Desde que saibamos um pouco sobre as exigências no tocante a animais de criação, tais informações são suficientes para dar, hoje, um amplo panorama dessa criação. Podemos tornar esse panorama mais nítido se examinarmos alguns estudos científicos sobre o bem-estar de animais de criação, estudos que, em resposta à pressão do movimento pela libertação animal, começam a aparecer em número crescente nas publicações especializadas em agricultura e veterinária.

O primeiro animal a ser removido das condições relativamente naturais da fazenda tradicional foi a galinha. Os seres humanos usam-na de duas maneiras: para obter carne e para obter ovos. Existem agora técnicas padronizadas de produção em massa para a obtenção desses dois produtos.

Os promotores do agronegócio consideram o surgimento da indústria de frangos um dos grandes sucessos da história da agricultura. No final da Segunda Guerra Mundial, frangos ainda eram relativamente raros à mesa. Vinham principalmente de pequenos produtores independentes ou de machos rejeitados da produção de poedeiras. Hoje, nos Estados Unidos, 102 milhões de galinhas – ou frangos, como são chamadas essas aves servidas à mesa – são abatidas por semana, depois de crescer em unidades de criação intensiva automatizadas, pertencentes a grandes empresas que controlam a produção. Oito dessas empresas respondem por mais de 50 por cento das 5,3 bilhões de aves de produção abatidas anualmente nos Estados Unidos[3].

O passo essencial para transformar as galinhas em itens manufaturados foi confiná-las em galinheiros fechados, ou aviários. Um produtor de frangos recebe das chocadeiras um lote de 10 mil, 50 mil ou mais pintinhos de um dia e os coloca no piso forrado ("cama") de um galinheiro comprido, sem janelas, embora alguns produtores utilizem gaiolas empilhadas, com vistas a criar um número maior de aves no mesmo galpão. Dentro do aviário, cada aspecto é controlado para provocar um crescimento mais rápido, com menos alimento. Ração e água são supridos automaticamente de comedouros e bebedouros suspensos no teto. A iluminação é ajustada de acordo com os conselhos dos pesquisadores: por exemplo, deve haver luz bem clara, 24 horas por dia, na primeira e na segunda semanas, para estimular os frangos a ganhar peso rapidamente; então, a intensidade da luz é diminuída, as lâmpadas são acesas e apagadas a cada duas horas, pois se acredita que os frangos, após um período de sono, estejam prontos para comer; finalmente, por volta da sexta semana, quando as aves tiverem crescido tanto que o espaço começa a ficar apertado, as luzes são mantidas bem fraquinhas, o tempo todo. O objetivo é reduzir a agressividade causada pela superlotação.

Os frangos de corte são mortos quando atingem sete semanas de vida (a expectativa de vida natural de uma galinha é de cerca de sete anos). Ao fim desse breve período, as aves pesam entre 2 e 2,5 quilos; no entanto, cada uma ainda disporá do exíguo espaço de menos de 30 centímetros quadrados – menos que a área de uma folha de papel ofício, para um frango que pesa dois quilos. Nessas condições, quando há luz normal, o estresse provocado pela superlotação e a ausência de escapes naturais para a energia das aves levam à deflagração de brigas, nas quais os frangos bicam as penas uns dos outros e, às vezes, matam-se e comem uns aos outros. Descobriu-se que, quando as luzes estão bem fracas, esse comportamento diminui; assim, as aves estão condenadas a viver as últimas semanas de vida na semiescuridão.

Bicagem de penas e canibalismo são, na linguagem dos produtores de frangos, "vícios". Contudo, não são vícios naturais: resultam do estresse e da superpopulação a que os modernos produtores de frangos submetem as aves. Galinhas são animais altamente sociáveis e desenvolvem uma hierarquia no terreiro, chamada, às vezes, de "ordem das bicadas". Cada ave obedece, no comedouro ou em outros lugares, àquelas que ocupam lugar mais alto na ordem das bicadas, que têm precedência sobre as que estão abaixo. Pode haver alguns confrontos antes de a ordem ser estabelecida, mas, com grande frequência, basta uma demonstração de força, não havendo necessidade de contato físico. Como escreveu Konrad Lorenz, um renomado observador do comportamento animal, na época em que os lotes de aves eram pequenos:

> Então os animais conhecem uns aos outros? É claro. [...] Todo criador de aves sabe disso [...] há uma ordem bem definida, na qual cada ave teme as que se encontram acima na hierarquia. Após algumas brigas, que não necessariamente chegam às vias de fato, cada ave sabe a quem deve temer e quem deve

respeitá-la. Não só a força física, mas também a coragem pessoal, a energia e até mesmo a autoconfiança de cada ave são decisivas na manutenção da ordem das bicadas.[4]

Outros estudos demonstram que, num lote de até 90 galinhas, pode-se manter uma ordem social estável, com cada qual conhecendo seu lugar; mas, evidentemente, a situação é bem diferente quando 80 mil aves são apinhadas num único galpão. Elas não conseguem estabelecer uma ordem social e, como resultado, brigam com frequência. Além de ser impossível para uma ave reconhecer tantas outras, a extrema superpopulação provavelmente contribui para a irritabilidade e a excitação, a exemplo do que ocorre com seres humanos e outros animais. Há muito que os criadores sabem disso:

> A bicagem de penas e o canibalismo tornam-se, facilmente, vícios graves entre as aves mantidas em condições de criação intensiva. Implicam baixa produtividade e perda de lucros. As aves ficam entediadas e bicam partes salientes da plumagem das outras. [...] Embora a ociosidade e o tédio sejam causas que predisponham ao vício, o confinamento, a aglomeração e o superaquecimento são fatores que contribuem para esse comportamento.[5]

Os criadores precisam acabar com os "vícios", pois custam dinheiro. Mas, embora pareçam saber que a causa principal é a superpopulação, nada fazem a respeito, pois, no estado competitivo dessa indústria, eliminar a superpopulação poderia significar eliminar, ao mesmo tempo, a margem de lucro. Os custos de construção, dos equipamentos de alimentação automática, do combustível utilizado para aquecer e ventilar o galinheiro e da mão de obra seriam os mesmos, mas, com menos aves por galinheiro, o rendimento seria reduzido. Assim, os criadores concentram seus esforços na redução das consequências do estresse que lhes custa dinheiro. As condições pouco naturais em que as aves são mantidas causam os vícios, mas, para controlá-los, os criadores precisam tornar tais condições ainda mais artificiais. Manter a iluminação bem fraca é uma das maneiras de fazê-lo. Uma solução mais drástica, embora amplamente utilizada na indústria, é a "debicagem".

Utilizada pela primeira vez em San Diego, na década de 1940, a debicagem costumava ser realizada com um maçarico. O criador queimava a parte superior do bico das galinhas para que elas não pudessem bicar as penas umas das outras. Essa técnica rudimentar foi logo substituída pela aplicação de um ferro de soldar adaptado à função, e hoje se preferem instrumentos semelhantes à guilhotina, com lâminas incandescentes, especialmente projetadas para isso. O bico do pintinho é inserido no instrumento e a lâmina incandescente corta-lhe a ponta. O procedimento é realizado muito rapidamente: cerca de 15 pintinhos são debicados por minuto. Essa pressa significa que a temperatura e a afiação da lâmina podem variar, resultando em cortes malfeitos e graves ferimentos nas aves:

> Uma lâmina excessivamente quente provoca feridas na boca. Uma lâmina fria ou mal afiada pode provocar o aparecimento de uma massa carnosa em forma de bulbo na extremidade da mandíbula. Essas massas são muito sensíveis.[6]

Joseph Mauldin, cientista especializado em avicultura da Universidade da Geórgia, relatou suas observações de campo numa conferência sobre saúde avícola:

> Há muitos casos de narinas queimadas e grave mutilação devido a procedimentos incorretos, que sem dúvida influenciam o comportamento alimentar e os fatores de produção e provocam dor aguda e crônica. Avaliei, para empresas privadas de criação de aves, a qualidade do corte dos bicos. A maioria delas está satisfeita em conseguir que 70% dos cortes achem-se na categoria de corte apropriado. [...] As frangas de reposição têm seus bicos cauterizados por equipes remuneradas segundo a quantidade de trabalho realizado, e não a qualidade.[7]

Mesmo quando essa operação é feita corretamente, seria um erro considerá-la um procedimento indolor, como cortar unhas. Um comitê do governo britânico, sob a orientação do zoólogo e professor F. W. Rogers Brambell, constatou há alguns anos:

> Entre a substância córnea e o osso há uma camada muito fina de tecido mole, altamente sensível, que se parece ao "sabugo" das unhas humanas. A lâmina quente, usada para debicar, corta esse complexo de substância córnea, osso e tecido sensível, provocando dor intensa.[8]

Além disso, os danos causados às aves pela debicagem são duradouros: as galinhas mutiladas dessa maneira comem menos e perdem peso por várias semanas[9]. A explicação mais provável para isso é que o bico machucado continua a provocar dor.

J. Breward e M. J. Gentle, pesquisadores do Centro de Pesquisas Avícolas do British Agricultural and Food Research Council [Conselho de Pesquisa Agrícola e Alimentar Britânico], examinaram os tocos dos bicos das aves debicadas e descobriram que os nervos danificados cresciam novamente, formando uma massa de fibras nervosas entrelaçadas chamada neuroma. Os neuromas provocam dor aguda e crônica no toco que resta em seres humanos que sofrem amputação. Breward e Gentle descobriram que isso, provavelmente, também ocorre como os neuromas formados pela debicagem[10]. Mais tarde, Gentle – expressando-se com a cautela que se espera de um cientista especializado em avicultura – afirmou numa revista científica:

> Concluindo, é justo dizer que não sabemos quanto desconforto e dor as aves sentem após a retirada do bico, mas, numa sociedade atenciosa, teríamos de conceder-lhes o benefício da dúvida. Para evitar o canibalismo e a bicagem de penas das aves, uma boa criação é essencial e, nos casos em que a intensidade de luz não possa ser controlada, a única alternativa é tentar criar aves que não exibam essas características prejudiciais.[11]

Ainda há outra solução possível. A debicagem, realizada rotineiramente em antecipação ao canibalismo pela maioria dos criadores, reduz em muito os danos que uma galinha pode causar a outras. Mas, evidentemente, não reduz o estresse e a superpopulação, principais causas desse canibalismo antinatural. Os criadores mais antigos, que mantêm lotes menores, com bastante espaço, não precisam debicar as aves.

Outrora, as aves recebiam tratamento individual: se uma galinha fosse agressiva com outras (e isso podia acontecer, embora não fosse a regra geral), era afastada do grupo. Analogamente, as que adoeciam ou se machucavam eram tratadas ou, se necessário, rapidamente abatidas. Hoje em dia uma só pessoa toma conta de dezenas de milhares de aves. Um ministro da Agricultura dos Estados Unidos escreveu entusiasmado sobre como era possível uma pessoa cuidar de 60 a 75 mil frangos[12].

A revista *Poultry World* publicou recentemente uma importante reportagem sobre uma unidade de criação intensiva de David Dereham, que cuida, sozinho, de 88 mil frangos, abrigados num único galinheiro, além de cultivar 25 hectares de terra!

"Cuidar" não é mais o que costumava ser, pois, se um criador tivesse de gastar mais de um segundo por dia com cada ave, levaria mais de 24 horas por dia só para inspecionar 88 mil delas; que dirá fazer outras tarefas e ainda cultivar a terra[13]. Depois, há o ambiente escuro por causa da iluminação fraca, o que torna a tarefa de inspeção ainda mais difícil. De fato, o criador moderno apenas retira as aves mortas. É menos dispendioso perder algumas galinhas dessa maneira do que pagar a mão de obra adicional necessária para supervisionar a saúde de cada uma.

Para permitir o controle total da iluminação e o controle parcial da temperatura (em geral, há aquecimento, mas raramente há refrigeração), os galinheiros têm paredes sólidas, sem aberturas, e contam com ventilação artificial. As aves nunca veem a luz do Sol, até o dia em que são levadas para o abate; tampouco respiram ar que não seja aquele pesado, impregnado de amoníaco, proveniente dos próprios excrementos. A ventilação é adequada para mantê-las vivas em circunstâncias normais, mas, se houver alguma falha mecânica, logo sufocam. Até mesmo uma possibilidade tão óbvia como a queda da energia elétrica pode ser desastrosa, uma vez que nem todo criador de frangos tem geradores próprios.

Entre as outras maneiras pelas quais as aves podem sufocar num galinheiro, há um fenômeno conhecido como "empilhamento". As galinhas confinadas em aviários se tornam criaturas nervosas e agitadas. Não habituadas à luz intensa, a ruídos fortes ou a outras fontes de perturbação, podem entrar em pânico em função de alguma alteração súbita e correr para um canto do aviário. Na corrida aterrorizada para um lugar seguro, empilham-se umas sobre as outras. Como descreveu um criador de aves: "Asfixiam umas às outras, numa deplorável pilha de corpos em algum canto do galinheiro."[14]

Ainda que as aves escapem desses perigos, podem sucumbir a alguma das doenças que, com frequência, atacam os galinheiros. Uma causa de morte nova e ainda misteriosa é conhecida como "síndrome da morte súbita", ou SMS. Aparentemente, produto das condições artificiais geradas pela indústria de frangos, a SMS mata, em média, cerca de dois por cento dos lotes de frangos no Canadá e na Austrália, e supõe-se que os números sejam semelhantes onde quer que esses métodos sejam utilizados[15]. A síndrome tem sido descrita nos seguintes termos:

> As galinhas são acometidas de um ataque súbito, que antecede a morte, caracterizado por perda de equilíbrio, bater violento de asas e fortes contrações musculares. [...] Observou-se que as aves caem para a frente ou para trás na perda inicial de equilíbrio e podem virar de costas ou sobre o esterno, batendo as asas vigorosamente.[16]

Nenhum estudo oferece uma explicação clara do porquê de essas galinhas, aparentemente saudáveis, entrarem de repente em colapso e morrerem; mas um especialista em avicultura do Ministério da Agricultura britânico relacionou esse fenômeno à meta da indústria de frangos – o rápido crescimento:

Os níveis de mortalidade dos frangos aumentaram e é razoável supor que isso pode ser atribuído indiretamente aos consideráveis avanços genéticos e nutricionais que vêm sendo realizados. Em outras palavras, podemos esperar que os frangos cresçam rapidamente demais – multiplicando cinquenta a sessenta vezes seu peso em sete semanas. [...] A SMS, isto é, a morte súbita de jovens frangos em crescimento (em geral, machos), também pode estar ligada a esse crescimento por "superalimentação".[17]

A rápida taxa de crescimento também provoca aleijamentos e deformidades, que forçam os criadores a matar mais um a dois por cento dos frangos – e, como apenas os casos graves são descartados, o número de aves que sofrem deformidades é muito maior[18]. Os autores de um estudo de uma forma específica de deformação concluíram: "Acreditamos que as aves podem ser alimentadas para crescer tão depressa que estão à beira de um colapso estrutural."[19]

A atmosfera na qual as aves têm de viver representa, em si, um risco para a saúde. Nas sete ou oito semanas em que ficam nos galinheiros, nenhum esforço é feito para mudar a palha da cama ou retirar o esterco. Apesar da ventilação mecânica, o ar se torna empestado de amoníaco, poeira e micro-organismos. Estudos têm revelado que, como é de esperar, a poeira, o amoníaco e as bactérias exercem efeitos nocivos nos pulmões das aves[20]. O Departamento de Medicina Comunitária da Universidade de Melbourne, na Austrália, realizou um estudo sobre os riscos dessa atmosfera para a saúde dos criadores de frangos. Descobriu que 70 por cento deles apresentavam irritações nos olhos; quase 30 por cento, tosse regular; e quase 15 por cento, asma e bronquite crônica. Como resultado, os pesquisadores aconselharam-nos a permanecer o mínimo de tempo possível no galinheiro e a usar máscara quando ali entrassem. Mas o estudo não fez nenhuma referência a máscaras para os frangos[21].

Quando as aves são obrigadas a ficar em pé e a sentar-se sobre uma cama suja, composta de materiais deteriorados e amoníaco, também desenvolvem úlceras nos pés, feridas no peito e queimaduras nos jarretes. Muitas vezes os "pedaços de frango" são as partes que sobram de aves machucadas, cujo corpo não pode ser vendido inteiro. As machucaduras nos pés, contudo, não são um problema para a indústria, pois, de qualquer maneira, são cortados após o abate.

Se a vida nos galinheiros compridos, sem janelas, apinhados, repletos de amoníaco e poeira é estressante, a primeira e única experiência das aves à luz do Sol também o é. As portas são escancaradas e as aves, acostumadas à semiescuridão, são agarradas pelas pernas, levadas para fora de cabeça para baixo e sumariamente metidas em gaiolas, depois empilhadas na carroceria de um caminhão. Levadas para a unidade de "processamento", são abatidas, lavadas e embaladas em pacotes plásticos limpos. No frigorífico, são retiradas do caminhão e empilhadas, ainda nas gaiolas, à espera de sua vez. Isso pode durar várias horas, durante as quais ficam sem comida e sem água. Finalmente, retiradas das gaiolas e dependuradas, de cabeça para baixo, na esteira transportadora, são conduzidas até a faca que porá fim à sua triste existência (veja foto após a página 308). Os corpos depenados e limpos dos frangos são, então, vendidos a milhões de famílias que roem seus ossos, sem parar por um instante para pensar que comem o corpo morto de uma criatura que já foi viva, ou para perguntar o que foi feito com aquela criatura para que se tornasse possível comprá-la e comê-la. Mas, se parassem para perguntar, onde encontrariam a resposta? Se obtiverem suas informações do magnata Frank Perdue, o quarto maior produtor de frangos dos Estados Unidos, o primeiro em autopromoção, lhes será dito que os frangos de sua "fazenda" são mimados e "levam uma vida muito boa"[22]. Como as pessoas comuns poderão saber que a Perdue mantém as galinhas em galpões de 137 metros de comprimento que abrigam 27 mil aves? Como poderão saber que o sistema de produção em massa da empresa, sozinho, mata 6,8 milhões de aves por semana, e que, como muitos outros produtores de frangos, corta-se o bico das galinhas para evitar que se tornem canibais devido ao estresse da vida no aviário moderno?[23]

A publicidade da Perdue promove um mito comum: que recompensas econômicas para o criador e uma boa vida para as aves ou animais andam de mãos dadas. Os apologistas dos criadores industriais muitas vezes dizem que, se as aves ou os animais não fossem felizes, não se desenvolveriam e, portanto, não seriam rentáveis. A indústria de frangos representa uma clara refutação desse mito ingênuo. Um estudo publicado na revista *Poultry Science* mostrou que destinar o espaço exíguo de 37 centímetros quadrados por ave (20 por cento menos do que o tamanho-padrão utilizado na indústria) pode ser lucrativo, mesmo que signifique a morte de 6,4 por cento das aves (mais do que em densidades mais baixas), que elas não atinjam um peso normal e que apresentem alta incidência de feridas e escoriações no peito. Como destacaram os autores, a chave da lucratividade na indústria avícola não é o lucro por ave, mas o lucro da unidade como um todo:

> A média do retorno financeiro por ave começa a declinar. [...] à medida que aumenta a densidade de ocupação. Entretanto, quando o retorno financeiro é calculado com base no retorno por unidade, de acordo com a área do piso, ocorre o efeito inverso. Embora densidades extremamente altas de ocupação fossem testadas, não se alcançou o ponto de retorno mais baixo, apesar da redução no índice de crescimento.[24]

O leitor que, após ler esta seção, pensar em comprar peru em vez de frango deve ser advertido de que esse tradicional prato, consumido pela família na noite de Natal, é criado, agora, com os mesmos métodos com que o são os frangos de fazenda, e que a debicagem também é regra geral entre os perus. De acordo com a publicação *Turkey World*, houve uma "explosão na produção de perus" nos últimos anos e espera-se que isso continue. A indústria de perus, de 2 bilhões de dólares, criou 207 milhões de perus em 1985, sendo que 20 grandes empresas produziram mais de 80 por cento deles. Os perus passam entre 13 e 24 semanas em condições intensivas, mais do que o dobro que seus colegas menores, antes de encontrar seu fim[25].

*

"A galinha é apenas uma maneira de um ovo fazer outro ovo", escreveu certa vez Samuel Butler. Ele, sem dúvida, pensou que estivesse sendo engraçado, mas, quando Fred C. Haley, presidente de uma empresa avícola da Geórgia, que controla a vida de 225 mil galinhas poedeiras, descreve-as como uma "máquina de fazer ovos", suas palavras têm implicações mais sérias. Para ressaltar sua atitude comercial, Haley acrescenta: "O objetivo de produzir ovos é ganhar dinheiro. Quando esquecemos isso, esquecemos o próprio objetivo."[26] Essa não é uma atitude só de norte-americanos. Uma revista avícola britânica informou a seus leitores:

> A poedeira moderna, afinal de contas, é apenas uma eficiente máquina de conversão, que transforma material bruto – ração – num produto acabado – o ovo –, excluindo, claro, o que é gasto com sua manutenção.[27]

A ideia de que a poedeira é um modo eficiente de converter ração em ovos é comum nas revistas especializadas, sobretudo nos anúncios. Como é de esperar, as consequências para as aves não são promissoras.

As poedeiras passam por muitos dos procedimentos pelos quais passam os frangos, mas há algumas diferenças. Como os frangos, precisam ser debicadas, para impedir o canibalismo provocado pelas condições em que são criadas; mas, como vivem muito mais do que os frangos, com frequência passam duplamente por essa operação. Assim, vemos o especialista Dick Wells, chefe do National Institute of Poultry Husbandry [Instituto Nacional de Avicultura] britânico, recomendar a debicagem "por volta dos cinco e 10 dias de idade" porque há menos estresse para os pintinhos, a essa altura, do que se a operação fosse realizada antes; além disso, "é uma boa maneira de reduzir o risco de mortalidade precoce"[28]. Quando as galinhas são removidas do local onde crescem para o galinheiro de postura, com 12 a 18 semanas de vida, muitas vezes são debicadas novamente[29].

O sofrimento das poedeiras começa bem cedo. Os pintinhos recém-chocados são separados em machos e fêmeas por um "selecionador de pintos". Como os machos não têm valor comercial, são descartados. Algumas empresas matam-nos com gás, mas na maioria das vezes são jogados vivos num saco plástico e ali deixados, para sufocar com o peso de outros pintinhos lançados sobre eles. Outros são moídos, ainda vivos, para servir de ração às irmãs. Ao menos 160 milhões de aves são mortas com gás, sufocadas, ou morrem dessa maneira, todos os anos, somente nos Estados Unidos[30]. É impossível precisar quantas sofrem cada tipo de destino, pois não há registros: os criadores lidam com o descarte de pintinhos machos como lidamos com o lixo que produzimos.

A vida das poedeiras é mais longa, mas isso dificilmente é uma vantagem. As frangas, como são chamadas as aves jovens que ainda não estão no ponto de botar ovos, costumavam ser criadas ao ar livre, na crença de que isso as tornasse poedeiras mais fortes, mais aptas a enfrentar a vida na gaiola. Agora são levadas para dentro de galpões e, em muitos casos, colocadas em gaiolas praticamente desde que nascem. Outras poedeiras podem ser acomodadas nas fileiras de gaiolas empilhadas em cada galpão, tornando as despesas por ave menores. Entretanto, como elas crescem com rapidez, precisam ser removidas para engradados maiores, o que é uma desvantagem, já que a "mortalidade pode ser um pouco maior... Pernas quebradas e cabeças feridas certamente ocorrem quando as aves são removidas"[31].

Seja qual for o método de criação utilizado, todos os grandes produtores de ovos mantêm suas poedeiras em gaiolas. Estas, com frequência, são chamadas de "baterias" ou "baterias de gaiolas", não porque haja algo elétrico nelas, mas por causa do sentido original da palavra "bateria": "conjunto de unidades semelhantes ou conectadas de um equipamento". Quando os engradados começaram a ser utilizados, colocava-se apenas uma ave em cada um deles, para que o criador pudesse, assim, saber quais galinhas não punham ovos em quantidade suficiente para dar o retorno financeiro que compensasse a comida consumida. Essas eram, então, abatidas. Depois, descobriu-se que mais aves podiam ser abrigadas, com custos por unidade reduzidos, caso duas delas ocupassem um engradado. Esse foi apenas o primeiro passo. Hoje não se pensa mais em registrar os ovos de cada galinha. As gaiolas são utilizadas porque permitem abrigar, aquecer, alimentar e dar água a um número maior de aves em um mesmo galpão, bem como porque possibilitam o uso mais otimizado dos equipamentos automáticos que dispensam mão de obra.

A exigência econômica de manter mínimos os custos com mão de obra faz que as poedeiras não recebam mais atenção do que os frangos. Alan Hainsworth, proprietário de um grande criador industrial no estado de Nova York, disse a uma jornalista local que eram necessárias apenas quatro horas por dia para cuidar de suas 36 mil poedeiras, ao passo que sua esposa cuidava de 20 mil frangas: "Ela leva cerca de 15 minutos por dia. Tudo o que faz é examinar os comedouros, os bebedouros automáticos e as mortes ocorridas durante a noite."

Mas esse tipo de cuidado não garante um lote feliz, como mostra a descrição da repórter:

> Quando se entra num galinheiro, a reação é imediata: um verdadeiro pandemônio. Os pios são altos e intensos, pois cerca de 20 mil aves se retraem para o lado mais afastado das gaiolas, com medo dos intrusos humanos.[32]

A empresa Egg City, de Julius Goldman, a 80 quilômetros a noroeste de Los Angeles, foi uma das primeiras com números superiores a um milhão. Já em 1970, quando a revista *National Geographic* fez uma enquete entusiasmada do que eram, então, os métodos ainda relativamente novos de criação intensiva, ela consistia em dois milhões de galinhas divididas em galpões compridos, do tamanho de um quarteirão, contendo 90 mil espécimes cada, o que dá cinco aves por gaiola de 40 a 45 centímetros. Ben Shames, vice-presidente executivo da Egg City, explicou ao jornalista os métodos utilizados para cuidar de tantas aves:

> Mantemos sob vigilância a ração consumida e os ovos colhidos em duas fileiras de gaiolas entre as 110 de cada galpão. Quando a produção cai a um ponto antieconômico, todas as 90 mil aves são vendidas a fabricantes de empadas e sopas. Não vale a pena manter registros de todas as fileiras do galpão, que dirá de cada galinha; com dois milhões de galinhas para cuidar, temos de recorrer a amostras estatísticas.[33]

Na maioria dos grandes produtores de ovos, as gaiolas são empilhadas umas em cima das outras. A ração e a água são postas em calhas ao longo das gaiolas, abastecidas automaticamente a partir de um depósito central. Os engradados são dotados de piso de arame inclinado. O declive, em geral com um gradiente de um por cinco, dificulta às galinhas ficarem de pé confortavelmente, mas faz com que os ovos rolem para a frente, onde podem ser facilmente recolhidos, ou, nas unidades mais modernas, levados por uma esteira transportadora para uma sala de embalagem.

O piso de arame gradeado também tem uma justificativa econômica. Os excrementos o atravessam e podem se acumular na parte de baixo por muitos meses, até serem removidos numa única operação. (Alguns produtores retiram-nos com certa frequência, outros não.) Infelizmente, as garras das galinhas não são adaptadas para viver em grades, sendo comuns os relatos de ferimentos nos pés sempre que alguém se dá o trabalho de examiná-los. Sem uma superfície sólida para desgaste, as garras crescem, tornam-se muito longas e podem entrelaçar-se permanentemente ao arame. O ex-presidente de uma organização avícola nacional registra algumas de suas recordações a esse respeito numa revista especializada:

> Descobrimos galinhas literalmente agarradas à gaiola. Parece que, de algum modo, suas garras se prendem à tela e não conseguem se soltar. Felizmente para elas, ficam presas na parte da frente, onde podem alcançar comida e água com facilidade.[34]

Temos de considerar o espaço disponível para as poedeiras nas gaiolas. Na Grã-Bretanha, o Protection of Birds Act [Lei de Proteção das Aves], sancionado em 1954, objetiva impedir a crueldade para com elas. O artigo 8º da subseção I dessa lei diz o seguinte:

> Se uma pessoa mantiver ou confinar uma ave em qualquer tipo de gaiola ou outro compartimento que não tenha altura, comprimento ou largura suficientes para permitir que a ave estenda livremente as asas, será culpada de ofensa contra a Lei e estará sujeita a uma penalidade especial.

Embora todo confinamento seja questionável, o princípio de que a gaiola deva ter espaço suficiente para permitir que as aves estendam livremente as asas parece o mínimo necessário para protegê-las de um grau intolerável de isolamento, que lhes frustre uma urgência tão básica. Podemos supor, portanto, que as gaiolas na Grã-Bretanha são grandes o bastante para permitir esse mínimo de liberdade para as aves? Não. O artigo mencionado anteriormente tem uma pequena, porém significativa, disposição em forma de adendo:

> Contanto que este artigo não se aplique a aves de produção...

Esse espantoso adendo atesta a força dos desejos que emanam do estômago, e daqueles que são baseados na compaixão, num país que tem a reputação de tratar com bondade os animais. Nada na natureza das chamadas "aves de produção" as torna menos desejosas de abrir as asas do que as outras aves.

A única conclusão a que podemos chegar é que os membros do Parlamento britânico são contra a crueldade, exceto quando se trata do desjejum. Nos Estados Unidos a situação é semelhante. Na Lei de Bem-Estar Animal de 1970, e subsequentes revisões, foram estabelecidos os padrões exigidos para as gaiolas, a fim de "fornecer espaço suficiente para permitir que cada animal tenha ajustamentos sociais e de postura com adequada liberdade de movimentos". Essa lei aplica-se a zoológicos, circos, vendedores de animais de estimação e laboratórios, mas não a animais criados para servir de alimento[35].

Como as medidas das gaiolas de poedeiras se ajustariam aos padrões mínimos estabelecidos para aves em geral? Para responder a essa pergunta, precisamos saber que o comprimento das asas do tipo mais comum de galinha é, em média, de 76 centímetros. As medidas das gaiolas variam, mas, segundo a revista *Poultry Tribune*,

> um tamanho típico de gaiola é de 30 por 50 centímetros, onde são abrigadas de uma a cinco poedeiras. O espaço disponível por ave varia de 30 cm² a 1,5 m², dependendo do número de aves por gaiola. Há uma tendência de colocar as poedeiras em ambientes superlotados para reduzir os custos de construção e equipamentos por ave.[36]

Obviamente, esse tamanho é muito pequeno até mesmo para uma galinha esticar completamente as asas, que dirá para cinco na mesma gaiola – e, como indica a última linha do parágrafo citado, o padrão da indústria é de quatro ou cinco aves, não de uma ou duas.

Desde que a primeira edição deste livro foi publicada, as condições sob as quais as galinhas são abrigadas nas unidades modernas de criação intensiva têm sido sujeitas a numerosos estudos, tanto de comitês científicos quanto governamentais. Em 1981, o Comitê de Agricultura da Casa dos Comuns da Grã-Bretanha apresentou um relatório sobre o bem-estar dos animais em que afirma: "Vimos, com nossos próprios olhos, as baterias de gaiolas, tanto experimentais como comerciais, e não gostamos nada do que vimos." O comitê recomendou que o governo britânico tomasse a iniciativa de acabar com as gaiolas de baterias em cinco anos[37]. Ainda mais revelador, entretanto, foi o estudo realizado pela Houghton Poultry Research Station, da Grã-Bretanha, sobre o espaço requerido por galinhas para suas várias atividades. Esse estudo descobriu que uma poedeira, quando descansa, ocupa um espaço físico de cerca de 64 cm^2, mas se quiser se virar com facilidade, precisaria de 1,7 m^2, caso fosse mantida sozinha num engradado. O tamanho de uma gaiola com cinco galinhas, concluiu o estudo, deve ser suficiente para dar lugar, na frente, a todas elas, e, portanto, precisa ter ao menos 1 m de largura por 41 cm de profundidade, dando a cada galinha 87,3 cm^2.[38] O espaço, previsto no artigo da *Poultry Tribune,* para cinco galinhas colocadas em gaiolas padronizadas de 30 por 50 centímetros, é de apenas 30,9 cm^2. Se quatro galinhas forem colocadas em cada gaiola, cada uma disporá de 37,5 cm^2.

Embora o governo britânico não tenha tomado providências com relação à recomendação de tomar a iniciativa de acabar com as gaiolas, houve algumas mudanças. Em 1981, a Suíça deu início ao processo de abolir, em dez anos, as baterias. Em 1987, as aves deviam dispor de 50 cm², no mínimo; no primeiro dia de 1992, as gaiolas tradicionais passaram a ser consideradas fora da lei, e todas as galinhas poedeiras tiveram acesso a ninhos protegidos, com piso macio[39]. Na Holanda, as baterias convencionais tornaram-se ilegais em 1994, e as galinhas passaram a contar com um espaço mínimo de 1 m², além de um acesso ao ninho e área para ciscar. Mais abrangente, contudo, é a lei sueca, sancionada em julho de 1988, que exigia a abolição de gaiolas para galinhas em dez anos e declarava que vacas, porcos e animais criados para fornecer pele deviam ser mantidos "em ambientes os mais naturais possíveis"[40].

O restante da Europa ainda debate o futuro das baterias. Em 1986, os Ministérios da Agricultura dos países-membros da União Europeia estabeleceram 45 cm² como espaço mínimo permitido para as poedeiras. Posteriormente, foi decidido que esse mínimo só se tornaria uma exigência legal em 1995. A dra. Mandy Hill, vice-diretora da fazenda experimental Gleadthorpe, do Ministério da Agricultura britânico, estimou que 6,5 milhões de aves na Grã-Bretanha serão realocadas, indicando que essa grande quantidade dispõe, no momento, de menos do que esse espaço ridiculamente exíguo[41]. Mas, como o total de poedeiras na Grã-Bretanha é de cerca de 50 milhões, e como, aproximadamente, 90 por cento são mantidas em gaiolas, isso também mostra que o novo mínimo apenas fará valer a lei para as elevadíssimas densidades de ocupação ainda praticadas pela maioria dos produtores de ovos. Somente uma minoria, que espreme suas aves em espaços ainda mais apertados do que o padrão da indústria, terá de mudar. Enquanto isso, em 1987, o Parlamento Europeu recomendou a abolição das baterias de gaiolas na Comunidade Europeia no espaço de dez anos[42]. Mas o Parlamento tem poder apenas de aconselhamento, e os europeus, ansiosos por ver o fim das gaiolas, nada têm a comemorar.

Os Estados Unidos, entretanto, estão muito atrasados em relação à Europa, até mesmo para começar a atacar esse problema. O padrão mínimo da Comunidade Europeia é de 45 cm^2 por galinha; nos Estados Unidos, a United Egg Producers [União de Produtores de Ovos] recomenda, como padrão norte-americano, 30,9 cm^2[43]. Mas, muitas vezes, o espaço alocado para as aves em avícolas industriais é ainda menor. Na avícola Hainsworth, em Mt. Morris, Nova York, quatro galinhas são espremidas em gaiolas de 30 por 30 centímetros – 23,2 cm^2 por ave. A repórter que a visitou acrescentou: "Algumas gaiolas têm até cinco aves, pois Hainsworth tem mais aves do que espaço."[44] Sejam quais forem as recomendações oficiais ou semioficiais, a verdade é que não se pode saber quantas galinhas são espremidas nas gaiolas, a menos que se vá olhar. Na Austrália, um "código de conduta" governamental sugere que não se deve colocar mais de quatro galinhas numa gaiola de 46 por 46 centímetros. Mas uma visita surpresa a uma avícola no estado de Victoria, em 1988, revelou haver sete aves numa gaiola desse tamanho, e em muitas outras havia cinco ou seis aves. No entanto, o Departamento de Agricultura do estado de Victoria recusou-se a processar o produtor[45]. Sete aves numa gaiola com essas dimensões significa que uma simples folha de papel-ofício representa o espaço ocupado por duas galinhas, de maneira que as aves praticamente precisam sentar umas sobre as outras.

Sob as condições-padrão nas modernas avícolas de produção de ovos nos Estados Unidos, Grã-Bretanha e praticamente todas as nações desenvolvidas do mundo, exceto a Suíça, a Holanda e a Suécia, os instintos naturais das aves são frustrados por completo. Elas não podem caminhar, ciscar, banhar-se na poeira, construir ninhos nem esticar as asas. Não fazem parte de um grupo. Não podem afastar-se das outras, e as mais fracas não têm como fugir dos ataques das mais fortes, já enlouquecidas pelas condições artificiais. O extraordinário grau de superpopulação resulta em uma condição que os cientistas chamam de "estresse", que se assemelha ao estresse que ocorre em seres humanos sujeitos a condições extremas de lotação, confinamento e frustração de atividades básicas. Vimos que, nos frangos, esse estresse provoca bicagem e canibalismo. O naturalista texano Roy Bedichek observou outros sinais em poedeiras mantidas nessas condições por longos períodos:

> Observei atentamente galinhas criadas dessa maneira e, para mim, elas não estão felizes. [...] As galinhas de bateria que observei parecem perder o juízo mais ou menos na época em que normalmente deixariam de ser alimentadas pela mãe e passariam a catar gafanhotos pelo campo afora por conta própria. Sim, literalmente, na verdade, o aviário de galinhas de baterias se torna um manicômio de galináceas.[46]

O ruído é outra indicação de sofrimento e angústia. As galinhas que ciscam no campo são, em geral, silenciosas, soltando apenas ocasionais cacarejos. Galinhas engaioladas tendem a ser muito ruidosas. Já mencionei uma jornalista que visitou um aviário de frangas na avícola Hainsworth e constatou um "completo pandemônio". Eis a descrição da mesma jornalista sobre um aviário de poedeiras:

> As galinhas são histéricas. O alvoroço do aviário de frangas não era nada em comparação com esse. As aves guincham, cacarejam e piam, batendo-se umas contra as outras, na tentativa de se aproximar dos comedouros e bebedouros automáticos. É assim que as galinhas passam sua curta vida de produção incessante.[47]

A impossibilidade de construir ninhos e neles botar ovos é outra fonte de sofrimento para a galinha. Konrad Lorenz descreveu o processo de postura como a pior tortura a que uma galinha de bateria é exposta:

> Para uma pessoa que saiba algo sobre animais, realmente, é de partir o coração observar uma galinha tentar uma e outra vez rastejar por debaixo de suas companheiras de gaiola, procurando, em vão, por abrigo. Nessas circunstâncias, as galinhas tentam, sem dúvida, reter seus ovos o mais que podem. Sua relutância instintiva em botar ovos no meio de uma multidão de poedeiras é tão grande quanto seria para uma pessoa civilizada defecar em situação análoga.[48]

A opinião de Lorenz é apoiada por um estudo em que galinhas tiveram acesso a uma caixa com ninho apenas após superar obstáculos cada vez mais difíceis. Sua alta motivação em botar ovos num ninho foi comprovada pelo fato de que elas se esforçavam tanto para alcançar a caixa com o ninho quanto para alcançar comida, após terem sido privadas de alimento por 24 horas[49]. Talvez um motivo para as poedeiras terem desenvolvido o instinto de botar ovos em privacidade seja o fato de a área em volta do ânus ficar avermelhada e úmida quando o ovo é posto; se outras galinhas virem isso, podem bicar o local. Se essa bicada causar sangramento, outras bicadas se seguirão, o que pode levar ao canibalismo.

As galinhas dão outra prova de que nunca perdem o instinto de construir ninhos. Vários amigos meus adotaram poedeiras prestes a ser enviadas para o frigorífico. Quando essas aves são soltas num terreiro e abastecidas com um pouco de palha, imediatamente começam a construir ninhos – mesmo depois de mais de um ano presas em gaiolas de metal. Na Suíça, ao final de 1991, a lei passou a exigir que as poedeiras tenham proteção, escuridão e piso macio ou caixas cobertas de palha para fazer ninho. Os cientistas suíços investigaram o tipo de palha que as galinhas preferem e descobriram que tanto as engaioladas quanto as que contavam com cama de palha prefeririam palha de aveia ou de trigo; tão logo descobriram que tinham escolha, nenhuma botou ovos em pisos de arame, nem mesmo em grama sintética. Significativamente, o estudo descobriu que, enquanto quase todas as galinhas criadas com palha à disposição abandonavam o ninho 45 minutos depois de terem tido acesso a ele, as aves criadas em gaiolas pareciam tão extasiadas com o conforto que, no final desse período, 87 por cento delas ainda se encontravam ali![50]

Essa história se repete com outros instintos básicos, frustrados no sistema de gaiolas. Dois cientistas observaram galinhas mantidas em engradados nos primeiros seis meses de vida e descobriram que, dez minutos após terem sido libertadas, metade delas já tinha batido as asas, atividade que mal era possível nas gaiolas[51]. O mesmo acontece com o banho de poeira – outra importante atividade instintiva, que se mostrou necessária para manter a qualidade das penas[52]. A galinha de terreiro procura uma área adequada, de solo bom, e ali faz um buraco, afofando a terra com as penas; então, sacode-se energicamente para remover a poeira. A necessidade dessa ação é instintiva e está presente até em aves engaioladas. Um estudo revelou que aquelas mantidas em piso de arame tinham "a barriga mais pelada" e sugeriu que "a falta de material apropriado para o banho de poeira pode ser um fator importante, pois, como se sabe, as galinhas repetem o ritual do banho de poeira mesmo quando são postas diretamente sobre um piso de arame"[53]. De fato, outro pesquisador constatou que galinhas mantidas em pisos de arame comportam-se como se tomassem banho de poeira – mesmo não havendo poeira para afofar as penas – com mais frequência do que as poedeiras mantidas sobre areia, embora por períodos mais curtos[54]. A vontade de tomar banho de poeira é tão forte que as galinhas continuam tentando fazer isso, apesar do piso de arame, e, no processo, esfregam as penas da barriga. Novamente, quando livres das gaiolas, essas aves tomam banho de poeira com verdadeira satisfação. É maravilhoso ver como uma galinha desanimada, tímida e quase sem penas pode, num espaço de tempo relativamente curto, recuperar as penas e a dignidade natural, desde que colocada num ambiente adequado.

Para apreciar a constante e intensa frustração da vida das galinhas nas modernas unidades de produção de ovos, o melhor é observar, por um curto período, uma gaiola cheia delas. Parecem incapazes de ficar em pé ou de empoleirar-se confortavelmente. Ainda que uma ou duas estejam satisfeitas com suas posições, se as outras se mexerem, elas também precisam fazê-lo. É como olhar três pessoas tentando passar uma noite agradável numa cama de solteiro – com a diferença de que as galinhas estão condenadas a essa luta infrutífera por um ano inteiro, e não por uma única noite. Uma irritação adicional é que, depois de alguns meses na gaiola, as aves começam a perder as penas, em parte devido ao roçar contra o arame, em parte porque outras aves as bicam constantemente. O resultado é que a pele começa a ser esfregada contra o arame, e é comum ver aves que passaram algum tempo em gaiolas com poucas penas e com a pele bem vermelha, em carne viva, sobretudo em volta da cauda.

Como acontece com os frangos, a bicagem de penas é sinal de estresse e, como afirma um dos estudos já citados, "falta de estímulo apropriado do ambiente físico"[55]. Mostrou-se que num ambiente melhor, com acesso a poleiros, palha para ciscar e caixas para ninho, as galinhas bicam menos e provocam menores danos às penas do que quando são mantidas em gaiolas convencionais[56]. A bicagem de penas é, em si, causa de novos ferimentos, porque, como outro grupo de pesquisadores notou:

> pele arranhada e rasgada, sobretudo nas costas [...] ocorre mais provavelmente quando a pele das costas não está mais prote-

gida por penas. Assim, medo, perda de penas e dor são, às vezes, parte da mesma síndrome.⁵⁷

Finalmente, na maioria das gaiolas há uma galinha – talvez mais de uma em gaiolas maiores – que perdeu a vontade de resistir, sendo posta de lado e empurrada para debaixo das patas das outras. Talvez sejam aquelas que, num terreiro normal, estariam por baixo na ordem da bicagem; mas, nessas condições, isso não teria tanta importância. Na gaiola, todavia, essas aves nada podem fazer senão encolher-se num canto, em geral no ponto mais baixo do piso inclinado, onde são pisoteadas pelas companheiras quando tentam alcançar os cochos de comida ou água.

Depois de todas essas provas, pode parecer inútil pesquisar se as galinhas preferem gaiolas ou o ar livre, mas a dra. Marian Dawkins, do Departamento de Zoologia da Universidade de Oxford, fez exatamente isso, e seu trabalho fornece ainda mais suporte científico para o que já foi dito. Se tiverem uma chance de escolher, tanto as galinhas familiarizadas com terreiros como aquelas que vivem em gaiolas preferem o terreiro. A maioria, na verdade, prefere um terreiro sem comida a uma gaiola com comida⁵⁸.

Em última análise, a maneira mais convincente com que uma galinha pode indicar que suas condições são inadequadas é morrer. Uma alta taxa de mortalidade ocorre apenas nas condições mais extremas, uma vez que a expectativa de vida normal de uma poedeira é muito maior do que os 18 meses a dois anos que elas têm permissão para viver. As galinhas, assim como seres humanos em campos de concentração, apegam-se tenazmente à vida, sob as mais miseráveis condições. No entanto, numa avícola, a perda de 10 a 15 por cento das galinhas por ano é corriqueira. Muitas morrem de estresse, em consequência da superpopulação e de problemas correlatos. Eis um exemplo:

Segundo o gerente de uma avícola de 50 mil poedeiras perto de Cucamonga, Califórnia, de cinco a dez de suas galinhas sucumbem diariamente ao estresse provocado pelo confinamento. Isso significa entre 2 mil e 4 mil por ano. "Essas aves não morrem de doença. Elas simplesmente não aguentam o estresse da superpopulação", diz ele.[59]

Um estudo cuidadosamente controlado, realizado por membros do Departamento de Ciências Avícolas da Universidade de Cornell, confirmou que a superpopulação aumenta a taxa de mortalidade. Num período inferior a um ano, a mortalidade entre poedeiras, abrigadas em número de três por gaiola de 30 por 45 centímetros, foi de 9,6 por cento; quando quatro aves foram colocadas na mesma gaiola, a mortalidade saltou para 16,4 por cento; com cinco aves por gaiola, 23 por cento morreram. Apesar dessas descobertas, os pesquisadores aconselharam que "na maior parte das condições, as poedeiras legornes devem ser abrigadas na base de quatro por gaiola de 30 por 46 centímetros", uma vez que o número mais alto de ovos obtidos traduz-se em maior rendimento do capital e do trabalho, o que compensa, e muito, os custos mais elevados em relação ao que os pesquisadores denominam "depreciação de carcaça"[60]. Se os preços dos ovos forem mais altos, conclui a reportagem, "cinco poedeiras por gaiola geram um lucro maior". Essa situação encontra paralelo com a que já vimos em relação aos frangos, e prova, novamente, que os gerentes de avícolas industriais obtêm lucros maiores quando mantêm os animais em condições de superpopulação, ainda que um número maior deles morra. Como a postura de ovos é fisiológica (como a ovulação da mulher), as poedeiras continuam a botá-los mesmo quando mantidas em condições que frustram todas as suas necessidades comportamentais.

Assim vivem e morrem as galinhas que produzem ovos. Aquelas que morrem mais cedo talvez sejam as felizardas, uma vez que as companheiras mais resistentes nada têm à espera senão outros meses de desconforto e superpopulação. Elas botam ovos até que a produtividade decline, e então são enviadas para o abatedouro e transformadas em torta de frango ou sopa, que, a essa altura, é o único uso que lhes resta.

Há apenas uma alternativa provável para essa rotina, e não é agradável. Quando a produção de ovos começa a cair, é possível reverter a capacidade reprodutiva das galinhas mediante um procedimento conhecido como "muda forçada". O objetivo é fazer com que elas passem pelos processos fisiológicos associados, em condições naturais, à perda sazonal da plumagem velha e ao crescimento de novas penas. Após a muda, natural ou artificial, a galinha bota ovos mais frequentemente. Induzi-las à muda quando vivem em galpões de ambiente controlado, sem as alterações sazonais de temperatura ou o aumento da exposição à luz do dia, exige aplicar um considerável choque em seu organismo. Em geral, as galinhas descobrem que comida e água, até então sempre disponíveis, são subitamente cortadas.

Até bem recentemente, um folheto do Ministério da Agricultura britânico aconselhava que o segundo dia da muda forçada ocorresse da seguinte maneira:

Nada de comida, luz e água. Certifique-se de que os comedouros estejam vazios; limpe os restos de comida, recolha os ovos, corte a água, apague a luz e deixe as aves assim por 24 horas.[61]

A prática-padrão consistia em dar água após dois dias. A comida, após mais um dia. Nas semanas seguintes, a luz voltaria ao normal e esperava-se que as galinhas que tivessem sobrevivido – algumas sucumbiam com o choque – fossem suficientemente produtivas para merecer ser mantidas vivas por cerca de seis meses. Desde 1987, como resultado da pressão de grupos de bem-estar animal, o método de muda forçada é ilegal na Grã-Bretanha; as galinhas devem receber comida e água todos os dias. Nos Estados Unidos, o método ainda é legal. Muitos criadores, entretanto, não consideram que esse procedimento valha a pena. Galinhas são baratas. Portanto, preferem comprar um lote novo tão logo o atual tenha ultrapassado o pico de produção.

Até o final do processo, os produtores não permitem que nenhum sentimento afete a atitude deles em relação às aves que botaram tantos ovos. Ao contrário do assassino que recebe uma refeição especial antes de ser enforcado, as galinhas condenadas não ganham nenhum alimento. "Corte a ração das galinhas gastas", aconselha uma manchete da *Poultry Tribune*. O artigo diz que é um desperdício dar comida a poedeiras que 30 horas depois serão abatidas, pois os donos dos frigoríficos não pagam pelo alimento que fica no trato digestivo[62].

De todos os animais normalmente consumidos no mundo ocidental, o porco é o mais inteligente. Sua inteligência é comparável – e talvez até superior – à de um cão. É possível criar porcos como companheiros para seres humanos e treiná-los a responder a comandos simples, a exemplo do que ocorre com um cão. Quando George Orwell colocou o porco para tomar conta da fazenda em *A revolução dos bichos*, sua escolha se justificava também do ponto de vista científico.

Devemos ter em mente a inteligência desses animais quando consideramos as condições em que são criados. Embora todo ser senciente, inteligente ou não, deva receber igual consideração, animais com capacidades diferentes têm necessidades diferentes. Comum a todos é o conforto físico. Vimos que essa necessidade elementar é negada às galinhas; e, como veremos, também o é aos porcos. Além do conforto físico, a galinha exige um contexto social estruturado, próprio de seu grupo; ela também pode sentir falta, assim que sai da casca, do calor e da segurança proporcionados pelos cacarejos da galinha-mãe; e pesquisas fornecem provas de que até uma galinha pode sofrer de tédio[63]. Independentemente de até que ponto isso se aplique às galinhas, com certeza se aplica, em grau ainda maior, aos porcos. Pesquisadores da Universidade de Edimburgo estudaram porcos criados em regime intensivo, que foram soltos num cercado em condições seminaturais. Descobriram que seus padrões de comportamento são coerentes: formam grupos sociais estáveis, constroem ninhos comunitários, defecam em áreas apropriadas, bem longe dos ninhos, e são ativos, passando a maior parte do dia fuçando nas proximidades da mata. Quando as porcas estão prestes a parir, saem do ninho comunitário e constroem outro, encontrando para isso um lugar adequado, onde cavam um buraco que forram com grama e galhos. Ali, parem e vivem por cerca de nove dias, até que, junto com os leitõezinhos, voltam a se reunir ao grupo[64]. Como veremos, os criadores industriais tornam impossível, para os porcos, a manutenção dos padrões comportamentais instintivos.

Para esses criadores, os suínos nada têm a fazer senão comer, dormir, levantar-se e deitar-se. Em geral, não contam com palha nem com outro material para colocar na cama, porque isso complica a tarefa da limpeza. Os porcos mantidos assim dificilmente deixam de engordar, mas ficam entediados e infelizes. De vez em quando, os criadores notam que os animais pedem estímulos. Um deles, britânico, escreveu para a revista *Farmer's Weekly* descrevendo que abrigara porcos numa casa abandonada da fazenda, descobrindo então que eles brincavam ao redor da residência, perseguindo uns aos outros e subindo e descendo escadas. Concluiu:

> Nossos animais precisam de variedade no ambiente que os cerca. [...] Engenhocas de tipos, tamanhos e formas diferentes deveriam ser providenciadas. [...] Como os seres humanos, eles não gostam de monotonia e de tédio.[65]

Essa observação, ditada pelo bom-senso, conta agora com o apoio de estudos científicos. Pesquisas francesas mostraram que, quando tiras de couro ou correntes são dadas, como brinquedos, a porcos que passaram por privações ou frustrações, eles tendem a apresentar níveis reduzidos de corticosteroide (um hormônio associado ao estresse) no sangue[66]. Pesquisas britânicas mostraram que porcos mantidos em ambiente nu ficam tão entediados que, se lhes dermos comida e um cocho cheio de terra, fuçarão a terra antes de comer[67].

Quando mantidos em ambiente nu, ou superlotado, tornam-se propensos ao "vício", a exemplo das galinhas. Em vez da bicagem de penas e do canibalismo, mordem a cauda uns dos outros. Isso desencadeia brigas no chiqueiro, reduzindo o ganho de peso. Como os suínos não têm bico, os criadores não podem debicá-los para impedir que isso aconteça. Mas descobriram outra maneira de eliminar os sintomas, sem alterar as condições que causam o problema: cortam a cauda dos porcos.

Segundo o Departamento de Agricultura norte-americano:

> O corte das caudas de porcos em confinamento tornou-se prática comum para evitar que elas sejam mordidas. Deve ser feito por todos os criadores de porcos de corte. Corte-se a cauda entre 0,25 e 1,27 centímetro do corpo com alicates de corte lateral ou outro instrumento rombudo. A ação de esmagar ajuda a estancar o sangue. Alguns produtores usam o debicador de frangos para o corte da cauda; esse procedimento também cauteriza a superfície do corte.[68]

Essa recomendação é duplamente vergonhosa. Mas, antes de explicar por que, eis a opinião sincera de um produtor de suínos sobre o corte da cauda:

VISITA A UM CRIADOR INDUSTRIAL | 179

Eles odeiam isso! Os porcos simplesmente odeiam isso! E suponho que provavelmente poderíamos deixar de fazê-lo se lhes déssemos mais espaço, pois não ficam tão enlouquecidos e desvairados quando dispõem de mais espaço. Com espaço suficiente, na verdade, eles são animais muito amáveis. Mas não podemos nos dar a esse luxo. Essas construções custam um bocado.⁶⁹

Além de mais espaço, outro remédio possível é sugerido por um destacado pesquisador no campo dos animais de criação:

A provável causa subjacente [...] é que os porcos realizam atividades típicas da espécie, de modo incomum, porque não há materiais adequados disponíveis. A menor incidência de mordidas de cauda nas unidades com cama de palha provavelmente se deve, ao menos em parte, aos efeitos "recreativos" da palha.⁷⁰

Agora podemos ver por que as frias recomendações do Departamento de Agricultura norte-americano são vergonhosas. Primeiro, nenhuma sugestão é dada quanto ao corte ser feito de maneira indolor, com anestesia. Segundo, não há nenhuma menção ao fato de que a necessidade de privar os porcos da cauda é uma indicação de que eles estão amontoados, privados de palha ou de qualquer outra coisa que atraia seu interesse. Parece que o problema é que suínos entediados roem qualquer coisa que lhes pareça atraente. E fazer isso nas caudas provoca lesões e derramamento de sangue. Alguns porcos se sentem atraídos pelo sangue e começam a morder de verdade⁷¹. É típico da mentalidade da moderna produção animal, entretanto, que a resposta, tanto do Departamento de Agricultura quanto dos produtores, seja mutilar os animais em vez de proporcionar-lhes as condições de vida de que necessitam.

Outro aspecto que suínos e galinhas confinados têm em comum é o estresse. Em muitos casos, eles também morrem disso. Porém, um único porco contribui muito mais para os lucros do que uma só galinha. Por isso, o produtor de suínos precisa levar esse problema mais a sério do que o criador de galinhas. Há um nome para a doença – *porcine stress syndrome* (PSS) [síndrome do estresse suíno] –, e os sintomas foram descritos numa revista especializada como "estresse extremo. [...] rigidez, manchas e pústulas na pele, arquejo, ansiedade e, com frequência, morte súbita"[72]. A doença é especialmente preocupante para os criadores porque, como diz ainda o artigo: "Infelizmente, perdem-se porcos com frequência em virtude da PSS, quando estão prestes a atingir o peso ideal para a comercialização, com o investimento total em comida já feito."

Também há provas convincentes de que a síndrome do estresse suíno aumentou drasticamente, na mesma medida em que as práticas de criação em confinamento se tornaram mais comuns[73]. Porcos isolados são tão delicados que qualquer perturbação pode provocar sintomas, incluindo um barulho estranho, luzes súbitas ou o cão do criador. Não obstante, se alguém sugerisse a eliminação dos métodos de confinamento na produção, a reação certamente seria a expressa na revista *Farmer and Stockbreeder* alguns anos atrás, quando o isolamento ainda era relativamente novo e as mortes relacionadas ao estresse apenas começavam a ser percebidas:

Essas mortes de modo algum anulam o retorno adicional obtido com o rendimento total maior.[74]

Na indústria de suínos, em contraposição à indústria de frangos e de ovos, o confinamento total ainda não é universal*. Mas a tendência é nessa direção. Uma pesquisa da Universidade de Missouri revelou que, em 1979, 54 por cento de todos os médios produtores e 63 por cento de todos os grandes possuíam instalações de confinamento[75]. Cada vez mais, são os grandes produtores que dominam a indústria. Em 1987, William Haw, presidente da National Farms, Inc., afirmou que "dentro de dez anos, o negócio de suínos será igual ao que é a indústria de frangos hoje, com menos de cem operadores com alguma função"[76]. É a velha história: pequenos criadores familiares estão sendo expulsos do negócio por grandes corporações, cada uma delas "fabricando" entre 50 mil e 300 mil suínos por ano. A Tyson Foods, maior empresa de frangos do mundo, que abate mais de 8,5 milhões de aves por semana, entrou no mercado de suínos. A empresa conta com 69 complexos de parição e criação e envia para o abate mais de 600 mil porcos por ano[77].

Assim, a maioria dos suínos passa toda a vida em ambientes fechados. Nascem e são amamentados na "maternidade", permanecendo inicialmente na "creche", de onde são levados para uma "unidade de crescimento intensivo", na qual ganham peso

▼

* Em 2003, praticamente 100 por cento da indústria de suínos no Brasil utilizava o sistema de produção em confinamento completo. (N. do T.)

para o abate. A menos que sejam utilizados como reprodutores, são enviados para o mercado quando têm entre 5 e 6 meses de vida, pesando aproximadamente 100 quilos.

Uma das principais razões para a adoção do confinamento é a redução dos custos de mão de obra. No sistema intensivo, consegue-se que um homem dê conta de toda a operação, graças a alimentadores automáticos e piso ripado, que permite que o esterco caia e seja facilmente retirado. Com esse sistema de confinamento, assim como em outros, é possível economizar ainda mais, porque os porcos, com menos espaço para se movimentar, queimam menos calorias em exercícios "inúteis", ganhando mais peso para cada quilo de alimento consumido. Com tudo isso, como afirmou um grande produtor de suínos, "o que realmente estamos tentando fazer é modificar o ambiente do animal para obter o máximo lucro possível"[78].

Além do estresse, do tédio e da superpopulação, as unidades modernas de confinamento geram problemas físicos para os suínos. Um deles é a atmosfera. Eis o que diz um funcionário da Lehman Farms, de Strawn, Illinois:

> O amoníaco realmente come os pulmões dos animais. [...] A má qualidade do ar é um problema. Depois de trabalhar aqui por algum tempo, já sinto isso em meus pulmões. Mas, ao menos, saio daqui à noite. Os porcos, não; portanto, temos de lhes aplicar tetraciclina, o que, na verdade, ajuda a controlar o problema.[79]

E esse não é um produtor com baixo padrão de qualidade. Um ano antes dessa afirmação, a Lehman foi indicada para o prêmio Pork All-American pelo National Pork Producer's Council [Conselho Nacional de Criadores de Porcos]. Outro problema é que o piso das unidades de confinamento é projetado para a fácil manutenção e a eliminação de tarefas, como retirada dos excrementos, e não para o conforto dos animais. Na maioria delas, o piso é ripado ou concretado. Nenhum é satisfatório; ambos machucam os cascos e as patas dos porcos. Estudos mostram índices extraordinariamente altos de ferimentos nos cascos. Uma discussão sobre pisos ripados na revista *Farmer and Stockbreeder* revela a atitude dos produtores em relação a isso:

> A esta altura, em razão dos conhecimentos de que dispomos, a abordagem ditada pelo bom-senso é que, para os animais consumíveis, o piso ripado parece ter mais méritos do que desvantagens. O animal, em geral, será abatido antes que graves deformidades aconteçam. Por outro lado, animais para reprodução, com uma vida mais longa de trabalho pela frente, devem ser criados e mantidos com boas patas; o risco de ferimentos, nesse caso, parece superar as vantagens.[80]

Um produtor norte-americano expressou a mesma opinião de maneira mais concisa:

> Não somos pagos para produzir animais com uma boa postura. Somos pagos por quilo.[81]

Apesar de o animal, em geral, ser abatido antes que graves deformidades possam reduzir a perda financeira do produtor, isso não serve de conforto. Eles são mantidos em piso inadequado, que deixa disformes os cascos e as patas, problemas que se tornariam graves se não fossem abatidos em idade precoce.

A solução, claro, é tirá-los do piso de concreto. Um suinocultor britânico com 300 porcas fez exatamente isso: colocou-as no quintal, ao ar livre, com pocilgas forradas de palha. Ele relatou:

> Quando nossas porcas prenhes ficavam presas no chiqueiro, sofríamos consideráveis perdas devido a escoriações, vólvulos intestinais, claudicação, feridas e problemas nas ancas. [...] Podemos demonstrar que temos menos porcas mancas e mínimas lesões em consequência de brigas entre o grupo [que vive ao ar livre].[82]

Muito poucos suínos dispõem do luxo de currais ou piquetes guarnecidos com palha, e a tendência geral ainda aponta para a direção errada. Novamente na esteira da indústria avícola, suinocultores da Holanda, da Bélgica e da Inglaterra começaram a criar leitões em gaiolas. Os produtores norte-americanos tentam colocar isso em prática. À parte o desejo normal de ganhos mais rápidos com menos alimento e carne mais macia devido a oportunidades restritas de exercício, a principal vantagem das gaiolas é que os leitões podem ser desmamados mais cedo. Isso significa que o leite da porca acabará e ela se tornará fértil em poucos dias. Poderá, então, ser emprenhada outra vez, seja por monta natural do cachaço ou por meio de inseminação artificial. O resultado é que, com o desmame precoce, a porca pode gerar, em média, 2,6 crias por ano, em vez de duas, no máximo, o que ocorre quando os porquinhos podem mamar por três meses, como fariam naturalmente[83].

A maioria dos criadores permite que os leitões permaneçam com a mãe por uma semana, no mínimo, antes de levá-los para as gaiolas; mas o dr. J. Frank Hurnick, pesquisador canadense da área da agricultura, desenvolveu uma porca mecânica. Segundo um relatório, "o sucesso de Hurnick permite que os esforços de criação intensiva sejam direcionados para um tamanho maior da ninhada. Até agora, as ninhadas sempre estiveram limitadas pela capacidade do sistema mamário da porca"[84]. Mediante a combinação da amamentação mecânica com outras técnicas, como a superovulação – que aumenta o número de óvulos férteis –, os pesquisadores preveem sistemas altamente automatizados de produção suína, com até 45 leitões por porca a cada ano, em vez de 16, como tem sido a média.

Dois aspectos desses processos são alarmantes. Primeiro, há o efeito sobre os leitões, privados da mãe e confinados em engradados de arame. Em mamíferos, a separação precoce da mãe e dos filhos provoca angústia em ambos. Quanto às gaiolas, um cidadão comum que mantivesse cães em condições semelhantes por toda a vida poderia ser processado por crueldade. Um suinocultor que mantém um animal com inteligência comparável dessa maneira, no entanto, é recompensado com isenção de impostos ou, em alguns países, com subsídios diretos do governo.

O segundo aspecto alarmante dessas técnicas é a transformação da porca numa máquina viva de reprodução. "A matriz precisa ser considerada e tratada como uma peça valiosa de maquinaria, cuja função é bombear leitões como uma máquina de linguiças."⁸⁵ Isso foi dito por um importante gerente da Wall's Meat Company. O Departamento de Agricultura norte-americano estimula os produtores da seguinte maneira: "Se a porca é considerada uma unidade de fabricação de leitões, a melhoria do manejo da parição e do completo desmame resultará em maior número de animais desmamados por matriz a cada ano."⁸⁶ Nas melhores condições, pouca alegria pode haver numa existência que consiste em emprenhar, parir, ter o filhote retirado; a seguir, tornar a emprenhar, de maneira que o ciclo se repete – e as porcas não vivem nas melhores das condições. São confinadas em espaços reduzidos, tanto para emprenhar como para parir. Quando prenhes, são, em geral, trancadas em celas individuais de metal de 60 centímetros de largura por 180 centímetros de comprimento, pouco maiores que o próprio corpo; ou podem ser presas por uma corrente em volta do pescoço; ou, ainda, podem ser mantidas nas celas e, ao mesmo tempo, acorrentadas. Ali vivem por dois ou três meses. Durante esse tempo todo não podem caminhar mais do que um único passo para a frente e outro para trás; não conseguem se virar nem se exercitar. Novamente, a economia em alimento e em mão de obra é o motivo para essa forma brutal de confinamento solitário.

Quando a porca está prestes a parir, é transferida para uma "baia de parição". Seres humanos dão à luz, mas porcas "parem". Ali, ela pode ficar em condições ainda mais restritivas de movimento do que na cela. Um dispositivo apelidado de "donzela de ferro", que consiste de uma armação de ferro que impede a livre movimentação, foi introduzido e é amplamente utilizado em muitos países. O propósito evidente é impedir que a porca role e esmague os leitões, mas isso também poderia ser conseguido se lhe fossem proporcionadas condições mais naturais. Como ela é confinada, quando prenhe e durante a amamentação, ou quando é privada da oportunidade de amamentar, tem a vida severamente limitada. O isolamento é monótono. Os animais têm pouca ou nenhuma chance de fazer escolhas ou alterar seu ambiente. O Departamento de Agricultura dos Estados Unidos admite que "porcas mantidas em baias não podem realizar seu forte instinto de construir ninhos", e a frustração pode contribuir para problemas de parto e lactação[87]. As próprias fêmeas deixam bem claro o que pensam do confinamento. Na Universidade de Wageningen, na Holanda, G. Cronin fez doutorado em comportamento de porcas confinadas. Eis sua descrição de como elas se comportam quando colocadas pela primeira vez acorrentadas em uma baia:

> As porcas se jogavam violentamente para trás, lutando contra as correntes. Batiam a cabeça quando se contorciam e se viravam, no esforço de libertar-se. Muitas vezes soltavam ruídos altos e, de vez em quando, algumas esmagavam o corpo contra as laterais das baias. Isso, às vezes, as fazia cair.[88]

Essas violentas tentativas de escapar podem durar até três horas. Quando se acalmam, diz Cronin, ficam deitadas, quietas, por longos períodos, muitas vezes com o focinho metido entre as barras, emitindo ocasionais gemidos e lamúrias. Após certo período, mostram outros sinais de estresse: roem as barras da cela, mascam quando nada há para mastigar, abanam a cabeça para a frente e para trás e assim por diante. Isso é conhecido como "comportamento estereotipado". Qualquer pessoa que tenha visitado um zoológico com leões, tigres ou ursos em jaulas nuas de concreto deve ter observado esse tipo de comportamento – os animais andam sem parar junto às barras do cercado. A porca não tem nem mesmo essa oportunidade. Como vimos, em condições naturais, é ativa, passando várias horas por dia à cata de comida, comendo e explorando o ambiente. Quando isolada, roer as barras da cela é, como observou um veterinário, "uma das poucas expressões físicas disponíveis para ela no seu ambiente nu"[89].

Em 1986, a Scottish Farm Buildings Investigation Unit, uma organização de pesquisa mantida pelo governo norte-americano, publicou um relatório com provas científicas sobre a questão: "O confinamento restritivo provoca sofrimento às porcas?" Após discutir mais de 20 diferentes estudos, o relatório comparou o comportamento das porcas ao distúrbio obsessivo-compulsivo de seres humanos neuróticos, que lavam ou torcem continuamente as mãos. A resposta para a questão foi inequívoca: "O confinamento restritivo provoca intenso sofrimento às porcas."[90] O British Farm Animal Welfare Council [Conselho Britânico do Bem-Estar de Animais de Criação], organismo oficial de aconselhamento do governo britânico, chegou à mesma conclusão, com uma linguagem mais oficial, num relatório de 1988:

> Tanto o sistema de baias como o de correntes não preenchem certos critérios de bem-estar aos quais atribuímos importância particular. Como resultado, os animais são impedidos de se exercitar e de manifestar seus padrões comportamentais

mais naturais; na ampla gama de sistemas examinados por nossos membros, havia pouca possibilidade de reduzir o contínuo estresse provocado pelo confinamento nesses sistemas. [...] Recomendamos [...] que o governo aprove, urgentemente, uma legislação que impeça todas as novas instalações projetadas dessa maneira.[91]

Apenas quando colocada com o cachaço a porca dispõe de curto período de liberdade num compartimento maior – embora isso provavelmente também aconteça em ambiente fechado. Por dez meses ao ano, no mínimo, a fêmea prenhe e lactante não pode caminhar. Quando a inseminação artificial é utilizada, a esse animal sensível será negada a última chance de se exercitar, bem como o único contato natural restante que poderia ter com outro membro de sua espécie, à parte o fugaz contato com a ninhada.

Em 1988, após mais de 20 anos de confinamento de porcas, um importante estudo foi publicado, mostrando que os infelizes suínos utilizados para reprodução tinham uma fonte adicional de sofrimento: a fome. Animais mantidos em sistema de engorda recebem tanto alimento quanto possam consumir; mas dar a animais de procriação mais comida do que o mínimo necessário para mantê-los reproduzindo é, do ponto de vista do produtor, um desperdício de dinheiro. O estudo mostrou que porcos alimentados com as rações recomendadas pelo Agricultural Research Council [Conselho de Pesquisa em Agricultura] da Grã-Bretanha recebem apenas 60 por cento do que comeriam se tivessem mais comida disponível. Além disso, a disposição deles de pressionar as alavancas a fim de obter mais alimento, após receber rações diárias, foi semelhante ao que acontecia antes, indicando que ainda sentiam fome logo após terem sido alimentados. Como concluíram os cientistas:

> Os níveis comerciais de alimentação para porcas prenhes e cachaços, embora preencham as necessidades do produtor, não satisfazem a necessidade de comida dos suínos. Supõe-se, com frequência, que níveis mais elevados de produção não possam ser alcançados na ausência de bem-estar adequado. No entanto, a fome resultante de baixos níveis de alimento oferecido à população suína de reprodução pode atuar como uma fonte importante de estresse.[92]

Mais uma vez, os lucros do produtor e os interesses dos animais estão em conflito. É realmente incrível a frequência com que isso pode ser demonstrado – embora o *lobby* do agronegócio assegure-nos, constantemente, que apenas animais felizes e bem tratados podem ser produtivos.

De todas as formas de criação intensiva praticadas, a indústria de vitela é a mais repugnante, moralmente falando. A essência dessa produção é a alimentação de bezerros confinados e anêmicos com uma ração altamente proteica, a fim de obter uma carne macia e pálida, que será servida a clientes de restaurantes caros. Felizmente, essa indústria não se compara em tamanho à produção avícola, bovina ou suína; no entanto, merece nossa atenção porque representa um caso extremo, tanto pelo grau de exploração ao qual sujeita os animais quanto pela absurda ineficiência como método de prover nutrição à população.

Vitela é a carne de bezerros. O termo era originalmente utilizado para designar bezerros abatidos antes do desmame. A carne desses animais muito jovens é mais clara e mais macia do que a dos que comiam em pastos; ela, porém, não era encontrada em quantidade suficiente, uma vez que os bezerros começam a pastar com algumas semanas de vida. O pequeno volume disponível desse tipo de carne provinha dos bezerros machos descartados, produzidos pela indústria de laticínios. Um dia ou dois depois de nascer, eles eram levados para o mercado, onde, famintos e assustados em consequência do ambiente estranho e da ausência da mãe, eram vendidos para entrega imediata ao abatedouro.

Então, na década de 1950, produtores da Holanda encontraram um modo de manter os bezerros vivos por mais tempo, sem que a carne se tornasse vermelha ou menos macia. O truque consiste em criá-los em condições extremamente não naturais. Se crescessem ao ar livre, ficariam saltitando pelo campo e desenvolveriam os músculos que enrijecem sua carne, além de queimar calorias que o produtor precisa substituir por alimentos dispendiosos. Ao mesmo tempo, comeriam capim, e sua carne perderia a cor pálida dos recém-nascidos. Portanto, os produtores de vitela transferem os bezerros diretamente da arena de leilões para uma unidade de confinamento. Ali, num estábulo adaptado ou especialmente construído, são colocados em baias ripadas de cerca de 56 centímetros de largura por 1,40 metro de comprimento. O piso é ripado, afastado do chão de concreto. Os bezerros são presos por uma corrente em volta do pescoço, para impedir que se virem. A corrente é retirada quando ficam grandes demais para se movimentar em baias tão estreitas. O lugar não tem palha, nem outro tipo de cama, uma vez que os bezerros poderiam comê-la, o que acabaria com a palidez de sua carne. Saem da baia apenas quando são levados para o abate. São alimentados com uma dieta totalmente líquida, composta de leite em pó desnatado enriquecido com vitaminas, minerais e estimulantes de crescimento. Assim os bezerros vivem nas 16 semanas seguintes. A maravilha desse sistema, do ponto de vista do produtor, é que, nessa idade, eles podem pesar até 180 quilos, em vez dos 40 e poucos dos bezerros recém-nascidos; e, como a vitela alcança preços elevadíssimos, criar bezerros dessa maneira é uma ocupação bem lucrativa.

Esse método foi introduzido nos Estados Unidos, em 1962, pela Provimi, Inc., fabricante de ração de Watertown, Wisconsin. Seu nome vem de "proteínas, vitaminas e minerais", ingredientes que compõem os alimentos – ingredientes que, imagina-se, poderiam ser destinados a melhor uso. A Provimi, segundo seus anúncios, criou esse "novo e completo conceito na criação de vitelos" e ainda é, de longe, a maior empresa do ramo, controlando 50 a 70 por cento do mercado doméstico norte-americano. Seu interesse em promover a produção de vitela ancora-se no desenvolvimento de um mercado para suas rações. Descrevendo o que considera a "produção otimizada de vitela", o *Stall Street Journal*, informativo – agora extinto – da Provimi, oferece uma ideia dos objetivos da indústria, que, nos Estados Unidos e nos países da Europa, permanece inalterada desde que foi introduzida:

> O duplo objetivo da produção de vitela é, primeiro, produzir um bezerro com o maior peso no menor espaço de tem-

po possível e, segundo, manter sua carne com a cor mais clara possível, para satisfazer as exigências do consumidor. Tudo isso com um lucro equivalente aos riscos e investimentos envolvidos.[93]

As baias estreitas e o piso ripado são fonte de grande desconforto para os bezerros. Quando se tornam maiores, nem mesmo podem levantar-se e deitar-se sem dificuldade. Como apontou o relatório de um grupo de pesquisas chefiado pelo professor John Webster, da unidade de criação de animais da Escola de Ciências Veterinárias da Universidade de Bristol, na Inglaterra:

> Novilhos mantidos em baias de 75 centímetros de largura não podem, claro, deitar-se com as pernas esticadas. [...] Eles gostam de se deitar dessa maneira quando se sentem aquecidos e querem perder calor. [...] Novilhos crescidos sentem desconforto e calor quando colocados em temperaturas acima de 20 °C. Negar-lhes a oportunidade de adotar uma posição adequada para maximizar a perda de calor apenas torna as coisas ainda piores. [...] Novilhos acima de dez semanas não conseguem acomodar-se em posição normal para dormir nos boxes, tendo de inclinar a cabeça para o lado. Concluímos que lhes negar a oportunidade de ficar em posição normal para dormir é um insulto significativo ao seu bem-estar. Para superar isso, a baia precisaria ter, no mínimo, 90 centímetros de largura.[94]

Leitores norte-americanos devem observar que 75 e 90 centímetros são espaços consideravelmente maiores do que o padrão de 56 centímetros adotado nos Estados Unidos.

As baias também são muito estreitas, impedindo que o bezerro se vire. Essa é outra fonte de frustração. Além disso, também impedem que o animal faça sua higiene de modo confortável; os bezerros têm um desejo inato de virar a cabeça para se limpar com a língua. Como afirmaram os pesquisadores da Universidade de Bristol:

> Como os bezerros crescem muito depressa e produzem muito calor, tendem a trocar de pelagem com cerca de dez semanas de idade. Nessa fase, têm grande necessidade de se lamber. Também são particularmente propensos a infestações de parasitas externos, sobretudo em condições úmidas amenas. Os bezerros não podem alcançar boa parte do corpo nas baias. Concluímos que lhes negar a oportunidade de lamber o corpo todo é um insulto inaceitável ao seu bem-estar, seja isso resultado da restrição de sua liberdade de movimento, seja da utilização de focinheira, o que é ainda pior.[95]

O piso ripado, sem nenhum tipo de cama, é duro e incômodo; maltrata os joelhos dos bezerros quando eles se deitam e se levantam. Além disso, animais com cascos sentem desconforto em pisos ripados, que são como o mata-burro para o gado, com a diferença de que as ripas são mais próximas umas das outras. Os espaços, contudo, devem ser largos o bastante para permitir que a maior parte do esterco caia ou escorra por entre as ripas, quando elas são lavadas. Isso significa que são suficientemente largos para fazer com que os bezerros sintam desconforto. Segundo a descrição da equipe de Bristol, os jovens animais "durante alguns dias ficam inseguros e relutantes em mudar de posição".

Os bezerros sentem dolorosamente a falta da mãe. Também acham falta de algo para mamar. A urgência de mamar é tão forte no filhote quanto no bebê humano. Esses bezerros não têm teta para sugar, nem substitutos. Desde o primeiro dia no confinamento – que pode ser seu terceiro, ou quarto, dia de vida – eles bebem em baldes de plástico. Foram feitas tentativas de alimentá-los em tetas artificiais, mas a tarefa de mantê-las limpas e esterilizadas parece não justificar o trabalho do produtor. É comum ver bezerros tentando sugar alguma parte das baias, embora não haja ali, em geral, nada adequado para isso; e, se alguém lhes oferecer um dedo, verá que eles imediatamente começam a sugá-lo, como bebês humanos sugam seus polegares.

Mais tarde, o bezerro desenvolve a necessidade de ruminar – isto é, de ingerir forragem e mastigar o bolo alimentar. Mas a forragem é proibida, porque contém ferro e escurecerá a carne. Portanto, mais uma vez, o bezerro deve recorrer a vãs tentativas de mascar as laterais da baia. Problemas digestivos, entre eles úlceras estomacais, são comuns. Também a diarreia é comum. Citando novamente o estudo de Bristol:

> Os bezerros são privados de alimento seco. Isso distorce completamente o desenvolvimento normal do rúmen e estimula o desenvolvimento de bolas de pelo, que também podem levar à indigestão crônica.[96]

Como se não bastasse, o bezerro é mantido deliberadamente anêmico. O *Stall Street Journal*, da Provimi, explica por quê:

> A cor da vitela é um dos fatores básicos na obtenção de retornos mais elevados nos luxuosos mercados de carnes. [...]

Vitela de "cor clara" é um item premiado, muito requisitado nos melhores clubes, hotéis e restaurantes. A vitela de "cor clara" ou rosa está parcialmente associada à quantidade de ferro nos músculos do bezerro.[97]

Assim, a ração da Provimi, como a dos demais fabricantes, é deliberadamente feita com baixo teor de ferro. Um bezerro normal obteria ferro do pasto e de outras formas de forragem, mas, como os vitelos não têm acesso a esse tipo de alimento, tornam-se anêmicos. Carne rosa-claro é, na verdade, carne anêmica. A demanda por ela é esnobismo. A cor não afeta o sabor e, certamente, não torna a carne mais nutritiva – significa, apenas, que carece de ferro.

A anemia é, claro, controlada. Sem ferro, os bezerros cairiam mortos. Com uma alimentação normal, a carne não alcançaria preço tão elevado. Portanto, busca-se um equilíbrio que mantenha a carne pálida e os bezerros – ou a maioria deles – em pé pelo tempo suficiente para atingir peso de mercado. Esses animais, entretanto, são doentios e anêmicos. Mantidos com carência de ferro, desenvolvem grande desejo por ele e lambem qualquer objeto feito de ferro que estiver ao alcance. O que explica o uso de madeira na confecção das baias. Como informa a Provimi a seus clientes:

> O principal motivo para utilizar baias de madeira em vez de metal é que o metal pode afetar a cor clara da vitela. [...] Mantenha todo e qualquer ferro fora do alcance de seus bezerros.[98]

E novamente:

Também é necessário que os bezerros não tenham acesso a fonte contínua de ferro. A água fornecida deve ser analisada. Se contiver alto teor de ferro (mais de 0,5 ppm), um filtro deve ser utilizado. A baia do bezerro deve ser feita de modo que ele não tenha acesso a metal enferrujado.[99]

O desejo insaciável do bezerro anêmico por ferro é um dos motivos pelos quais o produtor se preocupa em impedir que ele se vire na baia. Embora bezerros, como os porcos, normalmente prefiram não se aproximar da própria urina ou dos excrementos, a urina contém pequena quantidade de ferro. O desejo de ferro é tão forte que o animal supera a repugnância natural e lambe o piso encharcado de urina. O produtor não gosta disso, porque significa a absorção de um pouco do metal e, ao lamber as tábuas do piso, o bezerro fica sujeito a infecções produzidas pelo próprio esterco, que cai no mesmo lugar da urina.

Vimos que, na opinião da Provimi, o duplo objetivo da produção de vitela é conseguir um bezerro com o maior peso possível, no menor tempo possível, e manter a carne com a coloração mais clara possível. Vimos o que é feito para alcançar o segundo objetivo, mas há mais a ser dito sobre as técnicas utilizadas para obter um crescimento mais rápido.

Para que os animais cresçam mais depressa, devem ingerir o máximo possível de alimento e gastar o mínimo possível desse alimento no dia a dia. Para garantir que os bezerros comam bastante, os produtores deixam-nos sem água. Sua única fonte de líquido é a comida: o leite enriquecido, à base de leite em pó e gordura. Como os abrigos mantêm-se aquecidos, a sede os leva a ingerir mais alimento do que fariam caso bebessem água. Um resultado comum desse excesso de comida é o suor abundante, de modo parecido, diz-se, com um executivo que come muito e depressa[100]. Quando transpira, o bezerro perde umidade, o que provoca a sede. Assim, ele come novamente. Esse processo não é considerado saudável, segundo quase todos os padrões. Mas, de acordo com o produtor de vitela, que deseja bezerros mais pesados no período mais curto possível, a saúde de longo prazo do animal é irrelevante, desde que sobreviva até o abate. Portanto, a Provimi afirma que o suor é sinal de que "o bezerro é saudável e cresce dentro do previsto"[101].

Fazer o bezerro superalimentar-se é metade da batalha: a outra metade é garantir que o máximo do que foi ingerido leve à engorda. Para alcançar esse objetivo, os produtores confinam o animal, que assim não consegue se exercitar. Manter a baia aquecida também contribui, uma vez que o bezerro, ao sentir frio, queima calorias para se manter quente. Seja como for, eles não sossegam na baia, pois nada têm a fazer o dia inteiro, exceto quando as duas refeições são servidas. Um pesquisador holandês escreveu:

> Os vitelos sofrem por nada ter para fazer. [...] O período de ingestão de alimento dura apenas 20 minutos por dia! Fora isso, nada há para o animal fazer. [...] Observa-se o ranger de dentes, o abano da cauda, a oscilação da língua e outros comportamentos estereotipados. [...] Esses movimentos estereotipados podem ser considerados uma reação à falta de ocupação.[102]

Para reduzir o desassossego dos bezerros entediados, muitos produtores deixam-nos no escuro o tempo todo, exceto quando são alimentados. Como os galpões normalmente não têm janelas, isso significa apenas apagar as luzes. Assim, os vitelos, já carentes do afeto, da atividade e do estímulo que sua natureza requer, são privados de estímulo visual e do contato com outros bezerros por mais de 22 horas a cada 24 horas. Descobriu-se que as doenças são mais persistentes em galpões escuros[103]. Bezerros mantidos dessa maneira são infelizes e pouco saudáveis. Por mais que o produtor selecione os mais fortes, utilize como rotina uma alimentação com medicamento e aplique injeções ao menor sinal de doença, problemas digestivos, respiratórios e infecções são generalizados. É comum o criador descobrir que, num lote de vitelos, um em dez não sobrevive às 15 semanas de confinamento. A mortalidade, entre 10 e 15 por cento num período tão curto, seria desastrosa para quem criasse bezerros com o intuito de comercializar carne. Mas os produtores toleram essa perda porque os restaurantes luxuosos estão dispostos a pagar bem por seus produtos.

O relacionamento entre veterinários que trabalham com animais de produção e produtores em sistema intensivo é amistoso (afinal, são os proprietários e não os animais que pagam as contas). Por isso é revelador das condições extremas em que os vitelos são mantidos saber que esse é um dos aspectos que gera atrito entre veterinários e produtores. Um exemplar de 1982 da revista *The Vealer* assinala:

> Além de serem chamados tarde demais para dar atendimento a bezerros doentes, os veterinários não veem com bons olhos [sic] as suas relações com os criadores de vitelos porque estes há muito desafiam os métodos aceitos pela pecuária. A ali-

mentação do gado com feno para manter um sistema digestivo apropriado é considerada a prática correta há anos.[104]

O único ponto luminoso dessa triste história é que as condições das baias onde se criam bezerros são tão horrorosas para o bem-estar dos animais que os regulamentos do governo britânico agora exigem que eles possam se virar sem dificuldade, que sejam alimentados com uma dieta diária que contenha "ferro suficiente para mantê-los em plena saúde e vigor", e que recebam fibra em quantidade suficiente para o desenvolvimento normal do rúmen[105]. Essas são exigências de bem-estar mínimas, mas ainda estão longe de satisfazer as necessidades dos bezerros; porém, são violadas em quase todas as unidades de criação de vitelos nos Estados Unidos e em muitos países da Europa.

Se o leitor recordar-se de que esse processo laborioso, supérfluo e doloroso de criação de bezerros existe com o único propósito de agradar pessoas que insistem em comer vitela pálida e tenra, nenhum comentário adicional se faz necessário.

Como vimos, a indústria da vitela é um subproduto da indústria de laticínio. Os criadores precisam garantir que as vacas leiteiras engravidem todos os anos, a fim de produzir leite de modo contínuo. Seus filhotes são levados ao nascer, uma experiência dolorosa para a mãe e aterrorizante para o bezerro. A mãe muitas vezes expressa seus sentimentos de forma clara, chamando e mugindo constantemente durante dias depois que a cria lhe é tirada. Algumas bezerras são criadas com substitutos do leite para, por volta dos dois anos, tornar-se também vacas leiteiras. Vitelos são vendidos, entre uma e duas semanas de vida, e criados em estábulos ou currais de engorda, para depois virar carne. Os demais são negociados com os produtores de vitela, que dependem da indústria de laticínios também para a dieta de leite com que alimentam os bezerros, a fim de mantê-los anêmicos. Mesmo quando não é enviado para uma unidade de produção de vitela, como escreveu o professor John Webster, do Departamento de Produção Animal da Universidade de Bristol:

O bezerro nascido da vaca leiteira é rotineiramente submetido a mais insultos ao desenvolvimento normal do que qualquer outro animal de criação. É separado da mãe assim que nasce, privado de sua alimentação natural, leite integral da vaca, e alimentado com uma variedade de substitutos líquidos mais baratos.[106]

A vaca leiteira, antes vista pacífica e idilicamente pelas campinas, é agora uma máquina de leite de fina sintonia, cuidadosamente monitorada. A cena bucólica da vaca leiteira brincando com o bezerro no pasto não faz parte da produção leiteira comercial. Muitas são criadas em ambientes fechados. Algumas são mantidas em baias individuais, com espaço suficiente apenas para levantar e deitar. O ambiente é controlado: são alimentadas com quantidades calculadas de ração, a temperatura é ajustada para maximizar a produção de leite e a iluminação é regulada artificialmente. Alguns fazendeiros descobriram que um ciclo de 16 horas de luz e oito de escuridão produz melhores resultados.

Depois que a primeira cria é levada, inicia-se o ciclo produtivo da vaca. Ela é ordenhada duas vezes por dia, às vezes três, durante dez meses. Após o terceiro mês, será emprenhada novamente e ordenhada até cerca de seis a oito semanas antes que o bezerro nasça. A ordenha se reinicia assim que o filhote lhe seja retirado. Em geral, esse ciclo intenso de prenhez e hiperlactação pode durar cinco anos. Depois disso a vaca "gasta" é enviada para o abate, onde vira hambúrguer ou ração para cães.

Para obter rendimentos mais elevados, os produtores a alimentam com concentrados energéticos, como soja, farinha de peixe, subprodutos da fabricação da cerveja e até mesmo esterco de aves. O peculiar sistema digestivo das vacas não consegue processar de modo adequado esses alimentos. O rúmen é próprio para digerir lentamente o pasto fermentado. No auge da produção, poucas semanas depois de parir, a vaca, muitas vezes, gasta mais energia do que é capaz de repor. Como sua capacidade de produzir supera a capacidade de metabolizar alimentos, a vaca começa a emagrecer e a usar os próprios tecidos corporais; passa a "transformar em leite a própria carne"[107].

Vacas leiteiras são animais sensíveis, que manifestam perturbações psicológicas e fisiológicas em consequência do estresse. Têm forte necessidade de se identificar com seus "tratadores". O sistema de produção de laticínios, hoje, não permite que o fazendeiro gaste mais de cinco minutos por dia com cada animal. Em um artigo intitulado "Fazendas leiteiras que não precisam de pasto", uma das maiores "fábricas de leite" se jacta de um avanço que "permite a um trabalhador alimentar 800 bezerros em 45 minutos – um trabalho que, normalmente, ocuparia vários homens, o dia inteiro"[108].

Agora, a preocupação é encontrar meios de interferir nos processos hormonais e reprodutivos normais da vaca para levá-la a produzir ainda mais leite. O hormônio de crescimento bovino (conhecido na Europa como somatotropina bovina ou BST) está sendo estudado como uma maneira de aumentar drasticamente a produção de leite. As vacas que recebem injeções diárias do hormônio produzem cerca de 20 por cento a mais de leite. Mas, além das feridas que provavelmente se desenvolvem por causa das injeções diárias, o organismo dessas fêmeas terá de trabalhar ainda mais; elas precisarão de uma dieta ainda mais rica e sofrerão de mais doenças do que aquelas que já as afetam. David Kronfeld, professor de nutrição e chefe do Departamento de Medicina de Grandes Animais da Faculdade de Veterinária da Universidade de Pensilvânia, disse que, numa experiência, em mais da metade das vacas que receberam BST foi detectada mastite (uma dolorosa inflamação na glândula mamária), o que não ocorreu com aquelas que estavam no grupo de controle, que não recebeu BST[109]. A oposição ao BST vem, agora, dos fazendeiros que criam gado leiteiro, bem como dos defensores do bem-estar animal. Não é de admirar, pois estudos da Universidade Cornell e do Gabinete de Avaliação Tecnológica do Congresso norte-americano indicaram que a adoção do BST pelos grandes fazendeiros poderia tirar do negócio 80 mil criadores de gado leiteiro – metade do número atual[110]. Um criador do oeste da Inglaterra assinalou que "os principais beneficiários dessas injeções dadas nas vacas seriam algumas grandes empresas farmacêuticas" e fez um apelo: "Queremos o leite de vacas felizes, e não de almofadas de alfinetes de industriais gananciosos."[111]

Mas o aumento da produção provocado pelo hormônio de crescimento bovino não é nada comparado ao que anteciparam os entusiastas da nova tecnologia de reprodução. Em 1952, foi produzido o primeiro bezerro por meio de inseminação artificial. Hoje, esse é um método-padrão. Na década de 1960, foram produzidos os primeiros bezerros a partir de embriões transferidos de uma vaca para outra. Essa tecnologia permite que, com o uso de injeções de hormônio, uma vaca leiteira possa se transformar em produtora de dezenas de óvulos a um só tempo. Após ser artificialmente inseminada (com sêmen de um reprodutor premiado), ela tem os embriões retirados do útero e transplantados para vacas de menor preço, mediante incisões em seu flanco. Assim, um rebanho inteiro pode ser criado a partir de uma única matriz de boa qualidade. A possibilidade de congelar os embriões, desenvolvida na década de 1970, tornou mais fácil a comercialização da transferência. Atualmente, 150 mil transferências de embriões são feitas a cada ano nos Estados Unidos, e 100 mil bezerros, no mínimo, resultam dessas tentativas. A engenharia genética e a clonagem talvez sejam os próximos passos dos contínuos esforços encetados para criar animais ainda mais produtivos[112].

Tradicionalmente, o gado criado para gerar carne nos Estados Unidos pastava livremente nos amplos espaços que vemos nos filmes de caubói. Mas, como indica um artigo supostamente humorístico do *Peoria Journal Star*, a pastagem moderna não é mais o que costumava ser:

> A casa do caubói não se localiza necessariamente no campo. Cada vez mais, a "fazenda" é um lugar em que o mais perto que o boi chega do cheiro da salva é o tabuleiro do assado. Assim

é o caubói moderno. Assim é a Fazenda Norris, onde, em vez de 700 cabeças de gado em 50 mil hectares de pradaria de pasto ralo, há 7 mil cabeças em 27 hectares de concreto.[113]

Em comparação com frangos, porcos, vitelos e vacas leiteiras, o gado de corte vive mais em espaços ao ar livre, mas o tempo que lhe resta para aproveitá-los vem diminuindo. Vinte anos atrás, o gado ficava solto por uns dois anos; agora, os sortudos que conseguem pastar ao ar livre são recolhidos depois de cerca de seis meses para "terminação" – isto é, são transportados, por grandes distâncias, para currais de engorda. Ali, são alimentados por seis a oito meses com milho e outros cereais, até alcançar o peso e as condições de mercado. Então, são enviados para abate.

A expansão dos grandes currais de engorda tem sido a tendência dominante na indústria bovina. Dos 34 milhões de bovinos abatidos em 1987 nos Estados Unidos, 70 por cento foram enviados para o abatedouro desses currais, responsáveis por um terço de toda a carne produzida no país. Trata-se de gigantescos empreendimentos comerciais, muitas vezes financiados por companhias de petróleo ou por dinheiro de Wall Street em busca de benefícios fiscais. Os currais de engorda são lucrativos, porque os animais ganham peso mais rapidamente quando tratados com grãos do que com pasto. No entanto, a exemplo das vacas leiteiras, eles não têm estômago adaptado para a dieta concentrada que recebem. Muitas vezes, no esforço para obter mais fibra do que fornece essa dieta, o gado lambe o próprio corpo e o pelo dos companheiros. A grande quantidade de pelos que se junta ao rúmen pode provocar abscessos[114].

Porém, a mistura de grãos com o alimento fibroso que o gado precisa e deseja retardaria o ganho de peso.

O grau de confinamento nos currais de engorda não é tão intenso quanto o de galinhas ou de porcas, bezerros e, muitas vezes, vacas leiteiras. A densidade do gado vem aumentando, mas, mesmo quando é colocado, em lotes de novecentas cabeças, em 4 mil metros quadrados, cada animal dispõe de 4,4 metros quadrados de espaço e pode andar pelo piquete, que chega a ter uma área de 0,4 hectare, e não está isolado dos outros animais. O problema não é a restrição de movimentos, mas o tédio em consequência da aridez do ambiente, que não sofre alterações.

Um problema muito sério é a exposição aos elementos da natureza. No verão, o gado fica ao sol, sem sombra; no inverno, pode não ter proteção contra as condições para as quais não é naturalmente adaptado. Nas nevascas de 1987, alguns fazendeiros relataram ter sofrido grandes perdas, calculando a morte de até 25 a 30 por cento dos bezerros e cinco a dez por cento do gado adulto. Um fazendeiro do Colorado declarou: "Havia pouca proteção para os bezerros. A maioria foi perdida por causa da exposição ao frio. Tivemos uma nevasca seca; logo depois dela, esfriou." Em outro exemplo, 75 bezerros de um lote de cem morreram por causa de uma tempestade[115].

Na Europa, alguns produtores adotaram o exemplo da indústria de frangos, porcos e vitela, e levaram seus animais para ambientes fechados. Nos Estados Unidos, na Grã-Bretanha e na Austrália, o confinamento permanente é considerado economicamente injustificado. O ambiente fechado protege o gado das intempéries, mas o custo, nesse caso, é mais alto, dada a superpopulação, e o produtor deseja o maior retorno possível sobre o capital investido nas construções. O gado submetido a isolamento intensivo é mantido em grupos, de preferência em currais, não em baias individuais. O piso ripado é utilizado com frequência para facilitar a limpeza, embora o gado, como porcos e bezerros, sinta desconforto e se torne coxo.

Nenhum aspecto da produção animal está a salvo das incursões da tecnologia e da pressão para intensificar a produção. Os cordeirinhos, alegres símbolos da primavera, já entraram para o interior escuro dos galpões de confinamento[116]. No Oregon State University Rabbit Research Center [Centro de Pesquisa sobre o Coelho, da Universidade Estadual de Oregon], os pesquisadores desenvolveram um sistema de gaiolas para criar dois coelhos a cada 93 cm²[117]. Na Austrália, ovelhas selecionadas, que produzem lã de ótima qualidade, foram levadas para ambientes fechados e confinadas em baias individuais ou grupais – com o objetivo de manter a tosquia limpa e longa. A lã dessas ovelhas é vendida por um preço cinco a seis vezes mais alto do que o da comum[118]. Embora o comércio de peles goste de enfatizar que seus animais são "criados em fazendas" para minimizar a má publicidade causada pela captura de espécimes selvagens em armadilhas, as "fazendas" de produção de pele são altamente intensivas. O *vison*, o guaxinim, a doninha e outros animais pilíferos são mantidos em minúsculas gaiolas de arame. A bela raposa do Ártico, por exemplo, normalmente anda milhares de quilômetros pela tundra: numa fazenda de produção de peles, dispõe de um engradado de 1 × 1,15 m[119].

Vimos as principais tendências na criação de animais, em que métodos tradicionais se transformaram em produção intensiva, ao estilo de uma fábrica. Infelizmente, tem havido pouca melhora desde que a primeira edição deste livro foi publicada, há 15 anos. Naquela época, já estava claro que os métodos modernos de produção eram incompatíveis com as preocupações genuínas em relação ao bem-estar animal. As provas disso foram apresentadas, pela primeira vez, no livro pioneiro de Ruth Harrison, *Animal Machines*, publicado em 1964, e ratificadas pelo comitê Brambell, nomeado pelo ministro da Agricultura britânico e composto por especialistas qualificados. Além de Brambell, ele próprio um renomado zoólogo, o comitê incluía W. H. Thorpe, diretor do Departamento de Comportamento Animal da Universidade de Cambridge e outros especialistas em ciências veterinárias, criação de animais e agricultura. Após minuciosa investigação, o comitê publicou, em 1965, um relatório oficial com 85 páginas. Nele, o argumento de que a produtividade é um indício satisfatório da ausência de sofrimento é firmemente rejeitado – o fato de um animal ganhar peso, afirma o comitê, pode ser uma "condição patológica". Também é recusado o ponto de vista de que animais de criação não sofrem com o confinamento porque estão acostumados com isso. Em um importante anexo do relatório, Thorpe ressalta que a observação do comportamento de animais domésticos mostrou que eles ainda "são essencialmente o que eram no ambiente selvagem da Pré-História", com padrões de comportamento inatos e necessidades ainda presentes, mesmo que nunca tenham conhecido as condições naturais. Thorpe concluiu:

Certos fatos básicos são suficientemente claros para justificar a adoção de medidas. Embora aceitando a necessidade de uma boa dose de restrição, é preciso impedir as condições que suprimam completamente todas ou quase todas as necessidades naturais instintivas e os padrões comportamentais característicos de ações adequadas ao alto grau de organização social encontrado nas espécies ancestrais selvagens e que foram pouco modificados, se é que o foram, no processo de domesticação. Em particular, é cruel restringir um animal durante grande parte de sua vida, de modo de que ele não possa externar nenhum de seus padrões comportamentais normais de locomoção.[120]

De acordo com isso, as recomendações do comitê basearam-se no seguinte princípio, modesto mas fundamental:

> Em princípio, desaprovamos um grau de confinamento que frustre a maior parte das principais atividades que constituem o comportamento natural dos animais. [...] Um animal deve ter, no mínimo, liberdade suficiente de movimentos para poder virar-se, limpar-se, levantar-se, deitar-se e esticar os membros sem dificuldade.[121]

Essas "cinco liberdades básicas", como desde então são chamadas – virar-se, limpar-se, levantar-se, deitar-se e esticar os membros livremente –, ainda são negadas aos frangos criados em gaiolas, às porcas acorrentadas em baias, aos vitelos isolados em celas. No entanto, desde que o comitê Brambell redigiu o relatório, uma avalanche de artigos científicos confirmou seu veredicto, em todos os principais aspectos. Já vimos, por exemplo, que os comentários de Thorpe sobre a restrição dos padrões de comportamento naturais de animais domésticos foram inteiramente confirmados pelo estudo sobre porcos em ambientes seminaturais realizado pela Universidade de Edimburgo[122]. A falácia do argumento de que os animais devem estar contentes, uma vez que produzem, é universalmente aceita entre os cientistas. Um estudo de 1986, publicado na revista *American Scientist*, apresenta um ponto de vista representativo desse argumento:

> Com relação a animais domesticados, entretanto, este argumento pode ser enganoso por várias razões. Animais de criação foram selecionados por sua capacidade de crescer e reproduzir-se sob uma ampla gama de condições e circunstâncias, algumas delas adversas. Galinhas, por exemplo, podem continuar a botar ovos normalmente, mesmo quando gravemente feridas. Além disso, o crescimento e a reprodução são com frequência manipulados por práticas como a alteração do fotoperíodo (tempo de exposição à luz) ou a adição de substâncias promotoras do crescimento, como antibióticos, à ração. Finalmente, numa fazenda moderna, onde um único trabalhador pode tomar conta de até duas mil cabeças de gado ou 250 mil frangos por ano, a prática da mensuração do crescimento ou da reprodução pelos ovos ou quantidade de quilos de carne produzidos em relação aos custos da construção, combustível e ração fornece-nos poucas informações sobre o *status* produtivo de um único animal.[123]

O dr. Bill Gee, diretor do Bureau of Animal Health [Escritório de Saúde Animal] do governo australiano, afirmou:

Alega-se que a produtividade das fazendas é um indicador direto de seu bem-estar. Essa concepção equivocada precisa ser enterrada de uma vez por todas. "Bem-estar" refere-se ao bem-estar dos animais como indivíduos, ao passo que "produtividade" refere-se ao rendimento por dólar investido ou por unidade de recurso.[124]

Tomei o cuidado de documentar a concepção equivocada quanto a esse argumento em várias passagens deste capítulo. Seria bom acreditar que o argumento poderia ser enterrado de uma vez por todas, mas, sem dúvida, ele continuará a ser utilizado sempre que os apologistas do agronegócio o considerarem útil para acalmar o consumidor, levando-o a crer que está tudo bem nas fazendas.

O Parlamento europeu deu certo reconhecimento do peso das provas contra os métodos de criação intensiva quando, em 1987, analisou um relatório sobre bem-estar animal e adotou uma política que continha os seguintes pontos:
- pôr fim à manutenção de bezerros em baias individuais e à sua privação de ferro e forragem;
- acabar com as baterias de gaiolas em dez anos;
- parar de colocar as porcas em baias individuais e de acorrentá-las;
- interromper as mutilações rotineiras como o corte da cauda e a castração dos porcos machos[125].

Essas propostas foram aprovadas por 150 votos a 0, com duas abstenções. Mas, como já observamos, embora o Parlamento europeu seja composto de representantes de todas as nações da Comunidade Europeia, trata-se apenas de um organismo consultivo. O poderoso *lobby* do agronegócio trabalha arduamente para impedir que essa política seja posta em prática. A resolução constitui, não obstante, uma indicação da esclarecida opinião europeia sobre essas matérias. No tocante a ações, e não a palavras, foram poucas as melhorias reais nas condições dos animais desde a publicação da primeira edição deste livro. Na Suíça, as baterias de gaiolas para frangos estão sendo eliminadas e já se encontram amplamente disponíveis no comércio ovos produzidos em sistemas alternativos de alojamento das poedeiras. Esses novos sistemas permitem que as aves tenham liberdade para caminhar, ciscar, banhar-se na poeira, empoleirar-se e botar ovos em ninhos protegidos com materiais adequados. Os ovos de galinhas mantidas dessa maneira são apenas um pouco mais caros do que os das poedeiras mantidas em gaiolas[126]. Na Grã-Bretanha, o único sinal real de progresso para os animais de criação é a proibição de celas individuais para vitelos. É a Suécia que, agora, abre caminho ao bem-estar animal, como fez, com frequência, com relação a outras reformas sociais; as leis suecas aprovadas em 1988 transformarão as condições de todos os animais de criação.

Ao longo deste capítulo concentrei-me nas condições dos Estados Unidos e da Grã-Bretanha. Os leitores de outros lugares podem estar inclinados a acreditar que a situação no próprio país não é assim tão ruim; mas, se viverem numa nação industrializada (que não a Suécia), não têm motivo para isso. Na maioria dos países as circunstâncias aproximam-se muito mais das existentes nos Estados Unidos.

Finalmente, é importante lembrar que, embora a implementação das "cinco liberdades" do comitê de Brambell, ou das resoluções do Parlamento Europeu, ou, ainda, da nova legislação sueca, tenha sido um grande avanço na Grã-Bretanha, nos Estados Unidos e em quase todas as partes onde existem fazendas de criação, nenhuma dessas reformas dá igual consideração aos interesses de animais e seres humanos. Elas representam, em graus variados, uma forma mais esclarecida e humana de especismo, mas, ainda assim, especismo. Em nenhum país, ainda, um organismo governamental questionou a ideia de que os interesses dos animais contam menos do que interesses semelhantes de seres humanos. A questão que se coloca sempre é se há sofrimento "evitável", e isso significa sofrimento que pode ser evitado no processo de produção de mercadorias de origem animal a um custo não muito elevado. A pressuposição inquestionável é que seres humanos podem utilizar animais para os próprios fins, criá-los e matá-los para satisfazer sua preferência por uma dieta que contenha carne.

Concentrei-me, neste capítulo, nos métodos modernos de criação intensiva porque o público, em geral, desconhece em grande medida o sofrimento que tais métodos envolvem. Mas não é só a criação intensiva que o provoca. Há padecimento imposto aos animais para benefício de seres humanos, quer sejam criados pelos métodos modernos, quer pelos métodos tradicionais. Parte desse sofrimento constitui a prática normal há séculos. Isso pode nos levar a desconsiderá-lo, mas não serve de consolo para o animal a quem o sofrimento é infligido. Considere, por exemplo, algumas das operações rotineiras às quais é submetido o gado.

Quase todos os produtores de carne bovina retiram os chifres, marcam e castram os animais. Todos esses processos provocam intensa dor física. Os chifres são retirados porque, com eles, os animais ocupam mais espaço nos comedouros ou quando transportados, e podem ferir uns aos outros quando apinhados. Carcaças machucadas e couros danificados significam perda de dinheiro. Os chifres não são apenas osso insensível. Quando extraídos, são cortados artérias e outros tecidos, fazendo o sangue jorrar, sobretudo se a prática não é realizada em bezerros logo após o nascimento.

A castração é praticada porque se considera que novilhos engordam mais do que touros – embora, de fato, aparentemente apenas acumulam mais gordura – e porque se teme que os hormônios masculinos alterem a carne. Além disso, é mais fácil lidar com animais castrados. A maioria dos fazendeiros admite que a operação provoca choque e dor. Anestésicos, em geral, não são utilizados. O procedimento consiste em imobilizar o animal e decepar o escroto com uma faca, expondo os testículos. A seguir, cada testículo é puxado, até o cordão que o liga ao corpo arrebentar-se; em animais mais velhos pode ser necessário cortar o cordão[127].

Alguns fazendeiros, para seu crédito, preocupam-se com essa dolorosa cirurgia. Num artigo intitulado "A faca de castração deve desaparecer", C. G. Scruggs, editor da revista *The Progressive Farmer*, refere-se ao "extremo estresse da castração", mas, como a demanda por carne magra cresce constantemente, sugere que os animais machos não sejam mutilados[128]. Opinião idêntica foi expressa na indústria de suínos, na qual a prática é semelhante. Segundo um artigo da revista britânica *Pig Farming*:

A castração em si é uma atividade brutal, mesmo para o calejado suinocultor. É de admirar que o *lobby* antivivissecção não tenha desferido ataques mais determinados contra isso.

E, como as pesquisas mostram um modo de detectar as alterações que a carne de cachaços ocasionalmente sofre, o artigo sugere que se "pense em deixar de lado a faca de castração"[129].

A marcação do gado com ferro em brasa é amplamente praticada, como proteção contra o extravio e o roubo (que ainda existe em algumas partes), bem como para facilitar a contagem. Embora o gado tenha a pele mais espessa do que os seres humanos, ela não é grossa o bastante para protegê-lo contra o ferro incandescente que lhe é aplicado diretamente – o pelo é retirado antes – e ali mantido por cinco segundos. Para que essa operação seja executada, o animal é jogado ao chão e imobilizado. Como alternativa, pode ser preso numa engenhoca estreita chamada "tronco de contenção", uma baia ajustável, que pode ser firmemente apertada contra seu corpo. Mesmo assim, como observa um manual, "o animal, em geral, dá pulos quando se aplica o ferro"[130].

Como mutilação adicional, o gado tem as orelhas cortadas com uma faca afiada em formatos especiais, a fim de ser identificado a distância, quando está nas pastagens ou quando é visto de frente ou por trás, ocasião em que a marca não estaria visível[131].

Esses são alguns dos procedimentos-padrão da criação de gado. Outros animais são tratados de maneira similar, quando criados para fornecer carne. E, finalmente, considerando o bem--estar animal do ponto de vista dos sistemas tradicionais, é importante lembrar que quase todos os métodos envolvem a separação entre mãe e filhote em idade precoce, o que causa considerável angústia a ambos. Nenhuma maneira de criação animal permite que eles cresçam e façam parte de uma comunidade de idades variadas, como aconteceria em condições naturais.

Embora a castração, a marcação e a separação da mãe venham causando sofrimento aos animais há séculos, a crueldade do transporte e do abate despertou os protestos mais veementes por parte de movimentos humanitários do século XIX. Nos Estados Unidos, os animais eram conduzidos das pastagens, nas imediações das Montanhas Rochosas, para a estação férrea mais próxima; dali, em vagões apinhados, viajavam vários dias, sem comida, até o trem chegar a Chicago. Lá, em gigantescos currais, fumegantes de sangue e carne podre, os que haviam sobrevivido à jornada esperavam sua vez de ser arrastados e tangidos rampa acima, onde, no alto, postava-se o magarefe com o machado. Se tivessem sorte, ele acertava em cheio; mas muitos não a tinham.

Desde essa época ocorreram algumas mudanças. Em 1906, uma lei federal foi sancionada, limitando a 28 horas, ou 36 horas, em casos especiais, o tempo que os animais podiam passar num vagão sem comida nem água. Depois disso, eles deviam ser descarregados, alimentados, receber água e descansar por cinco horas, no mínimo, antes de a viagem prosseguir. Obviamente, um período de 28 ou 36 horas num vagão oscilante, sem comida nem água, ainda é longo o bastante para provocar sofrimento, mas já foi uma melhoria. Quanto ao abate, também houve algum progresso. Agora, a maioria dos animais é atordoada antes de ser abatida, o que significa, em tese, que morrem sem sentir dor – embora, como veremos, haja dúvidas quanto a isso, e exceções importantes. Em razão dessas melhorias, o transporte e o abate são, hoje, problemas menos graves, acredito, do que os métodos de criação industrial que transformam os animais em máquinas de converter alimento de baixo preço em carne de alto preço. Não obstante, qualquer descrição do que acontece com o seu jantar, enquanto ainda é um animal, estaria incompleta sem a descrição dos métodos de transporte e de abate.

O transporte inclui mais do que a viagem final até o abatedouro. Quando o abate se concentrava nos grandes centros, como Chicago, a viagem costumava ser a mais longa, e, em muitos casos, a única feita pelo animal. Eles atingiam o peso de mercado nas pastagens ao ar livre, onde nasciam. Quando as técnicas de refrigeração possibilitaram que o abate se tornasse menos centralizado, a viagem para o abatedouro se tornou mais curta. Hoje, entretanto, os animais – sobretudo o gado de corte – poucas vezes nascem e crescem na mesma região. Jovens bezerros podem nascer num estado – a Flórida, por exemplo – e ser levados de caminhão para pastagens distantes, a muitas centenas de quilômetros – talvez no oeste texano. O gado que passa um ano nos campos de Utah ou Wyoming pode ser reunido e enviado para currais de engorda em Iowa ou Oklahoma. Esses animais enfrentam viagens de até 3 mil quilômetros. Para eles, a jornada até os currais provavelmente é mais longa e angustiante do que a viagem para o abatedouro.

A lei federal de 1906 determinava que os animais transportados em trens descansassem, se alimentassem e recebessem água ao menos a cada 36 horas. Nada dizia sobre caminhões, porque naquela época esse veículo não era usado para esse tipo de viagem. Passados 80 anos, ainda não há lei federal que regulamente o transporte de animais por caminhões. Repetidas tentativas têm sido feitas para elaborar uma lei nesse sentido, semelhante à do transporte em trens, mas até agora nada aconteceu. Assim, o gado muitas vezes passa 48 ou até 72 horas dentro de um caminhão. Nem todos os caminhoneiros deixam o gado esse tempo todo sem descanso, alimento ou água, mas alguns se preocupam mais em chegar ao destino do que em entregar a carga em boas condições.

Quando os animais são colocados pela primeira vez num caminhão, ficam amedrontados, sobretudo se são tratados de maneira rude pelos carregadores. O movimento do veículo também é uma experiência nova, que pode causar doenças. Após um ou dois dias de viagem, sem comida nem água, eles se desesperam, com sede e fome. Normalmente, o gado come com frequência ao longo do dia; seu estômago requer a ingestão constante de alimento, para que o rúmen funcione de modo apropriado. Se a jornada acontecer no inverno, ventos gelados e temperatura abaixo de zero podem resultar em grave resfriado; no verão, o calor e o Sol somam-se à desidratação provocada pela falta de água. É difícil imaginar o que essa combinação de medo, náusea, sede, quase inanição, exaustão e, possivelmente, resfriado sério significa para o animal. No caso de bezerros jovens, que podem ter passado pelo estresse do desmame e da castração poucos dias antes, o efeito é ainda pior. Veterinários recomendam que, para aumentar a chance de sobrevivência, os bezerros sejam desmamados, castrados e vacinados ao menos 30 dias antes do transporte. Isso lhes dá a oportunidade de se recuperar de uma experiência estressante, antes de se sujeitar a outra. Essas recomendações, contudo, nem sempre são seguidas[132].

Embora os animais não possam descrever suas experiências, as reações de seu corpo nos dizem alguma coisa. Há duas reações principais: "emagrecimento" e "febre do transporte". Todos perdem peso durante o transporte, em parte pela desidratação e o esvaziamento do trato intestinal. Essa perda nem sempre é facilmente recuperada. Não é raro um novilho de 360 quilos perder trinta quilos, ou 9 por cento de seu peso, em uma única viagem; e mais de três semanas podem se passar até que recupere essa perda. Esse "encolhimento", como é conhecido no comércio, é considerado pelos pesquisadores uma indicação do estresse a que o animal é submetido. O emagrecimento, claro, é uma preocupação para a indústria da carne, uma vez que o gado é vendido por peso.

A "febre do transporte", uma forma de pneumonia que faz o gado emagrecer, é outro indicador do estresse provocado pelo transporte. Essa febre está associada a um vírus ao qual o gado saudável reage com facilidade. O estresse profundo, porém, enfraquece sua resistência.

Emagrecimento e suscetibilidade à febre são indicações de que os animais foram submetidos a estresse extremo. Os animais que emagrecem e que pegam a febre do transporte, entretanto, são os que sobrevivem. Os outros morrem antes de chegar ao destino ou chegam com membros quebrados ou outras lesões. Em 1986, os inspetores do Departamento de Agricultura dos Estados Unidos (USDA) condenaram mais de 7.400 cabeças de gado, 3.100 bezerros e 5.500 porcos, já mortos ou gravemente machucados, antes de chegar ao abatedouro; 570 mil cabeças de gado, 57 mil bezerros e 643 mil porcos apresentavam ferimentos graves em várias partes do corpo, que foram condenadas[133].

Em trânsito, os animais têm um fim doloroso. Morrem congelados no inverno, e de sede e exaustão no verão. Deitados no curral, sem ser atendidos, tornam-se vítimas das lesões provocadas por quedas nas rampas escorregadias. Sufocam quando outros animais se amontoam sobre eles em caminhões superlotados, carregados de qualquer jeito. Morrem de sede ou de fome quando trabalhadores desleixados se esquecem de lhes dar água e comida. E morrem de puro estresse em consequência da terrível experiência. O animal que você talvez coma no jantar, hoje à noite, não teve esse tipo de fim, mas essas mortes fazem e sempre fizeram parte do processo que abastece de carne os mercados em que as pessoas fazem suas compras.

Matar um animal é, em si, um ato perturbador. Diz-se que, se tivéssemos de fazê-lo para obter carne, todos seríamos vegetarianos. Muito poucos visitam os abatedouros, e os documentários das operações ali realizadas não dão audiência na TV. As pessoas podem desejar que a carne que consomem venha de um animal morto de modo indolor, mas não querem realmente saber o que acontece. Contudo, aqueles que exigem a morte dos animais apenas porque desejam comprar sua carne não merecem ser protegidos desse ou de outros aspectos da produção da mercadoria que adquirem.

A morte, embora nunca agradável, não precisa ser dolorosa. Nas nações desenvolvidas, que contam com leis de abate humanitário, quando tudo sai conforme o planejado, o fim sobrevém rápido e sem dor. Os animais são atordoados por uma corrente elétrica ou por uma pistola pneumática, e têm a garganta cortada quando perdem a consciência. Podem sentir-se aterrorizados pouco antes da morte, quando tangidos a subir a rampa para o abate, e sentem o cheiro do sangue dos que os antecederam, mas o momento da morte pode ser, em tese, indolor. Infelizmente, com frequência, há uma enorme distância entre a teoria e a prática. Um repórter do *Washington Post* descreveu um abatedouro na Virginia, operado pela empresa Smithfield, o maior embalador de carne da costa leste dos Estados Unidos.

O processo da produção da carne de porco termina numa fábrica moderna, totalmente automatizada, onde fatias de bacon e presunto são empacotadas a vácuo em embalagens plásticas e transportadas por uma esteira. Mas tudo começa lá fora, atrás da fábrica, num curral malcheiroso, lamacento, encharcado de sangue. No interior do abatedouro de Gwaltney, da empresa Smithfield, os visitantes ficam apenas breves minutos. Do contrário, o cheiro fétido de porcos mortos impregna as roupas e os corpos, permanecendo muito depois de a visita acabar.

O processo começa quando o suíno, guinchando, é empurrado de sua baia para um tronco de madeira, onde um trabalhador o atordoa com uma corrente elétrica. Quando ele cai, em consequência do choque, o trabalhador rapidamente o pendura de cabeça para baixo numa esteira transportadora, colocando suas pernas traseiras num gancho de metal. Às vezes, o porco atordoado cai da esteira e recobra a consciência;

o operário precisa lutar para içar-lhe as pernas de volta ao gancho, antes que ele comece a correr desenfreadamente pela área de confinamento. Os porcos atordoados, muitas vezes ainda se contorcendo, são mortos por homens que apunhalam, com uma faca, a veia jugular, deixando a maior parte do sangue escorrer. Os animais recém-abatidos são, então, levados do matadouro sujo de sangue para o caldeirão.[134]

Grande parte do sofrimento a que os animais são submetidos é resultado do ritmo frenético que a linha de abate exige para funcionar. A competição econômica leva os frigoríficos a tentar matar mais animais por hora do que seus concorrentes. Entre 1981 e 1986, por exemplo, a velocidade das esteiras transportadoras numa grande empresa norte-americana aumentou de 225 para 275 corpos por hora. A pressão para trabalhar mais depressa significa que menos cuidado é dispensado – e não apenas aos animais. Em 1988, um comitê do Congresso declarou que nenhuma outra indústria nos Estados Unidos apresentava índices de acidentes ou doenças tão elevados como a de abate. Dados foram apresentados, mostrando que 58 mil empregados de abatedouros se acidentam anualmente, ou cerca de 160 por dia. O que se pode dizer da provável sorte dos animais, se tão pouco cuidado é dispensado aos seres humanos? Outra fonte de problemas na indústria é que, por ser tão desagradável, os funcionários não ficam muito tempo no emprego, sendo comuns os índices de rotatividade entre 60 e 100 por cento em muitas empresas. Isso significa um fluxo constante de trabalhadores despreparados, lidando com animais amedrontados num ambiente estranho[135].

Na Grã-Bretanha, onde os abatedouros, em teoria, são controlados por leis de abate humanitário, o Farm Animal Welfare Council [Conselho de Bem-Estar dos Animais de Criação] do governo fiscalizou alguns deles e descobriu:

> Concluímos que a inconsciência e a insensibilidade dos animais, que supomos existir nas muitas operações do abate, ocorrem, com grande probabilidade, em um grau que não é suficiente para torná-los insensíveis à dor.

Os integrantes do Conselho acrescentaram que, embora existissem leis exigindo que o atordoamento fosse feito de maneira eficaz e sem dor desnecessária, por pessoal habilitado e com equipamentos apropriados, "não estamos convencidos de que elas sejam adequadamente aplicadas"[136].

Desde que esse relatório foi publicado, um cientista britânico de alta qualificação levantou dúvidas quanto ao fato de o atordoamento elétrico ser indolor, mesmo quando administrado de maneira apropriada. O dr. Harold Hillman, professor de fisiologia e diretor do Laboratório de Neurobiologia Aplicada da Universidade de Surrey, observa que pessoas submetidas a choques elétricos, seja por acidente ou mediante eletroconvulsoterapia para doenças mentais, declararam ter sentido muita dor. É significativo, ele afirma, que a eletroconvulsoterapia seja, agora, administrada sob anestesia geral. Se o choque elétrico tornasse o paciente instantaneamente insensível à dor, isso não seria necessário. Por esse motivo, o dr. Hillman duvida que a eletrocussão, utilizada como método de pena capital em alguns estados norte-americanos, seja humanitária; o prisioneiro, na cadeira elétrica, pode ficar paralisado, mas não inconsciente. O dr. Hillman retoma, então, o assunto do atordoamento elétrico nos abatedouros: "Acredita-se que o atordoamento seja humanitário porque se parte do pressuposto de que os animais não sofrem dor ou angústia. Isso certamente é inverídico, assim como acontece em relação à cadeira elétrica."[137] Portanto, é bem possível que o abate não seja indolor, mesmo quando levado a cabo de maneira adequada num abatedouro moderno.

Ainda que esses problemas possam ser superados, há outro. Muitos países, entre eles a Grã-Bretanha e os Estados Unidos, admitem uma exceção para o abate, de acordo com rituais judeus e islâmicos, que exigem que os animais estejam conscientes quando mortos. Uma segunda exceção importante nos Estados Unidos é que o U.S. Federal Humane Slaughter Act [Lei Federal de Abate Humanitário], sancionado em 1958, aplica-se apenas a abatedouros que vendem carne ao governo norte-americano ou a suas agências, e não se aplica ao maior número de animais abatidos – as aves.

Consideremos, antes, esse segundo aspecto. Há, aproximadamente, 6.100 abatedouros nos Estados Unidos; no entanto, menos de 1.400 são inspecionados por órgãos federais, quanto ao cumprimento da lei de abate humanitário. Por conseguinte, é inteiramente legal para os restantes 4.700 a utilização do antigo e bárbaro machado de açougueiro, sendo esse método ainda utilizado em alguns abatedouros dos Estados Unidos.

O machado de açougueiro é, de fato, uma marreta de cabo longo. A pessoa que a maneja fica em pé, acima do animal, e tenta torná-lo inconsciente com um único golpe. O problema é que o alvo é móvel, e o balanço dado à marreta precisa ser cuidadosamente calculado; para ter sucesso, a pessoa necessita acertar um ponto preciso da cabeça do animal, e é bem provável que eles, amedrontados, mexam a cabeça. Se o balanço se desvia uma fração para o lado, a marreta pode pegar no olho ou no focinho; então, como o animal se agita em agonia e terror, vários golpes são necessários para torná-lo inconsciente. Não se pode esperar que o mais exímio operador acerte o golpe com perfeição, todas as vezes. Como a função exige o abate de 80 ou mais animais por hora, se o machado errar apenas um, entre as centenas de balanços, o resultado será uma dor terrível para vários animais por dia. Também devemos lembrar que uma pessoa não treinada precisa praticar bastante para adquirir perícia. A prática é feita em animais vivos.

Por que esses métodos primitivos, condenados universalmente como desumanos, ainda estão em uso? O motivo é a mesmo de outros aspectos da criação: se procedimentos humanitários custam mais ou reduzem o número de animais mortos por hora, uma empresa não pode dar-se ao luxo de adotá-los caso os rivais continuem a utilizar os métodos antigos. O custo da munição usada na pistola pneumática, embora represente apenas alguns centavos por animal, é suficiente para impedir os abatedouros de utilizá-la. O atordoamento elétrico é mais barato, a longo prazo, mas a instalação é dispendiosa. A menos que a lei obrigue os abatedouros a adotar um desses métodos, eles não serão utilizados.

Outra falha importante nas leis é que o abate feito segundo rituais religiosos não precisa cumprir a exigência de atordoar o animal antes de matá-lo. As leis dietéticas de judeus ortodoxos e de muçulmanos proíbem o consumo de carne de animais que não estejam "saudáveis e se mexendo", quando mortos. Portanto, o atordoamento, que se supõe provocar danos antes que a garganta seja cortada, é inaceitável. A ideia subentendida nessas exigências pode ter sido a de proibir a ingestão de carne de um animal encontrado doente ou morto, conforme interpretado pela ortodoxia religiosa hoje; no entanto, a lei tampouco permite tornar o animal inconsciente poucos segundos antes de ser morto. A execução deve ser realizada com um único corte de uma faca afiada, na veia jugular e nas artérias carótidas. Na época em que esse método de abate foi estabelecido na lei judaica, provavelmente era mais humano do que qualquer outra alternativa; contudo, agora, na melhor das hipóteses, é menos humano do que, por exemplo, a utilização de uma pistola pneumática, que deixa o animal insensível.

Além disso, nos Estados Unidos há circunstâncias especiais que tornam esse método de abate um grotesco arremedo de quaisquer intenções humanitárias que pudessem, alguma vez, estar por trás dele. É o resultado de uma combinação das exigências do abate ritualístico da Pure Food and Drug Act [Lei de Alimentos e Medicamentos Puros], de 1906, que, por motivos sanitários, estipula que um animal abatido não caia sobre o sangue de outro, morto antes dele. Na prática, isso significa que o animal deve encontrar seu fim enquanto está suspenso numa esteira transportadora, ou, de algum modo, içado acima do solo, e não quando estiver deitado no chão do abatedouro. A exigência não afeta o bem-estar do animal que foi deixado inconsciente antes de ser morto, uma vez que ele é suspenso apenas quando já está sem consciência, mas tem resultados terríveis se o animal precisa estar consciente quando é morto. Em vez de ser jogado ao chão, e morto ao atingir o solo, o animal abatido em rituais, nos Estados Unidos, deve ser preso por uma das pernas traseiras, içado e pendurado, plenamente consciente, de cabeça para baixo, na esteira transportadora, por dois a cinco minutos – e, às vezes, por mais tempo, se algo sair errado na "linha de abate" – antes de o magarefe impetrar o corte. O processo foi descrito com as seguintes palavras:

> Quando a pesada corrente de ferro é presa na perna traseira de um animal de corte, com cerca de 450 a mil quilos, e o novilho é suspenso, o couro se rasga e é separado do osso. O osso da canela é, muitas vezes, trincado ou fraturado.[138]

O animal, de cabeça para baixo, com as juntas rompidas e, muitas vezes, uma perna quebrada, se contorce freneticamente, sentindo dor e terror. É então agarrado pelo pescoço, ou colocam-lhe um gancho nas narinas, para que o magarefe possa matá-lo com um único golpe, conforme prescreve a lei religiosa. É difícil imaginar um exemplo mais claro de como o apego estrito à letra de uma lei pode perverter seu espírito. Deve-se observar, entretanto, que mesmo os rabinos ortodoxos não são unânimes em apoiar a proibição do atordoamento antes do abate; na Suécia, na Noruega e na Suíça, por exemplo, os rabinos aceitaram, sem exceção, a legislação que exige o atordoamento para o abate ritualístico. Muitos muçulmanos também aceitam o atordoamento antes do abate[139].

A Sociedade Norte-Americana para a Prevenção da Crueldade aos Animais desenvolveu uma "baia de arremesso" que permite ao animal consciente ser morto segundo os regulamentos higiênicos norte-americanos, sem ser pendurado pela perna. Esse dispositivo é utilizado, agora, por aproximadamente 80 por cento do abate ritualístico de grandes reses, mas, quando se trata de bezerros, o uso chega a menos de 10 por cento. A empresa Temple Grandin, do grupo Grandin Livestock Handling Systems, Inc., afirma: "Como o abate religioso é isento da aplicação da Lei de Abate Humanitário, alguns frigoríficos não estão dispostos a investir dinheiro em sentimentos humanitários."[140]

Se os que não seguem as leis dietéticas judaicas ou muçulmanas acreditarem que o animal fornecedor do produto que compraram não foi morto dessa maneira obsoleta, podem estar equivocados. Para que a carne seja considerada *kosher* pelos rabinos ortodoxos, além de proceder de um animal morto enquanto consciente, deve ter sido destituída de tecidos proibidos, tais como veias, nódulos linfáticos, o nervo ciático e suas ramificações. A retirada dessas partes dos quartos traseiros de um animal é uma tarefa laboriosa; portanto, só os quartos dianteiros são vendidos como *kosher*. O restante, em geral, acaba nas gôndolas dos supermercados, sem nenhuma indicação de sua origem. Isso significa que um número muito maior de animais são abatidos, sem atordoamento, do que o necessário para suprir a demanda. O Conselho de Bem-Estar dos Animais britânico estima que uma "grande proporção" da carne obtida pelos métodos ritualísticos é distribuída em açougues comuns[141].

O *slogan* "liberdade religiosa" e a acusação de que aqueles que atacam o abate ritualístico são motivados pelo antissemitismo bastaram para impedir interferências legislativas nessa prática, nos Estados Unidos, na Grã-Bretanha e em muitos outros países. Mas, obviamente, não é preciso ser antissemita ou antimuçulmano para se opor ao que é feito a animais em nome da religião. Está na hora de os partidários dessas duas crenças considerarem se as interpretações correntes das leis relativas ao abate estão de acordo com o preceito religioso da compaixão. Nesse ínterim, os que não querem ingerir carne de animais abatidos segundo ditames contrários aos preceitos de sua religião têm uma alternativa: não comer carne. Ao fazer essa sugestão, não estou pedindo mais, aos crentes religiosos, do que peço a mim mesmo; porém, as razões para que eles o façam são mais fortes por causa do sofrimento adicional envolvido na produção daquilo que comem.

Vivemos em um tempo de correntes conflitantes. Por um lado, há os que insistem em continuar matando animais de acordo com os métodos bíblicos de abate; por outro lado, nossos cientistas se ocupam em desenvolver técnicas revolucionárias, mediante as quais esperam mudar a própria natureza dos animais. Um passo importante nessa direção – a de um mundo de animais projetados por seres humanos – foi dado em 1988, quando o Gabinete de Marcas e Patentes dos Estados Unidos concedeu a pesquisadores da Universidade Harvard a patente para um camundongo manipulado por engenharia genética, especialmente mais suscetível ao câncer, a fim de ser usado para filtrar possíveis carcinógenos. A concessão seguiu a decisão da Suprema Corte, que tornou possível patentear micro-organismos fabricados pelo homem; mas essa foi a primeira vez que se concedeu patente a um animal[142].

Líderes religiosos, defensores dos direitos dos animais, ambientalistas e fazendeiros (preocupados com a perspectiva de pagar *royalties* para continuar competitivos) formaram uma coalizão para pôr fim ao patenteamento de animais. Enquanto isso, empresas de engenharia genética já trabalham com a indústria de criação intensiva, que investe recursos em pesquisas para criar novos espécimes. A menos que a pressão do público ponha um fim a esse trabalho, haverá grandes fortunas investidas para que os animais ganhem mais peso e produzam mais leite ou ovos em tempo mais curto.

A ameaça ao bem-estar dos animais já é evidente. Os pesquisadores do Departamento de Agricultura Industrial dos Estados Unidos em Beltsville, Maryland, introduziram genes de hormônio do crescimento em porcos. Houve graves efeitos colaterais, entre eles pneumonia, hemorragia interna e uma forma grave de artrite. Aparentemente, apenas um desses suínos atingiu a idade adulta, e então viveu só mais dois anos. Ele foi mostrado num programa televisivo britânico, de modo bastante apropriado, no *The Money Programme*. O porco não conseguia se manter em pé[143]. Um dos pesquisadores responsáveis declarou ao *Washington Times*:

> Estamos no estágio dos irmãos Wright comparado ao 747. Vamos cair e pegar fogo por vários anos e voar baixo por um bom tempo.

Mas serão os animais que "cairão e pegarão fogo", não os pesquisadores. O *Washington Times* também citou defensores da engenharia genética, rejeitando os argumentos do bem-estar animal, afirmando:

Há séculos as pessoas cruzam, domesticam, abatem e exploram os animais de outras formas. Nada mudará, fundamentalmente.[144]

Como mostrou este capítulo, isso é verdade. Há muito tratamos os animais como coisas submetidas a nossa conveniência, e, nos últimos trinta anos, aplicamos nossa tecnologia de ponta para fazê-los servir melhor a nossos fins. A engenharia genética, revolucionária em um sentido, em outro é apenas mais uma forma de curvar os animais ante nossos propósitos. É necessário que atitudes e práticas mudem radicalmente.

CAPÍTULO 4

TORNANDO-SE VEGETARIANO...

ou como provocar menos sofrimento e produzir mais alimentos com baixo custo ambiental

Agora que compreendemos a natureza do especismo e vimos suas consequências para os animais não humanos, está na hora de perguntar: o que podemos fazer em relação a isso? Há muita coisa que podemos e devemos fazer em relação ao especismo. Devemos, por exemplo, escrever ao nosso representante político sobre as questões discutidas neste livro; conversar sobre esse assunto com os amigos, mostrando-lhes o que aprendemos; educar nossos filhos, para que se preocupem com o bem-estar de todos os seres sencientes; protestar publicamente a favor dos animais não humanos toda vez que tivermos uma oportunidade. Embora possamos e devamos agir assim, há outra coisa de suprema importância que podemos fazer. Trata-se de algo que sustenta, dá consistência e significado a todas as outras atividades em prol dos animais: assumir a responsabilidade por nossa vida, tornando-a o mais isenta possível de crueldade. O primeiro passo é cessar de comer animais. Muitas pessoas que se opõem à crueldade contra eles traçam aí a linha de seu limite, passando a ser vegetarianas. Foi para essas pessoas que Oliver Goldsmith, o ensaísta humanitário do século XVIII, escreveu: "Elas sentem pena, mas comem o objeto de sua compaixão."[1]

Em termos estritamente lógicos, talvez não exista contradição em demonstrar interesse por animais, seja por compaixão, seja por gosto gastronômico. Se alguém se opõe a infligir sofrimento a eles, se é contra o abate cruel, poderia comer animais que tivessem vivido sem padecimento e tivessem sido mortos de um só golpe, sem dor. No entanto, é impossível, prática e psicologicamente, ser coerente em nossa preocupação com os animais não humanos e continuar comendo-os ao jantar. Se pudermos tirar a vida de outro ser apenas para satisfazer nosso gosto por um tipo específico de comida, isso significa que esses seres não passam de meios para nossos fins. Com o tempo, passaremos a considerar porcos, bois e galinhas como coisas a utilizar, por mais forte que seja nossa compaixão. E, quando descobrirmos que, para seguir contando com o suprimento dos corpos desses animais a um preço que podemos pagar, teríamos de mudar um pouco suas condições de vida, é improvável que considerássemos essa mudança de modo crítico. A fazenda de criação intensiva nada mais é do que a aplicação da tecnologia à ideia de que animais são meios para nossos fins. Nossos hábitos alimentares nos são caros e não é fácil alterá-los. Temos um forte interesse em nos convencer de que a preocupação com outros animais não exige que paremos de ingeri-los. Ninguém que tenha o hábito de comê-los está completamente livre de preconceito ao julgar se as condições em que eles são criados causam padecimento.

Não é possível, na prática, criar animais para gerar comida, em larga escala, sem infligir considerável sofrimento. Mesmo que não sejam utilizados métodos intensivos, a criação tradicional envolve castração, separação entre mãe e filhote, divisão de grupos sociais, marcação, transporte para o abatedouro e, finalmente, o próprio abate. É difícil imaginar como os animais poderiam ser criados para gerar alimento sem que se incorresse nessas formas de sofrimento. Talvez isso pudesse ser feito em uma escala pequena. Mas jamais alimentaríamos a imensa população urbana com carne gerada dessa maneira, pois ela seria muito mais dispendiosa do que é hoje – e criar animais já é uma maneira dispendiosa e ineficiente de produzir proteína. A carne de animais criados e abatidos segundo o princípio de igual consideração ao bem-estar deles enquanto vivos seria uma iguaria disponível somente para os abastados.

Tudo isso é bastante irrelevante para a questão imediata da ética de nossa alimentação diária. Sejam quais forem as possibilidades teóricas da criação sem sofrimento, o fato é que a carne disponível em açougues e supermercados provém de animais que não foram tratados com consideração quando vivos. Portanto, não temos de nos perguntar se é certo, *em alguma circunstância*, comer carne. A pergunta a ser feita deve ser: "É certo comer *desta* carne?" Aqui, penso que aqueles que se opõem ao abate desnecessário e os que se opõem apenas a que se inflija sofrimento estão de acordo e dão a mesma resposta negativa.

Tornar-se vegetariano não é um gesto meramente simbólico. Nem é uma tentativa de nos isolar das horrorosas realidades do mundo para nos manter puros e, portanto, sem responsabilidade diante da crueldade e da carnificina que acontecem em todas as partes. Tornar-nos vegetarianos é um passo prático e eficaz para acabar tanto com a matança como com a imposição de sofrimento a animais não humanos. Suponhamos, por um momento, que desaprovamos apenas o sofrimento, não o ato de matar. Como podemos pôr fim aos métodos intensivos de criação descritos no capítulo anterior? Enquanto as pessoas estiverem dispostas a comprar o que vem das fazendas de pecuária industrial, as formas usuais de protesto e de ação política jamais promoverão reformas de grande impacto. Mesmo na Grã-Bretanha, onde, supostamente, os animais são respeitados, o governo recusou-se a implementar as recomendações do comitê Brambell. Em 1981, o Comitê de Agricultura da Câmara dos Comuns fez outra investigação em fazendas de pecuária industrial, que também redundou em recomendações para que se eliminassem os piores abusos. Mais uma vez, nada foi feito[2]. Se o resultado do movimento para a reforma na Grã-Bretanha foi esse, nada melhor pode ser esperado dos Estados Unidos, onde o *lobby* do agronegócio é ainda mais poderoso.

Isso não quer dizer que os canais normais de protesto e ação política sejam inúteis e devam ser abandonados. Ao contrário, são parte necessária da luta geral por uma mudança efetiva no tratamento dado aos animais. Organizações como a Compassion in World Farming, sobretudo na Grã-Bretanha, têm mantido o assunto vivo perante o público e até obtiveram sucesso em acabar com as baias de vitelos. Mais recentemente, grupos norte-americanos também começaram a despertar a preocupação do público com relação à criação intensiva de animais. Mas esses métodos, sozinhos, não bastam.

Os que lucram com a exploração de grande número de animais não precisam de nossa aprovação. Precisam do nosso dinheiro. A compra dos corpos dos animais que criam é o principal apoio que os criadores pedem ao público (o outro, em muitos países, são os altos subsídios do governo). Eles utilizarão métodos intensivos desde que consigam vender o que produzem mediante a utilização desses métodos; terão os recursos necessários para combater reformas no campo político; e poderão defender-se contra as críticas, respondendo que simplesmente oferecem o que o público quer.

Daí a necessidade de cada um de nós parar de comprar produtos provenientes das fazendas modernas – mesmo que não estejamos convencidos de que não seria errado comer animais que tenham vivido de maneira agradável e morrido sem dor. O vegetarianismo é uma forma de boicote. Para a maioria dos vegetarianos, o boicote é permanente, pois, a partir do momento que rompem com o hábito de comer carne, não aprovam mais o assassinato de animais para satisfazer o desejo banal de seu paladar. Mas a obrigação moral de boicotar a carne oferecida nos açougues e supermercados, hoje, é igualmente inevitável para os que desaprovam apenas que se inflija sofrimento, e não se opõem à morte. Enquanto não começarmos a boicotar a carne e os demais produtos oriundos de fazendas de pecuária industrial, estaremos, cada um de nós, contribuindo para a continuidade, a prosperidade e o aumento dessas fazendas, e de todas as práticas cruéis utilizadas na criação de animais com fins alimentares.

É nesse ponto que as consequências do especismo entram diretamente na nossa vida, e somos forçados a dar uma prova pessoal da sinceridade de nossa preocupação com os animais não humanos. Aqui, temos uma oportunidade de agir em vez de apenas falar e desejar que os políticos façam alguma coisa. É fácil nos posicionar sobre um assunto remoto, mas os especistas, como os racistas, revelam sua verdadeira natureza quando o assunto se torna mais próximo de casa. Protestar contra as touradas da Espanha, contra o uso de cachorros como alimento na Coreia do Sul ou contra o assassinato de focas no Canadá e continuar comendo ovos de galinhas que passaram a vida espremidas em gaiolas, ou carne de vitelos privados da mãe, da sua alimentação natural e da liberdade de esticar as pernas, é como denunciar o *apartheid* na África do Sul e pedir ao vizinho que não venda a casa para negros.

Para tornar o boicote do vegetarianismo mais eficaz, não temos de nos envergonhar quanto a nossa recusa a comer carne. Numa sociedade onívora, muitas vezes perguntam aos vegetarianos o porquê de uma dieta tão estranha. Pode ser irritante, ou até mesmo constrangedor, mas também é uma oportunidade de informar as pessoas de crueldades das quais elas nem sempre estão conscientes. Tomei conhecimento da existência de fazendas de pecuária industrial com um vegetariano que se deu o trabalho de me explicar por que não comia carne. Se o boicote é a única maneira de deter a crueldade, então precisamos estimular o maior número possível de pessoas a se juntar ao boicote. Só podemos ser eficazes nisso se dermos o exemplo.

Alguns indivíduos, às vezes, procuram justificar o ato de comer carne dizendo que o animal já estava morto quando o compraram. A fragilidade desse argumento – que já ouvi muitas vezes – deveria tornar-se evidente tão logo considerássemos o vegetarianismo uma forma de boicote. As uvas colhidas por trabalhadores não sindicalizados, disponíveis para venda durante o boicote inspirado pelos esforços de César Chavez – com vistas a melhorar o salário e as condições daqueles homens –, estavam no mercado e àquela altura não era mais possível lutar pelo aumento da remuneração já recebida pelos colhedores. Da mesma maneira, não é possível devolver a vida a um pedaço de bife. Em ambos os casos, o objetivo do boicote não é alterar o passado, mas impedir que as condições a que nos opomos continuem.

Enfatizei tanto o elemento boicote do vegetarianismo que o leitor pode se perguntar se vale a pena tornar-se vegetariano caso o boicote não se espalhe nem seja eficaz. Mas, muitas vezes, precisamos arriscar, mesmo quando não temos certeza do sucesso. E é preciso lembrar que nenhum dos grandes movimentos contra a opressão e a injustiça teria existido se seus líderes não houvessem se esforçado até alcançar a vitória. No caso do vegetarianismo, contudo, acredito que obtemos êxitos mediante atos individuais, mesmo que o boicote, como um todo, não seja bem-sucedido. George Bernard Shaw disse, certa vez, que seria seguido para o túmulo por numerosas ovelhas, bois, porcos, galinhas e um cardume inteiro de peixes, todos agradecidos por terem sido poupados do abate por causa de sua alimentação vegetariana. Embora não sejamos capazes de identificar os animais que beneficiamos ao aderir ao vegetarianismo, podemos pressupor que nossa alimentação, junto com a de muitos outros que já se abstêm de carne, terá algum impacto sobre o número de animais de criação abatidos para fornecer alimentos. Essa pressuposição é razoável, porque esse número depende da lucratividade do processo, e o lucro depende, em parte, da demanda por esses produtos. Quanto menor a demanda, mais baixo o preço e menor o lucro. Quanto mais baixo o lucro, menos animais serão sacrificados. Trata-se de economia elementar, e é fácil observar, nas tabelas publicadas em revistas sobre as vendas de frangos, que há uma correlação direta entre o preço do frango e o número de galinhas colocadas em gaiolas para começar sua triste existência.

Portanto, o vegetarianismo ancora-se numa base ainda mais sólida do que outros protestos e boicotes. A pessoa que boicotava produtos sul-africanos para acabar com o *apartheid* não chegaria a nada se o boicote não tivesse forçado os sul-africanos brancos a modificar sua política (embora qualquer esforço mereça ser feito, seja qual for o resultado); mas vegetarianos sabem que, por meio de suas ações, contribuem para reduzir o sofrimento e o abate, vivam ou não para ver seu esforço desencadear um boicote em massa e o fim da crueldade com os animais de criação.

Além disso, o ato de se tornar vegetariano tem um significado especial: trata-se de uma recusa prática, viva, aos métodos utilizados nos produtores industriais. Algumas vezes se diz que esses métodos são necessários para alimentar a crescente população mundial. Sendo a verdade tão importante – importante a ponto de justificar uma defesa convincente do vegetarianismo, sem recorrer à questão do bem-estar animal –, nesse caso farei uma breve digressão para discutir os fundamentos da produção de alimentos.

Neste momento, milhões de pessoas de várias partes do mundo não têm o suficiente para comer. Milhões mais obtêm quantidade suficiente, mas não o tipo correto de alimento; não conseguem, principalmente, a proteína necessária a uma dieta saudável. A questão é: a produção de alimentos pelos métodos praticados nas nações afluentes contribui para a solução do problema da fome?

Cada animal precisa comer para crescer, para chegar ao tamanho e ao peso em que é considerado apto para a venda a seres humanos. Se um bezerro, digamos, pastasse em um campo inculto, onde crescesse apenas capim e no qual não se pudesse plantar nem milho, nem outra cultura que fornecesse alimentos aos humanos, o resultado seria um ganho líquido de proteína para os seres humanos. Isso porque o bezerro, depois de crescido, forneceria proteínas que não podemos – ainda – extrair economicamente do capim. Mas, se levássemos o mesmo bezerro para um curral de engorda, ou a qualquer outro sistema de confinamento, o quadro mudaria, pois o filhote precisaria ser alimentado. Por menor que fosse o espaço onde ele e seus companheiros estivessem apinhados, a terra precisaria ser usada para o cultivo de milho, sorgo, soja ou o que quer que o bezerro coma. Ora, assim estaríamos alimentando o animal com alimentos que poderíamos ingerir. O bezerro utiliza a maior parte dessa comida para seus processos fisiológicos diários. Por mais que seja impedido de se exercitar, ainda assim seu organismo precisa queimar calorias (comida), para mantê-lo vivo. Calorias também são usadas na construção de partes não comestíveis do corpo do bezerro, como os ossos. Apenas a comida que sobra depois de atendidas essas necessidades pode ser transformada em carne, para ser, finalmente, ingerida por seres humanos.

Quanto da proteína contida nessa comida o bezerro utiliza, e quanto está disponível para os humanos? A resposta é surpreendente. É preciso dar ao filhote 19 quilos de proteína, em ração, para produzir menos de um quilo de proteína animal para seres humanos. Recuperamos menos de cinco por cento daquilo que investimos. Não é de admirar que Frances Moore Lappé tenha chamado esse tipo de produção de "fábrica de proteína invertida"![3]

Coloquemos o assunto de outra maneira. Suponhamos que dispomos de 0,4 hectare de terra fértil. Essa terra poderia ser usada para cultivar uma planta com alto teor proteico, como ervilha ou feijão. Se fizermos isso, obteremos entre 136 e 227 quilos de proteína. Seria possível, ainda, usar essa mesma quantidade de terra para cultivar algum alimento para animais; depois, poderíamos matá-los e comê-los. Acabaríamos, então, com cerca de 18 a 20 quilos de proteína. É interessante observar que, embora a maioria dos animais converta proteína vegetal em proteína animal de maneira mais eficiente do que o boi – um porco, por exemplo, precisa de "apenas" 3,6 quilos de proteína para produzir 450 gramas da proteína consumida por seres humanos –, essa vantagem é praticamente eliminada quando consideramos quanto dessa proteína pode ser produzida por hectare, porque o gado consegue utilizar fontes proteicas não digeríveis pelos porcos. Portanto, a maioria das estimativas conclui que alimentos de origem vegetal rendem cerca de dez vezes mais proteína por hectare do que a carne, embora as estimativas variem e, às vezes, a proporção seja de até 20 por um[4].

Se, em vez de matar os animais para comê-los, nós os utilizássemos para nos prover de leite e ovos, o retorno melhoraria consideravelmente. Contudo, eles precisam ingerir proteínas para seus propósitos, e as formas mais eficientes de produção de ovos e leite renderiam menos de um quarto da proteína obtida de plantas por hectare.

A proteína é, naturalmente, apenas um dos nutrientes de que necessitamos. Se compararmos o número total de calorias produzidas por alimentos de origem vegetal com alimentos de origem animal, a comparação ainda assim favorece as plantas. O rendimento de um hectare de aveia ou brócolis, comparado a um hectare plantado com os alimentos necessários para produzir carne de porco, aves, gado ou leite, mostra que o hectare de aveia proporciona seis vezes mais calorias do que as obtidas na carne de porco, o mais eficiente dos produtos de origem animal. O hectare de brócolis rende quase três vezes mais calorias do que as conseguidas através da carne de porco. A aveia garante mais de 25 vezes a quantidade de calorias, por hectare, obtida com a carne do gado. O exame de outros nutrientes destrói os demais mitos fomentados pela indústria da carne e do leite. Um hectare de brócolis, por exemplo, produz 24 vezes mais ferro do que um hectare utilizado para produzir carne de gado; um hectare de aveia produz 16 vezes a mesma quantidade de ferro. Embora a produção de leite renda mais cálcio por hectare do que a aveia, o brócolis rende ainda mais, fornecendo cinco vezes mais cálcio do que o leite[5].

As implicações disso para a situação mundial de alimentos são imensas. Em 1974, Lester Brown, do U.S. Overseas Development Council [Conselho de Desenvolvimento Ultramarino], estimou que, se os norte-americanos reduzissem o consumo de carne em apenas 10 por cento por um ano, isso liberaria no mínimo 12 milhões de toneladas de grãos para consumo humano – ou o suficiente para alimentar 60 milhões de pessoas. Don Paarlberg, ex-secretário-assistente da Agricultura, afirmou que a redução pela metade da população de animais de criação dos Estados Unidos poria à disposição alimentos suficientes para suprir o déficit de calorias das nações subdesenvolvidas não socialista* em quase quatro vezes[6]. Os alimentos desperdiçados pela produção animal nas nações afluentes seriam suficientes, se distribuídos de modo apropriado, para acabar com a fome e a desnutrição em todo o mundo. A resposta simples para nossa pergunta, então, é que criar animais para gerar alimento, de acordo com os métodos utilizados pelas nações industrializadas, não contribui para a solução do problema da fome.

A produção de carne também consome outros recursos. Alan Durning, pesquisador do Worldwatch Institute, grupo de especialistas em meio ambiente de Washington, calcula que 450 gramas de bife de novilhos criados em curral de engorda custam 2,26 quilogramas de grãos, 9.450 litros de água, energia equivalente a 3,8 litros de gasolina e cerca de 16 quilos de solo erodido. Mais de um terço da América do Norte é ocupado por pastagens, mais de metade das terras cultivadas nos Estados Unidos são usadas para plantações destinadas a alimentar os animais de criação e mais de metade de toda a água consumida daquele país vai para eles[7]. Com relação a todos esses as-

▼
* O autor refere-se à época em que o livro foi escrito. (N. do E.)

pectos, os alimentos de origem vegetal consomem muito menos recursos e agridem bem menos o meio ambiente. Consideremos, inicialmente, a utilização da energia. Alguém pode pensar que a agricultura é um modo de usar a fertilidade do solo e a energia fornecida pela luz solar para aumentar a quantidade de energia disponível aos seres humanos. Tradicionalmente, a agricultura fazia mesmo isso. O cultivo de milho no México, por exemplo, produz 83 calorias de alimento para cada caloria de combustível fóssil utilizada. A agricultura em países desenvolvidos, entretanto, ancora-se num consumo enorme de combustíveis fósseis. A maneira mais eficiente de utilização de energia na produção de alimentos nos Estados Unidos (aveia, mais uma vez) gera apenas 2,5 calorias de alimentos por caloria de energia de combustível fóssil, ao passo que batatas rendem apenas duas; e trigo e soja, cerca de 1,5. Contudo, esses resultados fracos são excelentes quando comparados à indústria pecuária nos Estados Unidos, em que o gasto de energia é maior do que a produção. O ramo em que esse gasto é menor – carne de gado criado solto no pasto – utiliza mais de três calorias de combustível fóssil para cada caloria de alimento produzido; na área mais ineficiente – carne de gado criado em curral de engorda – o consumo é de 33 calorias de combustível fóssil para cada caloria de alimento produzido. Em relação à eficiência de energia, os setores de ovos, carne de ovelha, leite e frango situam-se entre as duas formas de produção de carne bovina. Em outras palavras, se nos limitarmos à agricultura dos Estados Unidos, cultivar alimentos é, em geral, no mínimo cinco vezes mais eficiente, no que diz respeito ao consumo de energia, do que criar gado; cerca de vinte vezes mais eficiente do que criar galinhas e acima de cinquenta vezes mais eficiente do que criar gado confinado em currais de engorda[8]. A produção animal nos Estados Unidos só funciona porque se vale de milhares de anos de energia solar acumulada, armazenada no solo como petróleo e carvão. Isso faz sentido econômico para empresas do agronegócio porque a carne vale mais do que o petróleo; mas, quanto ao uso racional, a longo prazo, de nossos recursos finitos, não faz sentido algum.

A indústria animal tampouco se sai bem, quando comparada à produção de alimentos de origem vegetal, no tocante à utilização de água. Quatrocentos e cinquenta gramas de carne exigem cinquenta vezes mais água do que a quantidade equivalente de trigo[9]. A revista *Newsweek* descreveu assim esse volume do líquido: "A água utilizada para criar um boi de 500 quilos faria flutuar um destróier."[10] A demanda da produção animal está esgotando os vastos lençóis subterrâneos dos quais dependem as regiões mais áridas dos Estados Unidos, da Austrália e de outros países. No território ocupado pela criação de gado, que se estende do oeste texano a Nebrasca, por exemplo, os gráficos dos reservatórios de água estão caindo e os poços, secando, à medida que o gigantesco lago subterrâneo conhecido como Aquífero Ogalalla – outro recurso que, como o petróleo e o carvão, leva milhões de anos para se formar – continua a ser usado para produzir carne[11].

Também não deveríamos negligenciar o que a indústria pecuária faz com a água que não usa. Estatísticas da Associação Britânica de Autoridades da Água mostram que houve mais de 3.500 incidentes de poluição do líquido em consequência da criação de animais em 1985. Eis um exemplo daquele ano:

um tanque de uma unidade de criação de porcos rompeu-se, deixando vazar 250 milhões de litros de excrementos para o rio Perry e matando 110 mil peixes. Mais de metade dos processos por poluição grave de rios são movidos, por autoridades ligadas à água, contra criadores de animais[12]. Não é de admirar, pois uma modesta avícola com 60 mil poedeiras produz 82 toneladas de esterco por semana e, no mesmo período, dois mil porcos excretam 27 toneladas de esterco e 32 toneladas de urina. Os criadores holandeses produzem 94 milhões de toneladas de esterco por ano, mas apenas 50 milhões podem ser absorvidos pela terra. O excesso, calcula-se, encheria um trem que se estenderia por 16 mil quilômetros, de Amsterdã até as praias mais remotas do Canadá. Esse excesso é despejado na terra, poluindo os mananciais e matando a pouca vegetação natural que ainda resta nas regiões agrícolas da Holanda[13]. Nos Estados Unidos, a indústria pecuária produz dois bilhões de toneladas de esterco por ano — cerca de dez vezes o que é produzido pela população humana —, e metade disso vem de animais criados em sistema de confinamento, em que os excrementos não voltam naturalmente para a terra[14]. Como afirmou um suinocultor: "Enquanto os fertilizantes não custarem mais do que a mão de obra, os excrementos terão pouco valor para mim."[15] Portanto, o esterco, que devolveria a fertilidade ao solo, acaba poluindo córregos e rios.

Entretanto, é a destruição das florestas a maior de todas as loucuras cometidas em nome da demanda por carne. Historicamente, o desejo de apascentar animais tem sido o motivo principal da devastação das matas. Hoje em dia, ainda é assim. Na Costa Rica, na Colômbia e no Brasil, assim como na Malásia, na Tailândia e na Indonésia, as florestas tropicais são derrubadas para prover áreas de pastagem para o gado. Mas a carne produzida não beneficia os pobres desses países. Ao contrário, ela é vendida para os abastados das grandes cidades ou é exportada. Nos últimos 25 anos, quase metade das florestas tropicais da América Central foi destruída, em grande medida para fornecer carne para os Estados Unidos[16]. Talvez 90 por cento das espécies vegetais e animais deste planeta vivam nos trópicos, e muitas ainda não foram identificadas pela ciência[17]. Se a derrubada continuar no ritmo atual, elas serão extintas. Além disso, a destruição das florestas provoca erosão, a chuva não absorvida pelo solo causa inundações, os agricultores não têm mais acesso à madeira e a combustíveis, e o regime pluvial pode diminuir[18].

Estamos perdendo essas florestas no momento em que começamos a aprender como elas são vitais. Desde a seca de 1988, nos Estados Unidos, muitos ouviram falar da ameaça imposta ao nosso planeta pelo efeito estufa, causado, principalmente, pelo aumento da quantidade de dióxido de carbono na atmosfera. As matas acumulam imensas quantidades de carbono; estima-se que, apesar da devastação, as florestas remanescentes no mundo ainda retêm 400 vezes a quantidade de carbono liberada na atmosfera todos os anos pelo uso humano de combustíveis fósseis. A destruição das árvores libera carbono na atmosfera na forma de dióxido de carbono. Uma floresta nova, em crescimento, ao contrário, absorve dióxido de carbono da atmosfera, retendo-o sob a forma de matéria viva. A destruição das matas intensificará o efeito estufa; nossa única esperança de mitigá-lo reside no reflorestamento em ampla escala, combinado com outras medidas para reduzir a emissão de dióxido de carbono[19]. Se não conseguirmos fazer isso, o aquecimento de nosso planeta significará, nos próximos 50 anos, seca generalizada, novas destruições de florestas provocadas por mudanças climáticas, extinção de numerosas espécies (incapazes de lidar com as alterações de seu *habitat*) e degelo das calotas polares, o que, por sua vez, fará subir o nível do mar, inundando cidades e planícies litorâneas. A elevação de um metro do nível do mar alagaria 15 por cento de Bangladesh, afetando 10 milhões de pessoas, e ameaçaria a própria existência de algumas ilhas baixas do Pacífico, como Maldivas, Tuvulu e Kiribati[20].

Florestas e animais de criação competem pela mesma terra. O prodigioso apetite por carne das nações afluentes significa que o agronegócio pode pagar mais do que aqueles que desejam preservar ou recuperar as matas. Estamos, literalmente, brincando com o futuro de nosso planeta – para benefício dos hambúrgueres.

Até onde iremos? Os argumentos a favor de uma ruptura radical em nossos hábitos alimentares são claros; mas devemos comer apenas alimentos de origem vegetal? Onde, exatamente, precisamos traçar a linha demarcatória?

Traçar linhas demarcatórias precisas é sempre difícil. Farei algumas sugestões, mas o leitor pode achar o que digo agora menos convincente do que aquilo que eu disse anteriormente a respeito de casos mais concretos. Cada um deve decidir por conta própria onde traçar a linha demarcatória, e essa decisão pode não coincidir com a minha. Isso não é tão importante. Podemos diferenciar homens carecas de homens não carecas sem decidir onde fica a linha demarcatória em cada caso. O importante é a concordância quanto aos princípios básicos.

Espero que todos os que tiverem me acompanhado até aqui reconheçam a necessidade moral da recusa a comprar ou comer carne, ou produtos derivados, de animais criados nas modernas fazendas industriais. Esse é o caso mais claro de todos, o mínimo absoluto que qualquer pessoa com capacidade de olhar para além das considerações de estreitos interesses próprios deveria ser capaz de aceitar.

Vejamos o que envolve esse mínimo. Significa que, a menos que possamos ter certeza quanto à origem de um item específico que comprarmos, deveremos nos abster de galinha, peru, coelho, porco, vitela, carne bovina e ovos. No momento, relativamente pouca carne de ovelha é produzida de maneira intensiva; mas essa quantidade aumentará no futuro. A probabilidade de nossa carne bovina vir de um curral de engorda ou alguma outra forma de confinamento – ou de pastagens criadas mediante derrubada de florestas – depende do país em que vivemos. É possível obter produtos de origem animal que não venham de fazendas industriais, mas, a menos que vivamos em áreas rurais, isso exigiria um grande esforço. A maioria dos açougueiros não tem ideia de como são criados os animais que vendem. Em alguns casos, como no dos frangos, os métodos tradicionais de criação praticamente desapareceram; é quase impossível comprar uma galinha que tenha andado ao ar livre. Quanto à carne de vitela, não pode ser produzida de modo humanitário. Mesmo quando a carne é descrita como "orgânica", pode significar apenas que o animal não foi alimentado com as doses costumeiras de antibióticos, hormônios ou outras drogas; um pequeno consolo para um animal que não teve liberdade para andar solto, a céu aberto. Quanto aos ovos, em muitos países encontram-se à venda "ovos de galinha caipira" ou "ovos de galinha feliz". Na maior parte dos Estados Unidos, porém, é difícil consegui-los.

Depois de parar de comer aves, porco, vitela, gado e ovos vindos de fazendas industriais, o próximo passo é recusar-se a ingerir qualquer tipo de pássaro ou mamífero abatido. Esse é somente um pequeno passo adicional, pois poucos pássaros, aves ou mamíferos servidos como alimentos não são criados com essa intenção. Os que nunca experimentaram como uma dieta vegetariana pode ser saborosa e criativa talvez pensem que é um grande sacrifício. A isso costumo responder: "Experimente!" Compre um bom livro de receitas vegetarianas e você verá que ser vegetariano não é sacrifício algum. Esse passo extra pode ser dado com base na crença de que é errado matar essas criaturas com o propósito banal de agradar nosso paladar. Também podemos dá-lo por saber que esses animais sofrem mesmo quando não são criados de maneira intensiva, como vimos no capítulo anterior.

Há questões mais difíceis, porém. Até que ponto devemos chegar na escala evolucionária? Devemos comer peixe? Camarão? Ostras? Para responder a essas perguntas, precisamos ter em mente o princípio central sobre o qual se ancora nossa preocupação com os outros seres. Como dissemos no primeiro capítulo, a única fronteira legítima para nossa consideração pelos interesses de outros seres é aquela em que não é mais verdadeiro afirmar que o outro ser tem interesses. Para ter interesses, em sentido estrito e não metafórico, um ser precisa ser capaz de sofrer ou de sentir prazer. Se ele sofre, não pode haver justificativa moral para desconsiderar esse sofrimento ou para nos recusar a lhe atribuir um peso igual ao do padecimento de qualquer outro ser. Mas o contrário também é verdadeiro. Se um ser não é capaz de sofrer, ou de sentir prazer, nada há para ser levado em conta.

Portanto, traçar a linha demarcatória implica decidir quando há justificativa para pressupor que um ser é incapaz de sofrer. Nas discussões anteriores sobre as provas de que animais não humanos são capazes de sofrimento, sugeri dois indicadores dessa capacidade: o comportamento do ser – se ele se contorce, emite gritos, tenta fugir da fonte da dor e assim por diante – e a semelhança do seu sistema nervoso com o nosso. À medida que descemos na escala evolucionária, percebemos que, em ambos os parâmetros, diminui a força das evidências em relação à capacidade de sentir dor. No que diz respeito a aves e mamíferos, as evidências são esmagadoras. Os répteis e os peixes possuem sistema nervoso diferente dos mamíferos em alguns aspectos importantes, mas compartilham a estrutura básica da organização das vias nervosas centrais. Peixes e répteis têm praticamente o mesmo comportamento dos mamíferos no momento da dor. Na maioria das espécies há, inclusive, vocalização, embora inaudível para nossos ouvidos. Os peixes, por exemplo, emitem sons vibratórios. Diferentes "chamados" foram constatados pelos pesquisadores, inclusive sons indicando estado de "alarme" e de "exasperação"[21]. Os peixes também exibem sinais de aflição quando são retirados da água e deixados pulando na rede ou no chão seco até morrer. Com certeza, é apenas porque o peixe não pode gemer ou se lamentar de maneira audível que pessoas – bastante civilizadas em outros aspectos – consideram agradável passar a tarde sentadas à beira da água, lançando anzóis, enquanto o peixe recém-fisgado agoniza lentamente a seu lado.

Em 1976, a Royal Society for the Prevention of Cruelty to Animals (RSPCA) [Sociedade Real para a Prevenção da Crueldade com os Animais], instituição britânica, constituiu um grupo independente para investigar a caça e a pesca. A equipe foi coordenada por lorde Medway, um proeminente zoólogo, e dela fizeram parte especialistas de fora da RSPCA. A investigação examinou, em detalhes, as evidências de que os peixes sentem dor e concluiu, inequivocamente, que essas evidências são tão fortes quanto as apresentadas em relação a outros animais vertebrados[22]. As pessoas mais preocupadas em não causar dor do que em matar podem perguntar: partindo do pressuposto de que peixes *podem* sofrer, quanto sofrem, *de fato*, no processo normal de pesca comercial? Talvez pareça que eles, ao contrário das aves e dos mamíferos, não padeçam no processo de criação, até chegar à nossa mesa, porque, em geral, não são criados: os seres humanos interferem em sua vida apenas para capturá-los e matá-los. Porém, isso nem sempre é verdadeiro: a produção de peixes em viveiros – que é uma forma de criação intensiva, tal como criar gado em currais de engorda – é uma indústria em rápido crescimento. Iniciou-se com peixes de água doce, como a truta, mas os noruegueses desenvolveram uma técnica para produzir salmão em gaiolas no mar, e outros países utilizam esse método para várias espécies marinhas. Os problemas potenciais para o bem-estar dos peixes criados em viveiros, como a densidade da ocupação, a negação da necessidade migratória, o estresse durante o manuseio e assim por diante, ainda não foram estudados. Mas é preciso levar em conta que a morte dos peixes, na pesca comercial, é muito mais demorada do que a morte, digamos, de uma galinha. Isso porque o peixe é puxado para fora da água e deixado à própria sorte. Como suas guelras extraem oxigênio da água, mas não do ar, ele não consegue respirar. O peixe à venda no supermercado pode ter morrido lentamente, por sufocação; se for um espécime de águas marinhas profundas, içado à superfície pela rede de uma traineira, na certa terá sofrido uma morte dolorosa, por descompressão.

Quando o peixe é fisgado, e não reproduzido em cativeiro, o argumento ecológico contra comer animais criados de maneira intensiva não se aplica. Não desperdiçamos grãos ou soja alimentando peixes no mar. No entanto, há um argumento ecológico diferente, que conta contra a pesca comercial marinha extensiva: estamos esgotando rapidamente as reservas pesqueiras dos oceanos. Nos últimos anos, a pescaria vem entrando em drástico declínio. Várias espécies, antigamente abundantes – como o arenque do norte da Europa, a sardinha-da-califórnia e o hadoque da Nova Inglaterra –, escassearam a tal ponto que passaram a ser consideradas extintas, para fins comerciais. As modernas frotas pesqueiras com espinhéis fazem arrastões sistemáticos, com redes de malha fina, que pegam tudo o que encontram pelo caminho. As espécies não comercializáveis – conhecidas na indústria como "lixo" – muitas vezes somam metade de tudo que é pescado[23]. Seus corpos são jogados borda afora. Como esse tipo de pesca envolve arrastar uma imensa rede ao longo de áreas no fundo do mar jamais perturbadas, a frágil ecologia do leito marinho é danificada. A exemplo de outras formas de produção de alimentos de origem animal, esse tipo de pesca desperdiça combustíveis fósseis, consumindo mais energia do que produz[24]. As redes usadas para a captura do atum também pegam centenas de golfinhos, prendendo-os embaixo da água e afogando-os. Além dessa ruptura da ecologia oceânica, há consequências nocivas para os seres humanos. Por todo o mundo, pequenas vilas costeiras, que vivem da pesca, estão vendo sua tradicional fonte de alimento e renda secar. A história é a mesma, das comunidades irlandesas da costa oeste às aldeias birmanesas e malaias. A indústria pesqueira das nações desenvolvidas tornou-se mais um modo de exploração dos pobres pelos ricos.

Assim, por uma questão de consideração tanto pelos animais marinhos como pelos seres humanos, deveríamos abster-nos dos primeiros. Os que continuam a se alimentar de peixe e se recusam a comer outros animais já deram um passo importante na direção oposta ao especismo; mas os que não comem nada disso deram um passo ainda maior.

Quando passamos para outras formas de vida marinha ingeridas por seres humanos já não podemos ter tanta certeza da existência da capacidade de sentir dor. Os crustáceos – lagostas, caranguejos, pitus, camarões – têm um sistema nervoso muito diferente do nosso. Não obstante, o dr. John Baker, zoólogo da Universidade de Oxford e membro da RSPCA, declarou que os órgãos sensoriais dessas espécies são altamente desenvolvidos, seu sistema nervoso é complexo, suas células nervosas, muito semelhantes às nossas e as reações a certos estímulos, imediatas e vigorosas. O dr. Baker, portanto, acredita que as lagostas, por exemplo, sentem dor. O método tradicional de matá-las

– jogá-las num caldeirão de água fervente – provoca-lhes sofrimento por até dois minutos. Ele fez experiências com outros métodos, considerados mais humanitários, como jogá-las em água fria e aquecê-las lentamente, ou deixá-las em água fria até pararem de se mexer, mas descobriu que esses métodos prolongam a luta e o padecimento[25]. Outro problema está na maneira como os crustáceos são transportados e mantidos vivos nos mercados. Para que permaneçam frescos, muitas vezes são embalados vivos, uns sobre os outros. Portanto, mesmo que haja alguma dúvida quanto à capacidade de padecimento desses animais, o fato de que podem sofrer muito, combinado com a ausência, de nossa parte, da necessidade de comê-los, torna o veredicto claro: eles devem receber o benefício da dúvida.

Ostras, mariscos, mexilhões, vieiras e congêneres são moluscos, organismos muito simples. Há uma exceção: o polvo, muito mais desenvolvido e, provavelmente, mais sensível do que seus parentes distantes. Em relação a criaturas como as ostras, as dúvidas quanto à capacidade de sentir dor são consideráveis. Na primeira edição deste livro, sugeri que poderíamos traçar nossa linha divisória em algum ponto entre o camarão e a ostra. Levando isso em conta, continuei a comer ostras, vieiras e mexilhões, de vez em quando e por algum tempo, após tornar-me vegetariano. Mas, embora não possamos afirmar, com certeza, que essas criaturas sentem dor, tampouco temos segurança em dizer que não a sentem. Caso sofram, uma refeição à base de ostras ou mexilhões infligiria dor num número considerável de criaturas. Como é fácil nos abstermos delas, agora acho melhor evitar comê-las[26].

Isso nos leva ao ponto extremo da escala evolucionária, no que concerne às criaturas que comemos: essencialmente, resta-nos uma alimentação vegetariana. No entanto, o vegetarianismo tradicional inclui produtos de origem animal, como ovos e leite. Por isso, alguns acusam os vegetarianos de incoerência. Como as palavras "vegetariano" e "vegetal" têm a mesma raiz, essas pessoas dizem que devemos ingerir apenas alimentos de origem vegetal. Essa crítica é historicamente imprecisa. O termo "vegetariano" passou ao uso comum depois da criação da Sociedade Vegetariana, na Inglaterra de 1847. Como as regras dessa sociedade permitiam, e permitem, o uso de ovos e leite, o termo "vegetariano" passou a ser aplicado aos que utilizam esses produtos de origem animal. Reconhecendo esse *fait accompli* linguístico, os que não comem carne, nem ovos, nem leite e seus derivados denominam-se "veganos". Esse aspecto, no entanto, não é importante. O que devemos perguntar é se o uso desses produtos se justifica, do ponto de vista moral. Essa pergunta procede porque é possível estar adequadamente nutrido sem consumir alimentos de origem animal – um fato que não é amplamente conhecido, embora a maioria das pessoas já saiba que os vegetarianos podem ter vidas longas e saudáveis. Falarei sobre nutrição mais adiante, neste capítulo; no momento, basta dizer que é possível passar sem ovos e sem leite. Mas há algum motivo para que devêssemos fazê-lo?

Vimos que a indústria avícola é uma das mais cruéis e que explora as galinhas, de modo implacável, para produzir a maior quantidade de ovos ao menor custo. Nossa obrigação de boicotar esse tipo de criação é tão forte quanto a obrigação de boicotar porcos ou frangos criados de maneira intensiva. Mas, no caso de ovos caipiras (desde que consigamos comprá-los), as objeções éticas são bem menores. As galinhas que dispõem de abrigo e terreiro para caminhar e ciscar vivem de maneira confortável e parecem não se importar que as pessoas peguem seus ovos. As principais bases para a objeção dizem respeito aos pintos machos da cadeia de postura, mortos quando saem da casca. As próprias galinhas também são eliminadas quando cessam de ser produtivas. A questão, portanto, é se a vida agradável delas (além dos benefícios dos ovos para nós) é suficiente para justificar a matança que faz parte do sistema. A resposta depende de nosso ponto de vista quanto à morte como algo distinto da imposição de sofrimento. No capítulo final deste livro há uma discussão mais aprofundada sobre os aspectos filosóficos mais importantes dessa questão[27]. De acordo com as razões aqui expostas, e levando em conta todos os aspectos mencionados, não me oponho à produção de ovos de "galinhas caipiras".

O leite e produtos derivados, como o queijo, levantam questões diferentes. Vimos, no capítulo 3, que a produção de laticínios pode ser angustiante para as vacas e os bezerros. Além da necessidade de fazer a vaca emprenhar e da subsequente separação da mãe e do filhote, há o crescente grau de confinamento em muitas fazendas; os problemas de saúde e de estresse provocados por uma alimentação rica em demasia; a criação com vistas à intensa produção de leite; a perspectiva de mais estresse por causa das injeções diárias de hormônio do crescimento.

Em princípio, não há nenhum problema em passar sem laticínios. Em muitas partes da Ásia e da África, o único leite consumido é o humano, pelos bebês. Muitos adultos, nesses lugares, não conseguem digerir a lactose contida no leite e passam mal se o beberem. Chineses e japoneses usam a soja para preparar muitos dos alimentos que fazemos com produtos lácteos. O leite de soja é vendido em muitos países ocidentais, e o sorvete de tofu é popular entre aqueles que tentam reduzir a ingestão de gordura e colesterol. Há até mesmo vários queijos, pastas e iogurtes feitos de soja.

Os veganos, então, estão certos em afirmar que não devemos utilizar laticínios. São demonstrações vivas de que uma dieta isenta da exploração de outros animais é possível e benéfica. Ao mesmo tempo, em nosso mundo especista não é fácil manter-se estrito ao que é moralmente correto. Um plano de ação razoável e defensável é mudar a alimentação num ritmo em que a pessoa se sinta bem. Embora, em princípio, todos os produtos lácteos sejam substituíveis, em países ocidentais, na prática, é muito mais difícil cortar a carne e os laticínios do que eliminar apenas a carne. Enquanto não começarmos a ler os rótulos dos alimentos, com o objetivo de evitar os derivados do leite, não teremos noção do número de produtos que os contêm. Até mesmo comprar um sanduíche de tomate se torna um problema, uma vez que, provavelmente, ele conterá manteiga ou margarina, feita com leite desnatado. Há pouco ganho para os animais se abandonarmos a carne e os ovos e os substituirmos por uma quantidade maior de queijo. Por outro lado, a estratégia a seguir, se não é ideal, é prática e razoável:

- substitua a carne por alimentos de origem vegetal;
- substitua os ovos de avícola por ovos caipiras, se puder comprá-los. Caso contrário, evite-os;

- substitua o leite e o queijo por leite de soja, tofu ou outros alimentos de origem vegetal, mas não se sinta obrigado a ir muito fundo, evitando todos os alimentos que contenham leite e seus derivados.

É muito difícil eliminar, de uma só vez, o especismo de nossos hábitos alimentares. Aqueles que adotam a estratégia que recomendo assumem um claro compromisso público com o movimento contra a exploração dos animais. A tarefa mais urgente é convencer o máximo possível de pessoas a também assumir esse compromisso, para que o boicote se espalhe e chame a atenção. O desejo admirável de fazer cessar todas as formas de exploração animal não deve avaliar como iguais aqueles que continuam a consumir laticínios e os que ainda comem carne. Do contrário, pode-se levar muita gente a evitar medidas alimentares de proteção animal, e a exploração continuará como antes.

Essas são algumas das respostas a problemas com os quais os não especistas vão deparar ao se indagar o que devem ou não comer. Como foi dito no início desta seção, meus comentários não pretendem ser mais do que sugestões. Os não especistas sinceros podem muito bem discordar dos detalhes. Desde que haja concordância em relação aos princípios básicos, isso não deverá atrapalhar os esforços em direção a uma meta comum.

Muitos estão dispostos a admitir que os argumentos em favor do vegetarianismo são fortes. Com muita frequência, no entanto, há um abismo entre a convicção intelectual e a ação necessária para romper um hábito de uma vida inteira. Não há meios de cobrir esse abismo com livros; em última instância, cabe a cada um de nós colocar nossas convicções em prática. Mas posso tentar, nas próximas páginas, tornar esse abismo menos profundo. Meu objetivo é tornar a transição de uma dieta onívora para uma dieta vegetariana mais fácil e atraente. Assim, em vez de ver a mudança de cardápio como um dever desagradável, o leitor poderá antegozar uma culinária nova e interessante, repleta de alimentos frescos e pratos sem carne da Europa, da China e do Oriente Médio. Trata-se de refeições variadas, que fogem ao comum e que tornam a carne algo batido e repetitivo em comparação à dieta vegetariana. O prazer advindo de uma cozinha como essa é maior quando se sabe que seu bom gosto e sua qualidade nutritiva provêm diretamente da terra, não desperdiçando o que ela produz, nem exigindo o sofrimento e a morte de seres sencientes.

O vegetarianismo implica uma nova relação com os alimentos, as plantas e a natureza. A carne mancha nossas refeições. Por mais que disfarcemos, permanece o fato de que o prato principal chegou-nos de um abatedouro encharcado de sangue. Não tratada e não refrigerada, a carne logo se deteriora e exala mau cheiro. Quando a comemos, ela pesa no estômago, bloqueando nossos processos digestivos até que, dias mais tarde, lutamos para excretá-la[28]. Quando ingerimos alimentos de origem vegetal, a refeição ganha uma qualidade diferente. Retiramos da terra alimentos prontos para o consumo e que não lutam contra nós quando os ingerimos. Sem carne para amortecer nosso palato, experimentamos um prazer adicional com verduras frescas recém-colhidas. Pessoalmente, descobri que a ideia de colher o que vou comer no jantar é tão satisfatória que, logo depois de me tornar vegetariano, comecei a preparar parte de nosso quintal para cultivar verduras – algo em que nunca pensara, mas que vários de meus amigos já faziam. Nesse sentido, a exclusão da carne de minha dieta me levou a um contato mais estreito com as plantas, a terra e as estações do ano.

Só me interessei por culinária após ter me tornado vegetariano. Para aqueles acostumados ao menu anglo-saxão, em que o prato principal consiste de carne, suplementada por dois vegetais supercozidos, a eliminação da carne impõe um interessante desafio à imaginação. Quando falo em público sobre as questões discutidas neste livro, com frequência sou questionado sobre o que colocar no lugar da carne. A maneira como a pergunta é feita deixa claro que aquele que a faz subtraiu mentalmente a costeleta ou o hambúrguer do prato, deixando ali as batatas amassadas e o repolho fervido. Por que não acrescentar a essa refeição uma costeleta de soja?

Há quem goste de comidas desse tipo. Mas, para a maioria, o ideal é repensar a ideia de prato principal, considerando-o uma combinação de ingredientes – talvez com uma salada como guarnição –, em vez de elementos soltos. A cozinha chinesa, por exemplo, apresenta excelentes combinações de um ou mais ingredientes com alto teor proteico, como tofu, nozes, broto de feijão, cogumelo ou glúten de trigo, com vegetais levemente cozidos e arroz. Um caril indiano com lentilhas como fonte proteica, servido sobre arroz integral com pepinos frescos fatiados para refrescar, também é igualmente saboroso, assim como uma lasanha vegetariana, à moda italiana, acompanhada de salada. Podemos até mesmo fazer almôndegas de tofu para colocar sobre o espaguete. Uma refeição mais simples consiste de grãos integrais com verduras. A maioria dos ocidentais come muito pouco painço, trigo integral ou trigo-sarraceno, grãos que podem formar a base de pratos nutritivos. Na primeira edição deste livro forneci algumas receitas e dicas de culinária vegetariana para ajudar o leitor a fazer a transição para o que era, então, uma dieta ainda pouco conhecida; mas, nos anos seguintes, tantos livros excelentes de culinária vegetariana foram publicados que meu auxílio parece desnecessário. Alguns acham difícil, no início, mudar de atitude em relação à comida. Acostumar-se a refeições sem carne pode levar tempo. Mas, quando isso acontece, a pessoa terá tantos pratos novos e interessantes à disposição que perguntará por que, um dia, achou difícil passar sem alimentos de origem animal.

À parte o sabor das refeições, as pessoas que consideram a possibilidade de se tornar vegetarianas preocupam-se com a obtenção de nutrientes. Essa preocupação é destituída de fundamento. Em muitas partes do mundo os vegetarianos são tão saudáveis (e muitas vezes mais saudáveis) quanto os não vegetarianos. Os hindus rigorosos são vegetarianos há mais de dois mil anos. Gandhi, vegetariano por toda a vida, chegava aos 80 anos quando a bala de um assassino pôs fim à sua vida ativa. Na Grã-Bretanha, o movimento vegetariano oficial existe há mais de 140 anos; lá se encontram vegetarianos de terceira e de quarta geração. Muitos vegetarianos proeminentes, como Leonardo da Vinci, Leon Tolstoi e George Bernard Shaw, usufruíram uma vida longa e extremamente criativa. A maioria dos que chegam a idades avançadas come pouca ou nenhuma carne. Os habitantes do vale de Vilcabamba, no Equador, atingem mais de uma centena de anos. Homens de até 123 e 142 anos de idade foram encontrados pelos cientistas. Eles comem menos de 28 gramas de carne por semana. Um estudo sobre os centenários vivos da Hungria constatou que eles eram predominantemente vegetarianos[29]. Que a carne não é necessária para a resistência física é demonstrado por uma extensa lista de atletas bem-sucedidos que não a ingerem. Nela incluem-se o nadador olímpico de longas distâncias Murray Rose, o famoso fundista finlandês Paavo Nurmi, a estrela do basquete Bill Walton, o triatleta *"ironman"* Dave Scott e Edwin Moses, campeão olímpico de corrida de 400 metros com barreiras.

Muitos vegetarianos afirmam que se sentem mais em forma, mais saudáveis e mais animados do que quando comiam carne. Uma grande quantidade de novas provas os apoia. O Relatório sobre Nutrição e Saúde dos Cirurgiões Gerais dos Estados Unidos, de 1988, cita um amplo estudo indicando que a taxa de mortalidade por ataque cardíaco de vegetarianos entre 35 e 64 anos de idade representa apenas 28 por cento da taxa dos norte-americanos dessa faixa etária. Para vegetarianos mais idosos, a taxa de mortalidade por ataque cardíaco era ainda menor. O mesmo estudo mostrou que os vegetarianos com pouco consumo de ovos e laticínios apresentam níveis de colesterol 16 por cento mais baixos do que as pessoas que comem carne, e os veganos tinham níveis de colesterol 29 por cento mais baixos. As principais recomendações do relatório foram a redução do consumo de colesterol e de gordura (sobretudo as saturadas) e o aumento da ingestão de alimentos à base de grãos integrais e cereais, verduras (incluindo feijões e ervilhas) e frutas. A recomendação para que se reduzam o colesterol e a gordura saturada implica evitar carne (exceto, talvez, o frango cuja pele tenha sido removida), creme de leite, manteiga e todos os produtos derivados do leite, exceto os laticínios com baixo teor de gordura[30]. O relatório foi amplamente criticado por não ter sido mais específico nessa conclusão – crítica aparentemente devida à pressão exercida pelo *lobby* de grupos como a Associação Nacional de Produtores de Gado e o Conselho de Produtores de Laticínios[31]. Essa pressão, porém, não obteve êxito, pois os estudos, no relatório, associaram o consumo de carne ao câncer de mama e, especificamente, o consumo de carne bovina ao câncer do intestino grosso. A American Heart Association vem recomendando, há muitos anos, a diminuição do consumo de carne[32]. As dietas projetadas para a saúde e a longevidade, tais como os planos Pritikin e McDougall, são substancial ou totalmente vegetarianas[33].

Os especialistas em nutrição já não discutem a importância da carne; concordam que ela não é essencial. Se as pessoas comuns ainda têm dúvidas sobre isso, na certa é porque desconhecem os fatos. Em linhas gerais, a insegurança gira em torno da proteína, considerada importante para uma dieta saudável. E a carne é rica em proteína. Essas duas afirmações são verdadeiras, mas há duas outras coisas a levar em consideração. A primeira é que a média de norte-americanos ingere proteína em demasia, excedendo em 45 por cento o generoso nível recomendado pela U.S. National Academy of Sciences [Academia Nacional de Ciências]. Outras estimativas afirmam que a maioria dos norte-americanos consome entre duas e quatro vezes mais carne do que o organismo pode utilizar. O excesso de proteína não pode ser armazenado. Parte dela é eliminada, parte pode ser convertida, pelo organismo, em carboidratos, o que representa uma maneira dispendiosa de aumentar a ingestão dos carboidratos[34].

A segunda coisa que se deve saber sobre proteína é que a carne é somente um dos alimentos que a contêm. Sua principal distinção: é a mais cara. Antigamente, pensava-se que a proteína da carne era de qualidade superior, mas, já em 1950, o Comitê sobre Nutrição da British Medical Association afirmava:

> É fato geralmente aceito ser irrelevante se as unidades proteicas essenciais são derivadas de alimentos de origem vegetal ou animal, desde que forneçam uma mistura adequada de unidades em forma assimilável.[35]

Pesquisas mais recentes oferecem novas confirmações dessa conclusão. Agora, sabemos que o valor nutricional da proteína consiste dos aminoácidos essenciais que ela contém, uma vez que isso determina quanto de proteína o organismo pode utilizar. Embora seja verdadeiro que os produtos de origem animal, sobretudo ovos e leite, possuam uma composição bem balanceada de aminoácidos, os alimentos de origem vegetal, como a soja e as nozes, também contêm uma ampla gama desses nutrientes. Além disso, é fácil reunir proteínas equivalentes às de origem animal quando ingerimos diferentes tipos de proteínas de origem vegetal ao mesmo tempo. Esse princípio é chamado de "complementaridade proteica", mas não precisamos saber muito acerca de nutrição para aplicá-lo. O agricultor que come seu feijão ou lentilha com arroz ou milho está praticando a complementaridade proteica. O mesmo faz a mãe que dá ao filho um sanduíche com manteiga de amendoim e pão de farinha de trigo integral. As diferentes formas de proteína contidas nos vários alimentos combinam-se de tal maneira que o organismo as absorve mais ao ingeri-las juntas. Entretanto, mesmo sem o efeito da complementaridade, a maioria dos alimentos de origem vegetal – não só nozes, ervilhas e feijões, mas também trigo, arroz e batatas – contém proteína em quantidade suficiente para fornecer ao nosso organismo o que ele precisa. Quando evitamos *junk food*, comidas ricas em açúcar e gordura e nada mais, a única maneira de não ingerir proteínas em quantidade suficiente é ter uma dieta pobre em calorias[36].

A proteína não é o único nutriente da carne. Os demais podem ser facilmente obtidos na alimentação vegetariana. Somente os veganos, que não ingerem nenhum produto de origem animal, precisam ter cuidados especiais com sua dieta. Parece haver um, e apenas um, nutriente necessário não disponível em alimentos de origem vegetal: a vitamina B12. Presente nos ovos e no leite, ela não se encontra na forma prontamente assimilável em produtos vegetais. Contudo, pode ser obtida em alguns tipos de algas marinhas, no molho de soja preparado pelo método japonês tradicional de fermentação, ou no tempê, um fermentado de soja usado em algumas partes da Ásia e encontrado, com frequência, em lojas de produtos naturais no Ocidente. Também é possível que a vitamina B12 seja produzida por micro-organismos nos intestinos. Estudos sobre veganos que não tomaram nenhum suplemento de B12 por muitos anos mostram que, em seu nível sanguíneo, essa vitamina ainda se encontra dentro da taxa normal. No entanto, para evitar alguma deficiência, basta tomar vitamina B12 em tabletes, uma providência simples e barata. A B12 contida nesses tabletes é obtida de bactérias cultivadas em alimentos de origem vegetal. Estudos com filhos de famílias veganas mostram que eles se desenvolvem normalmente, depois de desmamados, com dietas suplementadas por vitamina B12, sem a ingestão de alimentos de origem animal[37].

Procurei, neste capítulo, responder a algumas dúvidas que surgem quando alguém se torna vegetariano. Sei que algumas pessoas têm uma resistência mais profunda, que as faz hesitar. Talvez isso se deva ao receio de ser consideradas excêntricas pelos amigos. Quando minha mulher e eu começamos a pensar em nos tornar vegetarianos, falávamos nisso. Preocupávamo-nos, pois poderíamos nos afastar dos amigos não vegetarianos – e, naquela época, nenhum de nossos amigos de longa data o era. O fato de nos tornarmos vegetarianos juntos deixou a decisão mais fácil para nós dois, mas o desenrolar dos acontecimentos mostrou-nos que não precisávamos nos preocupar. Explicamos nossa decisão para os amigos e eles perceberam que tínhamos boas razões para tomá-la. Nem todos se tornaram vegetarianos, mas tampouco deixaram de ser nossos amigos. Ao contrário, gostavam de nos convidar para jantar e mostrar como conseguiam cozinhar bem sem carne. Naturalmente, é possível que o leitor encontre pessoas que o considerem excêntrico. Hoje em dia, é bem menos provável que isso aconteça. Mas, se acontecer, lembre-se de que você está em boa companhia. Os melhores reformadores – aqueles que primeiro se opuseram ao tráfico de escravos, a guerras nacionalistas e à exploração de crianças que trabalhavam 14 horas por dia nas fábricas da Revolução Industrial – foram considerados excêntricos por aqueles que tinham interesses nos abusos a que os pioneiros se opunham.

CAPÍTULO 5

O DOMÍNIO DO HOMEM...

uma breve história do especismo

Para acabar com a tirania precisamos, antes de tudo, entendê-la. O domínio dos animais humanos sobre outros animais se expressa, na prática, da maneira como vimos nos capítulos 2 e 3 e em procedimentos congêneres, como o assassinato de animais selvagens por esporte ou para lhes tirar a pele. Essas práticas não devem ser vistas como aberrações isoladas. Podem ser apropriadamente compreendidas como manifestações da ideologia de nossa espécie, isto é, como as atitudes que nós, animais dominantes, temos em relação a outros animais.

Veremos, neste capítulo, como destacados pensadores ocidentais, em diferentes períodos, formularam e defenderam as atitudes especistas que herdamos. Concentrei-me no "Ocidente" não porque as outras culturas sejam inferiores – no tocante às atitudes para com os animais, o contrário é verdadeiro –, mas porque as ideias ocidentais, nos últimos dois ou três séculos, espalharam-se a partir da Europa, tendo estabelecido o modo de pensar da maioria das sociedades humanas de hoje, capitalistas ou comunistas.

Embora o material apresentado a seguir seja histórico, meu objetivo em apresentá-lo não o é. Quando uma atitude está tão profundamente arraigada em nosso modo de pensar que a tomamos como verdade inquestionável, um sério e consistente desafio a ela corre o risco de cair no ridículo. Mas podemos abalar a complacência com que é mantida através de um ataque frontal. Foi o que tentei fazer nos capítulos anteriores. Uma estratégia alternativa é minar a plausibilidade da atitude prevalecente, revelando suas origens históricas.

As atitudes para com os animais de gerações passadas não convencem mais porque se ancoram em pressupostos – religiosos, morais ou metafísicos – agora obsoletos. Como não defendemos nossas atitudes para com os animais da mesma maneira como, por exemplo, São Tomás de Aquino defendia, precisamos estar dispostos a aceitar que ele utilizou as ideias religiosas, morais e metafísicas de seu tempo para mascarar os interesses humanos quanto ao modo de lidar com os animais. Se entendermos que as gerações passadas aceitaram como certas e naturais as atitudes que hoje reconhecemos como camuflagens ideológicas para práticas que nos são convenientes – e se, ao mesmo tempo, não negarmos que continuamos a utilizar animais para defender nossos interesses menores em detrimento de seus interesses maiores –, poderemos ser convencidos a examinar, com uma visão mais cética, as justificativas de procedimentos que julgamos certos e naturais.

As atitudes ocidentais para com os animais têm raízes em duas tradições: o judaísmo e a antiguidade grega. Essas raízes confluem no cristianismo e é por meio dele que se tornam prevalecentes na Europa. À medida que pensadores começam a assumir posições relativamente independentes da Igreja, surge uma visão mais esclarecida de nossas relações com os animais; mas, quanto a certos aspectos básicos, ainda não rompemos com as atitudes aceitas de maneira inquestionável na Europa até o século XVIII. Podemos dividir nossa discussão histórica, portanto, em três partes: pré-cristã; cristã; Iluminismo e o período que se segue a ele.

O pensamento pré-cristão

A criação do universo parece ser um bom ponto de partida. A história bíblica da Criação estabelece muito claramente a natureza da relação entre homens e animais tal como a concebia o povo hebreu. É um ótimo exemplo de um mito que espelha a realidade:

E disse Deus: produza a terra seres viventes segundo as suas espécies: animais domésticos, répteis, e animais selvagens segundo as suas espécies. E assim foi.

Deus, pois, fez os animais selvagens segundo as suas espécies, e os animais domésticos segundo as suas espécies, e todos os répteis da terra segundo as suas espécies. E viu Deus que isso era bom.

E disse Deus: façamos o homem à nossa imagem, conforme a nossa semelhança; que tenha domínio sobre os peixes do mar, sobre as aves do céu, sobre os animais domésticos, sobre toda a terra, e sobre todo réptil que se arrasta sobre a terra.

Criou, pois, Deus o homem à sua imagem; à imagem de Deus o criou; homem e mulher Ele os criou.

Então, Deus os abençoou e lhes disse: frutificai e multiplicai-vos; enchei a terra e sujeitai-a; tende domínio sobre os peixes do mar, sobre as aves do céu e sobre todos os animais que se arrastam sobre a terra.[1]

A Bíblia nos diz que Deus fez o homem à Sua própria imagem. Poderíamos entender isso como se o homem também fizesse Deus à sua própria imagem. De todo modo, essa concepção confere aos humanos uma posição especial no universo, como seres que, únicos entre todas as coisas vivas, são semelhantes a Deus. Além disso, afirma-se, explicitamente, que Deus deu ao homem o domínio sobre todas as coisas viventes. É verdade que, no Jardim do Éden, esse domínio pode não ter envolvido a morte de outros animais para a obtenção de comida. No *Gênesis* 1, 29 sugere-se que, no princípio, os seres humanos viviam de ervas e frutas das árvores. O Éden tem sido, muitas vezes, retratado como um lugar de perfeita paz, onde nenhum tipo de morte teria vez. O homem dominava, mas, nesse paraíso terrestre, havia um despotismo benevolente.

Após a queda do homem (pela qual a Bíblia responsabiliza uma mulher e um animal), matar animais passou a ser permitido. O próprio Deus vestiu Adão e Eva com peles de animais, antes de expulsá-los do Paraíso. O filho deles, Abel, era pastor de ovelhas e fazia oferendas de seu rebanho ao Senhor. Veio, então, o dilúvio, quando o restante da Criação foi quase dizimado para punir a maldade do homem. Quando as águas baixaram, Noé agradeceu a Deus com oferendas assadas "de todo animal limpo e de toda ave limpa". Como retribuição, Deus abençoou Noé, conferindo-lhe o selo final do domínio do homem:

Abençoou Deus a Noé e a seus filhos, e disse-lhes: frutificai e multiplicai-vos, e enchei a terra. Terão medo e pavor de vós todo animal da terra, toda ave do céu, tudo o que se move sobre a terra e todos os peixes do mar; em vossas mãos são entregues. Tudo quanto se move e vive vos servirá de mantimento, bem como a erva verde; tudo vos tenho dado.[2]

Essa é a posição básica dos antigos textos hebraicos em relação aos animais não humanos. Há, novamente, uma curiosa referência indicando que, no estado original de inocência, éramos vegetarianos e alimentávamo-nos somente de "ervas verdes"; mas, depois da queda, da maldade que a seguiu e do dilúvio, tivemos permissão para adicionar animais à nossa alimentação. Subjacente à afirmação do domínio do homem implícita nessa permissão, ainda encontramos, ocasionalmente, a tendência a um pensamento mais compassivo. O profeta Isaías condenava o sacrifício de animais, e o livro de Isaías contém uma visão maravilhosa da época em que o lobo morará com o cordeiro, o leão comerá palha como o boi e "não farão mal nem dano algum em todo o meu santo monte". Essa é, porém, uma visão utópica, não um mandamento a ser seguido. Outras passagens esparsas no Antigo Testamento estimulam algum grau de bondade para com os animais, de modo que se pode argumentar que a crueldade insensível era proibida e que o "domínio" humano teria as características de uma "guarda": seríamos responsáveis, perante Deus, pelo cuidado e pelo bem-estar daqueles que são colocados sob nosso domínio. No entanto, não há um desafio sério à visão geral, estabelecida no *Gênesis*, de que a espécie humana é o pináculo da Criação e tem a permissão de Deus para matar e comer animais.

A segunda tradição antiga do pensamento ocidental é a da Grécia. Nela, encontramos, primeiro, tendências conflitantes. O pensamento grego não é uniforme; divide-se em escolas rivais, cada qual pegando as doutrinas básicas de algum grande fundador. Um deles, Pitágoras, era vegetariano e estimulou seus seguidores a tratar os animais com respeito, aparentemente porque acreditava que a alma de homens mortos migrava para os animais. Mas a escola mais importante foi a de Platão e de seu discípulo, Aristóteles.

O apoio de Aristóteles à escravidão é bem conhecido: ele pensava que alguns homens são escravos por natureza, e a escravidão, por conseguinte, era correta e vantajosa para eles. Menciono isso não para desacreditar Aristóteles, mas porque é essencial para compreendermos sua atitude para com os animais. Ele afirmava que os animais existem para servir aos interesses humanos, muito embora, ao contrário do autor do *Gênesis*, não estabeleça nenhum abismo profundo entre seres humanos e o restante do mundo animal.

Aristóteles não nega que o homem é um animal; de fato, ele define o homem como um animal racional. Compartilhar uma natureza animal comum, contudo, não é o bastante para justificar uma consideração igual. Para o filósofo, o homem que é escravo por natureza é um ser humano tão capaz de sentir prazer e dor como qualquer outro. No entanto, como é considerado inferior ao homem livre quanto a seu poder de raciocínio, Aristóteles o considera um "instrumento vivo". Justapõe abertamente os dois elementos numa única frase: o escravo é alguém que, "embora permaneça um ser humano, também é um artigo de propriedade"[3].

Como a diferença entre o poder de raciocínio dos seres humanos é bastante para tornar alguns mestres e outros seguidores, Aristóteles deve ter pensado ser tão evidente o direito dos seres humanos a dominar os animais que esse pressuposto não precisaria de argumentos. A natureza, afirmava ele, é essencialmente uma hierarquia, em que aqueles que têm menos capacidade de raciocínio existem em benefício dos que têm mais:

> As plantas existem em benefício dos animais, e as bestas brutas em benefício do homem – os animais domésticos para seu uso e alimentação, os selvagens (ou, de qualquer maneira, a maioria deles) para servir de alimento e outras necessidades da vida, tais como roupas e vários instrumentos. Como a natureza nada faz sem propósito ou em vão, é indubitavelmente verdade que ela fez todos os animais em benefício do homem.[4]

Foi a concepção de Aristóteles e não a de Pitágoras que se tornou parte da tradição ocidental posterior.

O pensamento cristão

Com o tempo, o cristianismo absorveu as ideias judaicas e gregas no tocante aos animais. Mas o cristianismo foi fundado e tornou-se poderoso sob o Império Romano, e podemos observar melhor seus efeitos iniciais se compararmos as atitudes cristãs com as que elas substituíram.

O Império Romano, construído com guerras de conquista, precisou devotar muito de energia e recursos às forças militares que defendiam e ampliavam seu vasto território. Essas condições não davam margem a que se acalentassem sentimentos de simpatia pelos fracos. As virtudes marciais imprimiam o tom à sociedade. Em Roma, distante das lutas fronteiriças, o caráter do cidadão romano era, supostamente, fortalecido pelos assim chamados jogos. Embora todo menino de escola saiba que os cristãos eram lançados aos leões no Coliseu, o significado dos jogos como uma indicação dos limites possíveis da simpatia e da compaixão de pessoas aparentemente – e, em outros aspectos, genuinamente – civilizadas quase nunca é mencionado. Homens e mulheres assistiam à morte tanto de seres humanos como de outros animais como uma fonte normal de entretenimento; e isso prosseguiu durante séculos, com raros protestos.

O historiador do século XIX, W. E. H. Lecky, faz o seguinte relato do desenvolvimento dos jogos romanos desde os primórdios, quando consistiam num combate entre gladiadores:

> O simples combate tornou-se, por fim, insípido, e todo o tipo de atrocidade era concebido para despertar o interesse que diminuía. Certa feita, um urso e um touro, acorrentados juntos, rolaram nas areias, num combate feroz; outra vez, criminosos vestidos com peles de feras selvagens foram lançados aos touros, que eram atiçados com ferros em brasa ou com dardos dotados de pontas em chamas. Quatrocentos ursos foram mortos num único dia nos tempos de Calígula. [...] Com Nero, quatrocentos tigres lutaram com touros e elefantes.

Em um único dia, na inauguração do Coliseu por Tito, quinhentos animais foram mortos. Com Trajano, os jogos chegaram a durar 123 dias consecutivos. Leões, tigres, elefantes, rinocerontes, hipopótamos, girafas, touros, cervos, até crocodilos e serpentes eram utilizados para dar um toque de novidade ao espetáculo. Também não faltava nenhuma forma de sofrimento humano. [...] Dez mil homens lutaram nos jogos de Trajano. Nero iluminava seus jardins, à noite, com cristãos, a cujas túnicas ateavam fogo. Com Domiciano, um exército de frágeis anões foi obrigado a combater. [...] Tão intensa era a sede de sangue que um príncipe se tornava menos impopular se descuidasse da distribuição de milho do que se deixasse de organizar os jogos.[5]

Não que os romanos não tivessem nenhum sentimento moral. Demonstravam grande consideração pela justiça, pelo dever público e até pela bondade com os outros. O que os jogos mostram, com repulsiva clareza, é que havia um limite preciso para esses sentimentos morais. Se um ser se ajustasse a esses limites, atividades comparáveis às que ocorriam nos jogos seriam consideradas ultrajantes e intoleráveis; quando um ser se situava fora da esfera de consideração moral, contudo, a imposição de sofrimento era considerada mero entretenimento. Alguns seres humanos – sobretudo criminosos e militares cativos – e todos os animais situavam-se fora dessa esfera.

É nesse contexto que o impacto do cristianismo deve ser avaliado. O cristianismo trouxe ao mundo romano a ideia da singularidade da espécie humana que herdou da tradição judaica, mas na qual insistia com grande ênfase em razão da importância que conferia à alma imortal do ser humano. Aos humanos – e só a eles, entre todos os seres vivos na Terra – estava destinada uma vida após a morte do corpo. Essa noção introduziu a ideia cristã do caráter sagrado da vida humana.

Outras religiões, sobretudo as do Oriente, ensinam que toda a vida é sagrada; e muitas consideram errado matar membros do próprio grupo social, religioso ou étnico. Mas o cristianismo propalou a ideia de que a vida humana – e tão somente a vida humana – é sagrada. Mesmo o bebê recém-nascido e o feto no útero têm uma alma imortal. Portanto, sua vida é tão sagrada quanto a dos adultos.

Em sua aplicação a seres humanos, a nova doutrina, em muitos aspectos, foi progressiva, levando a uma enorme expansão da esfera moral limitada dos romanos. No tocante a outras espécies, contudo, essa mesma doutrina serviu para confirmar e acentuar a posição subalterna que os não humanos ocupavam no Antigo Testamento. Embora afirme o domínio do homem sobre outras espécies, o Antigo Testamento mostra, ao menos, alguma preocupação por seu sofrimento. O Novo Testamento carece de qualquer injunção contra a crueldade para com os animais, ou qualquer recomendação para que seus interesses sejam levados em conta. O próprio Jesus mostra aparente indiferença com a sorte de não humanos ao induzir dois mil porcos a se lançar ao mar – um ato, ao que tudo indica, completamente desnecessário, uma vez que Jesus tinha plena capacidade para exorcizar demônios sem transferi-los a outras criaturas[6]. São Paulo insistiu na reinterpretação da antiga lei mosaica, que proibia colocar cabresto no boi que debulhava o milho: "Porventura está Deus cuidando dos bois?", pergunta Paulo com desdém. Não, ele responde, a lei foi escrita "por nossa causa"[7]. O exemplo dado por Jesus foi, mais tarde, seguido pelos cristãos. Referindo-se ao incidente dos porcos e ao episódio em que Jesus amaldiçoa uma figueira, Santo Agostinho escreve:

> O próprio Cristo mostra que é o cúmulo da superstição refrear-se de matar animais e destruir plantas, pois, julgando que não há direitos comuns entre nós, os animais e as árvores, ele lança os demônios a uma vara de porcos e, com uma maldição, seca uma árvore em que não encontrou frutos. [...] Certamente nem os porcos nem a árvore pecaram.

De acordo com Agostinho, Jesus tentava mostrar-nos que não precisamos moldar nosso comportamento em relação aos animais segundo as leis morais que regem nosso comportamento para com os seres humanos. Eis por que transferiu os demônios aos porcos, em vez de destruí-los, como poderia facilmente ter feito[8].

Com base nisso, não é difícil prever o resultado da interação das atitudes cristãs e romanas. Podemos perceber isso com clareza ao examinar o que aconteceu com os jogos romanos após a conversão do império ao cristianismo. Os ensinamentos cristãos opunham-se implacavelmente aos combates de gladiadores. O gladiador que sobrevivia matando o oponente era considerado um assassino. A simples presença nesses combates tornava o cristão sujeito à excomunhão e, no final do século IV, os combates entre seres humanos foram completamente extintos. Por outro lado, o *status* moral de matar ou torturar qualquer ser não humano permaneceu inalterado. Os combates com animais selvagens continuaram na era cristã, tendo, ao que tudo indica, diminuído porque o declínio da riqueza e a extensão do império tornaram a obtenção desses animais mais difícil. Esses combates ainda podem ser vistos, na forma moderna de touradas, na Espanha e na América Latina.

O que acontece com os jogos romanos também acontece de maneira mais genérica. Decididamente, o cristianismo deixou os não humanos fora do âmbito da compaixão, tal como sempre estiveram nos tempos da Roma antiga. Assim, enquanto as atitudes para com os seres humanos foram abrandadas e mais do que melhoradas, as atitudes para com os animais permaneceram tão insensíveis e brutais como nos antigos tempos romanos. Na verdade, o cristianismo não apenas falhou em amenizar as piores atitudes em relação aos animais como também, infelizmente, conseguiu extinguir por um longo tempo a chama de uma compaixão mais abrangente, mantida acesa por um pequeno grupo de pessoas mais sensíveis.

Somente alguns poucos romanos demonstraram compaixão pelo sofrimento, fosse qual fosse o sofredor, e repulsa pelo uso de criaturas sencientes para dar prazer a seres humanos, tanto à mesa como na arena. Ovídio, Sêneca, Porfírio e Plutarco escreveram longamente sobre esse tema, tendo Plutarco a honra, segundo Lecky, de ser o primeiro a defender enfaticamente o tratamento bondoso de animais, com base na benevolência universal, independente de alguma crença na transmigração da alma[9]. Porém, tivemos de esperar quase 1.600 anos para ver um escritor cristão atacar a crueldade para com os animais com idêntica ênfase e detalhes, valendo-se de outros argumentos que não a possibilidade de estimular a tendência de crueldade para com os seres humanos.

Alguns poucos cristãos expressaram certa preocupação com os animais. Uma oração escrita por São Basílio incita a bondade para com eles. Um comentário de São Crisóstomo faz o mesmo, assim como um ensinamento de São Isaac, o Sírio. Houve até mesmo alguns santos que, como São Neotério, sabotaram caçadas, salvando cervos e lebres das mãos dos caçadores[10]. Mas essas figuras não conseguiram desviar o curso principal do pensamento cristão de sua preocupação exclusivamente especista. Para demonstrar essa falta de influência, em vez de reconstituir o desenvolvimento da visão cristã sobre os animais, desde os primeiros padres da Igreja até os escolásticos medievais – um processo tedioso, pois há mais repetição do que desenvolvimento –, é melhor considerar, com mais detalhes do que seria possível, a posição de São Tomás de Aquino.

A imensa obra de Tomás intitulada *Summa Theologica* foi uma tentativa de apreensão da totalidade do conhecimento teológico e de sua reconciliação com a sabedoria mundana dos filósofos – embora Tomás considerasse Aristóteles tão preeminente nesse campo que se refere a ele simplesmente como "o Filósofo". Se algum autor pode ser considerado representante da filosofia cristã anterior à Reforma e da filosofia romana católica de seu tempo, é Tomás de Aquino.

Podemos começar por perguntar se, segundo Tomás, a proibição cristã de matar aplica-se a outras criaturas que não seres humanos; e, se não se aplica, por que não. Ele responde:

Não há pecado em usar algo para o fim a que se destina. Ora, a ordem das coisas é tal que o imperfeito é feito para o perfeito. [...] Assim, coisas como plantas, que meramente têm vida, são para os animais, e todos os animais são para o homem. Portanto, não é proibido aos homens utilizar plantas para o bem de animais, e animais para o bem do homem, como afirma o Filósofo (*Política* I, 3).

Ora, um uso mais necessário parece consistir no fato de que animais usam plantas e homens usam animais para alimentar-se, e isso não pode ser feito a não ser que esses sejam privados da vida, sendo, portanto, legal tanto tirar a vida de plantas para o uso de animais quanto de animais para o uso dos homens. De fato, isso está de acordo com o mandamento do próprio Deus (*Gênesis* 1, 29-30 e *Gênesis* 9, 3).[11]

Para São Tomás, a questão não é que matar para obter alimentos, em si, seja algo necessário e, portanto, justificável (ele conhecia seitas, como a dos maniqueus, que proibiam a matança de animais; não devia desconhecer, assim, o fato de que seres humanos podem viver sem matar animais. Mas deixemos isso de lado, por ora); é que apenas os "mais perfeitos" podem matar por esse motivo. Animais que matam seres humanos para se alimentar são de uma categoria bastante diferente:

> A selvageria e a brutalidade recebem seus nomes da semelhança com bestas selvagens. Animais desse tipo atacam o homem para alimentar seu corpo e não por algum motivo de justiça, cuja consideração pertence somente à razão.[12]

Os seres humanos, claro, não matariam para comer, a menos que tivessem primeiro considerado a justiça desse ato! Portanto, os seres humanos podem matar outros animais e utilizá-los como comida; mas haverá outras coisas que não lhes podemos fazer? É o sofrimento de outras criaturas, em si, um mal? Se assim for, não seria errado, por essa razão, fazê-los sofrer ou, ao menos, fazê-los sofrer desnecessariamente? São Tomás não afirma que a crueldade com "animais irracionais" seja errada, em si. Em seu esquema moral não existe espaço para coisas erradas desse tipo, pois divide os pecados entre aqueles cometidos contra Deus, contra si próprio e contra nossos semelhantes. Assim, os limites da moralidade mais uma vez excluem os não humanos. Não há uma categoria de pecados contra esses seres[13].

Por mais que não seja pecado usar de crueldade para com não humanos, fica a pergunta: seria caridoso agir de maneira bondosa com eles? Não. Tomás exclui explicitamente essa possibilidade. A caridade, afirma, não abrange as criaturas irracionais por três razões: elas "não são competentes, por assim dizer, para possuir o bem, pois isso é próprio de criaturas racionais"; não temos para com elas sentimentos de companheirismo; e, finalmente, "a caridade baseia-se no companheirismo da felicidade eterna, que criaturas irracionais não conseguem atingir". É possível amar essas criaturas, dizem-nos, apenas "se as considerarmos como coisas boas que desejamos para os outros", isto é, "em honra de Deus e para o uso do homem". Em outras palavras, não podemos dar alimento a perus amorosamente porque estão com fome, mas apenas se os considerarmos o jantar de Natal de alguém[14].

Tudo isso nos leva a suspeitar que Tomás não achava que os animais não humanos pudessem sofrer. Essa visão era sustentada por outros filósofos e, apesar de seu aparente absurdo, atribuí-la a Aquino ao menos o desculparia da acusação de indiferença ao sofrimento. Suas próprias palavras, porém, excluem essa interpretação. No decorrer de uma discussão sobre algumas das brandas injunções contra a crueldade com animais no Antigo Testamento, Tomás de Aquino propõe que distingamos razão de paixão. No tocante à razão, ele nos diz:

> Não importa como o homem se comporta com relação aos animais, porque Deus sujeitou todas as coisas ao poder do homem e é nesse sentido que o Apóstolo diz que Deus não se importa com os bois, pois Deus não pede ao homem para prestar contas do que faz com os bois ou com outros animais.

Por outro lado, no que diz respeito à paixão, nossa piedade é despertada pelos animais porque "mesmo os animais irracionais são sensíveis à dor"; mas Tomás considera a dor sentida pelos animais uma razão insuficiente para justificar as injunções do Antigo Testamento. Portanto, acrescenta:

> Ora, é evidente que, se um homem sente afeição piedosa pelos animais, estará mais inclinado a sentir piedade por seus semelhantes, razão pela qual está escrito: "O justo olha pela vida de seus animais" (*Provérbios* 12, 10).[15]

Assim, São Tomás chega à conclusão, muitas vezes repetida, de que a única razão existente contra a crueldade com os animais é que ela pode levar à crueldade com seres humanos. Nenhum argumento poderia revelar mais claramente a essência do especismo.

A influência de Tomás de Aquino foi duradoura. Em meados do século XIX, o papa Pio IX não permitiu que a Sociedade para a Prevenção da Crueldade com Animais se estabelecesse em Roma, com o argumento de que isso implicaria que os seres humanos teriam deveres para com os animais[16]. Encontramos essa descrição na segunda metade do século XX, sem modificações significativas na posição oficial da Igreja católica romana. A seguinte passagem de um texto católico romano norte-americano faz uma instrutiva comparação com a passagem escrita 700 anos antes, citada anteriormente, de Tomás:

Na ordem da Natureza, o imperfeito existe para servir o perfeito, o irracional para servir o racional. Ao homem, como animal racional, é permitido usar as coisas abaixo dele nesta ordem da Natureza para suas necessidades. Ele precisa comer plantas e animais para manter sua vida e vigor. Para comer plantas e animais ele precisa matá-los. Portanto, matar não é, em si, um ato imoral ou injusto.[17]

É interessante observar, nesse texto, que o autor se atém tão estreitamente ao que afirma Tomás que até repete a asserção de que os seres humanos têm necessidade de comer plantas e animais. A ignorância de Tomás de Aquino a esse respeito é surpreendente, mas escusável, dado o estado dos conhecimentos científicos de seu tempo. Porém, é inacreditável que um autor moderno, que precisaria apenas consultar um livro comum sobre nutrição ou observar a existência de vegetarianos saudáveis, reproduza o mesmo erro.

Foi apenas em 1988 que uma afirmação autorizada da Igreja católica romana indicou que o movimento ecológico estava começando a afetar os ensinamentos católicos. Na encíclica *Solici-*

tudo Rei Socialis [Sobre a solicitude social], o papa João Paulo II apela para que o desenvolvimento humano inclua "respeito pelos seres que fazem parte do mundo natural" e acrescenta:

> O domínio conferido ao homem pelo Criador não é um poder absoluto, nem pode alguém falar de uma liberdade para "usar e abusar" ou dispor das coisas como lhe aprouver... Quando se trata do mundo natural, estamos sujeitos não apenas a leis biológicas, mas também a leis morais, que não podem ser transgredidas impunemente.[18]

Que um papa rejeite tão claramente a noção de domínio absoluto é bastante promissor, mas é muito cedo para dizer se isso assinala uma mudança histórica e mais do que necessária dos ensinamentos católicos com relação aos animais e ao meio ambiente.

Houve, claro, muitos católicos humanitários que se esforçaram ao máximo para melhorar a posição de sua Igreja no que diz respeito aos animais, e obtiveram ocasionais sucessos. Ao enfatizar a tendência degradante da crueldade, alguns autores cristãos condenaram as piores práticas humanas em relação a outros animais. Porém, a maioria se manteve limitada à visão básica de sua religião. O caso de São Francisco de Assis é um bom exemplo.

São Francisco é a ilustre exceção à regra de que o catolicismo desestimula a preocupação com o bem-estar de seres não humanos. "Se ao menos eu pudesse ser apresentado ao imperador, rogaria, pelo amor de Deus, e por mim, que emitisse um edital proibindo a todos de pegar ou prender minhas irmãs, as cotovias, e ordenando a todos os que possuem um boi ou burro que os alimentassem particularmente bem no Natal", diz-se ter ele declarado. Muitas lendas falam de sua compaixão, e a história de sua pregação aos pássaros certamente parece implicar que o abismo entre eles e os seres humanos era menor do que supunham outros cristãos. Mas podemos ter uma impressão equivocada da visão de São Francisco se olharmos apenas para sua atitude com as cotovias e outros animais. São Francisco não se dirigia apenas a criaturas sencientes como irmãs e irmãos: o Sol, a Lua, o vento, o fogo eram todos irmãos e irmãs para ele. Seus contemporâneos o descreveram como "deleitando-se interna e externamente com toda criatura, e, quando ele as pegava ou as olhava, seu espírito parecia estar no céu e não na Terra". Esse deleite estendia-se à água, às pedras, às flores e às árvores. Essa descrição refere-se a uma pessoa em estado de êxtase religioso, profundamente movida por um sentimento de unidade com toda a natureza. Místicos e pessoas pertencentes a várias tradições religiosas parecem haver tido experiências desse tipo, e ter expressado sentimentos semelhantes de amor universal. Ver Francisco sob essa ótica torna a amplitude de seu amor e de sua compaixão mais prontamente compreensível. Também nos permite ver como o amor por todas as criaturas pôde coexistir com uma posição teológica que era bastante ortodoxa em seu especismo. São Francisco afirmou: "Toda criatura proclama: 'Deus fez-me para te servir, ó homem!'" O próprio Sol, pensava, brilhava para o homem. Essas crenças faziam parte de uma cosmologia que ele nunca questionou; a força de seu amor por toda a Criação, contudo, não era limitada por tais considerações.

Embora esse tipo de amor universal extático possa ser uma fonte maravilhosa de compaixão e de bondade, a falta de reflexão racional talvez faça muito no sentido de contrapor suas consequências benéficas. Se amarmos igualmente as pedras, as árvores, as plantas, as cotovias e os bois, podemos perder de vista diferenças essenciais entre eles e, mais importante, as diferenças existentes quanto ao grau de senciência. É possível, nesse caso, pensar que, uma vez que precisamos comer para sobreviver, e como não podemos comer sem matar algo que amamos, podemos matar, não importa o que matemos. Possivelmente, é por esse motivo que o amor de São Francisco pelos pássaros e os bois não parece tê-lo impedido de comê-los; e, quando estabeleceu as regras de conduta para os frades na Ordem que fundou, não os instruiu a se abster de carne, a não ser em dias de jejum[19].

Parecia que o período da Renascença, com o surgimento do pensamento humanista em oposição à escolástica, abalaria a visão medieval do universo e derrubaria as ideias anteriores sobre o *status* dos seres humanos *vis-à-vis* os outros animais. Mas o humanismo renascentista era, afinal, *humanismo*; e o significado desse termo nada tinha a ver com humanitarismo, a tendência de agir de modo humanitário.

A principal característica do humanismo renascentista é sua insistência no valor e na dignidade dos seres humanos, bem como no lugar central ocupado por eles no universo. "O homem é a medida de todas as coisas", uma frase resgatada dos gregos clássicos pelo Renascimento, é a máxima do período. Em vez de uma deprimente concentração no pecado original e na fraqueza dos seres humanos em comparação com o poder infinito de Deus, os humanistas da Renascença enfatizaram a singularidade dos humanos, seu livre-arbítrio, seu potencial e sua dignidade; e contrastaram tudo isso com a natureza limitada dos "animais inferiores". A exemplo da insistência cristã original na sacralidade da vida humana, essa postura era, de algum modo, um avanço valioso no tocante às atitudes para com seres humanos, mas deixava os não humanos tão abaixo dos humanos como sempre estiveram.

Portanto, os autores renascentistas escreveram ensaios autocondescendentes em que disseram que "nada no mundo pode ser encontrado mais digno de admiração que o homem"[20] e descreveram os seres humanos como "o centro da natureza, o meio do universo, o elo do mundo"[21]. Se a Renascença marca, sob determinados aspectos, o início do pensamento moderno, o modo de pensar anterior, no tocante às atitudes para com os animais, continua a vigorar.

Por volta dessa época, contudo, encontramos os primeiros dissidentes genuínos: Leonardo da Vinci foi criticado pelos amigos por se preocupar tanto com o sofrimento dos animais que se tornou vegetariano[22]; e Giordano Bruno, influenciado pela nova astronomia de Copérnico, que abria a possibilidade da existência de outros planetas, alguns dos quais habitados, arriscou-se a afirmar que "o homem não passa de uma formiga na presença do infinito". Bruno foi queimado na fogueira em 1600 por ter-se recusado a se retratar de suas "heresias".

O autor favorito de Michel de Montaigne era Plutarco, e o ataque que faz aos postulados humanistas de sua época teria sido aprovado por aqueles bondosos romanos:

Presunção é nossa doença natural e original. [...] É pela mesma vaidade de imaginação que [o homem] se iguala a Deus, atribuindo-se qualidades divinas, e afasta-se e separa-se da multidão de outras criaturas.²³

Certamente, não é coincidência que o autor que rejeita essa autoexaltação, no ensaio "Da crueldade", também esteja entre os pouquíssimos, desde os tempos romanos, a afirmar que a crueldade para com os animais é errada em si mesma, à parte sua tendência de levar a que se cometam atos de crueldade com seres humanos.

Estaria o *status* dos não humanos, a partir desse ponto do desenvolvimento do pensamento ocidental, fadado a melhorar? Lentamente, o antigo conceito de universo e o lugar central nele ocupado pelos seres humanos começaram a ceder; a ciência moderna estava prestes a iniciar sua agora famosa ascensão; afinal, o *status* dos não humanos era tão baixo que se poderia pensar, com razão, que só poderia melhorar.

Mas o nadir absoluto ainda estava por aparecer. A mais bizarra e dolorosa consequência final – para os animais – das doutrinas cristãs surgiu na primeira metade do século XVII, na filosofia de René Descartes. Descartes foi um pensador caracteristicamente moderno. É considerado o pai da filosofia moderna e da geometria analítica, de onde se origina boa parte da matemática moderna. Mas também era cristão, e suas crenças sobre animais surgiram da combinação desses dois aspectos do pensamento.

Sob a influência da nova e estimulante ciência da mecânica, Descartes sustentou que tudo que consiste de matéria é governado por princípios mecanicistas, a exemplo do funcionamento de um relógio. Um problema óbvio desse ponto de vista era nossa própria natureza. O corpo humano é composto de matéria e é parte do universo físico. Portanto, poderia parecer que os seres humanos também deveriam ser máquinas, cujo comportamento seria determinado pelas leis da ciência.

Descartes conseguiu evitar o conceito pouco palatável e herético de que seres humanos são máquinas introduzindo a ideia de alma. Não há apenas um, mas dois tipos de coisas no universo: coisas do espírito ou alma e coisas de natureza física ou material, disse Descartes. Seres humanos são conscientes, e a consciência não pode originar-se da matéria. Descartes identificou a consciência com a alma imortal, que sobrevive à decomposição do corpo físico, e afirmou que a alma foi criada especialmente por Deus. De todos os seres materiais, apenas os humanos possuem alma, disse Descartes. Anjos e outros seres imateriais possuem consciência e nada mais.

Assim, na filosofia de Descartes, a doutrina cristã de que os animais não possuem alma imortal tem a extraordinária consequência de levar à negação de que eles tenham consciência. Segundo Descartes, os animais são meras máquinas, autômatos. Não sentem prazer nem dor, nem nada. Embora possam guinchar quando cortados por uma faca, ou contorcer-se no esforço de escapar do contato com um ferro quente, isso não significa, segundo Descartes, que sintam dor nessas situações. São governados pelos mesmos princípios de um relógio, e se suas ações são mais complexas do que as de um relógio, é porque o relógio é uma máquina feita por seres humanos, ao passo que os animais são máquinas infinitamente mais complexas, feitas por Deus[24].

Essa "solução" do problema de localizar a consciência em um mundo materialista nos parece paradoxal, como pareceu a muitos contemporâneos de Descartes, mas, na época, também se achou que possuía vantagens importantes. Apresentava uma razão para a crença na vida após a morte, algo que Descartes pensava ser "de grande importância", uma vez que "a ideia de que as almas dos animais são da mesma natureza que a nossa e que não temos mais a temer ou a esperar após esta vida do que moscas e formigas" foi um erro que poderia conduzir-nos a uma conduta imoral. Também eliminava o antigo e embaraçoso enigma teológico do motivo pelo qual um Deus justo permitiria que os animais – que não herdaram o pecado de Adão, nem são recompensados com uma vida após a morte – sofressem[25].

Descartes também tinha consciência das vantagens de cunho mais prático:

> Minha opinião não é tão cruel para os animais como condescendente com os homens – ao menos com aqueles que não são dados às superstições de Pitágoras –, uma vez que os absolve da suspeita de crime quando comem ou matam animais.[26]

Para Descartes, a doutrina ainda tinha outro resultado feliz. Foi nessa época que a prática da experimentação em animais vivos tornou-se amplamente difundida na Europa. Como à época não havia anestésicos, esses experimentos devem ter feito os animais se comportar de tal modo que a maioria de nós interpretaria como manifestações de dor intensa. A teoria de Descartes permitia aos experimentadores que desconsiderassem quaisquer escrúpulos nessas circunstâncias. O próprio Descartes dissecou animais vivos com o objetivo de aumentar seus conhecimentos de anatomia, tendo muitos dos fisiologistas renomados da época se declarado cartesianos e mecanicistas. O seguinte testemunho de um desses experimentadores, que trabalhava no seminário jansenista de Port-Royal, no final do século XVII, deixa clara a conveniência da teoria de Descartes:

> Batiam nos cães com perfeita indiferença e zombavam dos que sentiam pena das criaturas como se elas sentissem dor. Diziam que os animais eram relógios; que os gritos que emitiam quando golpeados não passavam do ruído provocado por alguma molinha que haviam acionado; que o corpo, como um todo, não tinha sensibilidade. Pregavam as quatro patas dos pobres animais em tábuas para praticar a vivissecção e observar a circulação do sangue, tema que era motivo de muitas discussões.[27]

A partir desse ponto, de fato, o *status* dos animais só poderia melhorar.

O Iluminismo e o período seguinte

A nova moda da experimentação em animais pode ter sido, em si, parcialmente responsável pela mudança de atitude, pois os experimentos revelaram uma extraordinária semelhança entre a fisiologia dos seres humanos e de outros animais. De um ponto de vista estrito, isso não era inconsistente com o que Descartes havia dito, mas tornou seus pontos de vista menos plausíveis. Voltaire expressou isso claramente:

Há bárbaros que pegam este cão, que tanto excede o homem em fidelidade e amizade, e o pregam numa mesa para dissecá-lo vivo, só para mostrar-te as veias mesentéricas! Encontras nele os mesmos órgãos de sensação que também existem em ti. Responde-me, mecanicista, a Natureza dispôs todas essas fontes de sentimento nesse animal para que ele não possa sentir?[28]

Embora nenhuma mudança radical tenha ocorrido, várias influências se combinaram, melhorando a atitude para com os animais. Houve um gradual reconhecimento de que outros animais sofrem e merecem alguma consideração. Não se pensava que tivessem algum direito, e seus interesses eram sobrepujados pelos dos seres humanos. No entanto, o filósofo escocês David Hume expressou um sentimento bastante comum quando disse: "Somos obrigados, pelas leis da humanidade, a usar gentilmente essas criaturas."[29]

"Usar gentilmente" é, na verdade, uma expressão que resume bem a atitude que começou a se espalhar nesse período: tínhamos licença para utilizar os animais, mas devíamos fazê-lo de maneira gentil. A tendência da época era de maior refinamento e civilidade, mais benevolência e menos brutalidade, e os animais se beneficiaram dessa tendência junto com os seres humanos.

O século XVIII também foi o período da redescoberta da "Natureza": o bom selvagem de Jean-Jacques Rousseau, vagando nu por entre as matas, colhendo frutas e nozes pelo caminho, foi o apogeu dessa idealização da natureza. Percebendo-nos como parte da natureza, reconquistamos um senso de parentesco com "as bestas". Esse parentesco, contudo, não era igualitário. Na melhor das hipóteses, o homem era visto no papel de pai benevolente da família dos animais.

As ideias religiosas quanto ao *status* especial dos seres humanos não haviam desaparecido. Estavam entrelaçadas com a nova atitude, mais benevolente. Alexander Pope, por exemplo, opôs-se à prática de abrir cães plenamente conscientes argumentando que, embora a "criação inferior" estivesse "submetida a nosso poder", teríamos de prestar contas por seu "manuseio indevido"[30].

Finalmente, e sobretudo na França, o aumento dos sentimentos anticlericais favoreceu o *status* dos animais. Voltaire, que se deleitava em atacar dogmas de todos os tipos, comparou as práticas cristãs de modo desfavorável em relação às dos hindus. Foi mais longe do que os contemporâneos ingleses, defensores do tratamento bondoso dos animais, quando se referiu ao bárbaro costume de nos sustentarmos com a ingestão de carne e sangue de seres "como nós", muito embora ele próprio tenha, aparentemente, continuado a praticar esse costume[31].

Rousseau também parece ter reconhecido a força dos argumentos em prol do vegetarianismo sem, de fato, adotar a prática; seu tratado sobre educação, *Emílio, ou Da educação*, contém uma longa, e em grande parte irrelevante, passagem de Plutarco, que ataca o uso de animais como alimento, considerando-o um assassinato sangrento, não natural e desnecessário[32].

O Iluminismo não afetou de maneira semelhante todos os pensadores em sua atitude para com os animais. Immanuel Kant, nas aulas sobre ética, dizia aos alunos:

Não temos deveres diretos com relação aos animais. Eles não possuem autoconsciência e existem meramente como meios para um fim. Esse fim é o homem.³³

Mas, no mesmo ano em que Kant proferiu essas palestras (1780), Jeremy Bentham concluiu seu livro *Uma introdução aos princípios da moral e da legislação,* no qual, numa passagem já citada no primeiro capítulo deste livro, deu uma resposta definitiva a Kant: "A questão não é 'Eles são capazes de *raciocinar?',* nem 'São capazes de *falar?',* mas, sim: 'Eles são capazes de *sofrer?'.*" Comparando a posição dos animais com a dos escravos negros, e desejando ver chegar o dia "em que o restante da criação animal venha a adquirir os direitos que jamais lhe poderiam ter sido retirados, a não ser pela mão da tirania", Bentham foi, talvez, o primeiro a denunciar o "domínio do homem" como uma tirania, e não como um governo legítimo.

O progresso intelectual ocorrido no século XVIII foi acompanhado, no XIX, por algumas melhorias práticas nas condições dos animais. Estas assumiram a forma de leis contra a crueldade gratuita. As primeiras lutas pelos direitos legais de outras espécies foram travadas na Inglaterra, e a reação inicial do Parlamento britânico indica que as ideias de Bentham exerceram pouco impacto sobre seus compatriotas.

A primeira proposta de lei para impedir maus-tratos aos animais foi a proibição da luta de touros com cães, considerada um "esporte". Foi apresentada na Câmara dos Comuns em 1800. George Canning, secretário do Exterior, achou um "absurdo" e perguntou retoricamente: "O que poderá ser mais inocente do que a briga de touros com cães, o boxe ou a dança?"

Como nenhuma tentativa de proibir o boxe ou a dança havia sido feita, tudo indica que esse astuto estadista não compreendeu a lei a que se opunha – achou que era uma tentativa de tornar ilegais ajuntamentos da "ralé", que poderiam levar a uma conduta imoral[34]. A pressuposição que tornava esse equívoco possível era a de que uma conduta que atinja apenas um animal não pode, de maneira alguma, merecer legislação específica – pressuposição compartilhada por *The Times*, que dedicou um editorial ao princípio de que "o que quer que interfira na disposição privada pessoal do tempo ou da propriedade do homem é tirania. Desde que outra pessoa não seja atingida, não há lugar para interferência do poder constituído". O projeto de lei foi derrotado.

Em 1821, Richard Martin, um proprietário de terras irlandês e membro do Parlamento por Galway, propôs uma lei para impedir maus-tratos a cavalos. A seguinte descrição dá o tom do debate que se seguiu:

> Quando Alderman C. Smith sugeriu que se deveria proteger os burros, houve tanta algazarra e gargalhadas que o repórter de *The Times* quase não ouviu o que foi dito. Quando o presidente repetiu a proposta, as risadas aumentaram. Outro membro disse que, da próxima vez, Martin legislaria a favor dos cães, o que provocou nova explosão de risos, e o grito "E gatos!" fez a Casa entrar em convulsão.[35]

Esse projeto de lei tampouco foi aprovado, mas, no ano seguinte, Martin conseguiu fazer passar uma lei que tornava criminoso maltratar gratuitamente certos animais domésticos, "propriedades de qualquer pessoa ou de quaisquer pessoas". Pela primeira vez, a crueldade em relação aos animais era um crime passível de punição. Não obstante a algazarra do ano anterior, os burros foram incluídos; cães e gatos, contudo, ainda ficaram fora do alcance da lei. Muito significativo foi que Martin teve de escamotear sua lei de maneira que ela parecesse uma medida para proteger bens de propriedade privada, em benefício do dono, e não em benefício dos próprios animais[36].

A proposta agora era lei, mas ainda tinha de ser cumprida. Como as vítimas não podiam apresentar queixa, Martin e alguns outros destacados humanitaristas criaram uma sociedade para reunir provas e impetrar ações judiciais. Dessa maneira, iniciou-se a primeira organização para o bem-estar animal, que mais tarde se tornaria a Royal Society for the Prevention of Cruelty to Animals (RSPCA).

Alguns anos depois da aprovação dessa primeira modesta proibição legal, Charles Darwin escreveu em seu diário: "O homem, em sua arrogância, acredita ser uma grande obra, merecedora da intermediação de uma divindade. É mais humilde e, penso eu, mais verdadeiro considerar que foi criado a partir dos animais."[37] Outros vinte anos se passaram antes que Darwin, em 1859, considerasse ter acumulado provas suficientes em apoio à sua teoria para torná-la pública. Mesmo então, em *A origem das espécies*, Darwin evitou debater em que medida sua teoria da evolução de uma espécie para outra poderia ser aplicada a seres humanos, dizendo apenas que a obra esclareceria "a origem do homem e sua história". Ele já fizera muitas anotações sobre a teoria de que o *Homo sapiens* descendia de outros animais, mas decidiu que a publicação desse material simplesmente "aumentaria o preconceito contra meu ponto de vista"[38]. Somente em 1871, quando muitos cientistas já haviam aceitado a teoria geral da evolução, Darwin publicou *A origem do homem*, explicitando o que havia escondido numa única frase de sua obra precedente.

Assim, começou uma revolução na compreensão humana sobre a relação existente entre nós e os animais não humanos... ou não? Seria de esperar que a sublevação intelectual desencadeada pela publicação da teoria da evolução provocasse profundas alterações na atitude dos seres humanos para com os animais. Quando o peso das provas científicas em favor da teoria se tornasse aparente, praticamente todas as justificativas anteriores quanto ao lugar supremo ocupado por nós na Criação e nosso domínio sobre os animais teriam de ser reconsideradas. Do ponto de vista intelectual, a revolução darwiniana foi revolucionária. Os seres humanos agora sabiam que não eram uma criação especial de Deus, feita à imagem divina e considerada distinta dos animais; ao contrário, passaram a compreender que eram, eles próprios, animais. Além disso, em apoio à sua teoria da evolução, Darwin apontou que as diferenças entre humanos e animais não eram tão grandes quanto se supunha. O capítulo 3 de *A origem do homem* é devotado a uma comparação dos poderes mentais dos seres humanos e dos "animais inferiores", e Darwin sintetiza os resultados dessa comparação da seguinte maneira:

> Vimos que os sentimentos e a intuição, as várias emoções e faculdades, tais como amor, memória, atenção e curiosidade, imitação, razão etc., das quais o homem se orgulha, podem

ser encontradas em estado incipiente, ou mesmo, por vezes, numa condição bem desenvolvida, nos animais inferiores.[39]

No quarto capítulo dessa mesma obra, o autor vai ainda mais longe, afirmando que o senso moral humano também pode remontar aos instintos sociais dos animais, instintos que os levaram a sentir prazer na companhia uns dos outros, a ter simpatia uns pelos outros e a realizar serviços de auxílio mútuo. E, num trabalho subsequente, *A expressão das emoções no homem e nos animais*, Darwin fornece provas adicionais do amplo paralelo entre a vida emocional dos seres humanos e de outros animais.

A violenta resistência oferecida à teoria da evolução e da descendência da espécie humana de animais – uma história demasiado conhecida para ser recontada aqui – é uma indicação da extensão com que as ideias especistas chegaram a dominar o pensamento ocidental. A ideia de que somos produto de um ato especial da Criação, e que os outros animais foram criados para nos servir, não seria abandonada com facilidade. No entanto, as provas científicas quanto à origem comum dos seres humanos e das outras espécies eram esmagadoras.

Com a aceitação final da teoria de Darwin, chegamos a uma compreensão moderna da natureza, que, desde então, mudou mais em detalhes do que em fundamentos. Somente aqueles que preferem a fé religiosa a crenças assentadas em raciocínio e em provas podem ainda afirmar que a espécie humana é a "queridinha" especial de todo o universo, que os demais animais foram criados para nos fornecer alimentos ou que temos autoridade divina sobre eles e permissão divina para matá-los.

O DOMÍNIO DO HOMEM | 301

Se adicionarmos essa revolução intelectual ao incremento dos sentimentos humanitários que a precedeu, poderíamos pensar que, daí por diante, tudo correria bem. Porém, como espero ter deixado claro nos capítulos anteriores, a "mão da tirania" humana ainda se abate sobre as outras espécies e, provavelmente, infligimos mais dor aos animais agora do que em qualquer outra época na história. O que deu errado?

Se examinarmos o que pensadores relativamente avançados escreveram sobre os animais desde o tempo em que, ao final do século XVIII, começou-se a aceitar que eles têm direito a algum grau de consideração, observaremos um fato interessante. Com muito raras exceções, esses autores, até os melhores entre eles, detiveram-se antes do ponto em que os argumentos os levariam a defrontar com a escolha entre romper com o hábito profundamente arraigado de comer a carne de outros animais ou admitir que não agiam de acordo com as conclusões dos próprios argumentos morais. Esse padrão se repete com frequência. Lendo documentos do final do século XVIII em diante, com frequência deparamo-nos com passagens em que o autor aponta os erros existentes no tratamento dispensado aos animais de modo tão veemente que temos a certeza de que ali está, enfim, alguém que se libertou das ideias especistas – e, portanto, libertou-se também da mais propalada de todas as práticas especistas: a de comer outros animais. Salvo uma ou duas notáveis exceções – Lewis Gompertz e Henry Salt, no século XIX[40] –, acabamos sempre desapontados. De repente, surge uma qualificação ou alguma nova consideração e o autor esquiva-se de possíveis escrúpulos com sua dieta, para os quais sua linha de argumentação parecia apontar. Quando a história do movimento pela libertação animal for escrita, a era que começou com Bentham será conhecida como a era dos pretextos.

Os pretextos utilizados hoje em dia variam, e alguns mostram certa engenhosidade. Vale a pena examinar exemplos dos principais tipos, pois ainda são encontrados em nossos dias.

Primeiro, e não é de admirar, há o Pretexto Divino, que pode ser ilustrado com a seguinte passagem de William Paley, no livro *Principles of Moral and Political Philosophy* [Princípios de filosofia moral e política] (1785). Ao estabelecer os "Direitos gerais da humanidade", Paley pergunta se temos direito à carne dos animais:

> Parece haver necessidade de um pretexto para a dor e a privação que infligimos aos animais, restringindo-os em sua liberdade, mutilando seus corpos e, finalmente, pondo fim a suas vidas (que supomos ser a totalidade de sua existência) em nome de nosso prazer ou conveniência.
> Alega-se como justificativa para essa prática. [...] que as várias espécies de animais, criadas para se tornarem presas umas das outras, oferecem uma espécie de analogia para provar que a espécie humana está destinada a se alimentar delas [...] [mas] essa analogia é extremamente frágil, uma vez que os animais não têm como se manter de outra maneira, e nós temos; pois toda a espécie humana pode subsistir inteiramente de frutas, lentilhas, ervas e raízes, como muitas tribos hindus de fato o fazem. [...]
> Parece-me difícil defender esse direito com argumentos oferecidos pela compreensão e a ordem da natureza; e que o devemos à permissão dada pelas Escrituras (*Gênesis* 9, 1-3).[41]

Paley é somente um entre os muitos que apelaram para a revelação quando se viram incapazes de dar uma justificativa racional para uma dieta alimentar consistente de outros animais. Henry Salt, em sua autobiografia *Seventy Years Amongst Savages* [Setenta anos entre selvagens], um relato de sua vida na Inglaterra, registra uma conversa que teve quando era professor no Eton College. Ele se tornara vegetariano havia pouco, e pela primeira vez discutia essa prática com um colega, um eminente professor de ciências. Aguardou, com alguma apreensão, o veredicto da mente científica a respeito de suas novas crenças. Quando este veio, foi nesses termos: "Mas você não acha que os animais nos foram *enviados* para servir-nos como comida?"[42]

Outro autor, lorde Chesterfield, recorreu à natureza, em vez de a Deus:

> Meus escrúpulos continuavam irreconciliáveis com a ingestão de uma refeição tão horrível, até que, após séria ponderação, convenci-me de sua legalidade a partir da ordem geral da natureza, que instituiu o apresamento universal do mais fraco como um de seus princípios.[43]

Não há registro sobre se lorde Chesterfield acreditava que isso justificava o canibalismo.

Benjamin Franklin usou o mesmo argumento – a fragilidade exposta por Paley – como justificativa para voltar a comer carne após alguns anos de dieta vegetariana. Em sua *Autobiografia*, conta que observava alguns amigos pescar quando percebeu que alguns dos peixes haviam comido outros. Então, concluiu: "Se vocês comem uns aos outros, não vejo por que não posso comê-los." Contudo, Franklin foi, ao menos, mais honesto do que alguns que utilizam esse argumento, pois admite que chegou a essa conclusão só depois que o peixe estava na frigideira e começou a exalar um cheiro "muito bom"; e acrescenta que uma das vantagens de ser uma "criatura que raciocina" é poder encontrar um motivo para qualquer coisa que se deseje fazer[44].

Também é possível, para um grande pensador, evitar confrontar-se com a difícil questão da dieta, considerando-a demasiado profunda para a mente humana apreender. Como escreveu o dr. Thomas Arnold de Rugby:

> Para mim, a questão da criação animal é um mistério tão doloroso que não ouso abordá-lo.[45]

Essa atitude foi compartilhada pelo historiador francês Michelet; sendo francês, ele a expressou de maneira menos prosaica:

> Vida Animal, mistério sombrio! Mundo imenso de pensamentos e mudos sofrimentos. Toda a natureza protesta contra o barbarismo do homem, que compreende mal, que humilha, que tortura seus irmãos inferiores. Vida, morte! O assassinato diário implícito na ingestão de animais – difíceis e amargos problemas implacavelmente colocados perante minha mente. Miserável contradição. Esperemos que possa haver outra esfera na qual sejamos poupados do destino indigno e cruel desta.[46]

Parece que Michelet acreditava que não podemos viver sem matar; se assim for, sua angústia quanto a essa "miserável contradição" deve ter sido inversamente proporcional ao tempo que dedicou para examiná-la.

Outro a aceitar o erro confortável de que precisamos matar para viver foi Arthur Schopenhauer. Ele exerceu certa influência por ter apresentado ideias orientais ao Ocidente. Em várias passagens, comparou as atitudes "revoltantemente cruéis" para com os animais, prevalecentes na filosofia e na religião ocidentais, com as atitudes dos budistas e dos hinduístas. Sua prosa é contundente e desdenhosa, e muitas das críticas mordazes que faz às atitudes ocidentais ainda hoje são apropriadas. No entanto, após uma passagem particularmente cáustica, Schopenhauer considera de modo breve a questão de matar para comer. Mal consegue negar que os seres humanos podem viver sem matar – ele sabe muito sobre os hindus para isso –, mas alega que "sem comida de origem animal a raça humana não poderia nem sequer existir *no norte*". Schopenhauer não fornece a base para essa distinção geográfica, embora acrescente que a morte do animal deveria tornar-se "ainda mais fácil", com a utilização de clorofórmio[47].

Até Bentham, que tão claramente afirmou a necessidade de estender os direitos aos não humanos, titubeou nesse ponto:

> Há uma boa razão para que nos seja facultado comer quem assim o desejarmos: é o melhor para nós e para eles nunca é o pior. Eles não fazem nenhuma daquelas demoradas antecipações quanto ao sofrimento futuro que fazemos. A morte que sofrem em nossas mãos, em geral, é, e sempre pode ser,

mais rápida, e, portanto, menos dolorosa, do que aquela que os aguardaria no inevitável curso da natureza.

Não se pode deixar de pensar que, nessas passagens, Schopenhauer e Bentham baixaram seu padrão normal de argumentação. Afora a questão da moralidade de matar sem dor, nem Schopenhauer nem Bentham consideram que, necessariamente, há sofrimento envolvido na criação e no abate comercial de animais. Sejam quais forem as possibilidades puramente teóricas de abate indolor, o abate em larga escala de animais para a obtenção de alimento não é e nunca foi indolor. Quando Schopenhauer e Bentham escreveram, o abate era uma atividade ainda mais terrível do que hoje. Os animais, forçados a cobrir a pé longas distâncias, eram conduzidos ao abatedouro por tropeiros cuja preocupação limitava-se a chegar ao fim da jornada o mais rapidamente possível. Podiam, então, passar dois ou três dias no pátio do matadouro, sem comida, talvez sem água; depois, eram abatidos por métodos bárbaros, sem nenhuma forma de atordoamento prévio[48]. Seja o que for que Bentham tenha dito, os animais são capazes, sim, de antecipar o que lhes está reservado, ao menos desde o momento em que entram no matadouro e sentem o cheiro do sangue dos companheiros. Bentham e Schopenhauer não teriam, claro, aprovado tudo isso; no entanto, continuaram a apoiar o processo, consumindo produtos de origem animal e justificando a prática geral da qual faziam parte. A esse respeito, Paley parece ter tido uma concepção mais precisa daquilo que está envolvido no ato de comer carne. Contudo, ele tinha como olhar os fatos de frente, porque podia recorrer à permissão divina. Schopenhauer e Bentham não se valeram desse pretexto; assim, tiveram de desviar o olhar dessa hedionda realidade.

Quanto ao próprio Darwin, também reproduziu a atitude moral para com os animais das gerações anteriores, embora tenha demolido as bases intelectuais dessas atitudes. Continuou a comer a carne dos seres que, conforme afirmou, eram capazes de amar, possuíam memória, curiosidade, razão e simpatia uns pelos outros; e recusou-se a assinar uma petição que apelava para que a RSPCA pressionasse a favor de um controle legislativo de experimentos com animais[49]. Seus seguidores esforçaram-se por enfatizar que, embora fizéssemos parte da natureza e descendêssemos de animais, nosso *status* não havia sido alterado. Em resposta à acusação de que as ideias de Darwin solapavam a dignidade do homem, T. H. Huxley, o maior defensor do cientista, disse:

> Ninguém está mais firmemente convencido do que eu da vastidão do abismo existente entre o homem civilizado e os animais; nossa reverência pela nobreza da humanidade não será rebaixada pelo conhecimento de que o homem é, em substância e estrutura, igual aos animais inferiores.[50]

Huxley é um verdadeiro representante da atitude moderna: sabe perfeitamente que as velhas razões para pressupor a existência de um vasto abismo entre o "homem" e o "animal inferior" não são mais válidas. Ainda assim, continua a acreditar na existência de tal abismo.

Aqui vemos muito claramente a natureza ideológica de nossas justificativas para a utilização dos animais. Quando as fundações de uma posição ideológica são solapadas, novas fundações devem ser encontradas. Caso contrário, a posição ideológica simplesmente se manterá suspensa, desafiando o equivalente lógico da lei da gravidade. No caso da atitude para com os animais, parece que foi o que aconteceu. Embora a visão moderna de nosso lugar no mundo difira enormemente de todas as que estudamos antes, pouca coisa mudou no tocante à prática de como agimos com relação aos demais animais. Se eles não estão mais fora por completo da esfera moral, ainda se encontram numa seção especial, próxima da borda externa. Seus interesses são levados em conta somente quando não se chocam com os interesse humanos. Quando há colisão – mesmo a colisão entre a vida de sofrimento de um animal não humano e a preferência gastronômica de um ser humano –, o interesse do não humano é desconsiderado. A atitude moral do passado está demasiadamente arraigada em nosso pensamento e em nossa prática para ser perturbada por uma mera mudança no conhecimento que temos de nós mesmos e de outros animais.

Macaco *rhesus* confinado a uma esteira cilíndrica no Instituto de Pesquisas em Radiobiologia das Forças Armadas Americanas, em Bethesda, Maryland, que realiza pesquisas militares com doses letais de radiação gama-nêutron. Os primatas são treinados, com a utilização de choques elétricos, a girar uma roda numa velocidade de entre 1,6 e 8 km por hora. Após um período de condicionamento de oito semanas, os macacos são submetidos à irradiação e novamente testados na roda até morrerem. A pesquisa compara o padrão de desempenho de macacos antes e após a exposição à radiação letal. Ver pp. 43 ss. (Foto de Henry Spira)

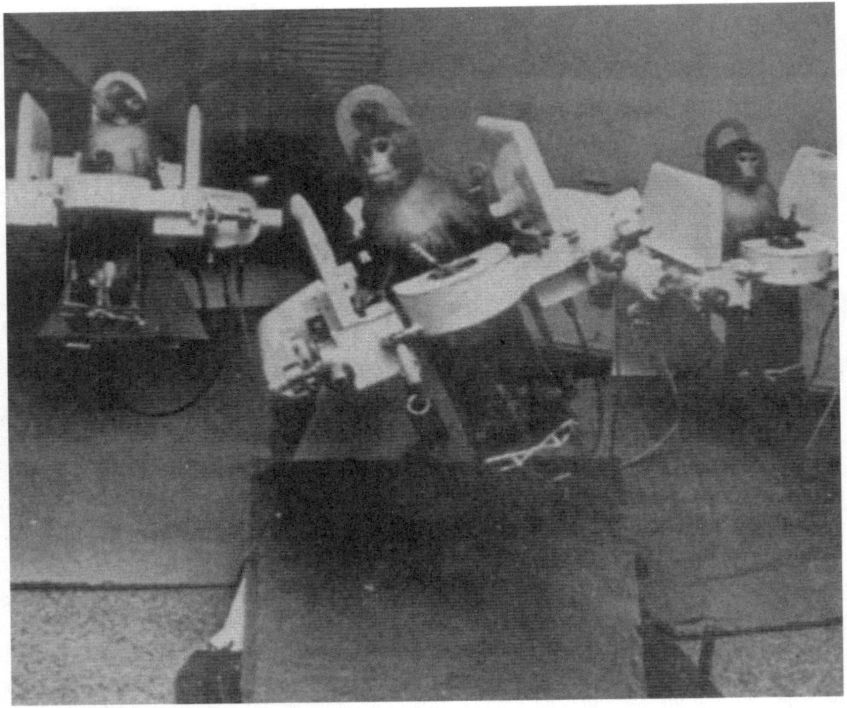

Na Base Aérea de Brooks, no Texas, os macacos são treinados com choques elétricos para manter as plataformas no nível horizontal acionando controles que simulam os procedimentos de pilotagem de bombardeiros da Força Aérea. São então submetidos a gás ou radiação para testar por quanto tempo continuam a manter o nível horizontal das plataformas sob condições simuladas de um ataque químico ou nuclear. Ver pp. 37 ss.

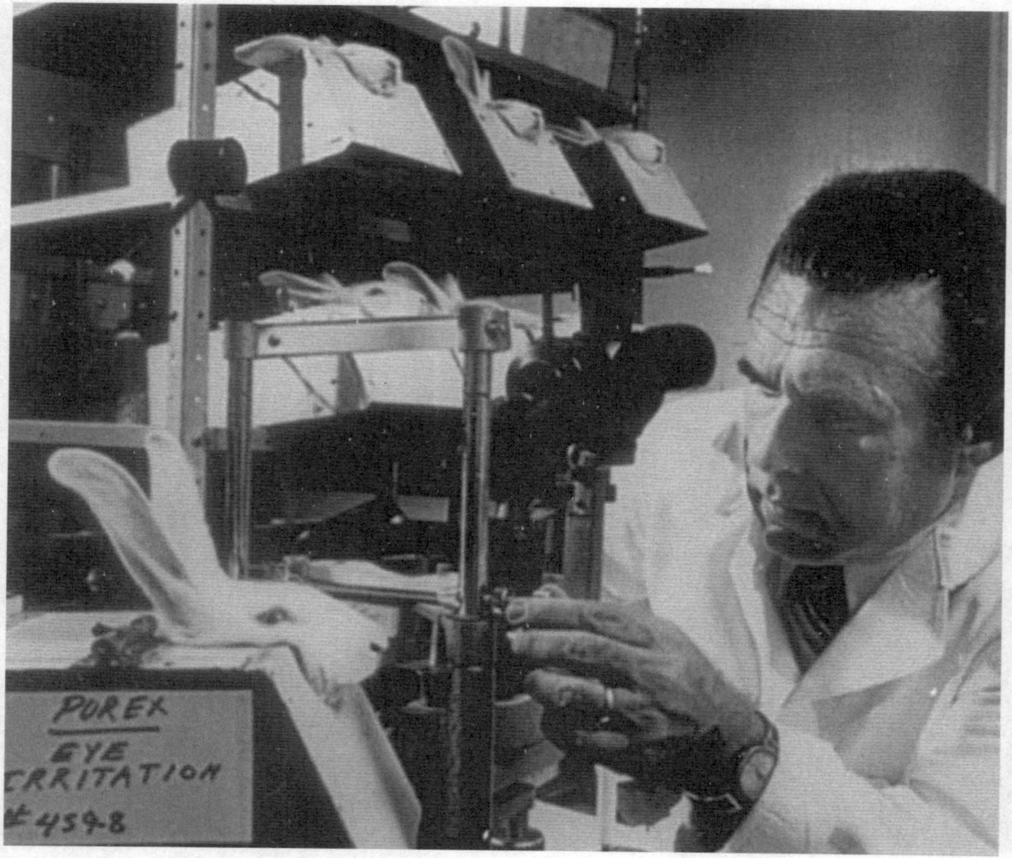

Para testar a potencialidade de irritação ocular de um detergente, uma pasta do detergente é aplicada diretamente nos olhos dos coelhos, que são então cobertos com bandagem e deixados para reagir à pasta. Os coelhos imobilizados são colocados em prateleiras (visíveis ao fundo) por várias horas. Como os coelhos não podem chorar para lavar o detergente dos olhos, sofrem uma irritação muito maior do que a experimentada pelos seres humanos. (UPI/Foto dos Arquivos Bettmann)

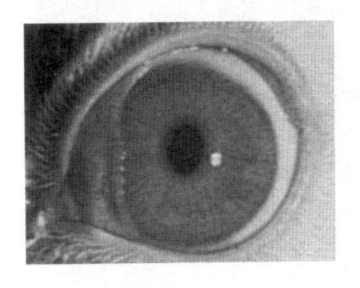

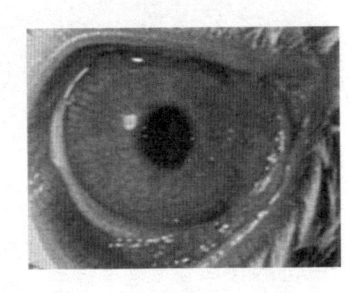

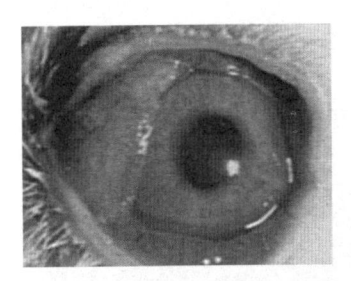

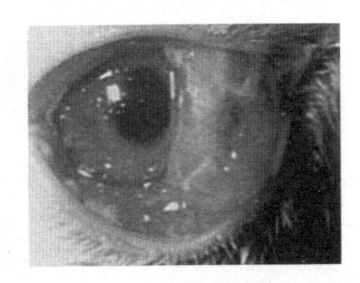

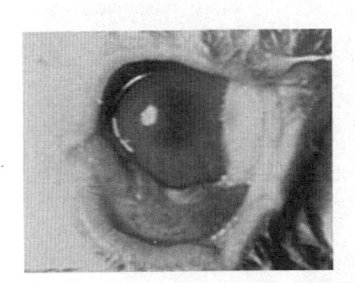

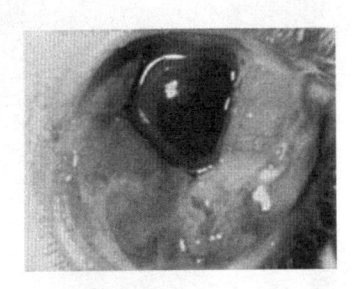

As fotografias acima mostram os efeitos dos agentes irritantes colocados nos olhos dos coelhos como parte do Teste Draize. Foram retiradas do *Illustrated Guide for Grading Eye Irritation Caused by Hazardous Substances* [Guia Ilustrado para Classificar a Irritação Ocular Provocada por Substâncias Perigosas], editado pela U.S. Consumer Product Safety Commission [Comissão de Segurança de Produtos de Consumo dos Estados Unidos]. Segundo a introdução desse guia, seu objetivo é "auxiliar no treinamento do pessoal de laboratório [...] e, assim, contribuir para interpretações mais uniformes dos resultados obtidos quando uma substância é testada de acordo com o método oficial". Em outras palavras, espera-se que os funcionários de laboratório coloquem substâncias potencialmente irritantes nos olhos dos coelhos, aguardem por um período que pode variar de algumas horas a uma semana, e depois avaliem a irritação provocada por essas substâncias comparando a aparência dos olhos dos coelhos com essas fotografias.

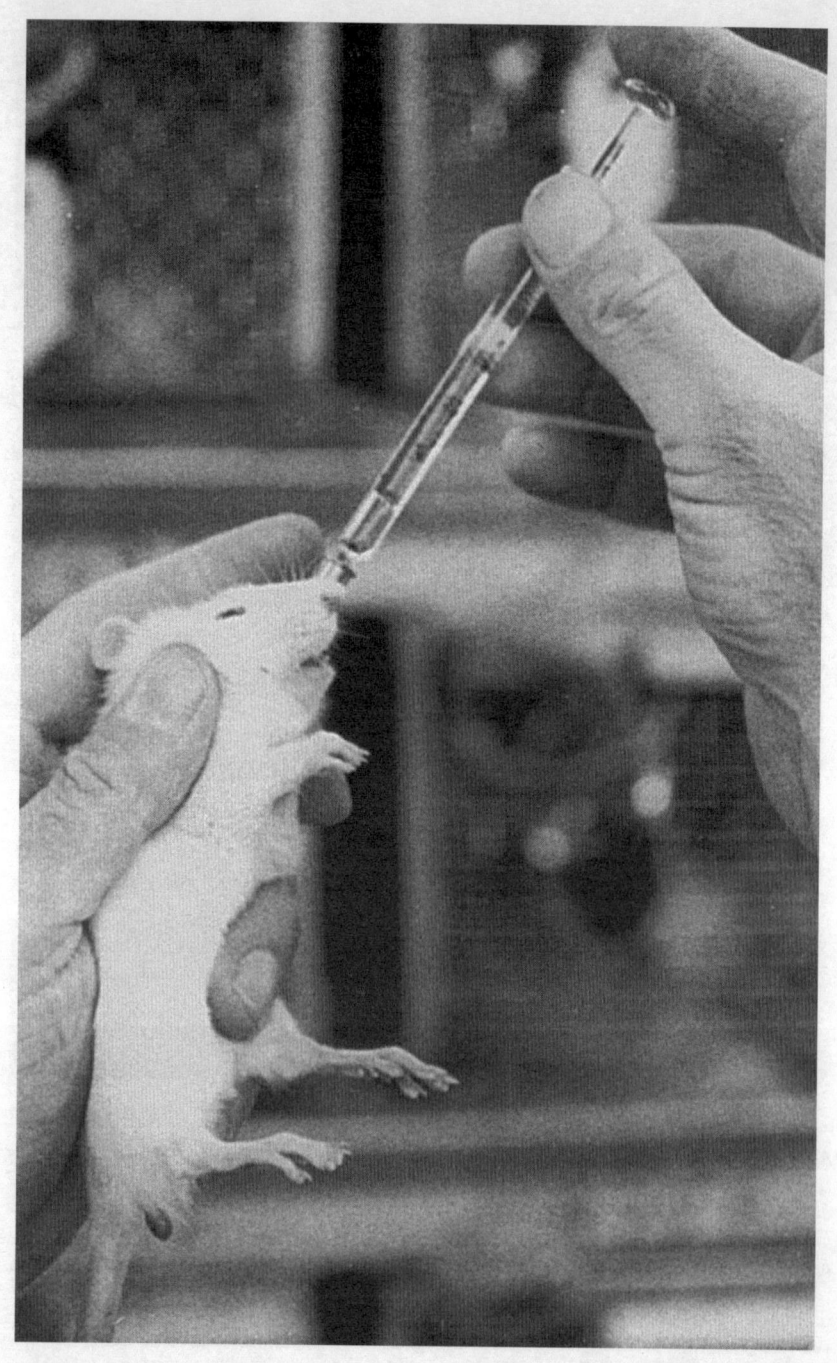

Este camundongo faz parte de um grupo submetido ao teste DL$_{50}$. Ele será forçado a tomar a substância a ser testada (talvez um corante ou flavorizante alimentício) até que 50 por cento do grupo tenha morrido envenenado. Ver pp. 78 ss.

Durante a prenhez, as porcas são confinadas em celas que não permitem que elas se virem nem andem para a frente ou para trás. (Foto de Jim Mason e J. A. Keller, do livro *Animal Factories*)

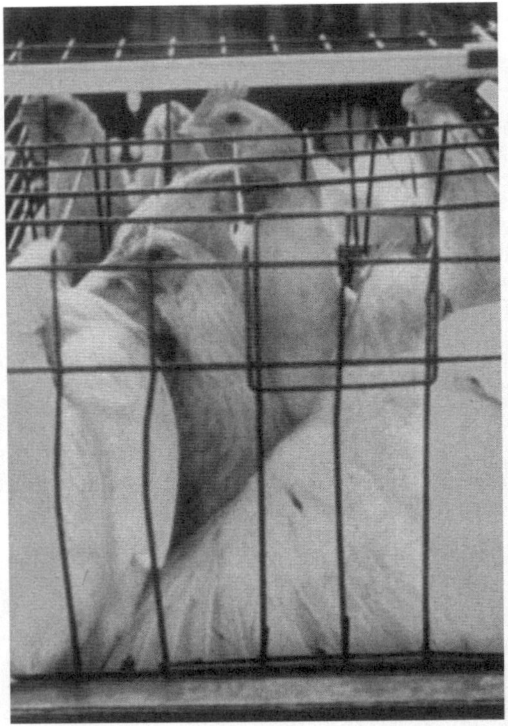

Foto em primeiro plano de uma bateria de gaiolas da Avícola Somerset, Victoria, Austrália. Havia sete galinhas na gaiola captada, que media aproximadamente 45 cm por 45 cm. (Foto de Patty Mark)

Linha de produção transportando galinhas vivas para a sala de abate de um frigorífico. (Foto de Jim Mason e J. A. Keller, do livro *Animal Factories*)

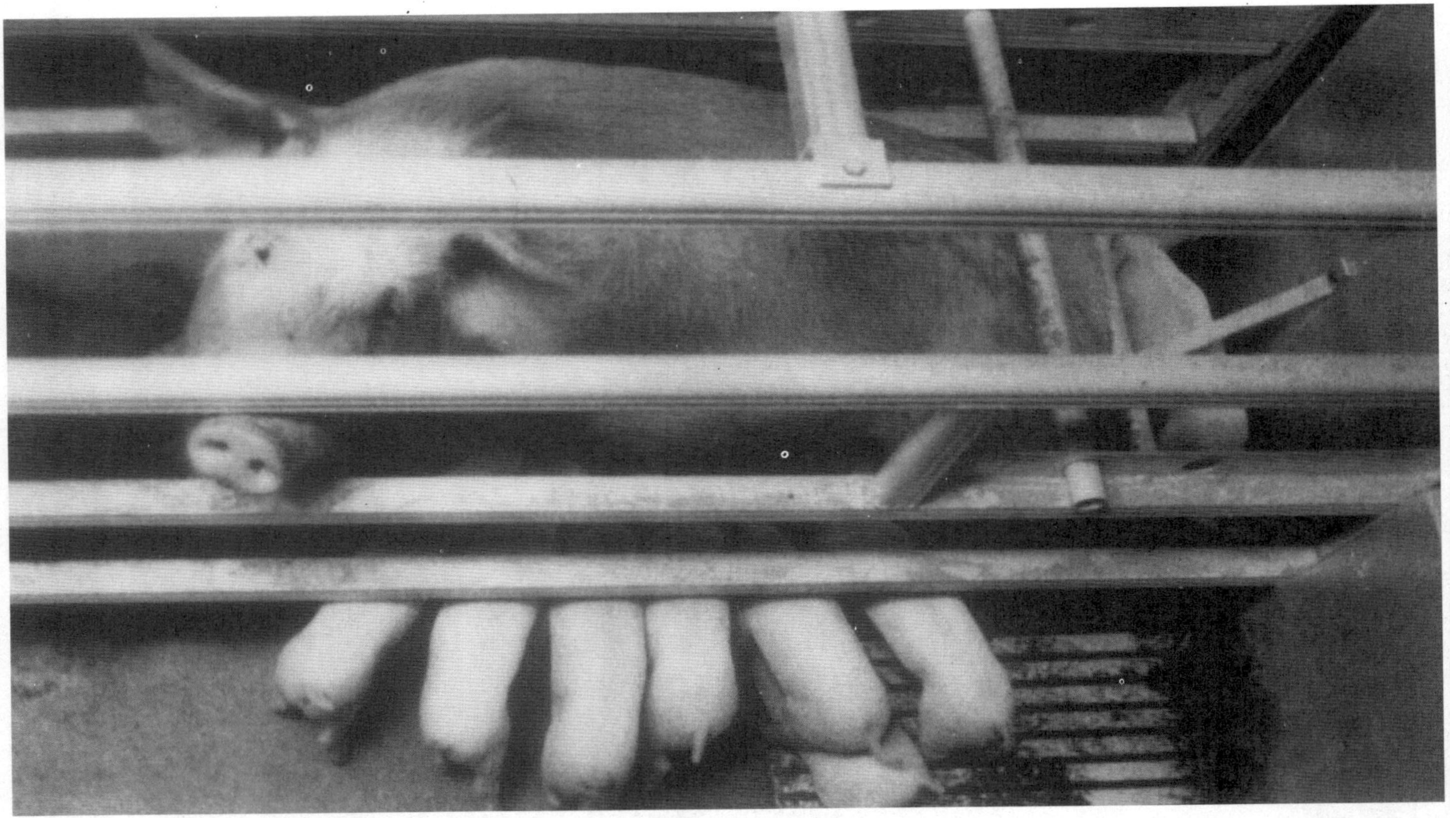

Após o confinamento durante a prenhez, as porcas são muitas vezes imobilizadas desde o momento em que dão cria até que os porquinhos sejam desmamados. (Foto de Jim Mason e J. A. Keller, do livro *Animal Factories*)

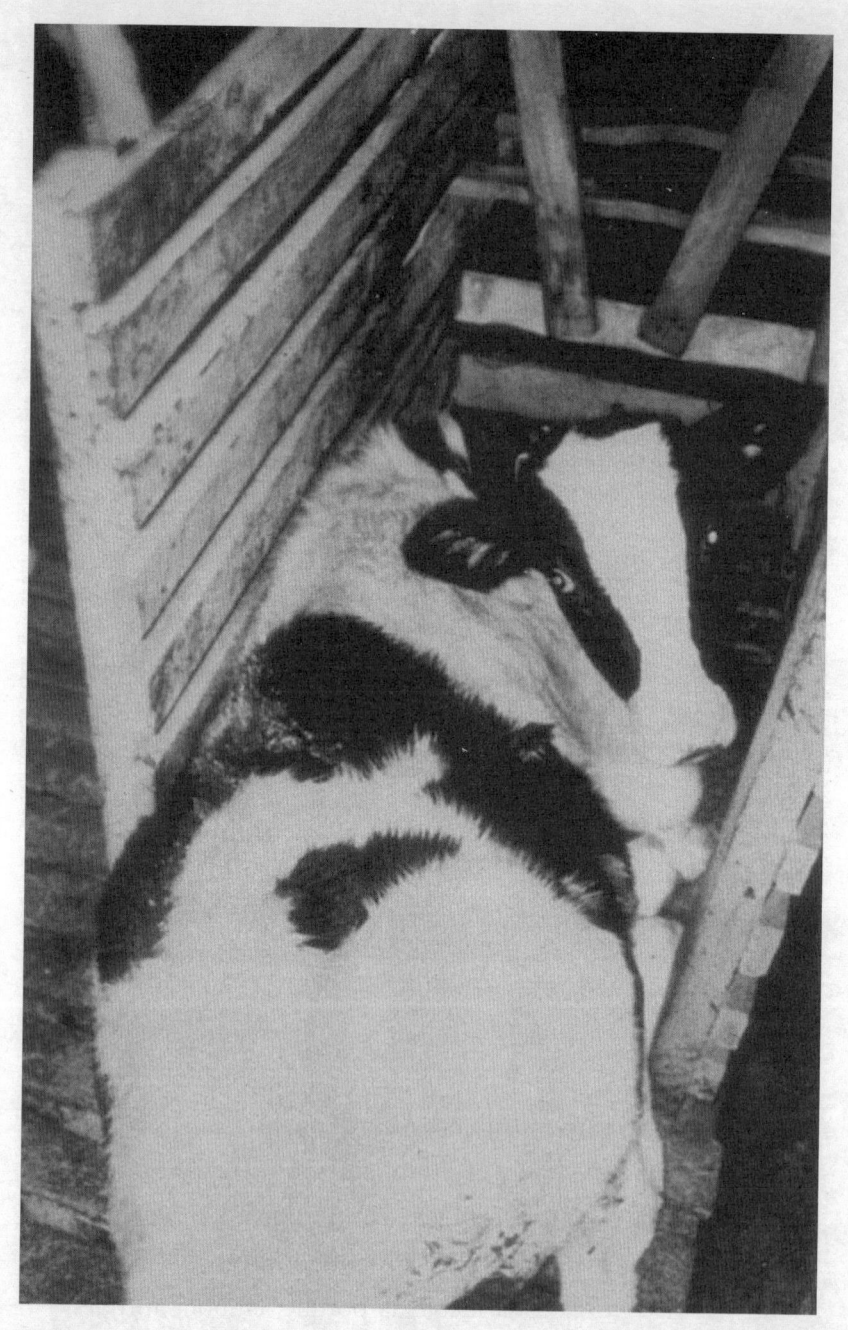

Este bezerro criado para produzir vitela é confinado durante toda a sua vida para que, quando abatido, seus músculos anêmicos permaneçam macios. Para deitar-se, bezerros criados assim precisam se curvar para acomodar as pernas em uma baia de 55 centímetros. (Foto cortesia da Humane Farming Association)

CAPÍTULO 6

O ESPECISMO HOJE...

*defesas, racionalizações, objeções à libertação animal
e avanços feitos para superá-las*

Vimos como os seres humanos infligem sofrimento a não humanos por motivos pueris, violando, assim, o princípio moral fundamental da igual consideração de interesses que deve reger nossas relações com todos os seres. Também vimos como, geração após geração, pensadores ocidentais tentaram defender o direito dos seres humanos de agir assim. Neste capítulo final, examinarei algumas das maneiras pelas quais as práticas especistas são mantidas e promovidas hoje, e vários argumentos e pretextos que ainda são utilizados na defesa da escravidão animal. Algumas dessas defesas foram erguidas contra posições consideradas neste livro. Portanto, neste capítulo terei a oportunidade de responder às objeções mais frequentes à causa da libertação animal. Mas este capítulo também pretende ser uma extensão do anterior, revelando a continuidade da ideologia cuja história remonta à Bíblia e aos antigos gregos. É importante expor e criticar essa ideologia porque, embora atitudes contemporâneas sejam benevolentes – numa base bastante seletiva – para permitir que se implementem algumas melhorias nas condições dos animais, sem desafiar as atitudes básicas com relação a eles, essas melhorias estarão sempre correndo o risco de ser desrespeitadas, a menos que alteremos a posição subjacente que sanciona a exploração impiedosa de não humanos para fins humanos. Apenas mediante o rompimento radical com mais de dois mil anos de pensamento ocidental relativo aos animais poderemos construir uma base sólida para a extinção dessa exploração.

Nossas atitudes para com os animais começam a se formar quando somos pequenos, e são dominadas pelo fato de que começamos a comer carne em idade muito precoce. É interessante observar que várias crianças, no início, recusam-se a comer carne, acostumando-se a ingeri-la apenas em consequência dos árduos esforços dos pais, que, erroneamente, acreditam ser ela necessária para uma boa saúde. No entanto, seja qual for nossa reação inicial, o importante é que começamos a comer carne muito antes de ter a capacidade de entender que ingerimos o corpo de um animal morto. Assim, não tomamos uma decisão consciente, com base em informações, livre dos vieses que acompanham qualquer hábito há muito estabelecido e reforçado por todas as pressões existentes no sentido da conformidade social. Ao mesmo tempo, quando crianças, demonstramos um amor natural pelos animais, e a sociedade nos estimula a tratar com amor cães, gatos e bichos de brinquedo. Tais fatos ajudam a explicar a mais distintiva característica das atitudes infantis para com os animais: a dubiedade. Coexistem duas atitudes conflitantes, cuidadosamente segregadas; assim, a contradição inerente a elas raramente causa problemas.

Não faz muito tempo, as crianças cresciam ouvindo contos de fadas em que animais, sobretudo lobos, eram descritos como astutos inimigos do homem. Um final feliz típico era aquele em que o lobo caía no poço, por causa das pesadas pedras que o habilidoso herói costurara em sua barriga enquanto dormia. E, caso as crianças esquecessem as implicações dessas histórias, podiam dar as mãos e cantar uma cantiga infantil como esta:

Três ratos cegos. Vejam como correm.
Todos correm atrás da mulher do agricultor.
Ela cortou o rabo deles com uma faca afiada.
Alguma vez na vida já viram algo
*Como esses três ratos cegos?**

Crianças que cresceram ouvindo histórias e cantigas como essas não percebiam nenhuma incoerência entre o que lhes era ensinado e o que comiam. Hoje, porém, essas narrativas e canções saíram de moda e, aparentemente, tudo é maravilhoso no que diz respeito à atitude infantil para com os animais. Mas há um problema: e os animais que comemos?

Uma resposta comum a esse problema é a simples evasiva. A afeição da criança pelos animais é direcionada para os que não são comidos: cães, gatos e outros espécimes de estimação. Com eles uma criança urbana ou suburbana tem contato. Os de brinquedo costumam ser ursos ou leões, e não porcos ou

▼
---
* Não existe essa cantiga em português, mas temos exemplos igualmente especistas, como o conhecido "Atirei um pau no gato/ mas o gato não morreu./ Dona Chica admirou-se/ do berro que o gato deu." (N. do T.)

vacas. Contudo, quando os animais criados em fazenda são mencionados em livros ilustrados, histórias e em programas infantis na tevê, a evasiva pode se tornar uma tentativa deliberada de induzir a criança ao erro quanto à natureza das fazendas modernas, escondendo, assim, a realidade que examinamos no capítulo 3. Um exemplo disso é o popular livro *Farm Animals* [Animais de fazenda], da Hallmark, que mostra aos pequenos ilustrações de galinhas, perus, vacas e porcos, todos cercados por filhotinhos, sem o menor vestígio de gaiola, cela ou baia. O texto nos diz que os porcos "gostam de uma boa refeição, depois rolam na lama e soltam grunhidos!", ao passo que as "vacas não têm nada para fazer, mas balançam a cauda, comem grama e fazem muuu!"[1] Livros britânicos como *The Farm* [A fazenda], da série *best-seller* Ladybird, dão a mesma impressão de simplicidade rural, mostrando a galinha solta, num terreiro, com os pintinhos, e todos os outros animais vivendo com seus rebentos em lugares espaçosos[2]. Com esse tipo de leitura, não é de admirar que a criança cresça acreditando que, muito embora os animais "precisem" morrer para prover alimentos aos seres humanos, eles vivem felizes até que essa hora chegue.

Reconhecendo a importância da formação de atitudes durante a juventude, o movimento feminista conseguiu estimular o desenvolvimento de uma nova literatura infantil, em que corajosas princesas ocasionalmente salvam príncipes em apuros, e garotas desempenham o papel principal e ativo que, em geral, era reservado aos garotos. Não será tão fácil alterar as histórias sobre animais que lemos para nossos filhos, uma vez que a crueldade não é um tema ideal para as narrativas infantis. No entanto, deveria ser possível evitar os detalhes mais horripilantes e dar às crianças livros ilustrados que estimulem o respeito pelos animais como seres independentes, e não como objetos mimosos, que existem para nos divertir e para serem servidos à mesa. Assim, à medida que elas ficassem mais velhas, poderiam tornar-se conscientes de que a maioria dos animais vive em condições não muito agradáveis. A dificuldade é que pais não vegetarianos relutam em dar a conhecer a história completa, temendo que a afeição da criança pelos animais possa criar conflitos durante as refeições em família. É comum ouvir que, ao tomar conhecimento de que animais são mortos para fornecer carne, o filho de algum amigo se recuse a comê-la. Infelizmente, é provável que essa rebelião instintiva encontre forte resistência por parte de pais não vegetarianos. A maioria das crianças não consegue manter sua recusa diante da oposição de pais que providenciam suas refeições e lhes dizem que elas ficarão grandes e fortes se comerem carne. Esperamos que, à medida que os conhecimentos sobre nutrição se tornarem mais difundidos, um número maior de pais compreenda que, em relação a esse assunto, talvez os filhos sejam mais sábios do que eles[3]. Uma indicação de como as pessoas estão distantes dos animais que ingerem é dada pelo fato de que podem passar a vida toda sem revisar a imagem cor-de-rosa obtida quando pequenas, quando aprenderam que fazendas são lugares onde os animais andam livremente, em condições idílicas. Não existem fazendas nas cidades onde as pessoas vivem. Embora, num passeio de carro pelo interior, possamos ver muitas construções e relativamente poucos animais pelos campos, quantos de nós conseguem distinguir um celeiro de um aviário?

Tampouco os meios de comunicação educam o público sobre esse assunto. Programas sobre animais selvagens (ou supostamente selvagens, pois, muitas vezes, foram capturados e soltos em espaços limitados, para facilitar as filmagens) são apresentados pela tevê americana quase todas as noites. Mas as referências a fazendas de criação intensiva limitam-se a brevíssimas tomadas incluídas em raros "especiais" sobre agricultura ou produção de alimentos. O telespectador médio deve saber mais sobre a vida de guepardos e tubarões do que sobre o cotidiano de galinhas ou bezerros. O resultado é que obtemos a maior parte das "informações" sobre animais de criação ao assistir à televisão, e isso se dá na forma de anúncios pagos, que vão desde os ridículos desenhos animados de porcos que querem ser transformados em salsichas e de atuns tentando ser enlatados, até mentiras deslavadas sobre as condições em que os frangos são criados. Os jornais não fazem melhor. A cobertura que dão a não humanos é dominada por acontecimentos de "interesse humano", como o nascimento de um gorila no zoológico ou a ameaça de extinção de certas espécies. Mas o desenvolvimento de técnicas de criação de animais, que privam milhões deles da liberdade de movimento, nunca é noticiado.

Antes do recente sucesso obtido pelo movimento pela libertação animal em desmascarar um ou dois laboratórios famosos, o que acontecia nas pesquisas com cobaias era tão pouco conhecido quanto aquilo que se passa nas fazendas industriais. O público, claro, não tem acesso aos laboratórios. Embora os pesquisadores publiquem seus relatórios em revistas especializadas, eles liberam notícias sobre seu trabalho para a mídia apenas quando podem alegar ter descoberto algo importante. Assim, antes de o movimento pela libertação animal atrair a atenção da mídia, o público não fazia a menor ideia de que a maioria dos experimentos realizados em animais jamais é divulgada, e que a maior parte dos resultados publicados é banal. Uma vez que, como vimos no capítulo 2, ninguém sabe exatamente quantos experimentos com cobaias são realizados nos Estados Unidos, não é de admirar que o público não tenha a mais remota ideia da extensão desses testes. As instalações são, em geral, projetadas para que o público praticamente não veja os animais vivos que nelas entram e os mortos que delas saem. Um conhecido manual sobre o uso de cobaias aconselha os laboratórios a instalar um incinerador, pois a visão de dezenas de corpos de animais mortos, retirados como lixo comum, "certamente não aumentará a estima que o centro de pesquisa goza junto ao público"[4].

A falta de informação, pois, é a primeira linha de defesa do especista. No entanto, ela é facilmente transposta por qualquer pessoa que tenha tempo e determinação para descobrir a verdade. A ignorância prevalece há tanto tempo porque ninguém quer saber a verdade. "Não me conte, vai estragar meu jantar" é a resposta comum à tentativa de contar como aquele jantar foi produzido. Até as pessoas que têm consciência de que os interesses dos grandes negócios assumiram o controle das propriedades rurais familiares tradicionais, e que alguns experimentos questionáveis são realizados nos laboratórios, agarram-se à vaga crença de que as condições não podem ser tão más. Caso contrário, o governo ou as sociedades de bem-estar animal teriam feito alguma coisa a respeito. Alguns anos atrás, o dr. Bernhard Grzimek, diretor do zoológico de Frankfurt e um dos principais opositores da criação intensiva de animais da Alemanha, comparou a ignorância dos compatriotas em relação a esses criadores com a de uma geração anterior de alemães, que não percebeu outra forma de atrocidade, também escondida da maioria dos olhares[5]. Em ambos os casos, sem dúvida, a responsabilidade pela falta de informação não se deve à incapacidade de descobrir o que ocorre, mas ao desejo de não tomar conhecimento de fatos que poderiam pesar na consciência, bem como, naturalmente, do pensamento confortador de que, afinal, as vítimas do que quer que aconteça nesses lugares não são membros de nosso grupo.

A ideia de que podemos confiar nas sociedades de bem-estar animal para evitar a crueldade é reconfortante. A maioria dos países dispõe de, no mínimo, uma grande sociedade de proteção animal. Nos Estados Unidos, existem a American Society for the Prevention of Cruelty to Animals (ASPCA) [Sociedade Norte-Americana para a Prevenção da Crueldade com os Animais], a American Humane Association [Associação Humanitária Norte-Americana] e a Humane Society of the United States [Sociedade Humanitária dos Estados Unidos]; na Grã-Bretanha, a Royal Society for the Prevention of Cruelty to Animals (RSPCA) permanece, inquestionavelmente, como o maior grupo. É razoável perguntar: por que essas associações não conseguiram impedir as crueldades descritas nos capítulos 2 e 3 deste livro?

Há vários motivos para o fracasso das organizações de bem-estar animal no tocante à implementação de ações contra os piores tipos de crueldade. Um deles é histórico. Quando fundadas, a RSPCA e a ASPCA eram grupos radicais, muito à frente da opinião pública de sua época. Opunham-se a todas as formas de crueldade, inclusive aquela praticada em fazendas, que então, como agora, já impunham maus-tratos. Porém, à medida que os recursos dessas organizações aumentaram, o número de membros e a respeitabilidade perderam seu caráter radical e se tornaram parte do *establishment*. Passaram a ter estreita ligação com membros do governo, empresários e cientistas. Tentaram utilizar esses contatos para melhorar as condições dos animais, e houve algumas pequenas melhorias. Mas, ao mesmo tempo, o relacionamento com aqueles que tinham interesses básicos no uso de animais como alimento, ou para fins de pesquisa, arrefeceu a crítica radical que inspirou os fundadores. Sucessivamente, as sociedades foram transigindo com seus princípios fundamentais, em troca de reformas triviais. Melhor algum progresso do que nada, diziam; mas, muitas vezes, as reformas se provavam ineficazes quanto à melhoria das condições dos animais, e funcionavam como garantia, para o público, de que nada mais precisava ser feito[6].

À medida que a riqueza dessas associações aumentava, outra consideração se tornava importante. Elas foram fundadas como organizações sem fins lucrativos. Esse *status* rendia-lhes substanciais benefícios fiscais, mas, tanto na Grã-Bretanha como nos Estados Unidos, as sociedades desse tipo não devem envolver-se em atividades políticas. Infelizmente, muitas vezes a ação política é a única saída para melhorar as condições dos animais (sobretudo se uma organização é demasiado cautelosa para organizar um boicote público a produtos de origem animal), e a maior parte dos grandes grupos manteve-se afastada de tudo que pusesse em risco seu *status*. Isso os levou a priorizar atividades seguras, como recolher cães abandonados e denunciar atos isolados de crueldade, em vez de realizar amplas campanhas contra a crueldade sistemática.

Finalmente, em algum ponto durante os últimos cem anos, as principais sociedades perderam o interesse em animais de criação. Talvez isso tenha ocorrido porque os patrocinadores e os funcionários eram originários das cidades e, por isso, conheciam mais e se importavam mais com cães e gatos do que com porcos e bezerros. Seja qual for o motivo, na maior parte do século XX a literatura e a publicidade dos antigos grupos deram uma contribuição significativa para a atitude prevalecente de que cães, gatos e animais selvagens precisam de proteção, mas outras espécies não. Assim, as pessoas passaram a pensar que o "bem-estar animal" é uma atividade de senhoras bondosas que adoram gatos, e não uma causa fundada nos princípios básicos da justiça e da moralidade.

Na última década do século XX houve uma mudança. Em primeiro lugar, formaram-se dezenas de novos grupos mais radicais de libertação e de direitos dos animais. Junto com algumas organizações já existentes – que até então haviam conseguido exercer relativamente pouco impacto –, esses novos grupos aumentaram em muito a consciência do público com relação à imensa e sistemática crueldade praticada na produção intensiva, nos laboratórios, nos circos, nos jardins zoológicos e na caça. Em segundo lugar, talvez em resposta a essa nova onda de interesse, mais associações conhecidas – como a RSPCA, na Grã-Bretanha, a ASPCA e a Sociedade Humanitária dos Estados Unidos – assumiram uma postura muito mais contundente contra a crueldade para com animais de criação e de laboratório, conclamando, inclusive, boicotes a produtos como carne de vitela, bacon e ovos vindos da indústria intensiva.

Entre os fatores que dificultam o despertar da preocupação do público com relação aos animais, talvez o pior seja a afirmação de que "seres humanos vêm em primeiro lugar" – o que implica assumir que é impossível comparar qualquer problema relativo aos animais, como questão moral ou política séria, a um problema relativo aos seres humanos. Esse pensamento é, em si, uma indicação de especismo. Como pode alguém que não tenha feito um estudo profundo sobre o sofrimento animal saber que essa questão envolve problemas menos sérios do que os associados ao sofrimento humano? Pode-se alegar que os animais não importam e que, por mais que sofram, seu padecimento é menos importante do que o dos seres humanos. Mas dor é dor, e a importância de impedi-la não diminui porque ela não se refere a um membro de nossa espécie. O que pensaríamos de alguém que dissesse "brancos vêm primeiro" e que, portanto, a pobreza da África não é tão grave quanto a da Europa?

É verdade que muitos problemas no mundo merecem nosso tempo e energia. A fome e a miséria, o racismo, as guerras e a ameaça de aniquilação nuclear, o sexismo, o desemprego, a preservação de nosso frágil meio ambiente – todas essas são questões graves e é difícil dizer qual é a mais importante. No entanto, quando nos libertamos do especismo, percebemos que a opressão de não humanos por humanos acontece *pari passu* a esses problemas. O sofrimento que infligimos é grande e os números envolvidos são gigantescos: mais de 100 milhões de porcos, bovinos e ovelhas passam, todos os anos, pelos processos descritos no capítulo 3, somente nos Estados Unidos; o mesmo acontece com bilhões de galinhas; e ao menos 25 milhões de animais são submetidos à experimentação anualmente. Se mil seres humanos fossem forçados a passar pelos testes que levam os não humanos ao padecimento, para averiguar, por exemplo, a toxicidade de produtos de limpeza doméstica, haveria um clamor nacional. O uso de milhões de animais para esse fim deveria, no mínimo, causar reação semelhante, sobretudo porque esse sofrimento é desnecessário e poderia ser evitado se assim o quiséssemos. A maioria das pessoas sensatas deseja o fim das guerras, da desigualdade racial, da pobreza e do desemprego; o problema é que estamos tentando impedir essas coisas há anos e agora temos de admitir que, em grande medida, não sabemos como fazê-lo. A redução do sofrimento dos animais seria relativamente fácil, desde que os seres humanos se decidissem a isso.

A ideia de que "seres humanos vêm em primeiro lugar" é usada mais como um pretexto para não fazer nada em relação a animais humanos e não humanos do que como uma genuína opção entre alternativas incompatíveis. A verdade é que não há incompatibilidade alguma nesse caso. É certo que todos temos um limite de tempo e energia, e o período que dedicamos ao trabalho ativo por uma causa reduz o tempo disponível para outra. Mas nada impede aqueles que devotam seu tempo e energia a problemas humanos de aderir ao boicote a produtos ligados à crueldade do agronegócio. Ser vegetariano não toma mais tempo do que comer carne. Como vimos no capítulo 4, os que alegam preocupação com o bem-estar dos seres humanos e com a preservação do meio ambiente deveriam tornar-se vegetarianos simplesmente por esse motivo. Estariam, assim, aumentando a quantidade de grãos disponíveis para alimentar pessoas em todas as partes, reduzindo a poluição, economizando água, energia e deixando de contribuir para a derrubada das florestas. Além disso, como uma dieta vegetariana é menos dispendiosa do que a baseada em pratos preparados com carne, teriam mais dinheiro para gastar com o alívio da fome, o controle populacional ou qualquer outra causa social ou política que acreditassem urgente. Não questiono a sinceridade dos vegetarianos que têm pouco interesse pelo movimento pela libertação animal porque dão prioridade a outras causas. Mas, quando não vegetarianos afirmam que os "problemas humanos vêm em primeiro lugar", não posso deixar de me perguntar o que é, exatamente, que estão fazendo pelos seres humanos que os compele a continuar apoiando a exploração perdulária e cruel dos animais de criação.

Nesse ponto, cabe uma digressão histórica: afirma-se, com frequência, como uma espécie de corolário da ideia de que "seres humanos vêm em primeiro lugar", que pessoas engajadas no movimento pelo bem-estar animal preocupam-se mais com eles do que com os seres humanos. Isso é verdadeiro em relação a alguns indivíduos. Historicamente, no entanto, os líderes do movimento de proteção animal preocuparam-se muito mais com seres humanos do que outros seres humanos, que não tiveram interesse na causa animal. A sobreposição de líderes de movimentos contra a opressão de negros e mulheres e líderes de movimentos contra a crueldade para com os animais é grande; tão ampla que fornece uma inesperada confirmação do paralelo existente entre racismo, sexismo e especismo. Entre os fundadores da RSPCA, por exemplo, estavam William Wilberforce e Fowell Buxton, dois líderes da luta contra a escravatura dos negros no Império Britânico[7]. Quanto às primeiras feministas, Mary Wollstonecraft escreveu, além de seu *Vindication of the Rights of Woman* [Em defesa dos direitos da mulher], uma coleção de histórias infantis intitulada *Original Stories* [Histórias originais], destinadas a estimular práticas compassivas com relação aos animais[8]. Algumas das primeiras feministas norte-americanas, como Lucy Stone, Amelia Bloomer, Susan B. Anthony e Elizabeth Cady Stanton eram ligadas ao movimento vegetariano. Junto com Horace Greeley, o editor reformista antiescravocrata de *The Tribune*, reuniram-se para comemorar o lançamento do livro *Women's Rights and Vegetarianism* [Direitos das mulheres e vegetarianismo][9].

Também se deve ao movimento pelo bem-estar animal a deflagração da luta contra a crueldade para com as crianças. Em 1874, foi solicitado a Henry Bergh, defensor pioneiro de sociedades norte-americanas de proteção animal, que fizesse algo em relação a um animalzinho cruelmente espancado. Verificou-se, depois, que o animalzinho era uma criança. Bergh foi vitorioso no processo que impetrou contra o tutor da criança por crueldade contra um animal, com base no estatuto de proteção animal de Nova York, que ele redigira, e cuja aprovação conseguira com muito esforço. Novos casos foram, então, apresentados, e a Sociedade Nova-Iorquina para a Prevenção da Crueldade com Crianças foi fundada. Quando as notícias chegaram à Grã-Bretanha, a RSPCA criou uma sociedade local nos mesmos moldes – a National Society for the

Prevention of Cruelty to Children [Sociedade Nacional pela Prevenção da Crueldade com Crianças][10]. Lorde Shaftesbury foi um dos fundadores desse grupo. Como grande reformador social, autor das Leis Fabris que acabaram com o trabalho infantil e com as 14 horas de trabalho diário, extraordinário ativista contra a experimentação descontrolada e outras formas de crueldade em relação aos animais, Shaftesbury, como muitos outros humanitaristas, refutou a ideia de que os que se preocupam com os não humanos não se interessam por seres humanos, ou que trabalhar por uma causa impossibilita a dedicação à outra.

As concepções que temos acerca da natureza dos animais e o raciocínio falho sobre as implicações que se seguem à nossa concepção de natureza também concorrem no sentido de apoiar atitudes especistas. Gostamos de nos considerar menos selvagens do que os outros animais. Dizer que pessoas são "humanas" é afirmar que são bondosas; dizer que são "bestiais", "brutais" ou simplesmente que se comportam "como animais" é sugerir que são cruéis e más. Raramente paramos para considerar que o animal que mata praticamente sem motivo para fazê-lo é o humano. Consideramos que leões e lobos são selvagens porque eles matam; mas, se não matarem, passam fome. Seres humanos matam outros animais por esporte, para satisfazer sua curiosidade, embelezar o corpo e satisfazer o paladar. Seres humanos também matam membros da própria espécie por ganância ou poder. Além disso, seres humanos não se satisfazem apenas em matar. Ao longo da história, mostraram a tendência de atormentar e torturar seus semelhantes e os não humanos antes de matá-los. Nenhum outro animal faz isso.

Ao mesmo tempo que ignoramos nossa selvageria, exageramos a de outros animais. Após cuidadosa investigação, zoólogos comprovaram que o lobo, vilão de tantos contos populares, revela-se, em seu ambiente natural, um ser altamente sociável, um cônjuge dedicado e afetuoso – não só por uma temporada, mas por toda a vida –, um pai devotado e um membro leal da alcateia. Lobos praticamente nunca matam, a não ser para comer. Quando os machos brigam entre si, a luta termina com um gesto de submissão, em que o perdedor oferece ao vencedor a parte posterior do pescoço – a zona mais vulnerável do seu corpo. Com o dente canino a apenas um centímetro da jugular do inimigo, o vitorioso se satisfaz com a submissão, e, ao contrário de um conquistador humano, não mata o opositor derrotado[11].

Ao insistir na visão do mundo dos animais como um sangrento cenário de combate, ignoramos a que extensão indivíduos de outras espécies demonstram uma vida social complexa, reconhecendo e relacionando-se com membros da mesma espécie. Quando seres humanos se casam, atribuímos sua aproximação ao amor, lamentando profundamente quando alguém perde o cônjuge. Quando outros animais se acasalam pela vida toda, dizemos que só o instinto os faz agir assim. E, se um caçador mata ou captura um animal para realizar pesquisas ou para levá-lo a um zoológico, não consideramos que ele pode ter um cônjuge que sofrerá com a súbita ausência do companheiro morto ou preso. De maneira semelhante, sabemos que afastar mães humanas de seus bebês é trágico para ambos; mas nem os produtores, nem os criadores de animais de estimação e de laboratório dedicam um só pensamento aos sentimentos das mães e dos bebês não humanos aos quais impõem a separação[12].

Curiosamente, muita gente rotula aspectos complexos do comportamento dos animais como "mero instinto", e, portanto, indigno de comparação com o comportamento aparentemente semelhante de seres humanos. Essas mesmas pessoas ignoram ou desqualificam a importância de padrões instintivos de comportamento quando isso lhes convém. Com frequência afirmam que galinhas poedeiras, bezerros e cães mantidos em gaiolas, para fins de experimentação, não sofrem, uma vez que jamais conheceram outras condições de vida. Vimos, no capítulo 3, que isso é uma falácia. Os animais sentem necessidade de se exercitar, de esticar os membros ou as asas, de se lamber ou se virar, tenham ou não vivido situações que lhes permitam fazê-lo. Animais gregários ressentem-se quando são isolados dos companheiros de espécie, ainda que nunca tenham conhecido outras condições; e um rebanho ou uma manada grande demais pode produzir o mesmo efeito, em virtude da incapacidade do animal, como indivíduo, de reconhecer outros. O estresse sentido por eles manifesta-se em "vícios" como o canibalismo.

A ignorância generalizada quanto à natureza dos não humanos permite àqueles que os tratam cruelmente que se eximam de críticas, afirmando que, afinal, "eles não são humanos". De fato, não o são; mas tampouco são máquinas de converter ração em carne, ou instrumentos de pesquisa. Considerando quão desatualizado está o conhecimento do público em relação às mais recentes descobertas de zoólogos e etólogos que passaram meses e, às vezes, anos observando animais, com *notebook* e câmera na mão, os perigos do antropomorfismo sentimental são menos graves do que o perigo oposto, representado pela ideia conveniente e útil de que os animais são pedaços de barro, que podemos moldar da maneira que nos aprouver.

A natureza dos não humanos serve de base para outras tentativas de justificar o tratamento que lhes conferimos. Afirma-se com frequência, como objeção ao vegetarianismo, que se outros animais matam para se alimentar, também podemos fazê-lo. Essa analogia já era antiga em 1785, quando William Paley a refutou, referindo-se ao fato de que, embora os seres humanos possam viver sem matar, outros animais não têm escolha se quiserem sobreviver[13]. Isso é verdadeiro na maioria dos casos, mas é possível apontar algumas poucas exceções: animais que conseguem sobreviver sem carne, mas que a comem ocasionalmente (chimpanzés, por exemplo). Contudo, não são essas as espécies servidas habitualmente à mesa de jantar. O fato de que outros animais, que poderiam viver com uma dieta vegetariana, às vezes matem por comida não serve de apoio para a alegação de que é moralmente defensável que façamos o mesmo. É estranho como os seres humanos, que se consideram muito superiores a outros animais, recorram, quando se trata de legitimar suas preferências alimentares, a um argumento que implica olhar para os animais a fim de encontrar inspiração e orientação moral. A questão, claro, é que os não humanos são incapazes de avaliar as alternativas, ou de refletir moralmente sobre a correção ou a incorreção de matar para comer. Podemos lamentar que o mundo seja assim, mas não faz sentido responsabilizar ou culpar os animais por isso. Por outro lado, cada leitor deste livro é capaz de fazer uma escolha moral sobre esse assunto. Não podemos fugir da responsabilidade por nossas escolhas, imitando a ação de seres incapazes de fazer esse tipo de escolha.

(Alguém, agora, com certeza dirá que admiti a existência de uma diferença significativa entre humanos e não humanos, revelando, assim, uma falha de argumentação na defesa da igualdade de todos os animais. Qualquer um a quem essa crítica ocorra deve ler o capítulo 1 com mais cuidado. Verá, então, que compreendeu mal a natureza da argumentação em favor da igualdade que há ali. Jamais fiz a absurda afirmação de que não há diferenças significativas entre adultos humanos normais e outros animais. O que afirmo não é que os animais sejam capazes de agir moralmente, mas que o princípio moral da igual consideração de interesses se aplica tanto a eles como aos seres humanos. Quase sempre se incluem, na esfera da igual consideração, seres incapazes de escolhas morais. Isso está implícito no tratamento que damos a crianças e a outros seres humanos que, por um motivo ou outro, não têm capacidade mental para compreender a natureza de uma escolha moral. Como teria dito Bentham, o que importa não é se podem escolher, mas se podem sofrer.)

Talvez a alegação seja de outra ordem. Como vimos, lorde Chesterfield usou o fato de que os animais comem uns aos outros para argumentar que fazê-lo é parte da "ordem geral da natureza"[14]. Ele só não indicou por que deveríamos imaginar que nossa natureza se parece mais com a do tigre carnívoro do que com a do gorila vegetariano, ou com a do praticamente vegetariano chimpanzé. Mas, à parte essa objeção, temos de nos precaver, na argumentação ética, contra apelos à "natureza". A natureza pode, muito frequentemente, ser "sábia", mas temos de usar o próprio juízo para decidir quando segui-la. Até onde sei, a guerra é "natural" entre os homens – certamente parece ter sido uma preocupação de muitas sociedades, em diferentes circunstâncias, durante um longo período histórico –, mas não tenho a intenção de fazer guerra para ter certeza de que ajo de acordo com a natureza. Temos a capacidade de raciocinar sobre o que é melhor fazer. Deveríamos colocar essa capacidade em prática (e, caso você goste de apelos à "natureza", pode dizer que raciocinar nos é natural).

Precisamos admitir que a existência de animais carnívoros impõe um problema à ética do movimento pela libertação animal: temos de fazer algo a respeito? Supondo que os seres humanos eliminassem as espécies carnívoras da Terra e que, desse modo, a quantidade de sofrimento entre os animais fosse reduzida, deveríamos fazer isso?

A resposta curta e simples é que, uma vez que tenhamos abandonado a alegação de "domínio" sobre outras espécies, deveríamos parar de interferir em sua vida. Deveríamos deixá-las em paz tanto quanto possível. Tendo renunciado ao papel de tiranos, tampouco deveríamos tentar desempenhar o papel de Deus.

Embora essa resposta contenha parte da verdade, é curta e simples em demasia. Gostemos ou não, seres humanos sabem mais do que outros animais sobre o que pode acontecer no futuro, e esse conhecimento nos coloca numa situação em que seria cruel não interferir. Em outubro de 1988, telespectadores de todo o mundo aplaudiram o sucesso dos esforços de russos e norte-americanos para libertar duas baleias cinzentas californianas presas nas geleiras do Alasca. Alguns críticos observaram a ironia de fazer tanto para salvar duas baleias enquanto duas mil são mortas por caçadores todos os anos – para não mencionar o número estimado de 125 mil golfinhos que se afogam anualmente nas redes da indústria de atum[15]. No entanto, uma pessoa que declarasse ser errado salvar as baleias seria considerada insensível.

Portanto, é concebível que a interferência humana possa melhorar as condições dos animais, o que a torna justificável. Mas quando consideramos a eliminação das espécies carnívoras, o caso é diferente. A julgar pelos registros do passado, qualquer tentativa de mudar ecossistemas em grande escala está fadada a fazer mais mal do que bem. Por esse motivo é verdadeiro afirmar que, exceto em alguns pouquíssimos e limitados casos, não podemos nem devemos tentar regular a natureza. Teremos feito o bastante se eliminarmos a desnecessária matança e a crueldade que praticamos contra outras espécies[16].

Outra justificativa apresentada para o tratamento que damos aos animais está no fato de que, em seu estado natural, alguns matam outros. As pessoas muitas vezes afirmam que, por piores que sejam as condições nos grandes criadores modernos, não são ruins como as do ambiente selvagem, onde os animais ficam expostos ao frio, à fome e a predadores; portanto, dizem, não deveríamos fazer objeções à criação de animais moderna.

É interessante observar que os defensores da escravidão imposta aos negros africanos muitas vezes utilizavam argumento semelhante. Um deles escreveu:

No geral, como é evidente acima de qualquer dúvida, a remoção dos africanos, do estado de brutalidade, de miséria e de infelicidade em que se encontravam no lugar onde viviam, para esta terra de luz, humanidade e conhecimento cristão, é para eles uma grande bênção, por mais imperfeito que algum indivíduo possa ter sido ao praticar desnecessária crueldade no desempenho de sua função; saber se o estado geral de subordinação que aqui encontraram – consequência necessária de sua remoção – está ou não de acordo com as leis da natureza não pode, de maneira alguma, constituir uma questão pertinente.[17]

Ora, é difícil comparar duas condições tão diversas como as de um ambiente selvagem e as de uma fazenda moderna (ou de africanos livres e de escravos de uma *plantation*); mas, se a comparação deve ser feita, certamente a vida em liberdade é preferível. Animais criados em fazendas industriais não podem caminhar, correr, esticar-se livremente, fazer parte de uma família ou de um rebanho. É verdade que muitos animais selvagens morrem em consequência das condições adversas ou são mortos por predadores; porém, aqueles de criação têm apenas uma fração do tempo de sua expectativa de vida. Dispor de alimentos, nas fazendas, não é propriamente uma bênção, pois em troca os animais são privados da atividade natural mais básica: a busca por comida. O resultado é uma existência entediante, sem nada para fazer senão deitar-se na baia e comer.

De todo modo, a comparação entre as condições de uma indústria pecuária e o ambiente natural é irrelevante para justificar o que acontece nas fazendas, uma vez que não é essa a escolha que precisamos enfrentar. A extinção das fazendas industriais não significaria um retorno à vida selvagem dos animais ali criados. Eles cresceram nesses lugares para ser vendidos como comida. Se o boicote aos produtos das fazendas industriais, defendido neste livro, for eficaz, reduzirá a quantidade de produtos comercializados por elas. Isso não quer dizer que, da noite para o dia, passaremos da situação atual para outra, em que ninguém comprará esses produtos. Sou otimista acerca da libertação animal, mas não tenho ilusões. A redução será gradual. Isso tornará a criação de animais menos lucrativa. Os criadores se voltarão para outros tipos de produção e as corporações investirão o capital em outros ramos. O resultado será a criação de um número menor de animais. Os abatidos não serão substituídos, e não porque os enviarão "de volta" ao ambiente selvagem. Finalmente, talvez (e agora estou deixando meu otimismo falar mais alto), os rebanhos de bois e de porcos viverão em grandes reservas, muito parecidas com os refúgios de vida selvagem de hoje em dia. A escolha, portanto, não é entre a vida na fazenda industrial e a no ambiente selvagem. Trata-se de saber se os animais destinados a crescer nas fazendas, para o abate e a geração de comida, devem nascer.

Aqui pode surgir uma nova objeção. Supondo que todos fossem vegetarianos e houvesse muito menos porcos, bois, galinhas e ovelhas, alguns carnívoros alegariam fazer um favor aos animais que comem, pois, se não fosse o desejo de comê-los, eles jamais teriam vindo à existência![18]

Na primeira edição deste livro rejeitei esse ponto de vista, pois ele exigiria a crença de que trazer um ser à vida conferiria um benefício a esse ser – e, para sustentar esse argumento, precisamos acreditar que é possível beneficiar um ser não existente. Isso, eu pensava, não fazia nenhum sentido. Mas agora não estou tão certo a respeito. Minha rejeição a esse ponto de vista, aliás, é a única posição filosófica defendida na edição anterior sobre a qual mudei de ideia. Afinal, a maioria de nós concordaria ser errado trazer uma criança ao mundo se soubéssemos, antes de ela ser concebida, que teria um defeito genético capaz de tornar sua vida breve e infeliz. Conceber uma criança assim é causar-lhe mal. O contrário, portanto, talvez seja verdadeiro: permitir o nascimento de um ser que terá uma vida agradável pode conferir-lhe um benefício. Para negá-lo, teríamos de explicar por que os dois casos são diferentes, e não consigo encontrar uma maneira satisfatória de fazer isso[19].

Esse argumento levanta uma questão importante: se é errado, ou não, tirar a vida de um ser. Mantive-a até agora em segundo plano por considerá-la muito mais complexa do que o argumento segundo o qual não se deve causar sofrimento. A breve discussão, quase ao final do primeiro capítulo, basta para mostrar que, se um ser consegue ter desejos em relação ao futuro, deve haver algo errado em matá-lo, algo que não é compensado pela criação de outro ser. A real dificuldade surge quando consideramos seres incapazes de desejar algo no futuro – seres que podemos conceber como se vivessem momento a momento, sem uma existência mental contínua. Mesmo nesse caso, matar é repugnante. O animal luta contra uma ameaça à vida mesmo sem compreender que tem "uma vida", no sentido de compreender o que é existir por determinado tempo. Não é fácil explicar, na ausência de alguma forma de continuidade mental, por que o dano para o animal morto não é, do ponto de vista imparcial, compensado pela criação de um novo animal, que leve uma vida igualmente agradável[20].

Ainda tenho dúvidas quanto a essa questão. A proposição de que a criação de um ser pode compensar a morte de outro tem algo de peculiar. Naturalmente, se tivéssemos bases claras para afirmar que toda criatura senciente tem direito à vida (mesmo as incapazes de desejar algo em relação ao futuro), seria fácil dizer por que matá-la é um erro cujo dano não pode ser compensado pelo nascimento de uma nova criatura. Porém, tal posição tem profundas dificuldades filosóficas e práticas, como eu e outros já indicamos[21].

Em nível puramente prático, podemos afirmar: matar animais para obter comida (exceto quando estritamente necessário para a sobrevivência) significa considerá-los meros objetos, utilizados para nossos fins não essenciais. Enquanto continuarmos a entender as outras espécies dessa maneira, e conhecendo a natureza humana, não obteremos sucesso em mudar a atitude que, quando colocada em prática por seres humanos comuns, leva ao desrespeito – e daí aos maus-tratos – aos animais. Seria melhor estabelecer como princípio geral evitar a morte deles para obter comida, exceto quando absolutamente necessário para a sobrevivência.

Esse argumento baseia-se numa previsão sobre as consequências de assumir uma posição. Impossível provar que a previsão é correta; só podemos emitir um julgamento com base no conhecimento que temos de nossos semelhantes. Porém, se essa previsão não for convincente, o argumento que ora consideramos permanecerá muito limitado. É injustificável comer animais criados em fazendas industriais, pois eles têm uma vida tediosa e cheia de privações, impedidos de satisfazer suas necessidades básicas de se virar, lamber, esticar e exercitar ou fazer parte das interações sociais normais de sua espécie. Trazê-los à existência para uma vida assim não é beneficiá-los, e sim causar-lhes grande malefício. Na melhor das hipóteses, o argumento do benefício poderia justificar a ingestão da carne de animais criados sem o horror do confinamento (de espécies incapazes de ter desejos em relação ao futuro), que vivessem uma existência agradável, num grupo social adequado a suas necessidades comportamentais, e que seriam, então, mortos rapidamente e de modo indolor. Eu respeitaria pessoas conscienciosas que comessem apenas a carne proveniente desses animais – mas suspeito que, a menos que essas pessoas vivam numa propriedade que lhes permita cuidar dos animais, elas, na prática, teriam de ser quase vegetarianas[22].

Um ponto final no argumento de que a perda de um animal é compensada pela criação de outro: os que utilizam essa defesa engenhosa para seu desejo de comer carne de porco ou de boi raramente pensam em suas implicações. Se fosse bom trazer seres à existência, é de presumir que, sendo as demais condições iguais, também deveríamos trazer à existência tantos seres humanos quanto possível. Se a isso adicionamos o ponto de vista de que a vida de seres humanos é mais importante do que a dos animais – uma visão que os consumidores parecem compartilhar –, o argumento poderia ser invertido, para desconforto dos proponentes. Uma vez que mais seres humanos podem alimentar-se caso os grãos que produzimos não sejam oferecidos aos animais de criação, a consequência do argumento é: os seres humanos devem tornar-se vegetarianos!

O especismo é uma atitude tão onipresente e generalizada que os que atacam uma ou duas de suas manifestações – como o abate de animais selvagens por caçadores, a experimentação cruel ou as touradas – muitas vezes participam, eles próprios, de outras práticas especistas. Isso dá margem a que os atacados acusem seus oponentes de inconsistência. "Acusam-nos de ser cruéis porque matamos um veado, mas comem carne. Qual a diferença, exceto que pagam outra pessoa para matar por vocês?", perguntam os caçadores. "Fazem objeção a que matemos animais para vender a pele deles, mas usam sapatos de couro", dizem os peleteiros. Os pesquisadores perguntam por que as pessoas aceitam o abate para satisfazer seu paladar, mas censuram a utilização de animais em experimentos que deveriam servir ao avanço do conhecimento; se a objeção refere-se ao sofrimento, os cientistas podem argumentar que os animais mortos para virar comida também sofrem. Até os entusiastas das touradas podem argumentar que a morte do touro na arena dá prazer a milhares de espectadores, ao passo que a morte do novilho no abatedouro dá prazer apenas ao pequeno número de pessoas que degustam algumas de suas partes; e, embora o touro sofra muito mais do que o novilho, é mais bem tratado na maior parte da vida.

A acusação de inconsistência não dá suporte lógico aos defensores de práticas cruéis. Como Brigid Brophy expressou, é cruel quebrar as pernas de uma pessoa, mesmo que essa afirmação seja feita por alguém que tem o hábito de quebrar os braços das pessoas[23]. No entanto, aqueles cuja conduta é inconsistente com as crenças que professam terão dificuldade de convencer os outros de que estão com a razão; e acharão ainda mais difícil persuadi-los a agir segundo essas crenças. Sempre é possível encontrar algum motivo para distinguir, por exemplo, entre o uso de roupas de pele e de couro. Muitos animais utilizados pela indústria de peles morrem horas ou mesmo dias depois de capturados em arapucas cheias de pontas metálicas afiadas, ao passo que os animais de cuja pele o couro é feito são poupados dessa agonia[24]. Há uma tendência, entretanto, de usar essas distinções sutis para enfraquecer a força da crítica original. Em alguns casos, não creio que tais distinções sejam válidas. Por que, por exemplo, o caçador que atira num veado para pegar sua carne estaria sujeito a críticas mais contundentes do que a pessoa que compra um presunto no supermercado? Afinal, é provável que os porcos criados em condições intensivas tenham sofrido mais.

O primeiro capítulo deste livro estabelece um claro princípio ético – a igual consideração pelos interesses de todos os animais – mediante o qual podemos determinar quais práticas que afetam animais não humanos são justificáveis e quais não o são. Ao aplicar esse princípio à nossa vida, podemos tornar nossas ações consistentes. Dessa maneira, não damos àqueles que ignoram os interesses dos animais a oportunidade de nos acusar de incoerência.

Para todos os objetivos práticos, no que se refere aos habitantes urbanos e suburbanos das nações industrializadas, a obediência ao princípio da igual consideração de interesses exige que se tornem vegetarianos. Esse é o passo mais importante e ao qual dei maior atenção. Mas, em nome da coerência, também devemos parar de usar outros produtos provenientes de animais mortos ou submetidos a sofrimento. Não devemos usar peles. Tampouco devemos comprar produtos feitos de couro, uma vez que a venda de couro desempenha um papel significativo na lucratividade da indústria da carne.

Para os vegetarianos pioneiros do século XIX, evitar o couro era um sacrifício, pois sapatos e botas feitos de outros materiais eram escassos. Lewis Gompertz, segundo-secretário da RSPCA e vegetariano convicto, que se recusava a andar em veículos puxados por cavalos, sugeriu que os animais deveriam ser criados em pastagens, sendo-lhes permitido alcançar idade avançada e morrer de morte natural. Depois disso seu couro poderia ser utilizado para confeccionar sapatos e outros produtos[25]. A ideia é mais um tributo ao humanitarismo de Gompertz do que a suas noções de economia, mas hoje a economia é diferente do que era então. Sapatos e botas feitos de materiais sintéticos encontram-se, agora, à venda em muitas lojas de produtos populares, a preços consideravelmente mais baixos do que os sapatos de couro; e tênis feitos de lona e borracha são os calçados mais utilizados pelos jovens. Cintos, bolsas e outros produtos antes feitos de couro são facilmente encontrados em outros materiais.

Os demais problemas que costumavam atemorizar os mais avançados opositores da exploração dos animais também desapareceram. Velas, antes preparadas com sebo, não são mais indispensáveis, e podem, para os que ainda as utilizam, ser feitas de produtos alternativos aos de origem animal. Sabonetes de óleos vegetais, em vez de sebo animal, são encontrados em lojas de produtos naturais. Podemos viver sem lã; embora as ovelhas pastem livremente, há um forte argumento para não utilizar lã, em vista das crueldades a que esses dóceis animais são submetidos[26]. Cosméticos e perfumes, muitas vezes produzidos com substâncias retiradas de animais selvagens, como o almiscareiro e a civeta etíope, não são essenciais, mas os que desejam usá-los podem comprar, em várias organizações e lojas, cosméticos com o rótulo *cruelty free* [isento de crueldade], o que significa que não contêm produtos de origem animal nem foram testados em animais.

Embora eu mencione essas alternativas para mostrar que não é difícil recusar-nos a participar das principais formas de exploração de animais, não acredito que a coerência seja a mesma, ou tenha as mesmas implicações, no que se refere à rígida insistência nos padrões de pureza absoluta em tudo que consumimos ou usamos. O objetivo da alteração de nossos hábitos de consumo não é nos manter intocados pelo mal, mas reduzir o apoio econômico à exploração dos animais e convencer outros a fazer o mesmo. Portanto, não é um pecado continuar a usar os sapatos de couro que compramos antes de começar a pensar em libertação animal. Quando esses calçados ficarem gastos, compre um par que não seja de couro. Você não reduzirá o lucro da indústria que promove a matança de animais se jogar fora os sapatos que tem agora. No tocante à dieta, é mais importante lembrar os objetivos principais do que se preocupar com detalhes, como se o bolo que lhe é oferecido numa festa foi feito com ovos de avícola.

Temos um longo caminho a percorrer até que seja possível pressionar restaurantes e fabricantes de alimentos a eliminar por completo os produtos de origem animal. Esse momento chegará quando uma parcela significativa da população estiver boicotando a carne e outros produtos oriundos das fazendas industriais. Até lá, a coerência exige apenas que não contribuamos significativamente para a demanda de produtos de origem animal. Dessa maneira, demonstraremos não ter necessidade de consumir esses produtos. É mais fácil convencer os outros a adotar essa atitude temperando nossos ideais com o senso comum do que lutando por um tipo de pureza mais próprio de regras alimentares religiosas do que de um movimento ético e político.

Não é muito difícil usar de coerência em nossas atitudes para com os animais. Não precisamos sacrificar nada de essencial, porque em nossa vida cotidiana não há um conflito importante de interesses entre animais humanos e não humanos. No entanto, temos de admitir que é possível pensar em exemplos nos quais esse conflito existe. Precisamos, por exemplo, cultivar verduras e grãos para nos alimentar, mas essas culturas podem ser ameaçadas por coelhos, camundongos e outras "pragas". Nesse caso, temos um claro conflito de interesses entre seres humanos e não humanos. O que faríamos se tivéssemos de tomar uma atitude de acordo com o princípio da igual consideração de interesses?

Em primeiro lugar, vejamos como se costuma agir em situações assim. O agricultor procura matar as "pragas" utilizando o método menos dispendioso disponível. É provável que seja um veneno. Os animais comem iscas envenenadas, que os levam a uma morte lenta e dolorosa. Nenhuma consideração é dispensada aos interesses das "pragas" – a própria palavra "praga" parece excluir toda e qualquer preocupação com os animais[27]. Mas a classificação de uma espécie como "praga" foi feita por nós, e um coelho que seja considerado uma praga é tão capaz de sofrer, e merece tanta consideração, quanto um coelhinho dócil, amado como animal de estimação. O problema é como defender nossos suprimentos alimentares essenciais respeitando, ao mesmo tempo, o máximo possível, os interesses desses animais. Não deve ser tecnicamente impossível encontrar uma solução para esse problema – uma solução que, se não de todo satisfatória aos envolvidos, ao menos cause muito menos sofrimento do que as atuais "soluções". O uso de iscas que provocam esterilidade, em vez de uma morte lenta, seria uma evidente melhora.

Quando se trata de defender nossos suprimentos alimentares, nossa casa e nossa saúde, achamos natural tratar com violência coelhos, camundongos e ratos. No atual estágio de nossas atitudes para com os animais, seria absurdo esperar que as pessoas mudassem sua conduta. Com o tempo, porém, quando a crueldade tiver sido eliminada, e a postura em relação aos não humanos houver mudado, talvez as pessoas percebam que até mesmo os animais que, em algum sentido, "ameaçam" nosso bem-estar não merecem a morte cruel que lhes infligimos. Então poderemos desenvolver métodos mais humanitários de limitar o número desses animais cujos interesses são incompatíveis com os nossos.

Uma resposta semelhante pode ser dada a caçadores e guardas dos erroneamente denominados "refúgios da vida selvagem". Eles alegam que, para impedir a superpopulação de veados, focas ou quaisquer outros animais, os caçadores devem ter, de quando em quando, permissão para fazer a "colheita" da população excedente – o que, supostamente, seria feito para defender os interesses dos próprios animais. O termo "colheita" – muitas vezes encontrado nas publicações de organizações de caçadores – desmente a alegação de que esse assassinato é motivado pela preocupação com os animais. A palavra indica que o caçador pensa no veado ou na foca como se fossem milho ou carvão, objetos de valor apenas na medida em que servem aos interesses humanos. Essa atitude, compartilhada em grande medida pelo U.S. Fish and Wildlife Service [Serviço de Fauna e Pesca dos Estados Unidos], ignora o fato fundamental de que os animais caçados sentem dor e prazer. Não são, portanto, meios para nossos fins, mas seres com interesses próprios. Se for verdade que, em circunstâncias especiais, a população cresce a ponto de prejudicar o meio ambiente e a perspectiva da sobrevivência das espécies que dividem determinado *habitat*, seria justificável que os seres humanos implementassem alguma ação de supervisão. Obviamente, se considerarmos os interesses dos animais, essa ação não seria permitir que os caçadores matassem alguns deles, ferindo outros no processo, mas, ao contrário, que se reduzisse a fertilidade dos animais. Se fizermos um esforço para desenvolver métodos mais humanitários de controle da população nas reservas, teremos a solução do problema. Infelizmente, porém, as autoridades responsáveis pela vida selvagem têm uma mentalidade limitada à "colheita" e não estão interessadas em encontrar técnicas de controle populacional que reduzam o número de animais a serem "caçados"[28].

A diferença entre animais como o veado – ou porcos e galinhas – e culturas como o milho, que podemos colher, é que os animais podem sentir prazer e dor, ao passo que as plantas não. A essa altura alguém poderia perguntar: "Como sabemos que as plantas não sofrem?"

Essa objeção demonstra uma preocupação genuína com o mundo vegetal. Aqueles que a levantam, porém, não levam em conta seriamente a ampliação de nossa consideração para as plantas, caso se comprove que elas sofram. Ao contrário, esperam mostrar que, se tivéssemos de agir de acordo com o princípio que defendi, precisaríamos parar de comer também os vegetais – e, portanto, morreríamos de fome. A conclusão a que chegam é que, se é impossível viver sem violar o princípio da igual consideração, não devemos nos preocupar com isso. Podemos continuar comendo plantas e animais.

A objeção é fraca, tanto factual como logicamente. Não há evidências confiáveis de que os vegetais sejam capazes de sentir prazer e dor. Alguns anos atrás, no livro *A vida secreta das plantas*, o autor afirmou que elas têm capacidades incríveis, inclusive a de ler a mente das pessoas. As experiências mais admiráveis citadas no livro não foram realizadas em institutos sérios, e as tentativas de pesquisadores das principais universidades, de repetir essas experiências, não chegaram a resultados positivos. As alegações da obra foram completamente desacreditadas[29].

No primeiro capítulo deste livro apresentei três razões distintas para mostrar que os animais sentem dor: o comportamento, a natureza de seu sistema nervoso e a utilidade evolucionária da dor. Nenhuma delas sustenta a crença de que as plantas experimentam o sofrimento. Não há descobertas experimentais cientificamente plausíveis – nenhum comportamento observável que sugira dor, nem a presença, nelas, de algo que se pareça com um sistema nervoso. É difícil imaginar um motivo pelo qual espécies que não conseguem se afastar de uma fonte de padecimento, ou de usar a percepção da dor para evitar a morte, tenham desenvolvido a capacidade de sofrer. Portanto, a crença de que as plantas sentem dor parece completamente injustificada.

Meu argumento, até aqui, referiu-se à parte factual dessa objeção. Vejamos, agora, sua lógica. Suponhamos que, por mais improvável que pareça, os pesquisadores consigam encontrar indícios de que as plantas sofrem. Dessa premissa não se segue que os carnívoros devem manter sua dieta habitual. Se precisássemos escolher entre infligir dor ou passar fome, teríamos de optar pelo mal menor. Considerando que as plantas padecem menos do que os animais, ingeri-las seria o "mal menor". Mas vejamos a questão por outro lado. Digamos que as plantas sejam tão sensíveis como os animais. Nem assim o ponto de vista dos carnívoros teria lógica. Isso porque, ao ingerir carne, também são responsáveis, ainda que indiretamente, pela destruição de, no mínimo, dez vezes mais plantas do que os vegetarianos! A essa altura, admito, o argumento se torna ridículo. Eu só o desenvolvi para mostrar como aqueles que levantam essa objeção, sem considerar suas implicações, estão, na verdade, procurando um pretexto para continuar a comer carne.

Até agora, examinamos as atitudes compartilhadas por muitas pessoas que vivem nas sociedades ocidentais, bem como as estratégias e os argumentos comumente empregados para defender tais atitudes. Vimos que, do ponto de vista lógico, essas estratégias e esses argumentos são muito frágeis. Trata-se de racionalizações e de escusas, não de argumentos. Pode-se pensar, contudo, que sua fragilidade se deva à falta de conhecimento especializado que pessoas comuns revelam ao discutir questões éticas. Por esse motivo, na primeira edição deste livro examinei o que alguns filósofos proeminentes das décadas de 1960 e 1970 disseram sobre o *status* moral de animais não humanos. Os resultados não dão crédito à filosofia.

A filosofia deve questionar as pressuposições básicas de cada época. Refletir, de maneira crítica e cuidadosa, sobre aquilo que a maioria toma como certo é, acredito, a principal tarefa da filosofia, aquela que a torna uma atividade digna de existir. Infelizmente, a filosofia nem sempre desempenha seu papel histórico. A defesa da escravidão feita por Aristóteles permanecerá sempre como um lembrete de que os filósofos são seres humanos e estão sujeitos aos preconceitos da sociedade a que pertencem. Às vezes, conseguem libertar-se da ideologia dominante; com mais frequência, tornam-se seus mais sofisticados defensores.

Foi o que aconteceu com os filósofos do período imediatamente anterior à primeira edição deste livro. Eles não questionaram as pressuposições sobre nossas relações com outras espécies. A maior parte daqueles que trataram dessa questão revelou concordância com os pressupostos defendidos pela maioria dos seres humanos, e suas afirmações confirmaram os confortáveis hábitos especistas dos leitores.

Naquela época, os debates sobre a igualdade e os direitos, travados no campo da filosofia moral e da política, eram, quase sempre, formulados como problemas de igualdade entre os homens e de direitos humanos. Como consequência, a questão da igualdade dos animais jamais foi abordada pelos filósofos, nem por seus alunos – o que já é uma indicação do fracasso da filosofia, até então, em questionar crenças estabelecidas. Todavia, os filósofos descobriram que é difícil debater a questão da igualdade humana sem levantar questões sobre o *status* dos não humanos. A razão disso – que já deve estar aparente desde o primeiro capítulo deste livro – tem a ver com a maneira como o princípio da igualdade deve ser interpretado e defendido, se é que deve ser defendido.

Para os filósofos das décadas de 1950 e 1960, o problema era interpretar a ideia de que todos os seres humanos são iguais de uma maneira que não a tornasse visivelmente falsa. De vários modos, os seres humanos não são iguais; e, se procurarmos alguma característica que todos possuam, ela será uma espécie de mínimo denominador comum, fixada em um nível tão baixo que nenhum ser humano careça dela. O ardil é que quaisquer características comuns aos seres humanos não são exclusivas de nossa espécie. Nós, por exemplo, dividimos com outros seres a capacidade de sentir dor; e, embora somente seres humanos sejam capazes de resolver problemas matemáticos complexos, nem todos conseguem fazê-lo. Assim, no único sentido em que podemos dizer verdadeiramente, como uma afirmação de fato, que todos os seres humanos são iguais, ao menos alguns membros de outras espécies também são "iguais" – isto é, iguais a alguns seres humanos.

Se, por outro lado, decidirmos – como argumentei no capítulo 1 – que essas características são irrelevantes para o problema da igualdade, e que esta deve basear-se no princípio moral da igual consideração de interesses, e não na posse de determinada característica, torna-se ainda mais difícil encontrar uma base para excluir os animais da esfera da igualdade.

Não foi a essa conclusão que os filósofos igualitaristas desse período pretenderam chegar. Entretanto, em vez de aceitar o resultado para o qual seu raciocínio apontava, tentaram reconciliar suas crenças na igualdade humana e na desigualdade dos animais com argumentos tortuosos ou míopes. Um nome proeminente no debate filosófico da época foi Richard Wasserstrom, então professor de filosofia e direito na Universidade da Califórnia, em Los Angeles. Em seu artigo "Rights, Human Rights and Racial Discrimination" [Direitos, direitos humanos e preconceito racial], Wasserstrom definiu "direitos humanos" como aqueles que os seres humanos têm e que os seres não humanos não têm. Argumentou, então, que há direitos humanos relativos ao bem-estar e à liberdade. Ao defender a ideia de um direito humano ao bem-estar, Wasserstrom afirmou que negar a alguém o alívio de uma dor intensa torna impossível, para esse alguém, ter uma vida plena ou satisfatória. E continuou: "Num sentido real, o usufruto desses bens diferencia os seres humanos dos não humanos."[30] O problema é que o exemplo dado para definir a expressão "esses bens" refere-se ao alívio da dor física intensa – algo que não humanos também sentem. Portanto, se os seres humanos têm direito ao alívio da dor física intensa, esse não seria um direito especificamente humano, no sentido definido por Wasserstrom. Os animais também o teriam.

Confrontados com uma situação em que constataram a necessidade de alguma base que cobrisse o abismo moral que ainda hoje se acredita separar seres humanos de animais, mas incapazes de encontrar alguma diferença concreta que justificasse esse abismo sem solapar a noção de igualdade dos seres humanos, os filósofos passaram a tergiversar. Recorreram a frases altissonantes como "dignidade intrínseca do indivíduo humano"[31]. Referiram-se ao "valor intrínseco de todos os homens" (o sexismo era tão pouco questionado na época quanto o especismo), como se todos os homens (humanos?) tivessem algum valor não especificado que outros seres não possuiriam[32]. Disseram que seres humanos, e somente seres humanos, são "fins em si mesmos", ao passo que "tudo o mais que não seja uma pessoa só pode ter valor para uma pessoa"[33].

Como vimos no capítulo anterior, a ideia de uma dignidade e de um valor humano distintivos é muito antiga. No século XX, até a década de 1970, os filósofos soltaram as amarras dos grilhões metafísicos e religiosos originais dessa ideia e invocaram-na livremente, sem sentir necessidade de justificá-la. Por que não atribuir "dignidade intrínseca" ou "valor intrínseco" a nós mesmos? Por que não afirmar que somos os únicos no universo a possuir valor intrínseco? É improvável que os seres humanos, nossos semelhantes, rejeitem os louvores que tão generosamente lhes concedemos, e aqueles aos quais negamos tal honra são incapazes de se opor a isso. Quando pensamos apenas em seres humanos, pode ser muito liberal e muito avançado falar na dignidade de todos eles. Ao fazê-lo, condenamos implicitamente a escravatura, o racismo e todas as outras violações dos direitos humanos. Admitimos que estamos, de algum modo fundamental, em condições de relativa igualdade em relação aos membros mais pobres e mais ignorantes de nossa própria espécie. Somente quando pensamos nos seres humanos como apenas um pequeno subgrupo de todos os seres que habitam nosso planeta é que podemos compreender que, ao elevar nossa própria espécie, estamos, ao mesmo tempo, rebaixando o *status* relativo de todas as demais.

A verdade é que o apelo à dignidade intrínseca dos seres humanos parece resolver os problemas dos filósofos igualitaristas apenas enquanto não são questionados. Quando lhes perguntamos por que todos os seres humanos – entre eles bebês, incapacitados intelectualmente, psicopatas criminosos, Hitler, Stálin e o resto – teriam algum tipo de dignidade ou valor que nenhum elefante, porco ou chimpanzé possuiria, notamos que essa pergunta é tão difícil de responder quanto nosso pedido por algum fato relevante que justifique a desigualdade entre os humanos e os outros animais. Na verdade, essas duas perguntas fundem-se numa só: falar de dignidade intrínseca ou valor moral não ajuda, porque qualquer defesa satisfatória do argumento de que só e tão só seres humanos têm dignidade intrínseca precisaria referir-se a alguma capacidade relevante, ou característica, própria somente dos seres humanos, em virtude da qual possuiriam essa dignidade ou esse valor únicos. Não basta introduzir noções de dignidade e de valor como substitutas de outras razões para distinguir humanos e animais. Frases de efeito são o último recurso daqueles que esgotaram seus argumentos.

No caso de alguém ainda acreditar que é possível encontrar alguma característica relevante que distinga todos os seres humanos de todos os membros de outras espécies, consideremos novamente o fato de que há alguns humanos que estão abaixo do nível de consciência, autoconsciência, inteligência e senciência de muitos não humanos. Refiro-me a seres humanos com danos cerebrais graves e irreparáveis, bem como a bebês;

contudo, para evitar a complicação do potencial dos bebês, concentrarei minha análise em seres humanos retardados permanente e profundamente.

Os filósofos que tentaram encontrar características que distinguissem seres humanos de outros animais raramente adotaram o raciocínio de deixar de lado esses grupos, reunindo-os a outros animais. É fácil perceber por que não o fizeram: assumir essa linha sem repensar nossas atitudes em relação a outros animais significaria ter o direito de realizar experiências dolorosas em humanos retardados por motivos triviais; analogamente, teríamos o direito de criá-los e matá-los para comer.

Para os filósofos que debateram o problema da igualdade, a maneira mais fácil de resolver a dificuldade imposta pela existência de seres humanos com incapacidades intelectuais profundas e permanentes sempre foi ignorá-la. John Rawls, de Harvard, em seu extenso livro *A Theory of Justice* [*Uma teoria da justiça*]*, defrontou-se com esse problema ao tentar explicar por que devemos aplicar a justiça aos seres humanos e não a outros animais. Ele, porém, descartou-o com a observação: "Não posso examinar esse problema aqui, mas presumo que a descrição da igualdade não seria materialmente afetada."[34] Essa é uma maneira extraordinária de lidar com a questão do igual tratamento: parece implicar que podemos tratar as pessoas com incapacidade mental profunda e permanente como tratamos os animais, ou, em oposição às próprias afirmações de Rawls, que devemos justiça aos animais.

▼

* Trad. bras. São Paulo: Martins Fontes, 2008. (N. do E.)

Que mais poderiam fazer os filósofos? Se enfrentassem com honestidade o problema da existência de humanos sem características moralmente relevantes, tampouco possuídas por não humanos, seria impossível agarrar-se à ideia da igualdade dos seres humanos sem sugerir uma revisão radical no *status* dos não humanos. Numa tentativa desesperada de salvar os pontos de vista geralmente aceitos, argumentou-se até mesmo que deveríamos tratar os seres de acordo com o que é "normal para a espécie", e não de acordo com suas reais características[35]. Para constatar como isso é revoltante, imagine que, em alguma data futura, fossem encontradas provas de que, mesmo na ausência de condicionamentos culturais, fosse normal, numa sociedade, que mais mulheres do que homens ficassem em casa, cuidando dos filhos, em vez de trabalhar fora. Essa descoberta, é evidente, seria perfeitamente compatível com o fato óbvio de que há algumas mulheres menos habilitadas para cuidar de crianças e mais preparadas para trabalhar fora do que alguns homens. Será que algum filósofo alegaria, nessas circunstâncias, que tais mulheres deveriam ser tratadas de acordo com o que é "normal para o sexo" – e portanto, digamos, impedidas de estudar medicina – em vez de ser tratadas de acordo com suas reais características? Não me parece. É difícil ver algo, nesse argumento, além de uma defesa da preferência dos interesses dos membros de nossa espécie, simplesmente porque são membros de nossa espécie.

Como os outros argumentos filosóficos, comuns antes de a igualdade dos animais ter sido levada a sério pelos filósofos, esse se impõe como um sinal da facilidade com que não apenas pessoas comuns, mas também as mais habilitadas em raciocínio moral, são vítimas da ideologia dominante. Agora, contudo, tenho muito prazer em anunciar que a filosofia tirou suas viseiras ideológicas. Muitos dos atuais cursos universitários desafiam os alunos a repensar a própria atitude quanto a um leque de questões éticas, e o *status* moral de animais não humanos destaca-se entre elas. Quinze anos atrás, precisei pesquisar muito para encontrar um punhado de referências de filósofos acadêmicos sobre a questão do *status* dos animais; hoje, poderia encher este livro com descrições do que foi escrito sobre esse assunto nos últimos 15 anos. Artigos sobre como deveríamos tratar os animais fazem parte de praticamente todas as bibliografias utilizadas em cursos de ética aplicada. Hoje, são as pressuposições complacentes e não justificadas da insignificância moral dos animais não humanos que se tornaram escassas.

Ao longo dos anos, a filosofia acadêmica desempenhou um papel importante na promoção e no apoio ao movimento pela libertação animal. O montante da atividade pode ser visto na recente bibliografia sobre direitos dos animais e questões relacionadas, de Charles Magel. Da Antiguidade até o início dos anos 1970, Magel encontrou apenas 95 obras dignas de menção, e, dessas, apenas duas ou três são de filósofos. Nos 18 anos seguintes, entretanto, Magel localizou 240 trabalhos sobre direitos dos animais, muitos deles de filósofos que lecionam em universidades[36]. Além disso, os trabalhos publicados são apenas parte da história; nos departamentos de filosofia de Estados Unidos, Austrália, Grã-Bretanha, Canadá e muitos outros países, os filósofos ensinam aos alunos o *status* moral dos animais. Muitos deles também trabalham ativamente, em prol de mudanças, com grupos de direitos dos animais, no *campus* ou fora dele.

Naturalmente, os filósofos não são unânimes no apoio ao vegetarianismo e ao movimento pela libertação animal – quando, em algum momento, foram unânimes sobre alguma coisa? Mas até mesmo aqueles que criticam as alegações de seus colegas a favor dos animais aceitaram elementos importantes da argumentação que embasam a defesa da mudança. R. G. Frey, da Universidade Estadual Bowling Green, de Ohio – que, mais do que qualquer outro filósofo, opõe-se às minhas ideias sobre os animais –, inicia um de seus artigos declarando categoricamente: "Não sou antivivisseccionista..." Mas, a seguir, reconhece que:

> Não tenho e não sei de nada que me permita afirmar, *a priori*, que uma vida humana de qualquer qualidade, por inferior que seja, é mais valiosa do que a vida de um animal de qualquer qualidade, por superior que seja.

Como resultado, Frey reconhece que "o argumento antivivisseccionista é muito mais forte do que a maioria admite". Ele conclui que, se alguém procura justificar experimentos em animais recorrendo aos benefícios que tais experimentos produziriam (a única maneira, em sua avaliação, de justificar a prática), não há razões intrínsecas pelas quais tais benefícios também não justificassem experimentos em "seres humanos cuja qualidade de vida seja inferior ou igual à de animais". Assim, ele aceita experimentos em animais quando os benefícios são relevantes, mas apenas sob a condição de aceitar a possibilidade de experimentos análogos em seres humanos[37].

Ainda mais drástica foi a mudança de postura revelada pelo filósofo canadense Michael Allen Fox. Em 1986, a publicação de *The Case for Animal Experimentation* [Um caso de experimentos com animais] parecia ter-lhe garantido um lugar de destaque nas conferências acadêmicas como principal defensor filosófico da indústria de pesquisas em animais. As empresas farmacêuticas e os lobistas da experimentação acreditaram ter, finalmente, encontrado um filósofo "manso", que poderiam utilizar para se defender contra a crítica ética. Mas devem ter ficado consternados quando Fox, de súbito, desautorizou o próprio livro. Em resposta a uma resenha extremamente crítica publicada em *The Scientist*, Fox escreveu uma carta ao editor afirmando que concordava com o autor da resenha: ele havia chegado à conclusão de que os argumentos de seu livro estavam equivocados, e que não era possível justificar a experimentação em animais com base em argumentos éticos. Mais tarde, Fox levou sua corajosa mudança de atitude às últimas consequências, tornando-se vegetariano[38].

A ascensão do movimento pela libertação animal pode ser única, entre as causas sociais modernas, na medida em que tem se relacionado ao desenvolvimento da questão como um tópico de discussão nos círculos da filosofia acadêmica. Ao considerar o *status* dos animais, a filosofia passou por uma transformação extraordinária: abandonou o confortável conformismo do dogma aceito e voltou a assumir seu antigo papel socrático.

A essência deste livro reside na alegação de que discriminar seres somente com base em sua espécie é uma forma de preconceito imoral e indefensável, da mesma maneira que é imoral e indefensável a discriminação com base na raça. Não me satisfiz em fazer essa afirmação como uma mera asserção, ou como uma declaração do meu ponto de vista pessoal, que outros poderiam ou não aceitar. Apresentei argumentos, apelando para a razão, e não para a emoção ou os sentimentos. Escolhi esse caminho não por não ter consciência da importância de amáveis sentimentos de respeito por outras criaturas, mas porque o apelo da razão é universal e contundente. Por mais que eu admire os que eliminaram o especismo de sua vida porque a preocupação e a empatia com os outros abrangem todas as criaturas sencientes, não acredito que apenas o apelo à simpatia e à compaixão convenceria a maioria das pessoas de que há algo muito errado no especismo. Mesmo naquilo que diz respeito a outros seres humanos, muitos, surpreendentemente, limitam sua empatia àqueles que fazem parte da própria nação ou etnia. Entretanto, quase todos estão, ao menos nominalmente, preparados para dar ouvidos à razão. É verdade que alguns tendem ao subjetivismo excessivo, afirmando que uma moralidade é tão boa quanto outra qualquer; mas, quando essas mesmas pessoas são pressionadas a dizer se acreditam que a moralidade de Hitler, ou a dos traficantes de escravos, é tão boa quanto a de Albert Schweitzer ou a de Martin Luther King, reconhecem que, afinal, acreditam que algumas moralidades são melhores do que outras.

Ao longo deste livro procurei ancorar-me em argumentos racionais. A menos que possa refutar a ideia central que defendi, o leitor deve reconhecer que o especismo é errado. Isso significa que, se ele levar a sério a moralidade, deve tentar eliminar as práticas especistas de sua vida, opondo-se a elas em todos os lugares. Caso contrário, não lhe restará uma base a partir da qual possa, sem ser hipócrita, criticar o racismo ou o sexismo.

Evitei argumentar que devemos ser compassivos porque a crueldade para com os animais enseja a crueldade para com os seres humanos. Talvez seja verdade que a bondade dedicada a seres humanos e a outros animais muitas vezes andem juntas; mas, seja verdadeiro ou não, dizer, como Tomás de Aquino e Kant disseram, que esse é o motivo pelo qual deveríamos ser amáveis com os animais é uma postura especista. Temos de considerar os interesses dos animais simplesmente porque eles têm interesses e é injustificável excluí-los da esfera de consideração moral; fazer com que essa consideração dependa de consequências benéficas para os seres humanos é aceitar a implicação de que os interesses dos animais não merecem consideração por si mesmos.

Analogamente, evitei uma discussão extensa sobre se a dieta vegetariana é mais saudável do que aquela que inclui carne. Uma boa quantidade de indícios sugere que é, mas contentei-me em mostrar que um vegetariano pode esperar gozar de uma vida tão saudável quanto a de alguém que coma carne. Quando se vai além desse ponto, é difícil evitar dar a impressão de que, caso novos estudos sugerissem que dietas que contêm carne fossem aceitáveis do ponto de vista da saúde, o argumento a favor do vegetarianismo ruiria. Do ponto de vista do movimento pela libertação animal, contudo, o fato de que podemos viver sem infligir uma vida miserável aos animais dá suporte à argumentação a favor da alimentação vegetariana.

Acredito que o argumento em prol da libertação animal é logicamente válido e irrefutável. Mas a tarefa de derrotar o especismo, na prática, é imensa. Vimos que o especismo tem raízes históricas profundamente entranhadas na consciência da sociedade ocidental. Vimos que a eliminação das práticas especistas ameaçaria o capital das gigantescas corporações do agronegócio e de trabalhadores e veterinários ligados às associações profissionais de pesquisa. Sempre que necessário, essas corporações e organizações gastam milhões de dólares na defesa de seus interesses, bombardeando o público com anúncios que negam as acusações de crueldade. Além disso, o público tem, ou pensa ter, interesse na continuação da prática especista de criar e matar animais para a obtenção de comida, e isso faz que as pessoas aceitem prontamente as tranquilizadoras afirmações de que, ao menos quanto a isso, há pouca crueldade. Como vimos, elas também aceitam raciocínios falaciosos, como o que examinamos neste capítulo – falácias que jamais acalentariam, não fosse o fato de que elas parecem justificar sua dieta preferida.

Será que o movimento pela libertação animal tem alguma chance contra esses antigos preconceitos, esses poderosos interesses financeiros, esses hábitos arraigados? Além da razão e da moralidade, terá ele algo mais a seu favor? Uma década atrás, não havia base concreta para a esperança de que seus argumentos pudessem vingar, a não ser a confiança na vitória final da razão e da moralidade. Desde então, o número de defensores do movimento cresceu muito, dando-lhe visibilidade pública e, mais importante, ganhos a favor dos animais. Dez anos atrás, o movimento era considerado uma excentricidade, e a filiação a grupos com uma filosofia libertadora genuína era pequena. Hoje, o People for the Ethical Treatment of Animals (Peta) [Pessoas pelo Tratamento Ético dos Animais] tem mais de 250 mil membros e a Humane Farming Association [Associação Humanitária para a Criação de Animais], que faz campanhas contra as baias de bezerros, tem 45 mil membros[39]. O Trans-Species Unlimited, modesto grupo com um escritório no interior da Pensilvânia, tornou-se uma organização nacional, com filiais em Nova York, Nova Jersey, Filadélfia e Chicago. A Coalizão para a Abolição dos testes DL_{50} e Draize congrega organizações de defesa dos direitos e do bem-estar animal, com um número de filiados na casa dos milhões. Em 1988, o movimento pela libertação animal ganhou um reconhecimento emblemático: uma respeitosa matéria de capa na revista *Newsweek*[40].

Observamos alguns dos ganhos obtidos pelos animais à medida que tratamos de tópicos a eles relacionados, mas vale a pena citá-los em conjunto. Eles incluem a proibição de baias de confinamento de bezerros na Grã-Bretanha e a eliminação de baterias de gaiolas na Suíça e na Holanda, bem como uma legislação mais abrangente na Suécia, que acabará com as baias para bezerros, baterias de gaiolas, celas para porcas e demais engenhocas que impedem os animais de se movimentar livremente. Também tornarão ilegal a manutenção de gado em confinamento, obrigando os criadores a soltá-lo nos pastos nos meses mais quentes. A campanha mundial contra o comércio de peles tem reduzido substancialmente as vendas desse produto, sobretudo na Europa. Na Grã-Bretanha, a House of Fraser, conhecida cadeia de lojas, foi alvo de protestos e, em dezembro de 1989, anunciou o fechamento dos departamentos de venda de peles em 59 de suas 60 lojas, deixando apenas um em atividade, na famosa loja Harrods, em Londres.

Nos Estados Unidos, contudo, ainda não há benefícios para os animais de criação, mas vários experimentos objetáveis já foram suspensos. O primeiro sucesso foi alcançado em 1977, quando uma campanha liderada por Henry Spira convenceu o Museu Norte-Americano de História Natural a interromper uma série inútil de testes que envolvia a mutilação de gatos para investigar o efeito que isso teria na vida sexual deles[41]. Em 1981, Alex Pacheco, ativista do movimento pela libertação animal, denunciou as horríveis condições em que viviam 17 macacos no Instituto Edward Taub de Pesquisas do Comportamento, em Silver Spring, Maryland. As organizações nacionais de saúde cortaram o financiamento da instituição e Taub foi o primeiro, nos Estados Unidos, a sofrer condenação por crueldade — embora tenha sido anulada, mais tarde, sob a alegação técnica de que os pesquisadores que recebiam financiamento federal não precisavam submeter-se a leis anticrueldade de âmbito estadual[42]. Entretanto, o caso deu notoriedade nacional ao Peta, que em 1984 liderou os esforços para pôr fim aos experimentos com lesões cerebrais em macacos realizados pelo dr. Thomas Gennarelli na Universidade da Pensilvânia. Esses esforços foram desencadeados por fitas de vídeo que mostravam maus-tratos a animais, gravadas pelos próprios pesquisadores e roubadas do laboratório num ataque-surpresa noturno feito pela Animal Liberation Front [Frente de Libertação Animal]. O financiamento de Gennarelli foi suspenso[43].

Em 1988, após meses de piquete da Trans-Species Unlimited, um pesquisador da Universidade Cornell desistiu de uma bolsa de 530 mil dólares para estudar, em gatos, a dependência aos barbitúricos[44]. Nessa mesma época, a Benetton, cadeia italiana de moda, anunciou que os testes de segurança dos novos cosméticos e produtos de toalete não seriam mais realizados em animais. A Benetton fora acusada numa campanha internacional coordenada pelo Peta, que envolvia grupos liberacionistas de animais de sete países. A Noxell Corporation, fabricante norte-americano de cosméticos, não foi objeto de uma campanha assim, mas tomou a decisão de utilizar culturas de tecidos em vez de realizar testes de Draize em coelhos para determinar se os produtos poderiam danificar o olho humano. A decisão da Noxell fez parte de um movimento firme, direcionado a alternativas, a que aderiram grandes empresas de cosméticos, de produtos de toalete e empresas farmacêuticas, iniciado e constantemente estimulado pela Coalizão para a Abolição dos Testes DL_{50} e Draize[45]. Anos de árduo trabalho foram recompensados, em 1989, quando as empresas Avon, Revlon, Fabergé, Mary Kay, Amway, Elizabeth Arden, Max Factor, Christian Dior e várias outras, menores, anunciaram que eliminavam, ou suspendiam, todos os experimentos em animais. No mesmo ano, o Comitê Europeu responsável pela segurança de testes em dez nações da Comunidade Europeia anunciou aceitar alternativas aos testes DL_{50} e Draize, e convidou todas as nações da OCDE (grupo que inclui os Estados Unidos e o Japão) a desenvolver experimentos alternativos. Ambos os testes, o DL_{50} e o Draize, foram banidos por regulamentação governamental em Victoria e New South Wales, os estados mais populosos da Austrália, onde se realizava a maior parte dos experimentos com animais[46].

Nos Estados Unidos, a questão da dissecação ganha espaço nas escolas secundárias. A obstinada resistência à dissecação de uma aluna californiana, Jenifer Graham, e sua insistência em não perder pontos na nota em decorrência de sua objeção de consciência, levou à aprovação, em 1988, do Código dos Direitos dos Estudantes da Califórnia, que dá aos alunos californianos do fundamental e do ensino médio o direito de recusa na participação de dissecações. Códigos semelhantes foram introduzidos em Nova Jersey, Massachusetts, Maine, Havaí e vários outros estados.

À medida que o movimento ganha visibilidade e apoio, o número de pessoas que faz sua parte ganha impulso. Roqueiros ajudam a difundir a mensagem do movimento pela libertação animal. Estrelas de cinema, modelos e estilistas comprometem-se a evitar as peles. O sucesso internacional da cadeia Body Shop tornou os cosméticos produzidos sem crueldade mais atraentes e facilmente encontráveis. Restaurantes vegetarianos proliferam e até mesmo os demais oferecem pratos vegetarianos. Tudo isso facilita aos recém-convertidos juntar-se aos que já fazem o que podem para limitar, na vida diária, a crueldade em relação aos animais.

Não obstante, o movimento pela libertação animal vai exigir mais altruísmo, da parte dos seres humanos, do que qualquer outro movimento. Os animais são incapazes de exigir a própria libertação, ou de protestar contra as condições que lhes são impostas, com votos, manifestações ou boicotes. Os humanos têm o poder de continuar a oprimir outras espécies para sempre, ou até tornar este planeta inadequado aos seres vivos. Nossa tirania continuará a provar que a moralidade de nada vale quando se choca com o interesse pessoal, como sempre afirmaram os mais cínicos poetas e filósofos? Ou nos ergueremos ante o desafio e provaremos nossa capacidade de altruísmo, pondo fim à cruel exploração das espécies sob nosso poder não porque sejamos forçados a isso por rebeldes ou terroristas, mas porque reconhecemos que nossa posição é moralmente indefensável?

A maneira como responderemos a essa pergunta depende da maneira como cada um de nós, individualmente, a responde.

LEITURAS ADICIONAIS

Geral

BEKOFF, Marc. *The Emotional Lives of Animals: A Leading Scientist Explores Animal Joy, Sorrow, And Empathy – and Why They Matter*. Nova York, New World Library, 2008. Explicações de um cientista sobre a vida emocional dos animais e por que não devemos tratá-los como os tratamos.

____. *Encyclopedia of Animal Rights and Animal Welfare*. Westpor, Conn., Greenwood Press, 1988. Um importante livro de referência. Em 2009 foi lançada uma edição revisada.

CAVALIERI, Paola. *The Animal Question: Why Nonhuman Animals Deserve Human Rights*. Nova York, Oxford University Press, 2001. Um texto breve porém contundente sobre a garantia de direitos dos animais.

DAWN, Karen. *Thanking the Monkey: Rethinking the Way We Treat Animals*. Nova York, Harper, 2008. Uma visão nova, empolgante e agradável de ler sobre o movimento pela libertação animal nos dias de hoje e as questões que ele levanta.

DEGRAZIA, David. *Animal Rights: A Very Short Introduction*. Oxford, Oxford University Press, 2002. Um apanhado de 120 páginas sobre as questões mais relevantes a respeito dos direitos dos animais.

GODLOVITCH, Stanley; GODLOVITCH, Roslind; HARRIS, John (orgs.). *Animals, Men and Morals*. Nova York, Grove, 1974. Coletânea vanguardista de artigos.

GOMPERTZ, Lewis. *Moral Inquiries on the Situation of Man and of Brutes*. Londres, 1824. Uma das primeiras propostas com cuidadosa argumentação a favor de uma atitude radicalmente diferente em relação aos animais.

GRUEN, Lori; SINGER, Peter; HINE, David. *Animal Liberation: A Graphic Guide*. Londres, Camden Press, 1987. Breve relato ilustrado sobre o movimento pela libertação animal, na teoria e na prática.

MIDGLEY, Mary. *Animals and Why They Matter*. Athens, University of Georgia Press, 1984. Análise profunda das diferenças entre as espécies.

RACHELS, James. *Created from Animals: The Moral Implications of Darwinism*. Oxford e Nova York, Oxford University Press, 1990. Expõe as implicações morais gerais ainda amplamente ignoradas da teoria da evolução quanto à maneira como são tratados os animais.

REGAN, Tom. *The Case for Animal Rights*. Berkeley, University of California Press, 1983. A mais completa elaboração de argumentos filosóficos para a atribuição de direitos aos animais.

____; SINGER, Peter (orgs.). *Animal Rights and Human Obligations*. 2. ed. Englewood Cliffs, N.J., Prentice-Hall, 1989. Antologia de artigos, antigos e recentes.

ROLLIN, Bernard. *The Unheeded Cry*. Oxford, Oxford University Press, 1989. Relato acessível das tentativas de negar a capacidade de sensação dos animais e por que elas falham.

RYDER, Richard D. *Animal Revolution: Changing Attitudes Towards Speciesism*. Oxford, Blackwell, 1989. Resenha histórica da mudança de atitude para com os animais, enfatizando as duas últimas décadas, de um proeminente pensador e ativista desse período.

SALT, Henry. *Animal's Rights Considered in Relation to Social Progress*. Clarks Summit, Pensilvânia, Society for Animal Rights; Fontwell, Sussex, Centaur Press/State Mutual Book, 1985 (1. ed. de 1892). Clássico reeditado.

SAPONTZIS, Steve. *Morals, Reason and Animals*. Filadélfia, Temple University Press, 1987. Análise filosófica detalhada dos argumentos em prol da libertação animal.

SINGER, Peter. *Ethics into Action: Henry Spira and the Animal Rights Movement*. Lanham, Md., Rowman and Littlefield, 1998. Lições sobre ativismo do mais aguerrido ativista americano – Henry Spira – pelos direitos dos animais nos anos 1970 e 1980.

____. *In Defense of Animals*. Nova York, Harper and Row, 1986. Ensaios especialmente redigidos por destacados ativistas e pensadores.

THOMAS, Keith. *Man and the Natural World. Changing Attitudes in England 1500-1800*. Londres, Allen Lane, 1983. Estudo acadêmico, porém acessível, sobre as atitudes para com os animais durante esse período.

TURNER, E. S. *All Heaven in a Rage*. Londres, Michael Joseph, 1964. História, com muitas informações, do movimento pela proteção dos animais.

WYNNE-TYSON, J. (ed.). *The Extended Circle: A Commonplace Book of Animal Rights*. Nova York, Paragon House, 1988; Londres, Penguin, 1989. Centenas de citações de pensadores humanitaristas ao longo dos tempos.

Animais usados em pesquisas

NUFFIELD Council on Bioethics. *The Ethics of Research Involving Animals*. Londres, Nuffield Council of Bioethics, 2005. Embora as conclusões desse relatório possam ser questionadas, ele contém muitas informações úteis.

ORLANS, F. Barbara. *In the Name of Science: Issues in Responsible Animal Experimentation*. Nova York, Oxford University Press, 1993. Um relatório sobre questões éticas e científicas.

ROWAN, Andrew. *Of Mice, Models, and Men: A Critical Evaluation of Animal Research*. Albany, State University of New York Press, 1984. Análise atualizada de um cientista.

RYDER, Richard. *Victims of Science*. Fontwell, Sussex, Centaur Press/State Mutual Book, 1983. Uma das melhores descrições sobre a experimentação em animais.

SHARPE, Robert. *The Cruel Deception*. Wellingborough, Northants, Thorsons, 1988. Argumentação científica contra a experimentação em animais, mostrando sua irrelevância para a melhoria da saúde e comprovando como ela é, às vezes, positivamente enganadora.

Animais criados em fazendas industriais e a indústria da carne

BAUR, Gene. *Farm Sanctuary: Changing Hearts and Minds About Animals and food*. Nova York, Touchstone, 2008. A história do Farm Sanctuary, organização que atua na defesa de animais de criação.

BRAMBELL, F. W. R. (relator). *Report of the Technical Committee to Enquire into the Welfare of Animals Kept under Intensive Livestock Husbandry Systems*. Londres, Her Majesty's Stationery Office, 1965. Relatório da primeira investigação detalhada sobre a criação intensiva de animais.

DAVIS, Karen. *Prisoned Chickens, Poisoned Eggs*. Summertown, Tenn., Book Publishing Company, 1996. Um livro sobre a produção de ovos e aves.

DAWKINS, Marian. *Animal Suffering: The Science of Animal Welfare*. Nova York, Routledge, Chapman and Hall, 1980. Análise científica dos modos de medir objetivamente o sofrimento dos animais.

HARRISON, Ruth. *Animal Machines*. Londres, Vincent Stuart, 1964. Livro que lançou a campanha contra a criação intensiva de animais.

MARCUS, Erik. *Meat Market: Animals, Ethics and Money*. Nova York, Brio, 2005. Avaliação imparcial de onde os argumentos contra o consumo de carne são bem fundamentados e onde são exagerados.

MASON, Jim; SINGER, Peter. *Animal Factories*. Nova York, Crown, 1980. Implicações para a saúde, a ecologia e o bem-estar dos animais criados em fazendas industriais. Excelente coleção de fotografias.

____; ____. *The Ethics of What We Eat*. Nova York, Rodale, 2006. Uma discussão que abrange as questões mais relevantes no que se refere às nossas escolhas alimentares.

Vegetarianismo

AKERS, Keith. *A Vegetarian Sourcebook. The Nutrition, Ecology, and Ethics of a Natural Foods Diet.* Arlington, Vegetarian Press, 1989. Informações científicas sobre a dieta vegetariana.

GOLD, Mark. *Living Without Cruelty.* Basingstoke, Hants, Green Print, 1988. Como viver sem maltratar os animais.

KAPLEAU, Roshi P. *To Cherish All Life. A Buddhist View of Animal Slaughter and Meat Eating.* Rochester, The Zen Center, 1981. O autor é um eminente budista norte-americano.

LAPPÉ, Francis Moore. *Dieta para um pequeno planeta.* São Paulo: Ground, 1985. Argumentos contra a produção de carne com base no impacto ambiental.

MARCUS, Erik. *Vegan Guide.* Santa Cruz, Calif., Vegan.com, 2009. Tudo o que você precisa saber para se tornar vegano.

MELINA, Vesanto; DAVIS, Brenda; HARRISON, Victoria. *A dieta saudável dos vegetais – o guia completo para uma nova alimentação.* Rio de Janeiro, Campus, 1998. Nutricionistas apresentam argumentos e informações nutricionais para vegetarianos.

ROBBINS, John. *Diet for a New America: How Your Food Choices Affect Your Health, Happiness and the Future of Life on Earth.* Walpole, Stillpoint, 1987. O autor reúne grande quantidade de fatos contra o consumo de produtos de origem animal.

WYNNE-TYSON, Jon. *Food for a Future. How World Hunger Could Be Ended by the Twenty-first Century.* Wellingborough, Northants, Thorsons, ed. rev., 1988. Argumentação a favor do vegetarianismo do ponto de vista humanitário e ecológico.

Vida selvagem

AMORY, Cleveland. *Man Kind?* Nova York, Dell, 1980. Crítica mordaz da guerra à vida selvagem.

BOSTOCK, Stephen. *Zoos and Animal Rights*. Londres, Routledge, 1993. Sobre a ética de se manterem animais em zoológicos.

MCKENNA, Virginia, TRAVERS, Will; WRAY, Jonathan (eds.). *Beyond the Bars*. Wellingborough, Northants, Thorsons, 1988. Coletânea de ensaios sobre zoológicos e questões relacionadas, focalizando em especial a conservação da vida selvagem.

PETERSON, Dale. *Eating Apes*. Berkeley, Calif., University of California Press, 2003. Sobre a ameaça a nossos parentes mais próximos, com comoventes fotografias de Karl Ammann.

REGENSTEIN, Lewis. *The Politics of Extinction*. Nova York, Macmillan, 1975. Relato de como provocamos a extinção de várias espécies.

NOTAS BIBLIOGRÁFICAS

Capítulo 1

1. Para a filosofia moral de Bentham, ver o seu *Introduction to the Principles of Morals and Legislation*, e para a de Sidgwick, ver *The Methods of Ethics*, 1907 (a passagem citada é da sétima edição; reimpressão, Londres: Macmillan, 1963), p. 382. Como exemplos de proeminentes filósofos morais contemporâneos que incorporaram o requisito de igual consideração de interesses, ver R. M. Hare, *Freedom and Reason* (Nova York: Oxford University Press, 1963), e John Rawls, *A Theory of Justice* (Cambridge: Harvard University Press, Belknap Press, 1972). Para um breve relato sobre a concordância essencial, quanto a essa questão, existente entre essas e outras posições, ver R. M. Hare, "Rules of War and Moral Reasoning", *Philosophy and Public Affairs* 1 (2) (1972).

2. Carta a Henry Gregoire, 25 fev. 1809.

3. Reminiscências de Francis D. Gage, de Susan B. Anthony, *The History of Woman Suffrage*, vol. 1; a passagem encontra-se na citação feita em Leslie Tanner (ed.), *Voices from Women's Liberation* (Nova York: Signet, 1970).

4. Devo o termo "especismo" a Richard Ryder. Ele é utilizado desde a primeira edição deste livro e encontra-se agora dicionarizado no *The Oxford English Dictionary*, 2. ed. (Oxford: Clarendon Press, 1989).

5. *Introduction to the Principles of Morals and Legislation*, cap. 17.

6. Ver M. Levin, "Animal Rights Evaluated", *Humanist* 37: 14-5 (jul./ago. 1977); M. A. Fox, "Animal Liberation: A Critique", *Ethics* 88: 134-8 (1978); C. Perry e G. E. Jones, "On Animal Rights", *International Journal of Applied Philosophy* 1: 39-57 (1982).

7. Lorde Brain, "Presidential Address", *in* C. A. Keele e R. Smith (eds.), *The Assessment of Pain in Men and Animais* (Londres: Universities Federation for Animal Welfare, 1962).

8. Lorde Brain, "Presidential Address", p. 11.

9. Richard Serjeant, *The Spectrum of Pain* (Londres: Hart Davis, 1969), p. 72.

10. Ver relatórios do Committee on Cruelty to Wild Animals (Command Paper 8266, 1951), parágrafos 36-42; do Departmental Committee on Experiments on Animals (Command Paper 2641, 1965), parágrafos 179-82; e do Technical Committee to Inquire into the Welfare of Animals Kept under Intensive Livestock Husbandry Systems (Command Paper 2836, 1965), parágrafos 26-8 (Londres: Her Majesty's Stationery Office).

11. Ver Stephen Walker, *Animal Thoughts* (Londres: Routledge and Kegan Paul, 1983); Donald Griffin, *Animal Thinking* (Cambridge: Harvard University Press, 1984); e Marian Stamp Dawkins, *Animal Suffering: The Science of Animal Welfare* (Londres: Chapman and Hall, 1980).

12. Ver Eugene Linden, *Apes, Men and Language* (Nova York: Penguin, 1976); para apresentações em linguagem simplificada de trabalhos mais recentes, ver Erik Eckholm, "Pygmy Chimp Readily Learns Language Skill", *The New York Times*, 24 jun. 1985; e "The Wisdom of Animals", *Newsweek*, 23 maio 1988.

13. *In the Shadow of Man* (Boston: Houghton Mifflin, 1971), p. 225. Michael Peters faz uma observação semelhante em "Nature and Culture", *in* Stanley e Roslind Godlovitch e John Harris (eds.), *Animals, Men and Morals* (Nova York: Taplinger, 1972). Para exemplos de algumas das inconsistências de negar que criaturas sem linguagem possam sentir dor, ver Bernard Rollin, *The Unheeded Cry: Animal Consciousness, Animal Pain, and Science* (Oxford: Oxford University Press, 1989).

14. Aqui, deixo de lado opiniões religiosas, como a doutrina de que tão somente os seres humanos possuem alma imortal, ou são feitos à imagem de

Deus. Historicamente, essas opiniões foram muito importantes e, sem dúvida, são parcialmente responsáveis pela ideia de que a vida humana tem um caráter sagrado especial. Para uma análise histórica adicional, ver capítulo 5. Do ponto de vista da lógica, contudo, essas opiniões religiosas são insatisfatórias, pois não oferecem uma explicação racional de por que todos os seres humanos possuem alma imortal e nenhum ser não humano a possui. Dessa maneira, suspeita-se que essa crença também seja uma forma de especismo. De qualquer modo, os defensores do ponto da vista da "sacralidade da vida" relutam, em geral, em basear sua posição em doutrinas puramente religiosas, uma vez que elas não são mais tão amplamente aceitas como antigamente.

15. Para uma análise geral dessas questões, ver o meu *Ética prática* (São Paulo: Martins Fontes, 1994); para uma análise mais detalhada do tratamento de crianças deficientes, ver Helga Kuhse e Peter Singer, *Should the Baby Live?* (Oxford: Oxford University Press, 1985).

16. Para um desenvolvimento desse tema, ver meu ensaio "Life's Uncertain Voyage", *in* P. Pettit, R. Sylvan e J. Norman (eds.), *Metaphysics and Morality* (Oxford: Blackwell, 1987), pp. 154-72.

17. A análise precedente, que sofreu pequenas modificações desde a primeira edição, foi muitas vezes ignorada pelos críticos do movimento pela libertação animal. Trata-se de uma tática comum procurar ridicularizar a posição da libertação animal sustentando que, nas palavras recentes de um experimentador com animais, "algumas dessas pessoas acreditam que cada inseto, cada rato tem tanto direito à vida quanto um ser humano" (Dr. Irving Weissman, citado em Katherine Bishop, "From Shop to Lab to Farm, Animal Rights Battle Is Felt", *The New York Times*, 14 jan. 1989). Seria interessante se o dr. Weissman indicasse alguns defensores proeminentes do movimento pela libertação animal que sustentam essa opinião. A posição descrita certamente não é a minha (pressupondo apenas que ele se referia ao direito à vida de um ser humano com capacidades muito diferentes das do inseto e do rato). Duvido que seja sustentada por muitos, se é que por alguns, no movimento pela libertação animal.

Capítulo 2

1. U.S. Air Force School of Aerospace Medicine, Relatório n. USAFSAM-TR--82-24, ago. 1982.

2. U.S. Air Force School of Aerospace Medicine, Relatório n. USAFSAM-TR-87-19, out. 1987.

3. Força Aérea Norte-Americana, Relatório n. USAFSAM-TR-87-19, p. 6.

4. Donald J. Barnes, "A Matter of Change", *in* Peter Singer (ed.) *In Defense of Animals* (Oxford: Blackwell, 1985).

5. *Air Force Times*, 28 nov. 1973; *The New York Times*, 14 nov. 1973.

6. B. Levine et al., "Determination of the Chronic Mammalian Toxicological Effects of TNT: Twenty-six Week Subchronic Oral Toxicity Study of Trinitrotoluene (TNT) in the Beagle Dog", Fase II, Relatório Final (U.S. Army Medical Research and Development Command, Fort Detrick, Maryland, jun. 1983).

7. Carol G. Franz, "Effects of Mixed Neutron-gamma Totalbody Irradiation on Physical Activity Performance of Rhesus Monkeys", *Radiation Research* 101: 434-41 (1985).

8. *Proceedings of the National Academy of Science* 54: 90 (1965).

9. *Engineering and Science* 33: 8 (1970).

10. *Maternal Care and Mental Health*, Série de Monografias da Organização Mundial de Saúde, 2: 46 (1951).

11. *Engineering and Science* 33: 8 (1970).

12. *Journal of Comparative and Physiological Psychology* 80 (1): 11 (1972).

13. *Behavior Research Methods and Instrumentation* 1: 247 (1969).

14. *Journal of Autism and Childhood Schizophrenia* 3 (3): 299 (1973).

15. *Journal of Comparative Psychology* 98: 35-44 (1984).

16. *Developmental Psychology* 17: 313-8 (1981).

17. *Primates* 25: 78-88 (1884).

18. Dados da investigação compilados por Martin Stephens, Ph.D., relatados em *Maternal Deprivation Experiments in Psychology: A Critique of Ani-*

mal Models, relatório preparado para a American, National and New England Anti-Vivisection Societies (Boston, 1986).

19. *Statistics of Scientific Procedures on Living Animals*, Grã-Bretanha, 1988, Command Paper 743 (Londres: Her Majesty's Stationery Office, 1989).

20. U.S. Congress Office of Technology Assessment, *Alternatives to Animal Use in Research, Testing and Education* (Washington: Government Printing Office, 1986), p. 64.

21. Depoimentos prestados perante o Subcommittee on Livestock and Feed Grains do Committee on Agriculture, Câmara dos Deputados, 1966, p. 63.

22. Ver A. Rowan, *Of Mice, Models and Men* (Albany: State University of New York Press, 1984), p. 71; uma revisão posterior encontra-se numa comunicação pessoal ao Office of Technology Assessment; ver *Alternatives to Animal Use in Research, Testing and Education*, p. 56.

23. OTA, *Alternatives to Animal Use in Research, Testing and Education*, p. 56.

24. *Experimental Animals* 37: 105 (1988).

25. *Nature* 334: 445 (4 ago. 1988).

26. *The Harvard Bioscience Whole Rat Catalog* (South Natick, Mass.: Harvard Bioscience, 1983).

27. Relatório do Littlewood Committee, pp. 53, 166; citado por Richard Ryder, "Experiments on Animals", *in* Stanley e Roslind Godlovitch e John Harris (eds.), *Animals, Men, and Morals* (Nova York: Taplinger, 1972), p. 43.

28. Números calculados por Lori Gruen a partir de relatórios de dados fornecidos pelo Serviço de Saúde Pública Norte-Americano, relatórios *Computer Retrieval of Information on Scientific Projects* (CRISP).

29. *Journal of Comparative and Physiological Psychology* 67 (1): 110 (abr. 1969).

30. *Bulletin of the Psychonomic Society* 24: 69-71 (1986).

31. *Behavioral and Neural Biology* 101: 296-9 (1987).

32. *Pharmacology, Biochemistry, and Behavior* 17: 645-9 (1982).

33. *Journal of Experimental Psychology. Animal Behavior Processes* 10: 307-23 (1984).

34. *Journal of Abnormal and Social Psychology* 48 (2): 291 (abr. 1953).

35. *Journal of Abnormal Psychology* 73 (3): 256 (jun. 1968).

36. *Animal Learning and Behavior* 12: 332-8 (1984).

37. *Journal of Experimental Psychology: Animal Behavior and Processes* 12: 277-90 (1986).

38. *Psychological Reports* 57: 1027-30 (1985).

39. *Progress in Neuro-Psychopharmacology and Biological Psychiatry* 8: 434-46 (1984).

40. *Journal of the Experimental Analysis of Behavior* 19 (1): 25 (1973).

41. *Journal of the Experimental Analysis of Behavior* 41: 45-52 (1984).

42. *Aggressive Behavior* 8: 371-83 (1982).

43. *Animal Learning and Behavior* 14: 305-14 (1986).

44. *Behavioral Neuroscience* 100 (2): 90-9 e 98 (3): 541-55 (1984).

45. OTA, *Alternatives to Animal Use in Research, Testing and Education*, p. 132.

46. A. Heim, *Intelligence and Personality* (Baltimore: Penguin, 1971), p. 150; para uma magnífica análise do fenômeno, ver Bernard Rollin, *The Unheeded Cry: Animal Consciousness, Animal Pain, and Science* (Nova York: Oxford University Press, 1989).

47. Chris Evans, "Psychology Is About People", *New Scientist*, 31 ago. 1972, p. 453.

48. *Statistics of Scientific Procedures on Living Animals*, Grã-Bretanha, 1988 (Londres: Her Majesty's Stationery Office, 1989), tabelas 7, 8 e 9.

49. J. P. Griffin e G. E. Diggle, *British Journal of Clinical Pharmacology* 12: 453-63 (1981).

50. OTA, *Alternatives to Animal Use in Research, Testing and Education*, p. 168.

51. *Journal of the Society of Cosmetic Chemists* 13: 9 (1962).

52. OTA, *Alternatives to Animal Use in Research, Testing and Education*, p. 64.

53. *Toxicology* 15 (1): 31-41 (1979).

54. David Bunner et al., "Clinical and Hematologic Effects of T-2 Toxin on Rats", Relatório Provisório (U.S. Army Medical Research and Development Command, Fort Detrick, Frederick, Maryland, 2 ago. 1985). As citações do Departamento de Estado são do *Report to the Congress for Secretary of State Alexander Haig*, 22 mar. 1982: *Chemical Warfare in S.E. Asia and Afghanistan* (U.S. Department of State Special Report n. 98, Washington, 1982).

55. M. N. Gleason et al. (eds.), *Clinical Toxicology of Commercial Products* (Baltimore: Williams and Wilkins, 1969).

56. *PCRM Update* (Boletim do *Physicians Committee for a Responsible Medicine*, Washington), jul.-ago. 1988, p. 4.

57. S. F. Paget (ed.), *Methods in Toxicology* (Blackwell Scientific Publications, 1970), pp. 4, 134-9.

58. *New Scientist*, 17 mar. 1983.

59. Sobre o Practolol, ver W. H. Inman e F. H. Goss (eds.), *Drug Monitoring* (Nova York: Academic Press, 1977); sobre o Zipeprol, ver C. Moroni et al., *The Lancet*, 7 jan. 1984, p. 45. Devo essas referências a Robert Sharpe, *The Cruel Deception* (Wellingborough, Northants: Thorsons, 1988).

60. S. F. Paget (ed.), *Methods in Toxicology*, p. 132.

61. G. F. Somers, *Quantitative Method in Human Pharmacology and Therapeutics* (Elmsford, N.Y.: Pergamon Press, 1959), citado por Richard Ryder, *Victims of Science* (Fontwell, Sussex: Centaur Press/State Mutual Book, 1983), p. 153.

62. Artigo de agência de notícias publicado em *West County Times* (Califórnia), 17 jan. 1988.

63. Como noticiado em *DVM: The Newsmagazine of Veterinary Medicine* 9: 58 (jun. 1988).

64. *The New York Times*, 15 abr. 1980.

65. Para mais detalhes, ver Henry Spira, "Fighting to Win", *in* Peter Singer (ed.), *In Defense of Animals*.

66. *PETA News* (People for the Ethical Treatment of Animals, Washington) 4 (2): 19 (mar./abr. 1989).

67. "Noxell Significantly Reduces Animal Testing", comunicado de imprensa, Noxell Corporation, Hunt Valley, Maryland, 28 dez. 1988; Douglas McGill, "Cosmetics Companies Quietly Ending Animal Tests", *The New York Times*, 2 ago. 1989, p. 1.

68. "Avon Validates Draize Substitute", comunicado de imprensa, Avon Products, Nova York, 5 abr. 1989.

69. *The Alternatives Report* (Center for Animals and Public Policy, Tufts School of Veterinary Medicine, Grafton, Massachusetts) 2: 2 (jul./ago. 1989); "Facts about Amway and the Environment", Amway Corporation, Ada, Michigan, 17 maio 1989.

70. "Avon Announces Permanent End to Animal Testing", comunicado de imprensa, Avon Products, Nova York, 22 jun. 1989.

71. Douglas McGill, "Cosmetics Companies Quietly Ending Animal Tests", *The New York Times*, 2 ago. 1989, p. 1.

72. "Industry Toxicologists Keen on Reducing Animal Use", *Science*, 17 abr. 1987.

73. Barnaby J. Feder, "Beyond White Rats and Rabbits", *The New York Times*, 28 fev. 1988, Seção de Negócios, p. 1; ver também Constance Holden, "Much Work But Slow Going on Alternatives to Draize Test", *Science*, 14 out. 1985, p. 185.

74. Judith Hampson, "Brussels Drops Need for Lethal Animal Tests", *New Scientist*, 7 out. 1989.

75. "Coalition to Abolish LD50", Relatório dos Coordenadores 1983 (Nova York, 1983), p. 1.

76. H. C. Wood, *Fever: A Study of Morbid and Normal Physiology*, Smithsonian Contributions to Knowledge, n. 357 (Lippincott, 1880).

77. *The Lancet*, 17 set. 1881, p. 551.

78. *Journal of the American Medical Association* 89 (3): 177 (1927).

79. *Journal of Pediatrics* 45: 179 (1954).

80. *Indian Journal of Medical Research* 56 (1): 12 (1968).

81. S. Cleary (ed.), *Biological Effects and Health Implications of Microwave Radiations*, U.S. Public Health Service Publication PB 193: 898 (1969).

82. *Thrombosis et Diathesis Haemorphagica* 26 (3): 417 (1971).

83. *Archives of Internal Medicine* 131: 688 (1973).

84. G. Hanneman e J. Sershon, "Tolerance Endpoint for Evaluating the Effects of Heat Stress in Dogs", FAA Report #FAAAM84-5, jun. 1984.

85. *Journal of Applied Physiology* 53: 1171-4 (1982).

86. *Aviation, Space and Environmental Medicine* 57: 659-63 (1986).

87. B. Zweifach, "Aspects of Comparative Physiology of Laboratory Animals Relative to Problems of Experimental Shock", Federal Proceedings 20, Supl. 9: 18-29 (1961); citado em *Aviation, Space and Environmental Medicine* 50 (8): 8-19 (1979).

88. *Annual Review of Physiology* 8: 335 (1946).

89. *Pharmacological Review* 6 (4): 489 (1954).

90. K. Hobler e R. Napodano, *Journal of Trauma* 14 (8): 716 (1974).

91. Martin Stephens, *A Critique of Animal Experiments on Cocaine Abuse*, relatório preparado para a American, National and New England Anti-vivisection Societies (Boston, 1985).

92. *Health Care* 2 (26), 28 ago.-10 set. 1980.

93. *Journal of Pharmacology and Experimental Therapeutics* 226 (3): 783-9 (1983).

94. *Psychopharmacology* 88: 500-4 (1986).

95. *Bulletin of the Psychonomic Society* 22 (1): 53-6 (1984).

96. *European Journal of Pharmacology* 40: 114-5 (1976).

97. *Newsweek*, 26 dez. 1988, p. 50; "TSU Shuts Down Cornell Cat Lab", *The Animals' Agenda* 9 (3): 22-5 (mar. 1989).

98. S. Milgram, *Obedience to Authority* (Nova York: Harper and Row, 1974). Estas experiências foram muito criticadas do ponto de vista ético por utilizarem seres humanos sem consentimento. É, de fato, questionável que Milgram tenha enganado os participantes de sua experiência como o fez; mas, quando comparamos o que foi feito a eles com o que, normalmente, é feito com animais não humanos, podemos perceber quão mais sensível é a maioria das pessoas, quando se trata de avaliar a ética de experiências com seres humanos.

99. *Monitor* (publicação da American Psychological Association), mar. 1978.

100. Donald J. Barnes, "A Matter of Change", *in* Peter Singer (ed.), *In Defense of Animals*, pp. 160, 166.

101. *The Death Sciences in Veterinary Research and Education* (Nova York: United Action for Animals), p. 111.

102. *Journal of the American Veterinary Medical Association* 163 (9): 1 (1º nov. 1973).

103. *Journal of Comparative and Physiological Psychology* 55: 896 (1962).

104. *Scope* (Durban, África do Sul), 30 mar. 1973.

105. Robert J. White, "Antivivisection: The Reluctant Hydra", *The American Scholar* 40 (1971); reimpresso em T. Regan e P. Singer, (eds.), *Animal Rights and Human Obligations*, 1. ed. (Englewood Cliffs, N.J.: Prentice-Hall, 1976), p. 169.

106. *The Plain Dealer*, 3 jul. 1988.

107. *Birmingham News*, Birmingham, Alabama, 12 fev. 1988.

108. "The Price of Knowledge", transmitido em Nova York, 12 dez. 1974, WNET/13, transcrição obtida por cortesia de WNET/13 e Henry Spira.

109. Citado no relatório do OTA, *Alternatives to Animal Use in Research, Testing and Education*, p. 277.

110. National Health and Medical Research Council, *Code of Practice for the Care and Use of Animals for Experimental Purposes* (Australian Government Publishing Service, Canberra, 1985). Recentemente, um código revisado foi aprovado: ver "Australian Code of Practice", *Nature* 339: 412 (8 jun. 1989).

111. OTA, *Alternatives to Animal Use in Research, Testing and Education*, p. 377.

112. Pat Monaghan, "The Use of Animals in Medical Research", *New Scientist*, 19 nov. 1988, p. 54.

113. Para um resumo das emendas introduzidas em 1985 e da lei e regulamentos vigentes naquela época, ver OTA, *Alternatives to Animal Use in Research, Testing and Education*, pp. 280-6.

114. OTA, *Alternatives to Animal Use in Research, Testing, and Education*, pp. 286-7.

115. OTA, *Alternatives to Animal Use in Research, Testing, and Education*, pp. 287, 298.

116. National Research Council, *Use of Laboratory Animals in Biomedical and Behavioral Research* (Washington: National Academy Press, 1988). Ver em especial "Individual Statement" de C. Stevens.

117. *The Washington Post*, 19 jul. 1985, p. A10. Para um relato mais detalhado do caso Gennarelli, ver Lori Gruen e Peter Singer, *Animal Liberation: A Graphic Guide* (Londres: Camden Press, 1987), pp. 10-23.

118. "Group Charges Gillette Abuses Lab Animals", *Chemical and Engineering News*, 6 out. 1986, p. 5.

119. H. Beecher, "Ethics and Clinical Research", *New England Journal of Medicine* 274: 1354-60 (1966); D. Rothman, "Ethics and Human Experimentation: Henry Beecher Revisited", *New England Journal of Medicine* 317: 1195-9 (1987).

120. Da transcrição de "Julgamento dos Médicos", Caso 1, Estados Unidos vs. Brandt et al. Citado por W. L. Shirer, *The Rise and Fall of the Third Reich* (Nova York: Simon and Schuster, 1960), p. 985. Para descrições adicionais dessas experiências, ver R. J. Lifton, *The Nazi Doctors* (Nova York: Basic Books, 1986).

121. *British Journal of Experimental Pathology* 61: 39 (1980); citado por R. Ryder, "Speciesism in the Laboratory", *in* Peter Singer (ed.), *In Defense of Animals*, p. 85.

122. I. B. Singer, *Enemies: A Love Story* (Nova York: Farrar, Straus and Giroux, 1972).

123. Ver James Jones, *Bad Blood: The Tuskegee Syphilis Experiment* (Nova York: Free Press, 1981).

124. Sandra Coney, *The Unfortunate Experiment* (Auckland: Penguin Books, 1988).

125. E. Wynder e D. Hoffman, *in Advances in Cancer Research* 8 (1964); ver também relatório do Royal College of Physicians, *Smoking and Health* (Londres, 1962) e estudos feitos pelo Departamento de Saúde Norte-Americano. Devo essas referências a Richard Ryder, "Experiments on Animals", *in* Stanley e Roslind Godlovitch e John Harris (eds.), *Animals, Men and Morals*, p. 78.

126. "U.S. Lung Cancer Epidemic Abating, Death Rates Show", *The Washington Post*, 18 out. 1989, p. 1.

127. "The Cancer Watch", *U.S. News & World Report*, 15 fev. 1988.

128. *Science* 241: 79 (1988).

129. "Colombians Develop Effective Malaria Vaccine", *The Washington Post*, 10 mar. 1988.

130. "Vaccine Produces AIDS Antibodies", *Washington Times*, 19 abr. 1988.

131. "AIDS Policy in the Making", *Science* 239: 1087 (1988).

132. T. McKeown, *The Role of Medicine. Dream, Mirage or Nemesis?* (Oxford: Blackwell, 1979).

133. D. St. George, "Life Expectancy, Truth, and the ABPI", *The Lancet*, 9 ago. 1986, p. 346.

134. J. B. McKinlay, S. M. McKinlay e R. Beaglehole, "Trends in Death and Disease and the Contribution of Medical Measures", *in* H. E. Freeman e S. Levine (eds.), *Handbook of Medical Sociology* (Englewood Cliffs, N.J.: Prentice Hall, 1988), p. 16.

135. Ver William Paton, *Man and Mouse* (Oxford: Oxford University Press, 1984); Andrew Rowan, *Of Mice, Models and Men: A Critical Evaluation of Animal Research* (Albany: State University of New York Press, 1984), capítulo 12; Michael DeBakey, "Medical Advances Resulting from Animal Research", *in* J. Archibald, J. Ditchfield e H. Rowsell (eds.), *The Contribution of Laboratory Animal Science to the Welfare of Man and Animals: Past, Present and Future* (Nova York: Gustav Fischer Verlag, 1985); OTA, *Alternatives to Animal Use in Research, Testing and Education*, capítulo 5; e National Research Council, *Use of Animals in Biomedical and Behavioral Research* (National Academy Press, Washington, 1988), capítulo 3.

136. Provavelmente a melhor obra com argumentos contra a defesa da experimentação com animais seja *The Cruel Deception*, de Robert Sharpe.

137. "The Costs of AIDS", *New Scientist*, 17 mar. 1988, p. 22.

Capítulo 3

1. *The Washington Post*, 3 out. 1971; ver também depoimentos prestados em setembro e outubro de 1971 perante a Subcomissão para o Estudo do Monopólio, da Comissão Especial de Inquérito sobre Pequenas Empresas, no Senado norte-americano, nas Audições sobre o Papel das Grandes Empresas, em especial o depoimento de Jim Hightower, do Projeto de Responsabilidade do Agronegócio. Para informações sobre a dimensão dos produtores de ovos, ver *Poultry Tribune*, jun. 1987, p. 27.

2. Ruth Harrison, *Animal Machines* (Londres: Vincent Stuart, 1964), p. 3.

3. *Broiler Industry*, dez. 1987, p. 22.

4. Konrad Lorenz, *King Solomon's Ring* (Londres: Methuen and Company, 1964), p. 147.

5. *Farming Express*, 1º fev. 1962; citado por Ruth Harrison, *Animal Machines*, p. 18.

6. F. D. Thornberry, W. O. Crawley e W. F. Krueger, "Debeaking: Laying Stock to Control Cannibalism", *Poultry Digest*, maio 1975.

7. Conforme apresentado em *The Animal Welfare Institute Quarterly*, outono de 1987, p. 18.

8. *Report of the Technical Committee to Enquire into the Welfare of Animals Kept Under Intensive Livestock Husbandry Systems*, Command Paper 2836 (Londres: Her Majestys Stationery Office, 1965), parágrafo 97.

9. A. Andrade e J. Carson, "The Effect of Age and Methods of Debeaking on Future Performance of White Leghorn Pullets", *Poultry Science* 54: 666-74 (1975); M. Gentle, B. Huges e R. Hubrecht, "The Effect of Beak Trimming on Food Intake, Feeding Behavior and Body Weight in Adult Hens", *Applied Animal Ethology* 8: 147-59 (1982); M. Gentle, "Beak Trimming in Poultry", *World's Poultry Science Journal* 42: 268-75 (1986).

10. J. Breward e M. Gentle, "Neuroma Formation and Abnormal Afferent Nerve Discharges after Partial Beak Amputation (Beak Trimming) in Poultry", *Experienta* 41: 1132-4 (1985).

11. Gentle, "Beak Trimming in Poultry", *World's Poultry Science Journal* 42: 268-75 (1986).

12. Anuário de 1970 do Departamento da Agricultura Norte-Americano, p. xxxiii.

13. *Poultry World*, 5 dez. 1985.

14. *American Agriculturist*, mar. 1967.

15. C. Riddell e R. Springer, "An Epizootiological Study of Acute Death Syndrome and Leg Weakness in Broiler Chickens in Western Canada",

Avian Diseases 29: 90-102 (1986); P. Steele e J. Edgar, "Importance of Acute Death Syndrome in Mortalities in Broiler Chicken Flocks", *Poultry Science* 61: 63-6 (1982).

16. R. Newberry, J. Hunt e E. Gardiner, "Light Intensity Effects on Performance, Activity, Leg Disorders, and Sudden Death Syndrome of Roaster Chickens", *Poultry Science* 66: 1446-50 (1987).

17. Trevor Bray, como anunciado em *Poultry World*, 14 jun. 1984.

18. Ver estudos de Riddell e Springer, e de Steele e Edgar, citados anteriormente na nota 15.

19. D. Wise e A. Jennings, "Dyschondroplasia in Domestic Poultry", *Veterinary Record* 91: 285-6 (1972).

20. G. Carpenter et al., "Effect of Internal Air Filtration on the Performance of Broilers and the Aerial Concentrations of Dust and Bacteria", *British Poultry Journal* 27: 471-80 (1986).

21. "Air in Your Shed a Risk to Your Health", *Poultry Digest*, dez./jan. 1988.

22. *The Washington Times*, 22 out. 1987.

23. *Broiler Industry*, dez. 1987, e *Hippocrates*, set./out. 1988. Numa carta que me enviou, a Perdue confirmou que suas galinhas são debicadas. Ver também o anúncio da Animal Rights International: "Frank, estás dizendo a verdade sobre as tuas galinhas?" *The New York Times*, 20 out. 1989, p. A17.

24. F. Proudfoot, H. Hulan e D. Ramey, "The Effect of Four Stocking Densities on Broiler Carcass Grade, the Incidence of Breast Blisters, and Other Performance Traits", *Poultry Science* 58: 791-3 (1979).

25. *Turkey World*, nov./dez. 1986.

26. *Poultry Tribune*, jan. 1974.

27. *Farmer and Stockbreeder*, 30 jan. 1982; citado por Ruth Harrison, *Animal Machines*, p. 50.

28. *Feedstuffs*, 25 jul. 1983.

29. *American Agriculturist*, jul. 1966.

30. As estatísticas do Departamento de Agricultura Norte-Americano indicam que, em 1986, a população de poedeiras comerciais era de 246 milhões. Supondo que o índice de incubação macho/fêmea fique por volta de 50 por cento, e que cada ave seja substituída aproximadamente a cada seis meses, essa estimativa é baixíssima.

31. *American Agriculturist*, mar. 1967.

32. *Upstate*, 5 ago. 1973, relatório de Mary Rita Kiereck.

33. *National Geographic Magazine*, fev. 1970.

34. *Poultry Tribune*, fev. 1974.

35. *Federal Register*, 24 dez. 1971, p. 24.926.

36. *Poultry Tribune*, nov. 1986.

37. Primeiro relatório do Comitê da Agricultura, Câmara dos Comuns, 1980-81, *Animal Welfare in Poultry, Pig and Veal Production* (Londres: Her Majestys Stationery Office, 1981), parágrafo 150.

38. B. M. Freeman, "Floor Space Allowance for the Caged Domestic Fowl", *The Veterinary Record*, 11 jun. 1983, pp. 562-3.

39. *Poultry Tribune*, mar. 1987, p. 30; "Swiss Federal Regulations on Animal Protection", 29 maio 1981.

40. Informações sobre a situação na Holanda fornecidas por Compassion in World Farming e pela Embaixada Holandesa de Londres. Ver também *Farmers Guardian*, 29 set. 1989. Sobre a situação na Suécia, ver Steve Lohr, "Swedish Farm Animals Get a New Bill of Rights", *The New York Times*, 25 out. 1988.

41. *Poultry Tribune*, mar. 1987.

42. Parlamento Europeu, Sessão 1986/7, Atas da Sessão de 20 fev. 1987, Documento A2-211/86.

43. *Poultry Tribune*, nov. 1986.

44. *Upstate*, 5 ago. 1973.

45. *Animal Liberation (Victoria) Newsletter*, maio 1988 e fev. 1989.

46. Roy Bedichek, *Adventures with a Naturalist*, citado por Ruth Harrison, *Animal Machines*, p. 154.

47. *Upstate*, 5 ago. 1973.

48. *Der Spiegel*, 1980, n. 47, p. 264; citado em *Intensive Egg and Chicken Production*, Chickens' Lib (Huddersfield, Reino Unido).

49. I. Duncan e V. Kite, "Some Investigations into Motivation in the Domestic Fowl", *Applied Animal Behaviour Science* 18: 387-8 (1987).

50. *New Scientist*, 30 jan. 1986, p. 33, noticiando um estudo de H. Huber, D. Fölsch e U. Stahli, publicado no *British Poultry Science* 26: 367 (1985).

51. A. Black e B. Hughes, "Patterns of Comfort Behaviour and Activity in Domestic Fowls: A Comparison Between Cages and Pens", *British Veterinary Journal* 130: 23-33 (1974).

52. D. van Licre e S. Bokma, "Short-term Feather Maintenance as a Function of Dust-bathing in Laying Hens", *Applied Animal Behaviour Science* 18: 197-204 (1987).

53. H. Simonsen, K. Vestergaard e P. Willeberg, "Effect of Floor Type and Density on the Integument of Egg Layers"; *Poultry Science* 59: 2202-6 (1980).

54. K. Vestergaard, "Dustbathing in the Domestic Fowl – Diurnal Rhythm and Dust Deprivation", *Applied Animal Behaviour Science* 17: 380 (1987).

55. H. Simonsen, K. Vestergaard e P. Willeberg, "Effect of Floor Type and Density on the Integument of Egg Layers".

56. J. Bareham, "A Comparison of the Behaviour and Production of Laying Hens in Experimental and Conventional Battery Cages", *Applied Animal Ethology* 2: 291-303 (1976).

57. J. Craig, T. Craig e A. Dayton, "Fearful Behavior by Caged Hens of Two Genetic Stocks", *Applied Animal Ethology* 10: 263-73 (1983).

58. M. Dawkins, "Do Hens Suffer in Battery Cages? Environmental Preferences and Welfare", *Applied Animal Behaviour* 25: 1034-46 (1977). Ver também M. Dawkins, *Animal Suffering: The Science of Animal Welfare* (Londres: Chapman and Hall, 1980), capítulo 7.

59. *Plain Truth* (Pasadena, Califórnia), mar. 1973.

60. C. E. Ostrander e R. J. Young, "Effects of Density on Caged Layers", *New York Food and Life Sciences* 3 (3) (1970).

61. Ministério da Agricultura, Pesca e Alimentação do Reino Unido, Folheto de Informações Técnicas sobre Avicultura n. 13; citado em *Intensive Egg and Chicken Production*, Chickens' Lib (Huddersfield, Reino Unido).

62. *Poultry Tribune*, mar. 1974.

63. Ian Duncan, "Can the Psychologist Measure Stress?" *New Scientist*, 18 out. 1973.

64. R. Dunbar, "Farming Fit for Animals", *New Scientist*, 29 mar. 1984, pp. 12-5; D. Wood-Gush, "The Attainment of Humane Housing for Farm Livestock", em M. Fox e L. Mickley (eds.), *Advances in Animal Welfare Science* (Washington: Humane Society of the United States, 1985).

65. *Farmers Weekly*, 7 nov. 1961, citado em Ruth Harrison, *Animal Machines*, p. 97.

66. R. Dantzer e P. Mormede, "Stress in Farm Animals: A Need for Reevaluation", *Journal of Animal Science* 57: 6-18 (1983).

67. D. Wood-Gush e R. Beilharz, "The Enrichment of a Bare Environment for Animals in Confined Conditions", *Applied Animal Ethology* 20: 209-17 (1983).

68. Departamento da Agricultura Norte-Americano, Boletim Informativo: Manejo de Suínos, AFS-3-8-12, Departamento da Agricultura, Seção de Assuntos Públicos, Washington.

69. F. Butler, citado em John Robbins, *Diet for a New America* (Walpole, N. H.: Stillpoint, 1987), p. 90.

70. D. Fraser, "The Role of Behaviour in Swine Production: a Review of Research"; *Applied Animal Ethology* 11: 332 (1984).

71. D. Fraser, "Attraction to Blood as a Factor in Tail Biting by Pigs", *Applied Animal Behaviour Science* 17: 61-8 (1987).

72. *Farm Jornal*, maio 1974.

73. Os estudos relevantes são condensados em Michael W. Fox, *Farm Animals: Husbandry, Behavior, Veterinary Practice* (University Park Press, 1984), p. 126.

74. *Farmer and Stockbreeder*, 22 jan. 1963; citado em Ruth Harrison, *Animal Machines*, p. 95.

75. "Swine Production Management", Hubbard Milling Company, Mankato, Minnesota, 1984.

76. William Robbins, "Down on the Superfarm: Bigger Share of Profits", *The New York Times*, 4 ago. 1987.

77. *Feedstuffs*, 6 jan. 1986, p. 6.

78. *Hog Farm Management*, dez. 1975, p. 16.

79. Bob Frase, citado em Orville Schell, *Modern Meat* (Nova York: Random House, 1984), p. 62.

80. *Farmer and Stockbreeder*, 11 jul. 1961; citado em Ruth Harrison, *Animal Machines*, p. 148.

81. J. Messersmith, citado em J. Robbins, *Diet for a New America*, p. 84.

82. *Agscene* (Petersfield, Hampshire, Inglaterra), jun. 1987, p. 9.

83. *Farm Journal*, mar. 1973.

84. "Mechanical Sow Keeps Hungry Piglets Happy", *The Western Producer*, 11 abr. 1985.

85. *National Hog Farmer*, mar. 1978, p. 27.

86. Departamento da Agricultura Norte-Americano, Boletim Informativo: Manejo de Suínos, AFS-3-8-12, Departamento da Agricultura, Seção de Assuntos Públicos, Washington.

87. Departamento da Agricultura Norte-Americano, Boletim Informativo: Alojamento de Suínos, AFS-3-8-9, Departamento da Agricultura, Seção de Assuntos Públicos, Washington.

88. G. Cronin, "The Development and Significance of Abnormal Stereotyped Behaviour in Tethered Sows", tese de mestrado, Universidade de Wageningen, Holanda, p. 25.

89. Roger Ewbank, "The Trouble with Being a Farm Animal", *New Scientist*, 18 out. 1973.

90. "Does Close Confinement Cause Distress in Sows?" Scottish Farm Buildings Investigation Unit, Aberdeen, jul. 1986, p. 6.

91. Farm Animal Welfare Council, *Assessment of Pig Production Systems* (Farm Animal Welfare Council, Surbiton, Surrey, Inglaterra, 1988), p. 6.

92. A. Lawrence, M. Appleby e H. MacLeod, "Measuring Hunger in the Pig Using Operant Conditioning: The Effect of Food Restriction", *Animal Production* 47 (1988).

93. *The Stall Street Journal*, jul. 1972.

94. J. Webster, C. Saville e D. Welchman, "Improved Husbandry Systems for Veal Calves", Animal Health Trust and Farm Animal Care Trust, sem data, p. 5; ver também Webster et al., "The Effect of Different Rearing Systems on the Development of Calf Behavior", e "Some Effects of Different Rearing Systems on Health, Cleanliness and Injury in Calves", *British Veterinary Journal* 1141: 249 e 472 (1985).

95. J. Webster, C. Saville e D. Welchman, "Improved Husbandry Systems for Veal Calves", p. 6.

96. J. Webster, C. Saville e D. Welchman, "Improved Husbandry Systems for Veal Calves", p. 2.

97. *The Stall Street Journal*, nov. 1973.

98. *The Stall Street Journal*, abr. 1973.

99. *The Stall Street Journal*, nov. 1973.

100. *Farmer and Stockbreeder*, 13 set. 1960, citado em Ruth Harrison, *Animal Machines*, p. 70.

101. *The Stall Street Journal*, abr. 1973.

102. G. van Putten, "Some General Remarks Concerning Farm Animal Welfare in Intensive Farming Systems", artigo não publicado do Instituto de Investigação de Criação de Animais, "Schoonoord"; Driebergseweg, Zeist, Holanda, p. 2.

103. G. van Putten, "Some General Remarks Concerning Farm Animal Welfare in Intensive Farming Systems", p. 3.

104. *The Vealer*, mar./abr. 1982.

105. Ministério da Agricultura, Pesca e Alimentação do Reino Unido, Regulamentações Relativas ao Bem-Estar dos Bezerros, 1987 (Londres: Her Majesty's Stationery Office, 1987).

106. J. Webster, "Health and Welfare of Animals in Modern Husbandry Systems Dairy Cattle", *In Practice*, maio 1986, p. 85.

107. Gordon Harvey, "Poor Cow", *New Scientist*, 29 set. 1983, pp. 940-3.

108. *The Washington Post*, 28 mar. 1988.

109. D. S. Kronfeld, "Biologic and Economic Risks Associated with Bovine Growth Hormone", Conferência sobre o Hormônio de Crescimento Bovino, Parlamento Europeu, 9 dez. 1987, artigo não publicado, p. 4.

110. D. S. Kronfeld, "Biologic and Economic Risks Associated with Bovine Growth Hormone", p. 5.

111. Bob Holmes, "Secrecy Over Cow Hormone Experiments", *Western Morning News*, 14 jan. 1988.

112. Keith Schneider, "Better Farm Animals Duplicated by Cloning", *The New York Times*, 17 fev. 1988; ver também Ian Wilmut, John Clark e Paul Simons, "A Revolution in Animal Breeding", *New Scientist*, 7 jul. 1988.

113. *The Peoria Journal Star*, 5 jun. 1988.

114. "Is Pain the Price of Farm Efficiency?" *New Scientist*, 13 out. 1973, p. 171.

115. *Feedstuffs*, 6 abr. 1987.

116. *Farm Journal*, ago. 1967, mar. 1968.

117. S. Lukefahr, D. Caveny, P. R. Checke e N. M. Patton, "Rearing Weanling Rabbits in Large Cages", *The Rabbit Rancher*, citado em Federação Australiana de Sociedades Animais, *Submission to the Senate Select Committee of Inquiry into Animal Welfare in Australia*, vol. 2, Melbourne, 1984.

118. *The Age* (Melbourne), 25 maio 1985.

119. Essa medida de gaiola foi recomendada pela Associação Finlandesa de Peleteiros. Para o *vison*, a Associação de Peleteiros do Reino Unido recomenda gaiolas de 76 por 23 centímetros. Ver Fur Trade Fact Sheet, Lynx (1986), Great Dunmow, Essex.

120. *Report of the Technical Committee to Enquire into the Welfare of Animals Kept Under Intensive Livestock Husbandry Systems*.

121. *Report of the Technical Committee to Enquire into the Welfare of Animals Kept Under Intensive Livestock Husbandry Systems*, parágrafo 37.

122. Ver nota 120, acima.

123. Joy Mensch e Ari van Tienhove, "Farm Animal Welfare", *American Scientist*, nov./dez. 1986, p. 599, citando o relatório de D. W. Fölsch, "Egg Production – Not Necessarily a Reliable Indicator for the State of Health of Injured Hens", na 5ª Conferência Europeia sobre Avicultura, Malta, 1976.

124. B. Gee, *The 1985 Muresk Lecture*, Muresk Agricultural College, Western Australian Institute of Technology, p. 8.

125. Parlamento Europeu, Sessão 1986/87, Atas da Assembleia de 20 fev. 1987, Documento A2-211/86.

126. D. W. Fölsch et al., "Research on Alternatives to the Battery System for Laying Eggs", *Applied Animal Behaviour Science* 20: 29-45 (1988).

127. *Dehorning, Castrating, Branding, Vaccinating Cattle*, Publicação n. 384 do Serviço de Extensão da Mississippi State University, em cooperação com a USDA; ver também *Beef Cattle, Dehorning, Castrating, Branding and Marking*, USDA, Farmers' Bulletin n. 2141, set.·1972.

128. *Progressive Farmer*, fev. 1969.

129. *Pig Farming*, set. 1973.

130. *Hot-iron Branding*, University of Georgia College of Agriculture, Circular 551.

131. *Beef Cattle, Dehorning, Castrating, Branding and Marking*.

132. R. F. Bristol, "Preconditioning of Feeder Cattle Prior to Interstate Shipment", Relatório de um seminário sobre pré-condicionamento realizado na Oklahoma State University, set. 1967, p. 65.

133. Resumo Estatístico do Departamento da Agricultura Norte-Americano, Inspeção Federal de Carne e Aves do Ano Fiscal de 1986.

134. *The Washington Post*, 30 set. 1987.

135. Colman McCarthy, "Those Who Eat Meat Share in the Guilt", *The Washington Post*, 16 abr. 1988.

136. Farm Animal Welfare Council, *Report on the Welfare of Livestock (Red Meat Animals) at the Time of Slaughter* (Londres: Her Majesty's Stationery Office, 1984), parágrafos 88, 124.

137. Harold Hillman, "Death by Electricity", *The Observer* (Londres), 9 jul. 1989.

138. "Animals into Meat: A Report on the Pre-Slaughter Handling of Livestock", Argus Archives (Nova York) 2: 16-17 (mar. 1970); a descrição é de John MacFarlane, vice-presidente da Livestock Conservation, Inc.

139. Farm Animal Welfare Council, *Report on the Welfare of Livestock When Slaughtered by Religious Methods* (Londres: Her Majesty's Stationery Office, 1985), parágrafo 50.

140. Temple Grandin, carta datada de 7 nov. 1988.

141. Farm Animal Welfare Council, *Report on the Welfare of Livestock When Slaughtered by Religious Methods*, parágrafo 27.

142. *Science* 240: 718 (6 maio 1988).

143. Caroline Murphy, "The 'New Genetics' and the Welfare of Animals", *New Scientist*, 10 dez. 1988, p. 20.

144. "Genetic Juggling Raises Concerns", *The Washington Times*, 30 mar. 1988.

Capítulo 4

1. Oliver Goldsmith, *The Citizen of the World, in Collected Works*, ed. A. Friedman (Oxford: Clarendon Press, 1966), vol. 2, p. 60. Aparentemente, o próprio Goldsmith inclui-se nesta categoria, pois, segundo Howard Williams em *The Ethics of Diet* (edição abreviada; Manchester e Londres: 1907, p. 149), a sensibilidade de Goldsmith era mais forte do que seu autocontrole.

2. Ao tentar refutar o argumento a favor do vegetarianismo apresentado no capítulo da primeira edição, R. G. Frey descreveu as reformas propostas pelo Comitê para a Agricultura da Câmara dos Comuns em 1981, e escreveu: "A Câmara dos Comuns, como um todo, ainda precisa pronunciar-se sobre este relatório, e é bem possível que ele seja atenuado; mas, mesmo assim, é indubitável que representa um avanço significativo no combate aos maus-tratos da criação industrial." A seguir, Frey afirma que o relatório mostrava que esses maus-tratos podiam ser interrompidos mediante a adoção de medidas que praticamente exigiam um boicote aos produtos de origem animal (R. G. Frey, *Rights, Killing and Suffering*, Oxford: Black Well, 1983, p. 207). Esse é um dos casos em que eu desejaria, sinceramente, que o meu crítico tivesse razão; mas a Câmara dos Comuns nem sequer se preocupou em "atenuar" o relatório de seu Comitê Agrícola – simplesmente ignorou-o. Oito anos mais tarde, nada mudou para a maioria dos animais criados de forma intensiva na Grã-Bretanha. Os bezerros são uma exceção: um boicote de consumidores desempenhou, de fato, um papel significativo.

3. Frances Moore Lappé, *Diet for a Small Planet* (Nova York: Friends of the Earth/Ballantine, 1971), pp. 4-11. Este livro, publicado no Brasil com

o título *Dieta para um pequeno planeta*, é a melhor introdução ao assunto (os dados não referenciados desta seção foram retirados do livro, do qual foi publicada uma edição revista em 1982). As principais fontes originais são *The World Food Problem*, relatório da Comissão Científica Consultiva do Presidente (1967); *Feed Situation*, fev. 1970, Departamento da Agricultura Norte-Americano; e *National and State Livestock-Feed Relationships*, Departamento da Agricultura Norte-Americano, Departamento de Investigação Econômica, Boletim Estatístico n. 446, fev. 1970.

4. O índice mais elevado provém de Folke Dovring, "Soybeans", *Scientific American*, fev. 1974. Keith Akers apresenta um conjunto diferente de dados em *A Vegetarian Sourcebook* (Nova York: Putnam, 1983), capítulo 10. Suas tabelas comparam rendimentos nutritivos por acre para aveia, brócolis, carne de porco, leite, aves e carne de gado. Embora aveia e brócolis não sejam alimentos de elevado teor proteico, nenhum alimento de origem animal produzia sequer metade da proteína dos alimentos de origem vegetal. As fontes originais de Akers são: Departamento da Agricultura Norte-Americano, *Agricultural Statistics*, 1979; Departamento da Agricultura Norte-Americano, *Nutritive Value of American Foods* (Washington, U.S. Government Printing Office, 1975); e C. W. Cook, "Use of Rangelands for Future Meat Production", *Journal of Animal Science* 45: 1476 (1977).

5. Keith Akers, *A Vegetarian Sourcebook*, pp. 90-1, usando as fontes mencionadas.

6. Boyce Rensberger, "Curb on U.S. Waste Urged to Help World's Hungry", *The New York Times*, 25 out. 1974.

7. *Science News*, 5 mar. 1988, p. 153, citando *Worldwatch*, jan./fev. 1988.

8. Keith Akers, *A Vegetarian Sourcebook*, p. 100, baseado em D. Pimental e M. Pimental, *Food, Energy and Society* (Nova York: Wiley, 1979), pp. 56, 59, Departamento da Agricultura Norte-Americano; *Nutritive Value of American Foods* (Washington: U.S. Government Printing Office, 1975).

9. G. Borgstrom, *Harvesting the Earth* (Nova York: Abelard-Schuman, 1973), pp. 64-5; citado em Keith Akers, *A Vegetarian Sourcebook*.

10. "The Browning of America", *Newsweek*, 22 fev. 1981, p. 26; citado em John Robbins, *Diet for a New America* (Walpole, N.H.: Stillpoint, 1987), p. 367.

11. "The Browning of America", p. 26.

12. Fred Pearce, "A Green Unpleasant Land", *New Scientist*, 24 jul. 1986, p. 26.

13. Sue Armstrong, "Marooned in a Mountain of Manure", *New Scientist*, 26 nov. 1988.

14. J. Mason e P. Singer, *Animal Factories* (Nova York: Crown, 1980), p. 84, citando R. C. Loehr, *Pollution Implications of Animal Wastes – A Forward Oriented Review*, Water Pollution Control Research Series (U.S. Environmental Protection Agency, Washington, 1968), pp. 26-7; H. A. Jasiorowski, "Intensive Systems of Animal Production", *in* R. L. Reid (ed.), *Proceedings of the II World Conference on Animal Production* (Sydney: University Press, 1975), p. 384; e J. W. Robbins, *Environmental Impact Resulting from Unconfined Animal Production* (Cincinnati: Environmental Research Information Center, U.S. Environmental Protection Agency, 1978), p. 9.

15. "Handling Waste Disposal Problems", *Hog Farm Management*, abr. 1978, p. 17, citado em J. Mason e P. Singer, *Animal Factories*, p. 88.

16. Informações da Rainforest Action Network, *The New York Times*, 22 jan. 1986, p. 7.

17. E. O. Williams, *Biophilia* (Cambridge: Harvard University Press, 1984), p. 137.

18. Keith Akers, *A Vegetarian Sourcebook*, pp. 99-100; baseado em H. W. Anderson et al., *Forests and Water: Effects of Forest Management on Floods, Sedimentation and Water Supply*, Departamento da Agricultura Norte-Americano, Departamento de Florestas, Relatório Técnico PSW-18/1976; e J. Kittridge, "The Influence of the Forest on the Weather and other Environmental Factors", *in* Organização das Nações Unidas (Alimentação e Agricultura), *Forest Influences* (Roma, 1962).

19. Fred Pearce, "Planting Trees for a Cooler World", *New Scientist*, 15 out. 1988, p. 21.

20. David Dickson, "Poor Countries Need Help to Adapt to Rising Sea Level", *New Scientist*, 7 out. 1989, p. 4; Sue Wells e Alasdair Edwards, "Gone with the Waves", *New Scientist*, 11 nov. 1989, pp. 29-32.

21. L. e M. Milne, *The Senses of Men and Animals* (Middlesex and Baltimore: Penguin Books,1965), capítulo 5.

22. *Report of the Panel of Enquiry into Shooting and Angling*, publicado pelo comitê em 1980 e disponível na Royal Society for the Prevention of Cruelty to Animals (Reino Unido), parágrafos 15-57.

23. Geoff Maslen, "Bluefin, the Making of the Mariners", *The Age* (Melbourne), 26 jan. 1985.

24. D. Pimental e M. Pimental, *Food, Energy and Society* (Nova York: Wiley, 1979), capítulo 9; devo essa referência a Keith Akers, *A Vegetarian Sourcebook*, p. 117.

25. Ver J. R. Baker, *The Humane Killing of Lobsters and Crabs*, The Humane Education Centre, Londres, sem data; J. R. Baker e M. B. Dolan, "Experiments on the Humane Killing of Lobsters and Crabs", *Scientific Papers of the Humane Education Centre* 2: 1-24 (1977).

26. Mudei minha opinião com relação a moluscos depois de conversas com R. I. Sikora.

27. Ver pp. 334-6.

28. A palavra "luta" não é, de modo algum, uma brincadeira. Segundo um estudo comparativo publicado na revista *The Lancet* (30 dez. 1972), o "tempo médio de trânsito" dos alimentos através do tubo digestivo de um grupo-controle de não vegetarianos praticando um tipo de dieta ocidental foi entre 76 e 83 horas; para os vegetarianos, esse tempo foi de 42 horas. Os autores sugerem a existência de uma ligação entre o tempo em que as fezes se mantêm no cólon e a incidência de câncer de cólon e doenças afins, que aumentaram rapidamente em nações cujo consumo de carne aumentou, mas são quase desconhecidas entre as populações rurais africanas que, tal como os vegetarianos, praticam uma dieta com reduzido teor de carne e elevado teor de substâncias vegetais.

29. David Davies, "A Shangri-La in Ecuador", *New Scientist*, 1º fev. 1973. Baseando-se em outros estudos, Ralph Nelson, da Mayo Medical School, sugeriu que uma elevada ingestão de proteína é responsável pela "diminuição do ritmo do nosso motor metabólico" (*Medical World News*, 8 nov.

1974, p. 106). Isso explicaria a correlação entre a longevidade e o consumo mínimo de carne ou sua eliminação da dieta.

30. *The Surgeon General's Report on Nutrition and Health* (Washington, U.S. Government Printing Office, 1988).

31. Segundo um relatório citado na revista *Vegetarian Times*, nov. 1988.

32. *The New York Times*, 25 out. 1974.

33. N. Pritikin e P. McGrady, *The Pritikin Program for Diet and Exercise* (Nova York: Bantam, 1980); J. J. McDougall, *The McDougall Plan* (Piscataway, N. J.: New Century, 1983).

34. Francis Moore Lappé, *Diet for a Small Planet*, pp. 28-9; ver também *The New York Times*, 25 out. 1974; *Medical World News*, 8 nov. 1974, p. 106.

35. Citado em F. Wokes, "Proteins", *Plant Foods for Human Nutrition*, 1: 38 (1968).

36. Na primeira edição de *Diet for a Small Planet* (1971), Frances Moore Lappé enfatizou a complementaridade proteica para mostrar que uma dieta vegetariana pode fornecer proteína em quantidade suficiente. Na edição revista (Nova York: Ballantine, 1982), essa ênfase desapareceu, substituída pela demonstração de que uma dieta vegetariana saudável contém proteínas em quantidade suficiente, mesmo na ausência de complementaridade. Para outro relato sobre a adequação dos alimentos de origem vegetal quanto ao teor proteico, ver Keith Akers, *A Vegetarian Sourcebook*, capítulo 2.

37. F. R. Ellis e W. M. E. Montegriffo, "The Health of Vegans", *Plant Foods for Human Nutrition*, vol. 2, pp. 93-101 (1971). Alguns veganos afirmam que suplementos de B_{12} não são necessários, baseados no fato de o intestino humano conseguir sintetizar essa vitamina a partir de outras vitaminas do grupo B. A questão, porém, é se essa síntese ocorre suficientemente cedo no tubo digestivo para que a B_{12} seja absorvida, e não excretada. No momento, a adequação nutricional de uma dieta composta exclusivamente por vegetais, sem suplementos, é uma questão científica em aberto; assim sendo, parece mais seguro tomar doses suplementares de B_{12}. Ver também F. Wokes, "Proteins", *Plant Foods for Human Nutrition*, p. 37.

Capítulo 5

1. *Gênesis* 1, 24-8.

2. *Gênesis* 9, 1-3.

3. *Politics*, Everyman's Library (Londres, J. M. Dent & Sons, 1959), p. 10.

4. *Politics*, p. 16.

5. W. E. H. Lecky, *History of European Morals from Augustus to Charlemagne* (Londres: Longmans, 1869), 1: 280-2.

6. *Marcos* 5, 1-13.

7. *Coríntios* 9, 9-10.

8. Agostinho, *The Catholic and Manichaean Ways of Life*, trad. D. A. Gallagher e I. J. Gallagher (Boston: The Catholic University Press, 1966), p. 102. Devo essa referência a John Passmore, *Man's Responsibility for Nature* (Nova York: Scribner's, 1974), p. 11.

9. *History of European Morals*, vol. 1, p. 244; para Plutarco, ver sobretudo o ensaio "On the Eating Flesh", em seu livro *Moral Essays*.

10. Para Basílio, ver John Passmore, "The Treatment of Animals", *The Journal of the History of Ideas* 36: 198 (1975); para Crisóstomo, Andrew Linzey, *Animal Rights: A Christian Assessment of Man's Treatment of Animals* (Londres: SCM Press, 1976), p. 103; e para São Isaac, o Sírio, A. M. Allchin, *The World is a Wedding: Explorations in Christian Spirituality* (Londres: Darton, Longman and Todd, 1978), p. 85. Devo essas referências a R. Attfield, "Western Traditions and Environmental Ethics", *in* R. Ellot e A. Gare (eds.), *Environmental Philosophy* (St. Lucia: University of Queensland Press, 1983), pp. 201-30. Para discussões adicionais, ver os livros: Attfield, *The Ethics of Environmental Concern* (Oxford: Blackwell, 1982); K. Thomas, *Man and the Natural World: Changing Attitudes in England 1500-1800* (Londres: Allen Lane, 1983), pp. 152-3; e R. Ryder, *Animal Revolution: Changing Attitudes Towards Speciecism* (Oxford: Blackwell, 1989), pp. 34-5.

11. *Summa Theologica* II, II, Q64, art. 1.

12. *Summa Theologica* II, II, Q159, art. 2.

13. *Summa Theologica* I, II, Q72, art. 4.

14. *Summa Theologica* II, II, Q25, art. 3.

15. *Summa Theologica* II, I, Q102, art. 6; ver também *Summa contra Gentiles* III, II, 112 para uma visão semelhante.

16. E. S. Turner, *All Heaven in Rage* (Londres: Michael Joseph, 1964), p. 163.

17. V. J. Bourke, *Ethics* (Nova York: Macmillan, 1951), p. 352.

18. John Paul II, *Solicitudo Rei Socialis* (Homebush, NSW: St. Paul Publications, 1988), sec. 34, pp. 73-4.

19. *St. Francis of Assisi, His Life and Writings as Recorded by His Contemporaries*, trad. L. Sherley-Price (Londres: Mowbray, 1959). Ver em especial p. 145.

20. Pico della Mirandola, *Oration on the Dignity of Man*.

21. Marsilio Ficino, *Theologica Platonica* III, 2 e XVI, 3; ver também Giannozzo Manetti, *The Dignity and Excellence of Man*.

22. E. McCurdy, *The Mind of Leonardo da Vinci* (Londres: Cape, 1932), p. 78.

23. "Apology for Raymond de Sebonde", no seu *Essays*.

24. *Discurso do Método*, vol. 5; ver também a carta que escreveu a Henry More, 5 fev. 1649. Usei a leitura-padrão de Descartes, conforme suas posições eram entendidas na época e têm sido entendidas até os dias de hoje pela maioria de seus leitores; recentemente, porém, alegou-se que essa leitura-padrão é um equívoco, no sentido de que Descartes não tinha a intenção de negar que os animais podem sofrer. Para mais detalhes, ver John Cottingham, "'A Brute to the Brutes?' Descartes' Treatment of Animals", *Philosophy* 53: 551-9 (1978).

25. John Passmore descreve a pergunta "por que os animais sofrem?" como "há séculos, o problema dos problemas. Ela engendrou soluções incrivelmente elaboradas. Malebranche [um contemporâneo de Descartes] é bas-

tante explícito ao afirmar que, por razões puramente teológicas, é necessário negar que os animais têm a capacidade de sofrer, já que todo o sofrimento é resultado do pecado de Adão, e os animais não descendem de Adão". Ver John Passmore, *Man's Responsibility for Nature*, p. 114n.

26. Carta a Henry More, 5 fev. 1649.

27. Nicholas Fontaine, *Mémoires pour servir à l'histoire de Port Royal* (Colônia, 1738), 2: 52-3; citado em L. Rosenfield, *From Beast-Machine to Man-Machine: The Theme of Animal Soul in French Letters from Descartes to La Mettrie* (Nova York: Oxford University Press, 1940).

28. *Dictionnaire Philosophique*, s.v. "Bêtes".

29. *Enquiry Concerning the Principles of Morals*, capítulo 3.

30. *The Guardian*, 21 maio 1713.

31. *Elements of the Philosophy of Newton*, vol. 5; ver também *Essay on the Morals and Spirit of Nations*.

32. *Emile*, Everyman's Library (Londres: J. M. Dent & Sons), 1957, 2: 118-20.

33. *Lecture on Ethics*, trad. L. Infield (Nova York: Harper Torchbooks, 1963), pp. 239-40.

34. *Hansard's Parliamentary History*, 18 abr. 1800.

35. E. S. Turner, *All Heaven in a Rage*, p. 127. Outros detalhes nessa seção advêm dos capítulos 9 e 10 deste livro.

36. Foi afirmado que a primeira legislação de proteção aos animais, contra a crueldade, havia sido promulgada pela Colônia da Baía de Massachusetts em 1641. A Seção 92 de "The Body of Liberties", publicado naquele ano, diz: "Homem algum deve exercer qualquer Tirania ou Crueldade para com qualquer Criatura bruta que seja em geral criada para uso do homem"; e a seção seguinte exige um período de descanso para animais que sejam usados para montar. É um documento extremamente avançado; se tecnicamente era uma "lei", é discutível, mas, com certeza, Nathaniel Ward, compilador de "The Body of Liberties", merece ser lembrado, junto

com Richard Martin, como um pioneiro na área da legislação. Para um relato mais completo, ver Emily Leavitt, *Animals and Their Legal Rights* (Washington: Animal Welfare Institute, 1970).

37. Citado em E. S. Turner, *All Heaven in a Rage*, p. 162. Para uma análise das implicações dessa observação, um valioso suplemento a esse debate, ver James Rachels, *Created from Animals: The Moral Implications of Darwinism* (Oxford: Oxford University Press, 1990).

38. Charles Darwin, *The Descent of Man* (Londres, 1871), p. 1.

39. Charles Darwin, *The Descent of Man*, p. 193.

40. Ver Lewis Gompertz, *Moral Inquiries on the Situation of Man and of Brutes* (Londres, 1824); H. S. Salt, *Animals' Rights* (Londres, 1892; nova edição, Clark's Summit Pennsylvania, Society for Animal Rights, 1980) e outras obras.

41. Livro 2, capítulo 11; para a mesma ideia, ver Francis Wayland, *Elements of Moral Science* (1835), reimpressão, J. L. Blau (ed.) (Cambridge: Harvard University Press, 1963), p. 364, provavelmente a obra sobre filosofia moral mais utilizada nos Estados Unidos do século XIX.

42. Citado por S. Godlovitch, "Utilities", in Stanley e Roslind Godlovitch e John Harris (eds.), *Animals, Men and Morals* (Nova York: Taplinger, 1972).

43. Citado em H. S. Salt, *Animals' Rights*, p. 15.

44. Benjamin Franklin, *Autobiography* (Nova York: Modern Library, 1950), p. 41.

45. Citado em H. S. Salt, *Animals' Rights*, p. 15.

46. *La Bible de l'humanité*, citado em H. Williams, *The Ethics of Diet* (ed. abreviada, Manchester e Londres, 1907), p. 214.

47. *On the Basis of Morality*, trad. E. F. J. Payne (Library of Liberal Arts, 1965), p. 182. Ver também *Pargera und Paralipomena*, capítulo 15.

48. Ver E. S. Turner, *All Heaven in a Rage*, p. 143.

49. E. S. Turner, *All Heaven in a Rage*, p. 205.

50. T. H. Huxley, *Man's Place in Nature* (Ann Arbor: University of Michigan Press, 1959), capítulo 2.

Capítulo 6

1. Dean Walley e Frieda Staake, *Farm Animals* (Kansas City Hall Children's Editions, sem data).

2. M. E. Gagg e C. F. Tunnicliffe, *The Farm* (Loughborough, Inglaterra: Ladybird Books, 1958).

3. Um exemplo: Lawrence Kohlherg, psicólogo de Harvard destacado por seu trabalho sobre desenvolvimento moral, conta como seu filho, aos quatro anos, assumiu sua primeira posição moral ao se recusar a comer carne porque, como disse, "matar animais é mau". Kohlherg levou seis meses para convencer o filho a abandonar sua convicção, que, afirma, baseava-se na incapacidade de distinguir corretamente entre matar de maneira justificada e injustificada, e diz que seu filho se encontrava apenas na fase mais primitiva do desenvolvimento moral (L. Kohlherg, "From Is to Ought", *in* T. Michel (ed.), *Cognitive Development and Epistemology*. Nova York: Academic Press, 1971, pp. 191-2). Moral da história: rejeitar um preconceito humano disseminado significa não ser moralmente desenvolvido.

4. W. L. Gay, *Methods of Animal Experimentation* (Nova York: Academic Press, 1965), p. 191; citado em Richard Ryder, *Victims of Science* (Londres: Davis-Poynter, 1974).

5. Bernhard Grzimek, "Gequälte Tiere: Ungluck fur die Landwirtschaft", *in Das Tier* (Berna, Suíça), suplemento especial.

6. Como exemplos, podemos citar a lei britânica relativa à Crueldade para com os Animais, de 1876, e a Lei Relativa ao Bem-Estar dos Animais, de 1966-70, dos Estados Unidos, ambas promulgadas em resposta às preocupações sobre a utilização de animais em experiências; no entanto, elas pouco beneficiaram os animais.

7. E. S. Turner, *All Heaven in a Rage* (Londres: Michael Joseph, 1964), p. 129.

8. E. S. Turner, *All Heaven in a Rage*, p. 83.

9. Gerald Carson, *Cornflake Crusade* (Nova York: Rinehart, 1957), pp. 19, 53-62.

10. E. S. Turner, *All Heaven in a Rage*, pp. 234-5; Gerald Carson, *Men, Beasts and Gods* (Nova York: Scribner's, 1972), p. 103.

11. Ver Farley Mowat, *Never Cry Wolf* (Boston: Atlantic Monthly Press, 1963), e Konrad Lorenz, *King Solomon's Ring* (Londres: Methuen, 1964), pp. 186-9. Devo a primeira referência a Mary Midgley, "The Concept of Beastliness: Philosophy, Ethics and Animal Behavior", *Philosophy* 48: 114 (1973).

12. Ver, além das referências anteriores, obras de Niko Tinbergen, Jane van Lawick-Goodall, George Schaller e Irenaus Eibl-Eibesfeldt.

13. Ver pp. 300-1.

14. Ver pp. 302-3.

15. Ver Judy Mann, "Whales, Hype, Hypocrisy", *The Washington Post*, 28 out. 1988.

16. Perguntam-me muitas vezes: que procedimento devemos adotar para com nossos gatos e cães? É compreensível que alguns vegetarianos se sintam relutantes em comprar carne para seus animais de estimação, pois fazê-lo é apoiar a exploração dos animais. Na verdade, não é difícil alimentar um cão vegetariano – os camponeses irlandeses, que não podiam dar-se ao luxo de comprar carne, alimentaram os cães com leite e batatas durante séculos. Os gatos apresentam um problema maior, pois precisam de taurina, um âminoácido não facilmente disponível nas plantas. Agora, porém, é possível obter um suplemento vegetariano do grupo americano Harbinger of a New Age. Diz-se que assim os gatos podem ser saudáveis com uma dieta vegetariana, mas a saúde desses felinos deve ser observada de perto. Também se podem obter informações com a British Vegetarian Society e a Sociedade Vegetariana Brasileira.

17. "On the Legality of Enslaving the Africans", de um estudante de Harvard; citado em Louis Ruchames, *Racial Thought in America* (Amherst: University of Massachusetts Press, 1969), pp. 154-6.

18. Ver Leslie Stephen, *Social Rights and Duties* (Londres, 1896), citado em Henry Salt, "The Logic of the Larder", da obra de Salt *The Humanities of Diet* (Manchester: The Vegetarian Society, 1914), pp. 34-8; reimpresso em T. Regan e P. Singer (eds.), *Animal Rights and Human Obligations* (Englewood Cliffs, N. J.: Prentice-Hall, 1976).

19. S. F. Sapontzis argumentou que a vida hipoteticamente feliz de uma criança normal e a vida hipoteticamente infeliz de uma criança deficiente são razões para os pais a terem, ou não, apenas quando ela já existe, não havendo, pois, assimetria (S. F. Sapontzis, *Morals, Reason and Animals*, Filadélfia: Temple University Press, 1987, pp. 193-4). Mas isso significaria que não é errado decidir conceber uma criança infeliz, embora seja errado decidir manter a criança viva, uma vez que ela exista. E se soubéssemos, no momento em que a criança é concebida, que não teríamos oportunidade de fazer um aborto ou de praticar eutanásia depois que ela nascesse? Haveria, então, uma criança infeliz, de modo que, aparentemente, um mal teria sido praticado. Mas, na opinião de Sapontzis, não parece existir um momento em que esse mal possa ser praticado. Não consigo perceber como essa sugestão resolveria o problema.

20. Ver o meu *Ética prática* (Martins Fontes: São Paulo, 1994), capítulos 4 e 6. Para uma análise adicional, ver Michael Lockwood, "Singer on Killing and the Preference for Life", *Inquiry* 22 (1-2): 157-70; Edward Johnson, "Life, Death and Animals", e Dale Jamieson, "Killing Persons and Other Beings", ambos em Harlan Miller e William Williams (eds.), *Ethics and Animals* (Clifton, N. J.: Humana Press, 1983); o ensaio de Johnson foi reeditado em T. Regan e P. Singer (eds.), *Animal Rights and Human Obligations* (Englewood Cliffs, N. J.: Prentice Hall, 2. ed., 1989). Ver também S. F. Sapontzis, *Morals, Reason and Animals*, capítulo 10. Para compreender os argumentos subjacentes a esse debate, a fonte indispensável (mas não fácil!) é Derek Parfit, *Reasons and Persons* (Oxford: Clarendon Press, 1984), Parte IV.

21. O principal defensor dos direitos dos animais é Tom Regan; ver seu livro *The Case for Animal Rights* (Berkeley e Los Angeles: University of California Press, 1983). Indiquei as razões pelas quais discordo dele em "Utilitarianism and Vegetarianism", *Philosophy and Public Affairs* 9: 325-37 (1980); "Ten Years of Animal Liberation", *The New York Review of Books*, 25 abr. 1985; e "Animal Liberation or Animal Rights", *The Monist* 70: 3-14 (1987). Para uma argumentação detalhada sobre por que um ser incapaz de

se considerar existente no tempo não pode ter direito à vida, ver Michael Tooley, *Abortion and Infanticide* (Oxford: Clarendon Press, 1983).

22. Uma defesa de tal posição é apresentada no artigo de R. M. Hare, "Why I Am Only a Demi-vegetarian".

23. Brigid Brophy, "In Pursuit of a Fantasy", *in* Stanley e Roslind Godlovitch e John Harris (eds.), *Animals, Men and Morals* (Nova York: Taplinger, 1972), p. 132.

24. Ver Cleveland Amory, *Man Kind?* (Nova York: Harper and Row, 1974), p. 237.

25. Lewis Gompertz, *Moral Inquiries on the Situation of Man and of Brutes* (Londres, 1824).

26. Para um relato contundente sobre a crueldade inerente à indústria de lã australiana, ver Christine Townend, *Pulling the Wool* (Sydney: Hale and Iremonger, 1985).

27. Para exemplificar quão brutal e doloroso pode ser o extermínio de "pragas", ver Jo Olsen, *Slaughter the Animals, Poison the Earth* (Nova York: Simon and Schuster, 1971), pp. 153-64.

28. Alguns investigadores isolados começaram agora a trabalhar na contracepção para animais selvagens; para uma revisão crítica, ver J. F. Kirkpatrick e J. W. Turner, "Chemical Fertility Control and Wildlife Management", *Bioscience* 35: 485-91 (1985). Mas os recursos investidos nessa área são ínfimos, comparados aos gastos em envenenamento, abate e captura dos animais.

29. *Natural History* 83 (3): 18 (mar. 1974).

30. Em A. I. Melden (ed.), *Human Rights* (Belmont, Calif.: Wadsworth, 1970), p. 106.

31. W. Frankena, "The Concept of Social Justice", *in* R. Brandt (ed.), *Social Justice* (Prentice-Hall, Englewood Cliffs, N.J., 1962).

32. H. A. Bedau, "Egalitarianism and the Idea of Equality", *in* J. R. Pennock e J. W. Chapman (eds.), *Nomos IX: Equality* (Nova York, 1967).

33. G. Vlastos, "Justice and Equality", in *Social Justice*, p. 48.

34. J. Rawls, *A Theory of Justice* (Cambridge: Harvard University Press, Belknap Press, 1972), p. 510. Para outro exemplo, ver Bernard Williams, "The Idea of Equality", *in* P. Laslett e W. Runciman (eds.), *Philosophy, Politics and Society*, segunda série (Oxford: Blackwell, 1962), p. 118.

35. Para exemplo, ver a obra de Stanley Benn, "Egalitarianism and Equal Consideration of Interests", *Nomos IX: Equality*, pp. 62 ss.

36. Ver Charles Magel, *Keyguide to Information Sources in Animal Rights* (Jefferson, N.C.: McFarland, 1989).

37. R. G. Frey, "Vivisection, Morals and Medicine", *Journal of Medical Ethics* 9: 95-104 (1983). A principal crítica que Frey faz ao meu trabalho está em *Rights, Killing and Suffering* (Oxford: Blackwell, 1983), mas veja também o seu *Interests and Rights: The Case Against Animals* (Oxford: Clarendon Press, 1983). Respondo (muito brevemente) aos seus argumentos em "Ten Years of Animal Liberation", *The New York Review of Books*, 25 abr. 1985.

38. Ver M. A. Fox, *The Case for Animal Experimentation* (Berkeley: University of California Press, 1986) e a carta de Fox em *The Scientist*, 15 dez. 1986; ver também, de Fox, "Animal Experimentation: A Philosopher's Changing Views", *Between the Species* 3: 55-60 (1987), e a entrevista com Fox em *Animals' Agenda*, mar. 1988.

39. Katherine Bishop, "From Shop to Lab to Farm, Animal Rights Battle is Felt", *The New York Times*, 14 jan. 1989.

40. "The Battle Over Animal Rights", *Newsweek*, 26 dez. 1988.

41. Ver Henry Spira, "Fighting to Win" *in* Peter Singer (ed.), *In Defense of Animals* (Oxford: Blackwell, 1985), pp. 194-208.

42. Ver Alex Pacheco com Anna Francione, "The Silver Springs Monkeys", *in* Peter Singer (ed.), *In Defense of Animals*, pp. 135-47.

43. Ver Capítulo 2, nota 117.

44. *Newsweek*, 26 dez. 1988, pp. 50-1.

45. Barnaby J. Feder, "Research Looks Away From Laboratory Animals", *The New York Times*, 29 jan. 1989, p. 24; para uma descrição anterior do trabalho da Coalition to Abolish the LD_{50} and Draize Tests [Coalizão pela Abolição dos Testes LD_{50} e Draize], ver Henry Spira, "Fighting to Win", *in* Peter Singer (ed.), *In Defense of Animals*.

46. Governo de Victoria, *Regulamentação Relativa à Proibição de Crueldade para com Animais*, 1986, n. 24. A regulamentação abrange a realização de testes de quaisquer substâncias: química, cosmética, higiênica, doméstica ou industrial. Proíbe o uso da bolsa conjuntival dos coelhos para esse fim e também proíbe todos os testes em que os animais sejam sujeitos a doses crescentes, nos quais o número de mortes seja utilizado para a obtenção de um resultado estatisticamente válido. Para New South Wales, ver *Animal Liberation: The Magazine* (Melbourne) 27: 23 (jan.-mar. 1989).

AGRADECIMENTOS

É prática comum agradecer àqueles que ajudam a escrever um livro; mas, neste exemplo particular, minhas dívidas são de um tipo especial, e só podem ser definidas por uma breve narrativa.

No outono de 1970 eu era aluno da Universidade de Oxford. Embora tenha me especializado em filosofia moral e social, não tinha me ocorrido – como de resto não ocorre à maioria das pessoas – que nossa relação com os animais levanta uma séria questão moral. Eu sabia, é claro, que alguns animais eram tratados com crueldade, mas supunha que se tratava de maus-tratos ocasionais, que não constituíam indicação de algo fundamentalmente errado.

Minha complacência foi interrompida quando conheci Richard Keshen, também aluno em Oxford e vegetariano. Durante um almoço, perguntei-lhe por que não comia carne e ele começou a me falar das condições em que tinha vivido o animal cujo corpo eu estava comendo. Por intermédio de Richard e sua esposa, Mary, minha esposa e eu nos tornamos amigos de Roslind e Stanley Godlovitch, também vegetarianos e estudantes de filosofia em Oxford. Em longas conversas com esses quatro – e sobretudo com Roslind Godlovitch, que havia elaborado sua posição ética em considerável detalhe –, convenci-me de que, ao comer animais, eu participava, de modo sistemático, da opressão de outras espécies praticada pela minha. As ideias centrais deste livro originaram-se dessas conversas.

Chegar a uma conclusão é uma coisa, colocá-la em prática é outra. Sem o apoio e o estímulo de Renata, minha esposa, que igualmente se convenceu de que nossos amigos estavam certos, eu ainda poderia estar comendo carne, embora com a consciência pesada.

A ideia de escrever um livro surgiu com a resposta entusiástica à crítica que fiz de *Animals, Men and Morals* [Animais, homens e moral], editado por Stanley e Roslind Godlovitch e John Harris, que apareceu no *The New York Review of Books* de 5 de abril de 1973. Agradeço aos editores do *New York Review* por publicarem essa análise voluntária de um livro sobre um tema que não estava em voga. A crítica jamais teria se transformado em livro, contudo, sem o estímulo e o auxílio de várias pessoas e instituições.

Eleanor Seiling, da United Action for Animals, Nova York, colocou à minha disposição a incomparável coleção de documentos de sua organização sobre a utilização de animais em experiências; os resumos de Alois Acowitz sobre relatórios das experiências permitiram-me descobrir o que desejava em uma fração do tempo que, de outra maneira, eu necessitaria despender.

Richard Ryder generosamente emprestou-me o material que coletou para seu próprio livro, *Victims of Science* [Vítimas da ciência].

Joanne Bower, da Farm and Food Society, de Londres, forneceu-me informações sobre as condições dos animais de criação na Grã-Bretanha.

Kathleen Jannaway, da Vegan Society do Reino Unido, ajudou-me a localizar relatórios sobre a adequação nutricional dos alimentos de origem vegetal.

John Norton, da Animal Rescue League, de Boston, e Martha Coe, do Argus Archives, de Nova York, forneceram-me material sobre o transporte e o abate de animais nos Estados Unidos.

A Scottish Society for the Prevention of Vivisection [Sociedade Escocesa pela Prevenção da Vivissecção] ajudou-me a obter fotografias de experimentos em animais.

Dudley Giehl, da Animal Liberation, Inc., de Nova York, permitiu-me usar o material que reuniu sobre criação intensiva e vegetarianismo.

Alice Herrington e Joyce Lambert, da Friends of Animals, de Nova York, ajudaram-me de diversas maneiras, e Jim Mason, da mesma organização, conseguiu as visitas a fazendas de criação intensiva.

Um convite para assumir um cargo no Departamento de Filosofia na Universidade de Nova York para o ano acadêmico de 1973-1974 proporcionou-me a atmosfera adequada e um local ideal para pesquisar e escrever, e meus colegas e alunos fizeram comentários e críticas valiosos. Tive também a oportunidade de submeter minhas ideias sobre animais ao escrutínio crítico de alunos e membros dos departamentos de filosofia nas seguintes instituições: Universidade Brown, Universidade Fordham, Universidade de Long Island, Universidade do Estado da Carolina do Norte, em Raleigh, Universidade Rutgers, State University of New York, em Brockport, State University of New York, de Stony Brook, Universidade Tufts, Universidade da Califórnia, em Berkeley, Universidade de Miami, Williams College e Yale Law School, e uma reunião da Society for Philosophy and Public Affairs, em Nova York. Os capítulos 1 e 6 deste livro beneficiaram-se consideravelmente com os debates que se seguiram às minhas conferências.

Finalmente, agradeço aos redatores e editores do *The New York Review of Books* pelo apoio ao livro; sobretudo, a Robert Silvers, cujos excelentes conselhos editoriais melhoraram o manuscrito original. Resta, apenas, acrescentar que a responsabilidade por quaisquer imperfeições remanescentes são de minha inteira responsabilidade.

Tantas pessoas, de todas as partes do mundo, ajudaram na preparação desta edição revista que, com certeza, deixarei alguém de fora, pelo que peço desculpas. Por vezes, a ajuda consistiu em ler rascunhos; outras, em enviar material que permitiu manter-me atualizado quanto ao desenrolar dos acontecimentos em muitos países diferentes. Eis uma lista, em ordem aleatória: Don Barnes e Melinda Moreland, da National Anti-Vivisection Society (Estados Unidos), Alex Hershaft, do Farm Animal Reform Movement, MacDonald White e Ann St. Laurent, da United Action for Animals, Joyce D'Silva e Carol Long, da Compassion in World Farming, Clare Druce e Violet Spalding, da Chickens' Lib, Henry Spira, do Animal Rights International, Brad Miller, da Humane Farming Association, Kim Stallwood e Carla Bennett, da People for the Ethical Treatment of Animals, Peter Hamilton, da Lifeforce, Maria Comninou, da Ann Arbor Association for Responsible Animal Treatment, George Cave, da Trans-Species Unlimited, Paola Cavalieri, da *Etica & Animali*, de Milão, Birgitta Carlsson, da Swedish Society Against Painful Experiments on Animals, Detlef Fölsch, do Institute of Animal Sciences, Swiss Federal Institute of Technology, Charles Magel, John Robbins, Richard Ryder, Clive Hollands e Jim Mason.

Devo agradecimentos especiais a Lori Gruen, que trabalhou como uma espécie de coordenadora nos Estados Unidos, reunindo novos materiais e me ajudando a atualizar os capítulos sobre experimentação e criação industrial. Ela também fez muitas sugestões valiosas, tendo por base um rascunho do livro. Lori, por sua vez, deseja agradecer, além das acima citadas, às seguintes pessoas que lhe forneceram informações: Diane Halverson, do Animal Welfare Institute; Avi Magidoff, Jeff Diner e Martin Stephens, cujo trabalho sobre aspectos da experimentação animal nos Estados Unidos foi um recurso valioso; Ken Knowles e Dave Macauley.

As revisões que fiz do capítulo sobre criação industrial receberam auxílio adicional do trabalho preparado com grande esmero e conhecimento por Suzanne Pope e Geoff Russell para a Australian and New Zealand Federation of Animal Societies. Meus comentários sobre peixes e pesca valeram-se de outro excelente trabalho, preparado para a Animal Liberation, de Victoria, por Patty Mark.

Finalmente, mais uma vez devo muito ao *The New York Review of Books*: a Robert Silvers, por seu apoio à ideia de uma nova edição e à aplicação de suas excelentes qualidades críticas no processo de edição; a Rea Hederman, que dirigiu as várias fases da publicação; e a Neil Gordon, que supervisionou a composição com notável cuidado e atenção aos detalhes.

ÍNDICE REMISSIVO

abate, 220-2, 229
   no século XIX, 306
aborto, 5, 28
AFRRI – US Armed Forces (USAF) Radiobiology Research Institute, 45, 113
Agostinho, Santo, 279
agronegócios
   empresas de, 140-4, 147-8, 190, 211-2, 230, 366
aids, 131
Alemanha nazista, 122, 316
alma, 291
alternativas
   experiências com animais e, 54, 86-90, 126, 128, 137
   produtos, 337, 359
American Council on Science and Health, 84
American Heart Association, 265
American Medical Association, 85
American Scientist, 210
American Veterinary Medical Association, 105
Amory, Cleveland, *Man Kind?*, 367

animais selvagens, 323, 329, 340, 367-8
   captura de, 26, 336
   experimentos em, 55
   na tevê, 314
Animal Liberation Inc., de Nova York, 408
Animal Rescue League, de Boston, 408
Animal Welfare Institute (US), 410
Aquino, São Tomás de, 270, 281-5, 355
Argus Archives, de Nova York, 408
Aristóteles, 274-5, 281, 344
armadilhas
   laboratório, animais de, 137, 324
   para pele, 27, 336
Arnold, dr. Thomas, 304
Aspin, Les, 43
Association of the British Pharmaceutical Industry, 131-2, 136
aves
   comportamento social das, 145-8, 167-75
   legislação sobre, 161-2, 165

São Francisco e, 286-7
ver também frangos, galinhas
    poedeiras
aves de criação: experimentos com, 84
ver frangos, galinhas poedeiras,
    perus
Avon, 86-7, 359

babuínos usados em experimentos, 118
baleias, 35, 329
Baltimore, dr. David, 110
Barnes, dr. Donald, 41, 104, 409
Base da Força Aérea de Brooks, 37-8,
    41, 113
ver Projeto X
beagles usados em experimentos, 43-4,
    93-4, 98
    protestos públicos e, 43
bebês humanos, 119-20, 348-9
    com lesões cerebrais, 28
    comparados com animais, 23-5,
    348-9
Bedichek, Roy, 167
Bentham, Jeremy, 9, 12-4, 296, 302,
    305, 327
Bergh, Henry, 322
bezerros
    suprimento de proteína e, 242-4
    transporte de, 217-20
    vitela, 190-201, 238,
Bíblia, 271-5, 282-302
Bloomer, Amelia, 322
boicote, 237, 257, 260, 317, 319,
    320, 331, 338
bolsas de pesquisa, 62, 86, 101, 106,
    109, 118, 129
Bower, Joanne, 408
Brambell, prof. F. W. Rogers,
    relatório do comitê, 149, 208-9,
    212, 236, 366
    relatório do comitê sobre aves de
    criação, 149-50

Bristol-Myers, 86
British Agricultural and Food
    Research Council Poultry Research
    Centre, 150
British Farm Animal Welfare Council,
    188
British Medical Association, 266
Brophy, Brigid, 335
Brown, Lester, 243
Bruno, Giordano, 289
Bureau of Animal Health, Austrália,
    210
burros, 287, 297
Butler, Samuel, 157
Buxton, Fowell, 322

caçadores, 335-6, 340
cães, 293, 310
    experimentos com, 325
    sociedades de bem-estar animal e,
    318
California Primate Research Center,
    51
Câmara dos Representantes (Estados
    Unidos), 43
camundongo
    como praga, 339, 340
    experimentos com, 54-8, 84, 99,
    116-7
câncer, 85, 123, 129-30, 229, 265
cangurus, 35
Canning, George, 296
carne
    crianças e, 310-3
    defesa do consumo de, 334-5, 343
    substitutos para a, 396
    terminologia, 140
    ver também abate
carnívoras, espécies, 327-9
castração, 214-6, 218
cavalos, 24, 297, 337
Charles River Breeding Labs, 55-6

Chavez, César, 239
Chesterfield, lorde, 303, 327
Chickens' Lib, 409
chimpanzés, 41, 52-3
   experimentos com, 37, 131
   linguagem dos, 22
   choques, 37-72, 95-7
   cientistas, atitudes dos, 19-20, 83, 85, 109-11, 130
circos, 27, 35
Coalition Against the Draize Test, 85
Código dos Direitos dos Estudantes da Califórnia, 360
Coe, Martha, 408
coelhos
   como pragas, 339
   criação intensiva, 207
   em experimentos, 58, 79-80, 86, 92, 359
Columbus Instruments, 57
Comitê de Ética sobre Experimentos com Animais, 113
Compassion in World Farming, 384, 409
cônjuge animal, 324
controle mundial de doenças, 135
cosméticos, 77, 79, 86, 137, 338, 359
couro, 335-7
criação de animais de laboratório, 54-5, 137
criação de animais para gerar alimento, 34
   ver também fazendas, gado de corte, bezerros, frangos, porcos, peixes
crianças
   atitude com animais, 310-3
   livros e histórias sobre animais para, 311-3
   sobre dieta vegetariana e, 310-1, 313
   ver também bebês humanos
cristianismo, 270, 275, 277-80
   catolicismo romano, 281, 285-6

Cronin, dr. C, 187
crustáceos, 255-6
cuidados com a saúde, 135
culinária chinesa, 259, 261

da Vinci, Leonardo, 263, 289
Darwin, Charles, 366
Dawkins, Marian, *Animal Suffering: The Science of Animal Welfare*, 366
Deneau, dr. Gerald, 97-8
Departamento de Agricultura norte-americano, 54-5, 80, 116
Departamento de Agricultura Norte-Americano e Agronegócio, 178-9, 186, 230
Departamento de Defesa Norte-Americano, 43, 109
Descartes, René, 16, 22, 290-3
dignidade humana, 348
direitos, 322-3, 344-5
   igualdade, 3-10, 13-5, 348
   moralidade, 31, 318, 326-7, 344-56, 361
   ver também crianças, retardados
direitos, 3-5, 10-4
   humanos, 320-2, 344-5
direitos das mulheres, 3-6, 10-1, 321-2, 350
   líderes de movimentos pelos, 321
   ver também sexismo
dissecação, 294
DL_{50} (dose letal para 50 por cento) 78-9, 82, 85, 88-9, 120, 359
dor
   capacidade de sentir, teoria, 16-25, 252, 255-6, 284, 291-3, 319, 341, 345
   linguagem, 22
   plantas, 342-3
   ver também sofrimento
Downstate Medical Center, 97
Draize, J. H., 79

Draize, Teste, 79-80, 83, 85-7, 359
drogas
   testadas em animais, 62, 65, 77-8, 83-4, 90, 94, 98-101, 109, 112, 137-8
   dependência, 99-101, 109, 210, 359

ecologia, 254
Egg City, S. Califórnia, 160
engenharia genética, 204, 229-31
especismo, 11, 16, 27-35, 53, 62, 101-2, 106, 115, 121, 124, 126, 137-8, 213, 233, 237-8, 255, 259-60, 284, 309
estresse
   induzido por experimentos, 71-2, 93-5
   na produção de ovos, 158, 167, 171, 173
   no transporte, 216-22
   porcos e, 180
estudantes, 102-4
Eton College, 303
eutanásia, 28, 31
evolução, teoria da, 19, 298-300, 364
Exército Norte-Americano, 43-4, 81, 94, 109

Farber, Theodore M., 89
Farm Animals (livro infantil), 312
Farm Animal Reform Movement, 409
Farmer & Stockbreeder, 180, 183
Farmer's Weekly, 177
fazendas
   agronegócio, 140-4, 190, 211, 230, 238, 246, 314, 350
   em livros infantis, 312
   "fábrica" de ovos,141, 157-61, 165-9, 173-5, 259, 366
   sociedades de bem-estar animal e, 164, 175, 188, 211, 223, 230, 318-9, 322

ver também Brambell, prof. F. W. Rogers, relatório
Fish and Wildlife Service (Estados Unidos), 341
Flamm, Gary, 88
focas, 72
fome no mundo, 241, 244, 319, 321
Food and Drug Administration (Estados Unidos), 77, 79, 88
Força Aérea Norte-Americana, 37-42, 104, 113
Fox, Michael Allen, 353
Francisco de Assis, São, 286-7
frangos, 167, 171
   debicagem, 148-9
   gaiolas, 157-74
   galetos, 145-54
   ordem social, 145-8, 167-75
   superlotação, 145, 150-4, 162-7
   ver também galinhas poedeiras, aves de criação
Franklin, Benjamin, 303-4
Frente de Libertação Animal, 118
Friends of Animals, de Nova York, 408

gado
   ver gado de corte, bezerros, vacas
gado de corte, 141-2, 204-5
   abate, 220-2
   castração e, 214
   inseminação artificial e, 204
   marcação e, 214
   retirada dos chifres, 214
   transporte, 216-22
gaiolas, 48, 137
   animais selvagens, 117, 207
   frangos, 155-66, 207, 209, 211
   galinhas poedeiras, 157-75
   macacos, 47
   porcos, 184-5
galinhas poedeiras, 157-75

debicagem de, 148
em avícolas de produção de ovos,
    173-5
gaiolas e, 145-6, 157-75, 211, 357
"muda forçada" de, 174
ver também frangos
Gallo, Robert, 131
Gandhi, 263
gatos, 310
e sociedades de bem-estar animal,
    318
experimentação em, 90, 359
leis relativas a, 297-8
gay, comunidade, 131
Gee, dr. B. H., 210
Gênesis, livro do, 271, 282-302
Gennarelli, Thomas, 118, 358
Giehl, Dudley, 408
Godlovitch, Roslind & Stanley,
    Animals, Men & Morals, 364,
    408
Goldsmith, Oliver, 234
golfinhos, 35, 72, 255, 329
Gompertz, Lewis, *Moral Inquiries...*,
    301, 337, 364
Goodall, Jane, *In the Shadow of Man*,
    23, 52
governo norte-americano, 54, 108-10,
    129, 224
    Congresso, 43-4, 114
    lobbies, 136-7, 190, 236, 265
governo australiano, 113-4
governo britânico 21, 53-4, 61, 108,
    150, 164, 188, 200, 223, 236
Graham, Jenifer, 360
grãos
    desperdício na criação de animais
    para abate, 244-5
    proteína de, 263-4
Grécia antiga, 270, 274-5, 288
Greeley, Horace, 322
Greyhound Corporation, 142

Gruen, Lori, *Animal Liberation:
    A Graphic Guide* (com Singer e
    Hine), 364, 409
Grzimek, dr. Bernhard, 315
Guardian, The, 132
Gwaltney of Smithfield, 221

Hainsworth, Alan, 159, 166, 168
Haley, Fred C., 157
hamsters, 54-6, 117
Harlow, Harry F., 46-52, 74, 108
Harrison, Ruth, *Animal Machines*,
    143, 208
Harvard Bioscience, 58
Harvard University, 66, 102
Heim, Alice, 74-5
Heller Institute of Medical Research,
    Israel, 92
hemorragia, 95-7
Herrington, Alice, 408
Hillman, dr. Harold, 223-4
hinduísmo, 92, 263, 295, 305
Hitler, Adolf, 348, 354
HIV, anticorpos, 131
Holanda, criação de animais na:
    baterias de gaiolas, 159, 357
    poluição da água, 247
    porcos, 184
    vitela, 191
hormônio de crescimento bovino
    (BST), 203
Houghton Poultry Research Station,
    Grã-Bretanha, 164
Humane Farming Association
    (Associação Humanitária para a
    Criação de Animais), 357
Humane Society of the United States,
    316
humanismo, 288-9
Hume, David, 294
Hungria, centenários da, 264
Huntingdon Research Institute, 81

Hurnick, dr. J. Frank, 185
Huxley, T. H., 307

Igreja Católica Romana, 281, 285-6
igualdade, 13-5, 26-7, 320, 344-50
Iluminismo, 271
impostos, 15, 35, 46, 60
Índia
  culinária, 263
  experimentos com animais na, 92
indústria pesqueira, 35, 254
ingredientes alimentícios testados em animais, 59, 77
instinto, 324
Institute of Laboratory Animal Resources – National Research Council, 112
inteligência, 8, 10-1, 15
Isaías, profeta, 273

Jannaway, Kathleen, 408
Jefferson, Thomas, 10-1
Jesus, 278-9
John Hancock Mutual Life Insurance, 142
Johns Hopkins Center for Alternatives to Animal Testing, 86
Journal of Comparative & Physiological Psychology, 108
Journal of the American Veterinary Medical Association, 106
judeus
  abate ritualístico, 223-9
  Antigo Testamento, 277-8

Kant, Immanuel, 295, 355
Kapleau, Roshi P., *To Cherish All Life: A Buddhist View of Animal Slaughter and Meat Eating*, 367
Keshen, Mary e Richard, 407
KG Medical College, Índia, 92
Kramer, Larry, 131

lã, 337
laboratórios
  conhecimento público de, 314-6, 319
Laboratory Animal Breeders Association, 54
Lambert, Joyce, 408
Lancet, The, 91, 132
Lappé, Frances Moore, *Diet for a Small Planet*, 242, 367, 392
laticínios
  indústria de, 200-2, 258-60, 264-5
  substitutos vegetarianos, 258-60, 265
Lecky, W. E. H., 276, 280
legislação para animais no século XIX, 296-7
  britânica, 357
  EUA, 115, 136
  para abate, 223-8
  relativa a gaiolas, 165
Lei do Bem-Estar Animal (Estados Unidos), 54, 111-5
Lei Relativa aos Animais (Procedimentos Científicos), 113
leite
  e vegetarianismo, 243, 258-60
  nutrição, 243, 245, 266
  substitutos, 260
libertação dos negros, 322
  ver também racismo
linguagem, 22-3
  jargão científico, 73-5
  vegetarianismo, 238-9, 257
  dos direitos, 14
livros
  animais criados em fazendas industriais e a indústria da carne e, 366
  animais em, 311-2
  animais usados em pesquisa e, 365
  em geral, 363-5

vegetarianismo e, 367
vida selvagem e, 367-8
lobbies políticos, 136, 236, 265
lobos, 311, 323-4
Lorenz, Konrad, 146, 168

macacos: experimentos com, 37-42, 45-53, 81, 83, 97-9, 101, 103, 109-10, 118
  psicopatologia em, 47-53
  transplantes, 109-10, 134
  ver também babuínos usados em experimentos, chimpanzés
mãe
  bezerros e, 191, 195, 200, 238
  macacos e, 48-9
  porcos e, 185
  separação da, 48-9, 52, 120, 216, 324
Magel, Charles, 351
Maier, Steven, 67, 69
maniqueus, 282
manteiga de amendoim, 266
Mark, Patty, 410
Martin, Richard, 297-8
Mason, Jim, 408-9
matar
  eutanásia, 28, 31
  o que há de errado no ato de, 27-31, 258, 332-3
  por animais, 27-8, 282, 323, 326
  ver também abate
Mauldin, Joseph, 149
McKenna, Virginia (ed.), *Beyond the Bars* (com Travers e Wray), 368
McKeown, Thomas, *The Role of Medicine*, 132
McKinley, J. B. e S. M., 132-3
meio ambiente, 341
mental, sofrimento, 22-5
Michelet, 304
Midgley, Mary, *Animals and Why They Matter*, 364

Milgram, Stanley, 102
Ministério da Agricultura Britânico, Código de Conduta, 153, 164-5, 175
moluscos, 256
Monitor, The, 103
Montaigne, Michel de, 289
movimentos por libertação, 3
muçulmano, ritual de abate, 223-9
mundo
  controle de doenças no, 135
  escassez de alimentos no, 135, 367
  florestas tropicais do, 147-8

National Anti-Vivisection Society, 409
National Association for Biomedical Research, 136
National Geographic Magazine, 160
National Institute of Environmental Health Sciences, 130
National Institute of Mental Health (NIMH), 62, 109
National Institute of Poultry Husbandry (Grã-Bretanha), 157-8
National Institute on Drug Abuse, 101
National Pork Producers' Council, 183
National Society for the Prevention of Cruelty to Children (Grã-Bretanha), 322-3
Nature, 57
natureza selvagem, condições na, 314, 323, 329-30
nazistas, experimentos médicos, 122-3
negros, 6-7
  Jefferson, 11
  ver também libertação dos negros, racismo
New Scientist, 76, 84, 115
New York Review of Books, xv, xvi, xviii
Norton, John, 408
Nova York, legislação, 322
Noxell Corporation, 87

Nozick, Robert, 110
Nurmi, Paavo, 264
nutrição, 133
   vegetarianismo e, 257-9, 263-8,
      312-3, 367
   ver também proteína

Oregon State University Rabbit
   Research Center, 207
organizações de bem-estar animal,
   316-8, 322, 337, 357-61
   relação, 401-6
   equívocos, 317-8
Orwell, George, *A revolução dos
   bichos*, 176
ostras, 251, 256
OTA (U.S. Congress Office of
   Technology Assessment), 54, 73,
   79, 116-7
ovelha
   carne de, 207, 243, 250
   criação de, 207, 337
   experimentos com, 320
ovos
   como fonte de proteína, 243, 266
   de "galinha feliz", 251, 257-9
   nutrição, 259, 264, 266
ovos, produção de, 141, 157-61,
   165-9, 173-5, 259, 366
   sociedades de bem-estar animal e,
      319
   ver também galinhas poedeiras

Paarlberg, Don, 244
Pacheco, Alex, 358
Paley, William, 302-3, 306, 326
Parlamento Britânico, século XIX,
   296-7
Parlamento Britânico, século XX, 163
Parlamento Europeu, 166, 211
Paulo, São, 278
peixes, 251-4

capacidade de sofrer, 252
   como alimento, 247, 251, 255,
      303-4
pele
   armadilhas, 27, 335-6
   criação de animais para a produção
      de, 34-5
pele, testes, 56, 81, 87
People for the Ethical Treatment of
   Animals, 86, 118, 357, 376
Peoria Journal Star, 204
Perdue Inc., 155
Perdue, Frank, 155
perfumes, 338
perus, 156, 283
peso: perda de, no transporte, 219
pesquisa acadêmica, 105-7, 137
pesquisa, instituições de, 145, 150,
   154, 164, 188, 230, 314-5
pesticidas testados, 82, 85, 88
Pig Farming, 214
Pio IX, papa, 284
Pitágoras, 274-5, 292
plantas: leite de, 259
   dor, 342-3
   proteína de, 242-3, 266-7
   ver também grãos
Plataforma de Equilíbrio de Primatas
   (PEP), 38-9, 41, 106, 112
pombas, experimentos com, 90
Pope, Alexander, 295
porcos, 176-8, 314, 318, 331
   abate, 220-2
   castração de, 211
   celas para, 176, 180-2
   corte da cauda, 178-9
   criados para servir de alimento,
      184-5
   "donzela de ferro", 186
   experimentos com, 97, 123, 210,
      230
   porcas, 177
   síndrome do estresse suíno, 180

Port-Royal, seminário, 293
Poultry Science, 156
Poultry Tribune, 163-4, 175
Poultry World, 151
pragas, 339
primatas usados em experimentos, 51-2
  ver também babuínos usados em experimentos, chimpanzés
privação materna
  ver mãe, separação da
produção de vitela,
  ver bezerros
Progressive Farmer, The, 214
Projeto X, 37, 40
Protection of Birds Act, 161
Proteína, "complementaridade", 235, 241-3, 265-8, 393, 395
Provimi, Inc., 192, 195-8
psicologia: experimentos em animais, 46-53, 59, 62, 73-7, 102-3, 108
público:
  atitude do, 317, 319-25, 356
  conhecimento do, 316, 318, 325
  fazendas industriais e, 214, 356
  protesto, 27, 59, 85-6, 126-7, 137-8, 230, 319
punição em experimentos, 62, 95, 103
Pure Food and Drug Act, 226

queijo, 258-60

Rachels, James, *Created from Animals: The Moral Implications of Darwinism*, 364
racismo, 6-8, 121, 319, 322, 346, 355
radiação, experimentos com, 37-8, 40-1, 95, 120-1
rãs, 54
ratos
  como praga, 339

experimentos com, 45, 54-9, 63-6, 68-72, 76, 81-4, 94, 99, 103-4, 109
Rawls, John, *A Theory of Justice*, 349
refúgios da vida selvagem, 331, 340, 367-8
Regan, Tom, e Singer, Peter (orgs.), *Animal Rights and Human Obligations*, 364
Regenstein, Lewis, *The Politics of Extinction*, 368
Reite, Martin, 52-3
religião: 286, 295
  abate ritualístico e, 223-9
  cristianismo, 270, 275, 277-80
  hinduísmo, 210, 295
  judaísmo, 270, 277
  santidade da vida e, 278, 289
Renascimento, 288-9
répteis, 54, 252
retardados, seres humanos, 29-31, 348-9
Revlon, 85-6, 359
Robbins, John, *Diet for a New America: How Your Food Choices Affect Your Health, Happiness and the Future of Life on Earth*, 367, 409
rodeios, 27, 35
Rollin, Bernard, *The Unheeded Cry*, 364
Roma, antigas arenas de, 276, 280
Rose, Murray, 264
Rosenthal, S. M., 92, 97
Rousseau, Jean-Jacques, 294-5
Rowan, Andrew, *Of Mice, Models, and Men: A Critical Evaluation*, 54-5, 365
Royal Society for the Prevention of Cruelty to Animals, 298, 316
Rutgers University, 409
Ryder, Richard, *Victims of Science*, 408-9

sabonetes, 337
Sackett, Gene, 51
Salt, Henry S., *Animals' Rights*, 301, 303, 364
Sapontzis, Steve, *Morals, Reason and Animals*, 365
Schopenhauer, Arthur, 305-6
Science, 88
Scottish Society for the Prevention of Vivisection, 408
Scruggs, C. C., 214
Seiling, Eleanor, 408
Seligman, Martin, 67-9, 75
Serviço de Saúde Pública dos Estados Unidos, 92, 109
sexismo, 6-8, 319, 322, 347, 355
Shames, Ben, 160
Sharpe, Robert, *The Cruel Deception*, 366
Shaw, George Bernard, 239, 263
Sidgwick, Henry, 9
Silvers, Robert, 409-10
síndrome de morte súbita, 152
Singer, Isaac Bashevis, 123
Sociedade Vegana, Grã-Bretanha, 408
sociedades de bem-estar animal, 316-8, 322-3
sofrimento
  ver dor
Spira, Henry, 85, 87, 409
St. George, dr. David, 132
Stanton, Elizabeth Cady, 322
Stone, Lucy, 322
Suécia
  abate ritualístico na, 227
  bem-estar animal na, 165, 167, 212, 226-7, 357
Suíça, 164, 167, 169, 212, 227
Suomi, Stephen, 47-50, 74

tabaco, 129
talidomida, 84

Taub, dr. Edward, 358
Taylor, Thomas, *A Vindication of the Rights of Brutes*, 3-4
Texas, gado no, 217
Thorpe, W. H., 208, 210
Times, The, 297
TNT, 44
tofu (queijo de soja chinês), 259-60, 262
Tolstoi, Leon, 263
tortura, 103, 124
tourada, 238, 296, 335
Trans-Species Unlimited, 100, 409
transplantes, 109-10, 134
transporte de gado, 216-22
  "febre do transporte", 219
Truth, Sojourner, 11
Turkey World, 156
Turner, E. S., *All Heaven in a Rage*, 365

U.S. Air Force School of Aerospace Medicine, 40-2, 106
U.S. Armed Forces (USAF) Radiobiology Research Institute (AFRRI), 45, 113
U.S. Army Medical Research Institute of Infectious Diseases, 81
U.S. Army Research Institute of Environmental Medicine, 94
U.S. Congress Office of Technology Assessment (OTA), 54, 73, 79, 114, 116
U.S. Federal Humane Slaughter Act, 224
U.S. National Academy os Sciences, 265
U.S. National Aeronautics and Space Administration, 109
U.S. National Institutes of Health, 109, 113, 130
U.S. National Science Foundation, 109

U.S. Naval Medical School, 91
U.S. Overseas Development Council, 243
Ulrich, Roger, 103-4
United Action for Animals, Nova York, 65, 95, 408-9
United Egg Producers, 166
Universidade da Califórnia, 51, 63, 99, 346, 409
Universidade da Pensilvânia, 67, 118, 358
Universidade de Edimburgo, 176
Universidade de Melbourne, 154
Universidade de Nova York, 408
Universidade de Oxford, 407
Universidade de Rochester, 72, 97
Universidade de Washington, Centro de Primatas, 51-2
universidades
   lógica das pesquisas de, 105-7
   ver também pesquisa acadêmica

vacas, laticínios, 200-2, 258
veado, 335-6, 340
Vealer, The, 199
veganas, livros de receitas, 251, 263
vegetais: cozinha com, 260-3, 360
vegetarianismo, 367
   comer fora e, 360
   crianças e, 310-3
   efeitos sociais do, 343
   nutrição e, 367
   proteínas e, 235, 241-3, 265-8, 393, 395

saúde e, 355
substitutos da carne e, 369
velas, 337
Veterans Administration Hospital, Pittsburgh, 62-3
veterinários, 92, 102, 104, 199, 356
vida, santidade da, 28-31, 278, 289, 332-3
Vilcabamba, Vale de, Equador, 263
vison, 34, 207

Walter Reed Army Institute of Research, 130
Wasserstrom, Richard, 346
Wells, Dick, 157
Whelan, Elizabeth, 84
White, Robert, 109-10
Whole Rat Catalog, The, 58
Wilberforce, William, 322
Wisconsin Primate Research Center, 46
Wollstoncraft, Mary, *Vindication of the Rights of Woman*, 3, 322
Wood, H. C., 90
Wynne-Tyson, J. (ed.), *Food for a Future: How World Hunger Can Be Ended by the 21st Century*, e *The Extended Circle*, 365, 367

Yale University, 91, 409

Zagury, David, 131
zoológicos, 27, 163, 188, 314-5, 318

P.S.

IDEIAS,
ENTREVISTAS
E MUITO MAIS...

SOBRE O AUTOR
PETER SINGER POR ELE MESMO

Raízes

"Minha família era de Viena. Meus pais eram judeus e por isso quiseram fugir o mais rápido possível quando os nazistas anexaram a Áustria, em 1938. Infelizmente, meus avós não fugiram a tempo e foram todos enviados a campos de concentração. Três deles morreram ali. Minha avó sobreviveu milagrosamente e chegou à Austrália no mês em que nasci, em 1946. Fui criado num agradável lar de classe média em Hawthorn."

— *Talking Heads* (ABC-TV, Austrália),
28 maio 2007

"Há uma ironia trágica e terrível no fato de meu avô (acadêmico especialista em estudos clássicos e muito próximo de Freud) ter passado a vida inteira procurando compreender os outros seres humanos mas não ter conseguido levar suficientemente a sério a ameaça que pairava sobre a comunidade judaica de Viena e que, em última análise, acabou por tirar-lhe a vida. Será que meu avô tinha confiança demais na razão humana e nos valores humanistas aos quais dedicou a vida? Será que isso o tornou incapaz de conceber que esses valores poderiam ser a tal ponto espezinhados que a barbárie viria de novo a reinar na Europa? Essas questões, por sua vez, geram um pensamento perturbador. Visto que minha própria vida, como a de meu avô, toma como premissa a possibilidade de a razão e os valores éticos universais desempenharem um papel significativo neste mundo, será que estou partilhando da ilusão de meu avô?"

– *Pushing Time Away: My Grandfather and the Tragedy of Jewish Vienna* (Ecco, 2003)

A década de 1960

"Houve a Guerra do Vietnã e o recrutamento militar obrigatório, que deram origem ao movimento antiguerra e realmente nos fizeram sentir que poderíamos ter influência sobre a política e sobre questões morais da maior importância. Ideias novas e radicais estavam no ar. Bob Dylan, Joan Baez, os Beatles e os Rolling Stones surgiram naquela época. E foi inventada a pílula anticoncepcional numa era em que o HIV e a aids não existiam. [...] Que vida poderia ser mais animada do que essa?"

– *Weekend Australian*, 26 fev. 2005

Controvérsias

"Quase tudo o que pensamos sobre o modo como tratamos os animais está errado, e errado não somente de um aspecto secundário, mas fundamentalmente – do mesmo modo que, por exemplo, estava fundamentalmente errado o que as pessoas pensavam sobre os negros no Mississippi em 1820. Por isso, sem dúvida, a ideia de que devemos mudar radicalmente o modo como pensamos sobre os animais, de que devemos começar a aceitar que não temos o direito de usá-los como meios para nossos fins só porque isso é conveniente, evidentemente iria gerar muitíssima controvérsia."

– National Public Radio (Estados Unidos),
11 dez. 1999

"Em 1999, Renata (minha mulher) e eu saímos da Austrália e fomos morar nos Estados Unidos. Fui relativamente bem recebido pela universidade [de Princeton] em si, mas o lado ruim é que minhas opiniões foram veiculadas num monte de *sites* de direita e dos cristãos conservadores, e depois tanto eu quanto o reitor da universidade começamos a receber ameaças de morte. Essas ameaças devem ser levadas a sério nos Estados Unidos, pois lá qualquer um pode ter uma arma. Por isso nós recebemos certa proteção."

– *Talking Heads* (ABC-TV, Austrália), 28 maio 2007

O *Philadelphia Inquirer* descreveu da seguinte maneira a contratação de Singer: "Gritando 'Ainda não estamos mortos', deficientes físicos saíram das cadeiras de rodas e, rastejando, subiram os degraus de pedra da reitoria da Universidade de Princeton na manhã de ontem. Os manifestantes protestavam contra a primeira aula dada pelo professor de bioética Peter Singer." (22 set. 1999)

"Minhas opiniões [sobre a eutanásia] não são exclusivas e é estranho que os ataques tenham sido dirigidos tão especificamente à minha pessoa quando há outros filósofos com opiniões semelhantes que já dão aula nos Estados Unidos. [...] Acho que, em parte, isso tem relação com o fato de eu escrever sem meias palavras e sem usar jargão, porque quero chamar a atenção de um público mais amplo. Mas não creio que minhas opiniões sejam radicais a ponto de me fazer diferente de todos os outros."

– *South China Morning Post* (Hong Kong),
2 jan. 2000

"É melhor falar claro e sem rodeios e levar as pessoas a pensar sobre o que estão fazendo. Nesse caso, podemos pelo menos travar um debate franco, de intelecto para intelecto."

– *Boston Globe*, 27 jul. 1999

A reação do público à ligação do jogador de futebol americano Michael Vick com rinhas de cachorros

"[O] mais lamentável é que as pessoas só reagem com tanta veemência quando essas coisas acontecem com cachorros. Se algo semelhante fosse feito com porcos ou frangos, a reação provavelmente seria muito mais branda. Isso me parece errado. Acho que os porcos sofrem tanto quanto os cães; porém, levando em conta o que geralmente fazemos com os porcos neste país, acho que eles sofrem muito mais crueldade que os cães, pois um imenso número deles vive em condições apavorantes em instalações de pecuária industrial. Essa é a incongruência. O problema não é a reação excessiva ao caso Vick, mas a falta de reação diante do que acontece em outros lugares."

– *New Republic*, 29 ago. 2007

Doping

"O problema não está nos atletas, mas em nós. Somos nós que os incentivamos, os aclamamos quando vencem. E, por mais descarado que seja o uso de drogas, não paramos de assistir ao Tour de France. Talvez devamos simplesmente desligar a televisão e sair para andar de bicicleta."

– *Project Syndicate*, ago. 2007

Doação

"Os norte-americanos que vivem confortavelmente e doam, digamos, dez por cento de sua renda a organizações de auxílio em outros países estão a tal ponto à frente da maioria de seus concidadãos, os quais vivem tão confortavelmente quanto eles, que não vou fazer muito esforço para recriminá-los por não doar mais. Não obstante, deveriam doar muito mais."

– *Writings on an Ethical Life*
(Ecco, 2000)

Ética

"Minha ética nasce da consideração das consequências de meus atos para todos os seres afetados por eles. Estou disposto a dizer que, em certo sentido, minha ética é uma espécie de 'regra de ouro'. A ideia de se perguntar 'O que você acharia se isto fosse feito para você?' é fundamental para minha noção de ética, porque a meu ver é disso que trata a ética: é sair de você mesmo e examinar os efeitos que você provoca sobre os outros."

– *60 Minutes II* (CBS), 20 fev. 2002

A vida ética

"[É] muito difícil agir unicamente com base em princípios éticos, e eu certamente não sou um exemplo nesse sentido. Fico muito aquém, e isso talvez me torne bastante tolerante para com outras pessoas que ficam aquém do mesmo modo que eu, ou de modos diferentes. Ao longo da minha vida, conheci muitas pessoas. E são poucas, pouquíssimas, aquelas de quem posso dizer que levam uma vida completamente ética, pois acho que a vida ética, a vida verdadeiramente ética, é uma vida muitíssimo exigente."

– *Talking Heads* (ABC-TV, Austrália),
28 maio 2007

Libertação animal

"Foi de fato uma coisa completamente nova, e não me surpreendi quando o livro foi recebido com reações de incredulidade, perplexidade ou mesmo ridicularização."

– *USA Today*, 7 mar. 1990

O movimento pela libertação dos animais

"Talvez isto esteja fora de moda, mas acredito muito no uso da razão e da argumentação. E acho que a própria existência do movimento hoje nos dá motivo para encarar com otimismo a possibilidade de as pessoas serem movidas por argumentos lógicos. Ou seja, não precisamos ser totalmente céticos e pensar que tudo só funciona pelo interesse próprio ou pela emoção. [...] Trata-se de um movimento em que os filósofos desempenharam papel fundamental, argumentando com as pessoas, atacando suas premissas, arrolando indícios para provar uma tese. E isso influenciou milhões de pessoas."

– *Chicago Tribune*, 26 mar. 1990

Desigualdade de renda

"Quando pagamos um salário alto a uma pessoa para programar um computador e um salário baixo a outra pessoa para limpar um escritório, na prática estamos pagando mais para quem tem o QI maior. Isso significa que pagamos as pessoas por algo determinado em parte antes de elas nascerem e, quase totalmente, antes de chegarem a uma idade em que sejam responsáveis por seus atos. Do ponto de vista da justiça e da utilidade, há algo de errado nisso."

– *Practical Ethics* (2. ed., 1999)

Moral

"A moral não é a adesão rígida a determinadas regras, qualquer mínimo desvio em relação às quais seria uma tragédia. É, antes, uma questão de tentar produzir bons resultados."

– *South China Morning Post* (Hong Kong),
2 jan. 2000

Ativismo

"Existem circunstâncias em que é moralmente correto desobedecer à lei, mesmo numa democracia, e a questão da libertação dos animais proporciona bons exemplos disso. Se o processo democrático não está funcionando corretamente; se diversas pesquisas de opinião confirmam que a maioria das pessoas se opõe a determinados tipos de experimentação, e o governo, apesar disso, não toma medida alguma para proibi-los; se o público é mantido na ignorância do que se passa nos laboratórios e na pecuária industrial – em circunstâncias como essas, a ação ilegal pode ser o único caminho disponível para ajudar os animais e obter dados acerca do que está acontecendo. O que me preocupa não é o descumprimento da lei em si; é a perspectiva de que o confronto se torne violento e conduza a um clima de polarização em que o raciocínio se torne impossível e os próprios animais acabem pagando o preço. A polarização entre os ativistas em prol da libertação dos animais, de um lado, e os pecuaristas e pelo menos alguns cientistas, de outro, talvez seja inevitável. Porém, ações que envolvam o público em geral ou ações violentas que venham a ferir pessoas polarizariam a comunidade como um todo. [...] É essencial que o movimento pela libertação dos animais evite a espiral viciosa da violência."

– *Writings on an Ethical Life*
(Ecco, 2000)

Passatempos

"Quando não estou trabalhando, gosto de ficar ao ar livre. Então, Renata e eu gostamos de fazer caminhadas. Também sempre frequentei a praia – pegava jacaré, surfava com *bodyboard* e, há pouco tempo, comecei a surfar com prancha. Sempre gostei muito disso também. Simplesmente adoro ficar no meio das ondas."

– *Talking Heads* (ABC-TV, Austrália),
28 maio 2007

SOBRE O LIVRO
PREFÁCIO À EDIÇÃO DE 1975

Este livro trata da tirania de animais humanos sobre animais não humanos. Essa tirania causou e ainda causa dor e sofrimento apenas comparáveis aos que resultaram de séculos de violência de seres humanos brancos sobre seres humanos negros. A luta contra ela é tão importante quanto outras disputas morais e sociais travadas em anos recentes.

A maioria dos leitores considerará um exagero o que acabou de ler. Há cinco anos, eu mesmo teria rido das afirmações que agora faço com seriedade. Cinco anos atrás, não sabia o que sei hoje. Se você ler este livro com cuidado, prestando especial atenção aos segundo e terceiro capítulos, saberá o tanto que sei sobre a opressão de animais, e quanto é possível saber com um livro de tamanho razoável. Poderá, então, julgar se o parágrafo inicial é um exagero ou uma sóbria avaliação de uma situação quase desconhecida do grande público. Portanto, não lhe peço, por ora, para acreditar no parágrafo de abertura. Tudo o que peço é: reserve seu julgamento para depois de ter lido o livro.

Logo após eu ter começado a trabalhar neste texto, minha esposa e eu fomos convidados para um chá – morávamos na Inglaterra, na época – por uma senhora que ouvira falar de meu projeto. Ela alegou ter muito interesse no assunto, e disse que uma amiga sua, autora de um livro sobre animais, gostaria *muito* de nos conhecer.

Quando chegamos, a amiga de nossa anfitriã já se encontrava lá, e estava, realmente, ansiosa para conversar. "Eu adoro animais", começou. "Tenho um cachorro e dois gatos, e eles se dão às mil maravilhas. Conhecem a sra. Scott? Ela dirige um pequeno hospital para animais de estimação doentes..." e continuou a falar sem parar. Parou enquanto o chá era servido, pegou um sanduíche de presunto e perguntou-nos que animais de estimação tínhamos.

Dissemos que não tínhamos nenhum animal de estimação. Ela nos olhou um pouco surpresa e mordiscou o sanduíche. Nossa anfitriã juntou-se a nós e retomou a conversa: "Mas o senhor *se interessa* por animais, não é, sr. Singer?"

Tentamos explicar que estávamos interessados na prevenção do sofrimento e da miséria; que nos opúnhamos à discriminação arbitrária; que pensávamos ser errado infligir sofrimento desnecessário a outro ser, ainda que ele não fosse de nossa espécie; e acreditávamos que os animais eram cruel e impiedosamente explorados por seres humanos e queríamos que isso mudasse. Fora disso, dissemos, não estávamos especialmente "interessados" em animais. Nenhum de nós jamais fora um ardoroso fã de cães, gatos ou cavalos, da maneira como muitos o são. Não "adorávamos" animais. Simplesmente desejávamos que fossem tratados como seres sencientes e independentes, e não como meios para fins humanos – como o porco, cuja carne estava agora nos sanduíches da nossa anfitriã, havia sido tratado.

Este livro não é sobre animais de estimação. É bem provável que sua leitura não seja agradável para aqueles que pensam no amor aos animais como afagar um gato ou alimentar pássaros nos parques. Ele foi escrito para aqueles que estão preocupados em acabar com a opressão e a exploração onde quer que ocorram, assumindo que o princípio moral básico da igual consideração de interesses não é, arbitrariamente, restrito a membros de nossa espécie. A suposição de que é preciso "amar os animais" para interessar-se por esses assuntos é, por si só, uma indicação de que não se tem a menor ideia de que os padrões morais aplicados aos seres humanos devem estender-se a outros animais. Ninguém, exceto um racista que queira insultar os opositores, acusando-os de "gostar de negros", sugeriria que, para mostrar preocupação com a equidade das minorias raciais maltratadas, teríamos de amar tais minorias, ou considerá-las engraçadinhas e fofinhas. Portanto, por que fazer tal suposição sobre pessoas que trabalham para a melhoria das condições de vida dos animais?

Retratar os que protestam contra a crueldade em relação aos animais como sentimentais e emotivos "apaixonados por animais" teve o efeito de excluir do sério debate político e moral o problema do tratamento dado por seres humanos a não humanos. É fácil compreender por que fazemos isso. Se déssemos a devida consideração ao assunto – se, por exemplo, víssemos de perto, nas modernas "fazendas industriais", as condições em que vivem os animais que produzem a carne que consumimos –, poderíamos sentir-nos pouco à vontade com sanduíches de presunto, carne assada, frango frito e todos os ingredientes de nossa dieta, nos quais preferimos não pensar como sendo de animais mortos.

Este livro não faz apelos sentimentais para que se tenha compaixão por animais "fofinhos". A morte de cavalos ou de cachorros, para servir de alimento, não me choca mais do que o abate de porcos para o mesmo fim. Quando o Departamento de Defesa dos Estados Unidos passou a usar ratos, após enfrentar uma onda de protestos por utilizar *beagles* no teste de gases letais, não me dei por satisfeito.

Este livro é uma tentativa de refletir atenta, cuidadosa e sistematicamente sobre a questão de como devemos tratar os animais não humanos. A reflexão vai revelando os preconceitos ocultos por nossas atitudes e por nossos comportamentos. Nos capítulos que descrevem o significado de tais atitudes, do ponto de vista prático – como os animais sofrem com a tirania dos seres humanos – há passagens que despertarão certos sentimentos. Espero que sejam de raiva e de indignação, aliados à determinação de fazer algo a respeito das práticas descritas. Contudo, em parte alguma deste livro apelo para emoções do leitor que não possam ser respaldadas pela razão. Quando há coisas desagradáveis a descrever, seria desonesto tentar fazê-lo em tom neutro, escondendo sua face desagradável. Não há como escrever de modo objetivo sobre as experiências que os "doutores" realizaram nos campos de concentração nazistas, naqueles que eles consideravam "sub-humanos", sem despertar emoções. Isso também vale para o relato de alguns experimentos realizados em seres não humanos, em laboratórios dos Estados Unidos, da Grã-Bretanha e de outros lugares. No entanto, a justificativa fundamental para a oposição a esses dois tipos de experiência não é emocional. É um apelo a princípios morais básicos que todos aceitamos, e sua aplicação às vítimas de ambos os tipos de experiência é exigida pela razão, não pela emoção.

Sob o título do livro abriga-se uma questão relevante. Um movimento pela libertação exprime a exigência do fim do preconceito e da discriminação baseados em características arbitrárias como etnia e sexo. O exemplo clássico é o movimento pela libertação dos negros. O apelo instantâneo desse movimento, e seu sucesso inicial, ainda que limitado, tornaram-no um modelo para outros grupos oprimidos. Familiarizamo-nos logo com o movimento pela libertação dos homossexuais e com os movimentos em prol dos índios norte-americanos ou dos hispano-americanos. Quando um grupo majoritário – as mulheres – começou sua campanha, alguns pensaram que tínhamos chegado ao fim do caminho. A discriminação sexual, dizia-se, era a última forma de discriminação universalmente aceita e praticada de maneira aberta e assumida até mesmo nos círculos liberais que, há muito, orgulhavam-se de não ter preconceito contra minorias étnicas.

Há que ter sempre cuidado ao falar de "última forma de discriminação". Se aprendemos algo com os movimentos por libertação, foi a dificuldade de perceber os preconceitos latentes em nossas atitudes em relação a grupos específicos até que esses preconceitos nos sejam apontados.

Um movimento pela libertação exige a expansão de nossos horizontes morais. Práticas antes consideradas naturais e inevitáveis passam a ser vistas como resultado de um preconceito injustificável. Quem pode afirmar, com alguma segurança, que nenhuma de suas atitudes e práticas pode ser legitimamente questionada? Se não quisermos ser incluídos entre os opressores, temos de repensar todas as nossas atitudes em relação a outros grupos, inclusive a mais fundamental. Devemos considerá-las do ponto de vista dos que sofrem em consequência delas e das práticas que as seguem. Se pudermos realizar essa mudança mental, à qual não estamos acostumados, poderemos descobrir um padrão, em nossas atitudes e práticas, que opera para beneficiar um grupo – em geral aquele ao qual pertencemos – às expensas de outro. Passaríamos, então, a perceber os argumentos que justificam um novo movimento pela libertação.

O objetivo deste livro é levar o leitor a realizar essa mudança mental, repensando suas atitudes e práticas em relação a um grupo bem amplo de seres: os membros de outras espécies. Acredito que nossas atitudes para com esses seres baseiam-se em uma longa história de preconceito e discriminação. Argumento que pode não haver outro motivo, exceto o desejo egoísta de preservar os privilégios do grupo explorador, para que alguém se recuse a estender o princípio básico da igualdade de consideração a membros de outras espécies. Peço ao leitor que reconheça que suas atitudes em relação a esses membros são uma forma de preconceito não menos objetável do que o étnico ou sexual.

Comparado aos outros movimentos pela libertação, o movimento pela libertação animal apresenta várias desvantagens. A primeira e mais evidente é o fato de que os membros do grupo explorado não podem, eles mesmos, protestar de maneira organizada contra o tratamento que recebem (embora possam protestar e o façam, individualmente). Nós é que temos de falar em nome dos que não podem falar. Podemos perceber quão séria é essa desvantagem se nos perguntarmos por quanto tempo os negros teriam de esperar por direitos iguais caso não pudessem, eles próprios, defendê-los e exigi-los. Quanto menos um grupo for capaz de se defender e de se organizar contra a opressão, tanto mais facilmente será oprimido.

Ainda mais significativo para o futuro do movimento pela libertação animal é o fato de que quase todos os elementos do grupo opressor estão diretamente envolvidos com a opressão e consideram-se por ela beneficiados. Há poucos seres humanos que conseguem considerar a opressão de animais com a imparcialidade que tiveram, por exemplo, os brancos do Norte dos Estados Unidos ao debater a instituição da escravatura nos estados do sul do país. Pessoas que comem pedaços de não humanos abatidos todos os dias têm dificuldade de acreditar que estão cometendo um erro. Acham, inclusive, difícil imaginar o que mais poderiam comer. Quanto a isso, todos os que comem carne são parte interessada. Beneficiam-se – ou ao menos pensam que se beneficiam – da atual negligência em relação aos interesses dos animais não humanos. Isso torna a persuasão ainda mais difícil. Quantos proprietários de escravos do Sul foram persuadidos pelos argumentos usados pelos abolicionistas do Norte, aceitos por quase todos nós, hoje? Alguns, mas não muitos. Posso pedir ao leitor, e o faço, que deixe de lado seu interesse em comer carne ao considerar os argumentos deste livro; mas sei, por experiência própria, que mesmo com a melhor boa vontade do mundo isso não é fácil. Por trás do mero desejo momentâneo de comer carne em uma ocasião particular estão muitos anos de consumo habitual, que condicionaram nossas atitudes para com os animais.

O hábito: esta é a barreira final que o movimento pela libertação animal enfrenta. Hábitos não apenas alimentares, mas também de pensamento e de linguagem precisam ser contestados e alterados. Hábitos de pensamento, que nos levam a rejeitar descrições de crueldade como emotivas, destinadas apenas aos "apaixonados por animais", e que nos conduzem a considerar a questão tão insignificante, comparada aos problemas dos seres humanos, que nenhuma pessoa sensata poderia dedicar-lhe tempo e atenção. Isso também é preconceito: como saber que um problema é insignificante antes de dedicar tempo para examinar sua dimensão? Embora este livro, mesmo objetivando um tratamento mais completo, aborde apenas duas das muitas maneiras como os seres humanos fazem outros animais sofrer, não creio que, lendo-o até o fim, se possa, jamais, pensar que os únicos problemas que merecem tempo e energia sejam os concernentes aos seres humanos.

Os hábitos de pensamento que nos levam a negligenciar os interesses dos animais são questionados nas páginas a seguir. Esse questionamento deve ser expresso em um idioma, que, no caso, é o inglês (nesta tradução, o português). O inglês (como o português, e qualquer outro idioma) reflete os preconceitos daqueles que o utilizam. Portanto, o autor que deseja questionar esses preconceitos depara-se com uma dificuldade bem conhecida: ou usa a linguagem que reforça os próprios preconceitos que quer questionar ou não consegue comunicar-se com seu público. Este livro já foi forçado a se alinhar com o primeiro desses caminhos. Em geral, utilizamos a palavra "animal" com o sentido de "animais outros que não seres humanos". Essa utilização separa os seres humanos de outros animais, como se não fizéssemos parte da espécie – uma implicação que todos os que tiveram lições elementares de biologia sabem que é falsa.

No senso comum, o termo "animal" reúne seres tão díspares como ostras e chimpanzés, ao mesmo tempo que cria um abismo entre chimpanzés e humanos, embora nossa relação com esses primatas seja muito mais próxima do que com as ostras. Como não existe outra expressão curta para designar animais não humanos, tive de usar, no título deste livro e em outros lugares, a palavra "animal", como se ela não incluísse o animal humano. É um lapso lamentável, do ponto de vista da pureza revolucionária; porém, parece necessário para uma comunicação eficaz. Ocasionalmente, entretanto, para lembrar o leitor de que essa questão é tão somente de conveniência, usarei expressões mais longas e mais precisas para designar o que já foi chamado de "criaturas brutas". Em outros casos, tentei evitar uma linguagem que tendesse a degradar os animais ou a disfarçar a natureza dos alimentos que ingerimos.

Os princípios básicos da libertação animal são muito simples. Procurei escrever um livro claro e de fácil compreensão, que não exigisse conhecimento especializado. É necessário, contudo, começar com uma discussão dos princípios subjacentes ao que tenho a dizer. Apesar de não haver nada difícil neste livro, o leitor não acostumado a esse tipo de discussão pode achar o primeiro capítulo bastante abstrato. Não se preocupe. Nos capítulos seguintes entramos nos pormenores pouco conhecidos de como nossa espécie oprime outras, que se encontram sob seu domínio. Nada há de abstrato nessa opressão, ou nos capítulos que a descrevem.

Se as recomendações feitas nos capítulos que se seguem forem aceitas, milhões de animais serão poupados de considerável sofrimento. Além disso, milhões de seres humanos também serão beneficiados. Enquanto escrevo, há pessoas que morrem de fome em muitas partes do mundo; e muitas outras estão em perigo iminente de morte por inanição. O governo dos Estados Unidos afirmou que, em consequência das reduzidas colheitas e dos baixos estoques de cereais, poderia fornecer apenas uma ajuda limitada, e insuficiente; mas, como esclarecido no capítulo 4, a pesada ênfase das nações afluentes na criação de animais para o consumo envolve um desperdício alimentar várias vezes maior do que a quantidade de alimento produzido. Deixando de criar e matar animais para a alimentação, poderíamos dispor de uma quantidade de comida para os seres humanos que, apropriadamente distribuída, eliminaria a fome e a desnutrição em nosso planeta. A libertação animal também é uma libertação humana.

LEITURA SUPLEMENTAR

TRINTA ANOS DE LIBERTAÇÃO ANIMAL*

"Trinta anos de libertação animal", artigo escrito por Peter Singer, foi publicado na New York Review of Books em 15 de maio de 2003.

1.

A expressão "Libertação animal" surgiu na imprensa pela primeira vez no dia 5 de abril de 1973, na capa da *New York Review of Books*. Sob esse título, fiz uma resenha de *Animals, Men and Morals*, coletânea de ensaios sobre o modo como tratamos os animais, organizada por Stanley e Roslind Godlovitch e John Harris[1]. O artigo começava com as seguintes palavras:

> Estamos familiarizados com a libertação dos negros, a libertação dos *gays* e diversos outros movimentos. Com a libertação das mulheres, alguns achavam que tínhamos chegado ao fim da linha. Já se disse que a discriminação em razão do gênero é a última forma de discriminação universalmente aceita e praticada sem fingimento, mesmo naqueles círculos intelectuais que há muito se orgulham de estar livres da discriminação racial. Porém, quando se fala da "última forma de discriminação que ainda existe", deve-se sempre tomar cuidado.

▼

* *Texto reproduzido mediante autorização do autor,* © *Peter Singer, 2003.*
1. Taplinger, 1972.

No texto que vinha a seguir, afirmei enfaticamente que, apesar das diferenças óbvias entre os animais não humanos e os humanos, nós partilhamos com aqueles a capacidade de sofrer, o que significa que eles, como nós, são dotados de interesses. Se ignorarmos ou menosprezarmos os interesses deles pelo simples fato de não serem membros de nossa espécie, a lógica de nossa posição será semelhante à dos mais empedernidos racistas e sexistas, que pensam que os membros de sua raça ou sexo têm condição moral superior simplesmente em virtude de sua raça ou sexo e independentemente de quaisquer outras características ou qualidades. Embora a maioria dos humanos seja superior em raciocínio ou em outras capacidades intelectuais aos animais não humanos, isso não basta para justificar a linha divisória que traçamos entre nós e os animais. Alguns humanos – os bebês e os que sofrem de severas deficiências intelectuais – têm capacidade intelectual inferior à de alguns animais, mas nós, com razão, quedaríamos estupefatos diante de qualquer um que propusesse submeter esses seres humanos intelectualmente inferiores a uma morte lenta e dolorosa a fim de averiguar a salubridade de um produto de limpeza. Do mesmo modo, não toleraríamos que tais seres humanos fossem confinados em gaiolas minúsculas e abatidos para que servissem de alimento. O fato de estarmos dispostos a fazer essas coisas com os animais não humanos é, portanto, um sinal de "especismo": um preconceito que sobrevive porque é conveniente para o grupo dominante – o qual, neste caso, não é o dos brancos nem o dos homens, mas o de toda a humanidade.

Tanto esse ensaio quanto o livro que dele nasceu, também publicado pela *New York Review*[2], recebem frequentemente o crédito por terem fundado aquilo que passou a ser conhecido como "movimento pelos direitos dos animais" – embora a posição ética sobre a

▼

2. Peter Singer, *Animal Liberation* (New York Review/Random House, 1975; edição revista, New York Review/Random House, 1990; reimpresso com novo prefácio, Ecco, 2001).

qual se baseia o movimento não exija nenhuma referência a direitos. Por isso o trigésimo aniversário do ensaio proporciona conveniente oportunidade para examinarmos tanto o estado atual do debate sobre a qualidade moral dos animais quanto em que medida o movimento conseguiu efetuar as mudanças práticas almejadas no modo como tratamos os animais.

2.

A diferença mais óbvia entre o debate atual sobre a qualidade moral dos animais e aquele de trinta anos atrás é que no começo da década de 1970, numa medida que hoje mal nos parece crível, quase ninguém pensava que o tratamento dispensado aos animais suscitasse uma questão ética a ser levada a sério. Não havia associações que defendessem os direitos ou a libertação dos animais. O bem-estar animal era questão que interessava exclusivamente aos apaixonados por cães e gatos, assunto a ser ignorado por aqueles que podiam escrever sobre coisas mais importantes. (É por isso que apresentei aos editores da *New York Review* a sugestão de que resenhassem *Animals, Men and Morals*, livro cuja publicação, um ano antes, fora recebida com o mais absoluto silêncio pela imprensa britânica.)

Hoje, a situação é muito diferente. As questões referentes ao modo como tratamos os animais estão no noticiário a toda hora. As associações de defesa dos direitos dos animais existem ativamente em todos os países industrializados. O grupo norte-americano de direitos dos animais chamado People for the Ethical Treatment of Animals (Peta) tem 750 mil membros e colaboradores. Um acalorado debate intelectual se instalou. (A maior bibliografia de textos sobre a condição moral dos animais arrola somente 94 obras nos primeiros 1970 anos da era cristã, e 240 entre 1970 e 1988, quando o levantamento foi concluído[3]. Hoje, a contagem provavelmente chegaria aos milhares.) Além disso, o debate não é um fenômeno exclusiva-

▼
3. Charles Magel, *Keyguide to Information Sources in Animal Rights* (McFarland, 1989).

mente ocidental – as principais obras sobre a ética e os animais foram traduzidas para a maioria das principais línguas do mundo, entre elas o japonês, o chinês e o coreano.

Para avaliar o debate, cabe distinguir duas questões. Em primeiro lugar, será que o especismo – a ideia de que é justificável dar preferência a determinados seres pelo simples fato de serem membros da espécie *Homo sapiens* – em si é defensável? E, em segundo lugar, se o especismo não tiver justificativa, acaso os seres humanos têm outras características que os autorizam a atribuir muito mais significado moral ao que lhes acontece do que ao que acontece aos animais não humanos?

A tese de que a espécie é por si um motivo para tratar determinados seres como dotados de mais importância moral do que outros é muitas vezes aceita como ponto pacífico, mas quase nunca é defendida explicitamente. Alguns que parecem defender o especismo estão na verdade defendendo uma resposta afirmativa à segunda pergunta e asseveram que existem diferenças moralmente significativas entre os seres humanos e os outros animais, diferenças que nos autorizam a dar mais peso aos interesses humanos[4]. Dentre os argumentos que já encontrei, o único que parece ser uma defesa do especismo em si é aquele segundo o qual, assim como os pais têm a obrigação especial de cuidar de seus filhos, preferindo-os aos filhos de pessoas desconhecidas, também todos nós temos uma obrigação para com os membros de nossa espécie, preferindo-os aos membros de outras espécies[5].

▼

4. Ver, por exemplo, Carl Cohen, "The Case for the Use of Animals in Biomedical Research", *New England Journal of Medicine*, vol. 315 (1986), pp. 865-70; e Michael Leahy, *Against Liberation: Putting Animals in Perspective* (Londres: Routledge, 1991).
5. Ver Mary Midgley, *Animals and Why They Matter* (University of Georgia Press, 1984); Jeffrey Gray, "On the Morality of Speciesism", *Psychologist*, vol. 4, n. 5 (maio 1991), pp. 196-8, e "On Speciesism and Racism: Reply to Singer and Ryder", *Psychologist*, vol. 4, n. 5 (maio 1991), pp. 202-3; e Lewis Petrinovich, *Darwinian Dominion: Animal Welfare and Human Interests* (MIT Press, 1999).

Os defensores dessa posição geralmente não se pronunciam sobre o caso óbvio que se situa a meio caminho entre a família e a espécie. Lewis Petrinovich, professor emérito da Universidade da Califórnia, *campus* de Riverside, e autoridade em ornitologia e evolução, diz que nossa biologia transforma certas diferenças em imperativos morais – e arrola então "os filhos, os parentes, os vizinhos e a espécie"[6]. Se o argumento vale para o círculo mais íntimo da família e dos amigos e para a esfera mais ampla da espécie, deve valer também para a esfera intermediária: a raça. Porém, a tese de que devemos preferir os interesses dos membros de nossa raça aos dos membros de outras raças não seria tão persuasiva quanto outra que desse prioridade somente aos parentes, vizinhos e membros da espécie. Por outro lado, se o argumento não demonstra que a raça é uma diferença significativa do ponto de vista moral, como pode demonstrar que a espécie constitui uma diferença desse tipo?

O falecido filósofo Robert Nozick, de Harvard, afirmava que não podemos inferir quase nada do fato de ainda não dispormos de uma teoria da importância moral do pertencimento à espécie. Escreveu que "ninguém gastou muito tempo tentando formular" tal teoria "porque a questão não parecia premente"[7]. Porém, agora que vinte anos se passaram desde que Nozick escreveu essas palavras, e muita gente, ao longo desses anos, gastou bastante tempo tentando defender a importância do pertencimento à espécie, o comentário de Nozick perde um pouco de seu peso. A contínua incapacidade dos filósofos de produzir uma teoria plausível da importância moral do pertencimento à espécie indica, com probabilidade cada vez maior, que essa importância não existe.

▼
6. Petrinovich, *Darwinian Dominion*, p. 29.
7. Robert Nozick, "About Mammals and People", *New York Times Book Review*, 27 nov. 1983, p. 11; sobre este assunto, baseio-me em Richard I. Arneson, "What, If Anything, Renders All Humans Morally Equal?", *in Singer and His Critics*, organizado por Dale Jamieson (Blackwell, 1999), p. 123.

E isso nos leva à segunda questão. Se a espécie por si mesma não tem importância moral, existe acaso alguma outra coisa que coincida com o fato de pertencermos à espécie humana, algo a partir do qual possamos justificar a menor consideração que dedicamos aos animais não humanos?

Peter Carruthers afirma que esse algo é a ausência da capacidade de compreender a reciprocidade. Segundo ele, a ética nasce de um acordo segundo o qual, se eu não lhe causar dano, tampouco você me causará dano. Uma vez que os animais não podem tomar parte nesse contrato social, não temos nenhum dever direto para com eles[8]. O problema dessa abordagem ética é que ela significa que tampouco temos deveres diretos para com as crianças pequenas ou as gerações futuras ainda não nascidas. Se produzirmos um lixo radioativo que continue mortífero por mil anos, será antiético guardá-lo num recipiente que dure 150 anos e despejá-lo no lago mais próximo? Se for, a ética não será baseada na reciprocidade.

Já se sugeriram muitas outras maneiras de demarcar a importância moral especial dos seres humanos: a capacidade de raciocinar, a autoconsciência, a posse de um senso de justiça, a linguagem, a autonomia e por aí afora. Porém, como notamos acima, o problema de todos esses supostos sinais distintivos é que alguns seres humanos são totalmente desprovidos dessas características, e não obstante pouca gente gostaria de relegar esses seres humanos à mesma categoria moral dos animais não humanos.

Este argumento se tornou conhecido sob o rótulo pouco diplomático de "argumento a partir dos casos marginais", e gerou toda uma literatura a ele dedicada[9]. A tentativa de Roger Scruton, filósofo e colunista conservador inglês, de respondê-lo no livro *Animal*

▼

8. Peter Carruthers, *The Animals Issue: Moral Theory in Practice* (Cambridge University Press, 1992).
9. Daniel Dombrowsky, *Babies and Beasts: The Argument from Marginal Cases* (University of Illinois Press, 1997).

Rights and Wrongs [Animais e o que é certo e errado] ilustra tanto seus pontos fortes como seus pontos fracos. Scruton sabe que, se aceitarmos a retórica moral prevalecente segundo a qual todos os seres humanos têm o mesmo conjunto de direitos básicos, independentemente de seu nível intelectual, o fato de alguns animais não humanos serem pelo menos tão racionais, autoconscientes e autônomos quanto alguns seres humanos afigura-se fundamento firme para estender o mesmo conjunto de direitos básicos a todos os animais. Assinala, contudo, que a retórica moral prevalecente não condiz com as atitudes que de fato tomamos, pois frequentemente consideramos desculpável "o assassinato de um vegetal humano". Se os seres humanos que padecem de profundas deficiências intelectuais não têm o mesmo direito à vida que os seres humanos normais, não há incoerência em negar esse direito aos animais não humanos.

Referindo-se a um "vegetal humano", porém, Scruton facilita demais as coisas para si mesmo, pois essa expressão evoca um ser que não tem consciência nenhuma e que, portanto, não tem nenhum interesse a ser protegido. Ele talvez não se sentisse tão à vontade se, para defender sua tese, se referisse a um ser humano dotado da mesma consciência e das mesmas capacidades que as raposas, as quais, segundo ele, devem continuar sendo caçadas. De qualquer modo, o argumento a partir dos casos marginais não se restringe à questão de saber quais seres podem ser justificadamente mortos. Além de matar os animais, nós lhes infligimos as mais diversas formas de sofrimento. Por isso, os defensores das práticas comumente adotadas em relação aos animais devem nos explicar por que estariam dispostos a fazer animais sofrerem e não estariam dispostos a fazer o mesmo com seres humanos dotados de idênticas capacidades intelectuais. (Para crédito de Scruton, diga-se que ele se opõe ao confinamento cerrado de animais na moderna pecuária intensiva, afirmando que "uma verdadeira moral do bem-estar dos animais deve partir da premissa de que esse tipo de tratamento é errado".)

Na verdade, Scruton só está disposto até certo ponto a admitir que um "vegetal humano" pode receber tratamento diferente do dispensado aos outros seres humanos. Ele instaura a confusão quando afirma que "faz parte da virtude humana reconhecer que a vida humana é sacrossanta". Além disso, assevera que, pelo fato de os seres humanos em condições normais serem membros de uma comunidade protegida por direitos, nem mesmo uma anomalia profunda pode cancelar a participação nessa comunidade. Por isso, embora os humanos que sofrem de profundas deficiências intelectuais não tenham, na realidade, tanto direito à nossa consideração quanto os normais, Scruton diz que o melhor é tratá-los como se tivessem. Mas será possível defender essa tese? Parece claro que, se qualquer ser senciente, humano ou não, for capaz de sentir dor ou sofrimento ou, por outro lado, de gozar a vida, devemos atribuir aos interesses dele a mesma consideração que atribuímos aos interesses análogos dos seres humanos normais que não sofrem nenhuma limitação de capacidade. Entretanto, é preciso uma justificativa ulterior para dizer que a espécie por si é condição necessária e suficiente para a participação em nossa comunidade moral e para a posse dos direitos básicos atribuídos a todos os membros dessa comunidade. Voltamos assim à questão fundamental: é correto que todos os seres humanos, e somente eles, sejam protegidos por direitos, muito embora alguns animais não humanos tenham capacidades intelectuais superiores e vida emocional mais rica que a de alguns seres humanos?

Um argumento conhecido em defesa da resposta afirmativa a essa pergunta diz o seguinte: se não delinearmos uma fronteira clara ao redor da comunidade moral, estaremos dando um passo numa ladeira escorregadia na qual não conseguiremos mais parar de cair[10]. Começaremos por negar direitos ao "vegetal humano" de Scruton, ou seja, àquele de quem se possa afirmar com certeza que está irre-

▼

10. Ver, por exemplo, Peter Carruthers, *The Animals Issue*.

versivelmente inconsciente; depois, ampliaremos aos poucos a categoria dos "sem direitos", talvez para abarcar os que sofrem de deficiência intelectual, os velhos senis ou simplesmente aqueles cujo cuidado impõe pesado fardo à família e à sociedade; e, por fim, chegaremos a uma situação que ninguém jamais teria aceitado se soubesse que era para lá que nos encaminhávamos quando negamos o direito à vida aos irreversivelmente inconscientes. Esse é um dos diversos argumentos submetidos a exame crítico pela ativista italiana Paola Cavalieri em *The Animal Question: Why Nonhuman Animals Deserve Human Rights* [A questão animal: por que animais não humanos merecem direitos humanos], rara contribuição para o debate em língua inglesa feita por uma autora da Europa continental. Cavalieri cita a facilidade com que as sociedades escravocratas eram capazes de traçar uma linha divisória entre os seres humanos dotados de direitos e os seres humanos sem direitos.

O fato de os escravos serem seres humanos era reconhecido tanto na Grécia antiga quanto nos estados escravocratas dos Estados Unidos – Aristóteles afirma explicitamente que os bárbaros são seres humanos que existem para servir aos gregos mais racionais[11], e os brancos do Sul pretendiam tornar cristãos os africanos que escravizavam para salvar as almas deles. Apesar disso, a linha divisória entre escravos e homens livres pouco mudou, mesmo quando alguns bárbaros e alguns africanos ganharam a liberdade ou quando os escravos geravam filhos de raça mista. Por isso, segundo Cavalieri, não há motivo para duvidar de nossa capacidade de negar que alguns seres humanos têm direitos e ao mesmo tempo conservar em perfeita segurança os direitos dos outros seres humanos. Mas ela não propõe que façamos isso. O que a move, antes, é minar a tese de que as fronteiras da esfera dos direitos devem ser desenhadas de modo a incluir nela somente os seres humanos, e todos eles.

▼

11. Aristóteles, *Politics* (Londres: J. M. Dent and Sons, 1916), p. 16.

Cavalieri também responde ao argumento segundo o qual todos os humanos, inclusive os irreversivelmente inconscientes, devem ser elevados acima dos outros animais em virtude das características que possuem "normalmente", e não nesta ou naquela situação concreta. Esse argumento parece alegar que existe certa injustiça em excluir aqueles que, por motivo "fortuito", não apresentam as características exigidas. Cavalieri replica que, se o termo "fortuito" tiver sentido meramente estatístico, não tem absolutamente nenhum significado moral; e, se tiver a intenção de dizer que a falta das características exigidas não é culpa daqueles que padecem de deficiência intelectual profunda, não fornece base para que esses humanos sejam distinguidos dos animais não humanos.

Para expor sua posição, Cavalieri recorre ao conceito de direitos e, em específico, ao dos direitos básicos que constituem aquilo que, seguindo Ronald Dworkin, ela chama de "platô igualitário". Insiste que o que queremos é assegurar uma forma básica de igualdade para todos os seres humanos, inclusive os "não paradigmáticos" (termo com que se refere aos "casos marginais"). Para que o platô igualitário tenha uma fronteira defensável e não arbitrária, que proteja todos os seres humanos de serem lançados ladeira abaixo, devemos escolher como critério para essa fronteira um padrão que admita dentro dela grande número de animais não humanos. Por isso devemos deixar que subam ao platô aqueles seres cujo intelecto e emoções estejam num nível partilhado por pelo menos todas as aves e mamíferos.

Cavalieri não afirma que os direitos das aves e mamíferos podem ser derivados de premissas morais verdadeiras e evidentes por si. Antes, seu ponto de partida é nossa crença nos direitos humanos. Ela busca demonstrar que todos quantos aceitam essa crença devem aceitar também que os mesmos direitos se aplicam aos outros animais. Acompanhando Dworkin, ela entende os direitos humanos como parte da estrutura política básica de qualquer sociedade decente. Eles impõem limites àquilo que o Estado pode justificadamente fazer com os indivíduos. Em específico, instituições como a escravidão e outras formas ofensivas de discriminação racial, que se baseiam na violação dos direitos humanos de alguns daqueles sobre os quais o Estado tem soberania, são ilegítimas no mínimo por esse motivo, se não por outros. Nossa aceitação da ideia de direitos humanos exige, portanto, a abolição de todas as práticas que rotineiramente menosprezam os interesses básicos dos sujeitos de direitos. Por isso, se for sólido o argumento de Cavalieri, nossa crença nos direitos nos compromete com uma extensão desses direitos para outros seres não humanos, e esse fato, por sua vez, nos obriga a abolir todas as práticas que, como a pecuária industrial e o uso de animais como cobaias de experimentos científicos dolorosos e mortíferos, negligenciam rotineiramente os interesses básicos dos sujeitos de direitos que não pertencem à espécie humana.

Por outro lado, os direitos que Cavalieri defende não têm a função de resolver toda e qualquer situação em que haja um conflito de direitos ou interesses. Sua noção dos direitos como elementos da estrutura política básica de uma sociedade decente é compatível com determinadas restrições específicas, como ocorreu, por exemplo, quando Mary Mallon, a "Maria Tifoide", foi submetida a quarentena compulsória por ser portadora de uma doença fatal. O governo pode ter a faculdade de restringir os movimentos de humanos ou animais que representem perigo para o público, mas nem por isso pode deixar de dedicar-lhes a consideração e o respeito que merecem por serem possuidores de direitos básicos[12].

Minha oposição ao especismo, como eu já disse, não se baseia numa concepção de direitos, mas na ideia de que a diferença de espécie não é fundamento ético que nos autorize a atribuir menos consideração aos interesses de um ser senciente do que atribuímos aos interesses análogos de um membro da nossa espécie. David DeGrazia, em *Taking Animals Seriously* [Levando os animais a sério],

▼

12. Foi o que o próprio Dworkin afirmou a respeito da detenção dos suspeitos de crimes de terrorismo; ver "The Threat to Patriotism", *New York Review*, 28 fev. 2002.

defende habilmente a igual consideração por todos os seres sencientes. Essa posição não necessariamente se baseia na aceitação anterior de nossa concepção atual dos direitos humanos – concepção que, embora largamente aceita, pode ser rejeitada, sobretudo quando derivamos dela todas as implicações referentes aos animais, como faz Cavalieri. Contudo, embora o princípio da igual consideração de interesses tenha base mais sólida que a lançada pelo argumento de Cavalieri, temos de enfrentar as dificuldades derivadas do fato de que o foco de atenção agora não são os direitos, mas os interesses. Isso nos obriga a estimar quais são esses interesses numa variedade infinita de circunstâncias diferentes.

Para tomar um caso particularmente significativo do ponto de vista ético: o interesse que um ser tem na continuidade de sua vida – e logo, sob o ponto de vista dos interesses, a injustiça de tirar a vida desse ser – depende em parte do fato de tal ser ter consciência de si mesmo como existente no decorrer do tempo e ser capaz de constituir desejos orientados para o futuro que lhe deem um tipo particular de interesse na continuidade do viver. Nessa medida, Roger Scruton tem razão ao falar de nossa atitude em relação à morte dos membros de nossa própria espécie a quem faltam essas características. Ela parece menos trágica que a morte de um ser orientado para o futuro e cujos desejos de fazer coisas a médio e longo prazos serão, portanto, frustrados se ele morrer[13]. Não se trata aqui de uma defesa do especismo, pois tudo isto implica que a morte de um ser autoconsciente como um chimpanzé causa mais dano ao ser morto que a morte de um ser humano que sofre de uma deficiência intelectual profunda a qual não lhe permite formar desejos para o futuro.

Precisamos, então, nos perguntar quais outros seres podem ter esta espécie de interesse na continuidade futura de sua vida. DeGrazia alia intuições filosóficas e pesquisas científicas para nos ajudar a

▼

13. Ver meu livro *Practical Ethics* (Cambridge University Press, 1993), especialmente o capítulo 4.

responder a essa pergunta no tocante a determinadas espécies de animais, mas as dúvidas quase nunca são totalmente eliminadas, e por isso os cálculos necessários para a aplicação do princípio da igual consideração de interesses só podem ser aproximações grosseiras, se é que podem ser efetuados. Por outro lado, talvez seja essa a própria natureza da situação ética que vivemos. As concepções baseadas na ideia de direitos evitam esses cálculos à custa de ignorar algo que pode influenciar o modo como devemos agir.

O acréscimo mais recente à literatura do movimento pelos direitos dos animais teve origem inusitada. Veio de um ambiente profundamente avesso a toda discussão a respeito de possíveis justificativas da matança de seres humanos, mesmo os gravemente deficientes. Em *Dominion: The Power of Man, the Suffering of Animals, and the Call to Mercy* [Soberania: o poder do homem, o sofrimento dos animais e um pedido de misericórdia], Mathew Scully, cristão conservador, ex-editor literário da *National Review* e atual redator dos discursos do presidente George W. Bush, publicou uma polêmica eloquente contra os maus-tratos infligidos por seres humanos em animais, culminando com uma descrição devastadora da pecuária industrial.

Uma vez que o movimento pelos direitos dos animais está associado há trinta anos com a esquerda, é curioso que agora Scully defenda boa parte dos mesmos objetivos sob a perspectiva da direita cristã, repleta de referências a Deus, interpretações da Bíblia e ataques ao "relativismo moral, o materialismo egocêntrico, a libertinagem que se disfarça de liberdade e a cultura da morte"[14] – não, porém, com a finalidade de condenar crimes sem vítima como a homossexualidade e o suicídio assistido por médico, mas sim o sofrimento desnecessário criado pela pecuária industrial e pelos abate-

▼

14. Citado a partir de Kathryn Jean Lopez, "Exploring '*Dominion*': Matthew Scully on Animals", *National Review Online*, 3 dez. 2002.

douros modernos. Scully nos conclama a demonstrar misericórdia para com os animais e abandonar os modos de tratá-los que não respeitem sua natureza. O resultado é uma obra que, embora peque por falta de rigor filosófico, foi recebida com notável simpatia pela imprensa conservadora, que em geral torce o nariz para os defensores dos animais.

3.

A história do moderno movimento pelos direitos dos animais refuta admiravelmente o ceticismo acerca da influência que os debates morais podem ter sobre a vida concreta[15]. Como observaram James Jasper e Dorothy Nelkin em *The Animal Rights Crusade: The Growth of a Moral Protest* [Cruzada pelos direitos dos animais: o crescimento de um protesto moral], "os filósofos atuaram como parteiras do movimento pelos direitos dos animais na segunda metade da década de 1970"[16]. O primeiro protesto bem-sucedido contra os experimentos feitos em animais nos Estados Unidos foi a campanha de 1976-1977 contra os experimentos conduzidos no Museu Americano de História Natural sobre o comportamento sexual de gatos mutilados. Henry Spira, que criou e dirigiu a campanha, já trabalhara como sindicalista e no movimento pelos direitos civis e, até ler o artigo de 1973 na *New York Review*, jamais se dera conta de que os animais também merecem a atenção daqueles que se preocupam com a exploração dos mais fracos. Depois disso, Spira enfrentou inimigos mais fortes, como o teste de cosméticos em animais. Sua técnica consistia em alvejar uma empresa famosa que usava animais – na campanha dos cosméticos, começou com a Revlon – e pedir-lhe que tomasse medidas razoáveis para encontrar alternativas a esse uso.

▼

15. Ver, por exemplo, Richard A. Posner, *The Problematics of Moral and Legal Theory* (Belknap Press/Harvard University Press, 1999).
16. Free Press, 1992, p. 90.

Sempre disposto a dialogar e pouco afeito a retratar como sádicos malignos aqueles que infligem maus-tratos aos animais, Spira obteve notável sucesso na tarefa de estimular o interesse pelo desenvolvimento de sistemas de teste de produtos que não usam animais, ou utilizam menos animais e de maneira a causar menos sofrimento[17].

Em parte como resultado desse trabalho, houve expressiva queda no número de animais usados em pesquisas. No Reino Unido, as estatísticas oficiais mostram que hoje é usada em experimentos cerca de metade dos animais usados em 1970. As estimativas feitas para os Estados Unidos – onde não existem estatísticas oficiais – sugerem evolução semelhante. Do ponto de vista de uma ética não especista, ainda há muito o que fazer em relação ao uso de animais em pesquisas científicas, mas as mudanças provocadas pelo movimento em prol dos direitos dos animais fazem com que, a cada ano, milhões de animais sejam poupados de procedimentos dolorosos e de uma morte lenta.

O movimento pelos direitos dos animais conquistou também outras vitórias. Apesar de o setor de vestuário afirmar que "as peles estão de volta", a venda de peles jamais alcançou de novo o nível em que estava na década de 1980, quando se tornou alvo do movimento pelos direitos dos animais. Desde 1973, embora tenha dobrado o número de donos de cães e gatos domésticos, o número de animais perdidos e abandonados sacrificados em abrigos caiu para menos da metade[18].

Esses ganhos modestos apequenam-se, porém, quando comparados com o enorme aumento do número de animais confinados nas propriedades rurais industriais norte-americanas, alguns em locais tão estreitos que não podem sequer estender as patas ou dar um ou dois passos. É essa, de longe, a maior fonte de sofrimento infligi-

▼

17. Ver Peter Singer, *Ethics into Action: Henry Spira and the Animal Rights Movement* (Rowman e Littlefield, 1998).
18. *The State of the Animals 2001*, organizado por Deborah Salem e Andrew Rowan (Humane Society Press, 2001).

do pelos humanos aos animais, pelo simples fato de o número de animais ser muito grande. Os animais usados em experimentos científicos se contam em dezenas de milhões por ano, mas no ano passado dez bilhões de aves e mamíferos foram criados e abatidos para servir de alimento somente nos Estados Unidos. O aumento em relação ao ano anterior, de cerca de 400 milhões de animais, é maior que o número total de animais mortos nos Estados Unidos em abrigos, para pesquisas científicas e para obter peles. Atualmente, a maioria dos animais criados no sistema de pecuária industrial passa a vida inteira em ambiente fechado e jamais fica ao ar livre, nem entra em contato com a luz do sol e o capim até o momento de ser transportada em caminhões para o abatedouro.

Até há pouco tempo, o movimento pelos direitos dos animais era impotente contra o confinamento e o abate de animais de criação nos Estados Unidos. O livro *Slaughterhouse*, de Gail Eisnitz, publicado em 1997, contém relatos chocantes e comprovados de episódios ocorridos em grandes abatedouros norte-americanos, em que animais ainda conscientes eram esfolados e desmembrados[19]. Se tais incidentes tivessem sido documentados no Reino Unido, teriam produzido manchetes na imprensa e o governo nacional seria obrigado a fazer alguma coisa. Nos Estados Unidos, o livro passou praticamente em branco fora do movimento pela libertação dos animais.

A situação é muito diferente na Europa. É comum que os norte-americanos encarem com desprezo certos países europeus, especialmente os do Mediterrâneo, por tolerarem a crueldade para com os animais. Agora, esse olhar acusador é lançado no sentido oposto. Mesmo na Espanha, com sua cultura das touradas, a maioria dos animais é mais bem tratada do que nos Estados Unidos. Em 2012, os produtores europeus de ovos serão obrigados a facultar a suas galinhas o acesso a um poleiro e a um ninho onde pôr os ovos, e a re-

▼
19. *Prometheus*, 1997.

servar pelo menos 750 centímetros quadrados por ave – mudanças drásticas que transformarão as condições de vida de mais de 200 milhões de galinhas. Os produtores norte-americanos de ovos nem sequer começaram a pensar em poleiros e ninhos e, em regra, reservam para cada galinha adulta uma área de apenas 30 centímetros quadrados, ou seja, cerca de metade de uma folha comum de papel A4[20].

Nos Estados Unidos, os vitelos são mantidos deliberadamente num estado de anemia, privados de palha onde possam se deitar e confinados em baias individuais tão pequenas que o animal não pode nem sequer se virar. Esse sistema de criação de bezerros é ilegal no Reino Unido há muitos anos e se tornará ilegal em toda a União Europeia em 2007. A manutenção de porcas prenhes em baias individuais durante todo o período de prenhez (também prática-padrão nos Estados Unidos) foi proibida no Reino Unido em 1998 e está sendo gradativamente abandonada na Europa. Essas mudanças receberam largo apoio em toda a União Europeia e foram defendidas pelos principais especialistas europeus no bem-estar dos animais de criação. Vêm atender a boa parte do que os defensores dos animais vêm exigindo há 30 anos.

Será que os norte-americanos simplesmente se importam menos do que os europeus com o sofrimento dos animais? Pode ser, mas em *Political Animals: Animal Protection Policies in Britain and the United States* [Animais e política: políticas de proteção aos animais na Grã-Bretanha e nos Estados Unidos], Robert Gardner explora várias outras explicações possíveis para o abismo cada vez maior que separa as políticas de proteção aos animais num e noutro lado do Atlântico Norte[21]. Em comparação com o do Reino Unido, o processo eleitoral norte-americano é mais corrupto. As eleições são muitíssimo mais caras – toda a eleição geral britânica de 2001 custou

▼
20. Ver Karen Davis, *Prisoned Chickens, Poisoned Eggs: An Inside Look at the Modern Poultry Industry* (Book Publishing Company, 1996).
21. St. Martin's, 1998.

menos do que John Corzine gastou para conseguir uma única cadeira no Senado norte-americano em 2000. Uma vez que o dinheiro desempenha ali um papel mais importante, os candidatos norte-americanos estão mais amarrados aos interesses dos doadores. Além disso, na Europa o levantamento de fundos é feito sobretudo pelos partidos políticos, e não pelos candidatos individuais, o que torna esse processo mais acessível ao olhar do público e mais passível de produzir resultados eleitorais desastrosos para o partido inteiro caso se perceba que, por dinheiro, ele defendeu os interesses de determinado setor da economia. Essas diferenças facultam ao agronegócio um controle muito maior sobre o Congresso norte-americano do que sobre os processos políticos na Europa.

Confirmando essa explicação, as campanhas de maior sucesso nos Estados Unidos – como a campanha de Spira contra o uso de animais para o teste de cosméticos – foram direcionadas não aos poderes Legislativo e Executivo, mas às empresas. Há pouco tempo, um raio de esperança luziu num lugar onde a mudança era pouco provável. Ao fim de prolongadas discussões com defensores dos animais, iniciadas por Henry Spira antes de sua morte e depois assumidas pela Peta, a rede McDonald's concordou em estabelecer e fazer valer critérios mais rigorosos para os abatedouros que lhe fornecem carne, e depois anunciou que exigiria de seus fornecedores de ovos que reservassem para cada galinha um espaço vital mínimo de 450 centímetros quadrados – melhora de 50 por cento para a maioria das galinhas norte-americanas, mas apenas suficiente para que esses produtores alcancem um nível que já não é aceitável na Europa. A Burger King e a Wendy's logo fizeram a mesma coisa. Essas medidas foram os primeiros sinais de esperança para os animais criados na pecuária norte-americana desde que se iniciou o moderno movimento pelos direitos dos animais.

Triunfo maior ainda foi alcançado em novembro último por meio de outro caminho que contorna o obstáculo posto pela inércia legislativa: o referendo popular de iniciativa dos cidadãos. Apoiado por diversas organizações nacionais de defesa dos animais, um grupo de ativistas na Flórida conseguiu reunir 690 mil assinaturas para pôr em votação uma proposta de mudança da constituição estadual que proibisse a manutenção de porcas prenhes em baias tão estreitas que os animais não possam sequer se virar. Na Flórida, a mudança da Constituição é o único meio de que os cidadãos dispõem para suscitar o voto popular direto sobre uma proposta. Os adversários da proposta, compreensivelmente pouco dispostos a afirmar que os suínos não precisam caminhar ou virar de lado, tentaram em vez de isso persuadir os eleitores de que o confinamento de porcos não era assunto a ser tratado pela Constituição estadual. Porém, por margem de 55 contra 45 por cento, os eleitores disseram não às baias estreitas para porcas, fazendo da Flórida a primeira jurisdição norte-americana a proibir uma das formas principais de confinamento de animais na pecuária. Embora a Flórida tenha somente um pequeno número de empresas que criam porcos em sistema de pecuária intensiva, esse voto corrobora a ideia de que não é a dureza de coração ou a falta de compaixão pelos animais, mas sim um ponto cego da democracia que faz com que os Estados Unidos estejam tão atrás dos países europeus em matéria de abolir as piores práticas da pecuária industrial.

4.
Meu artigo original na *New York Review* terminava com um parágrafo que via o desafio proposto pelo movimento em prol dos animais como um teste da natureza humana:

> Será que uma exigência como esta, uma exigência puramente moral, pode obter sucesso? Tudo indica que não. O livro (*Animals, Men and Morals* [Animais, homens e moral]) não nos ilude com outros atrativos. Não nos diz que ficaremos mais saudáveis ou gozaremos mais a vida se pararmos de explorar os animais. A libertação dos animais exigirá mais altruísmo da parte da humani-

dade do que qualquer outro movimento de libertação, uma vez que os animais são incapazes de fazer por si mesmos essa exigência ou de protestar contra sua exploração por meio do voto, de passeatas ou de bombas. Será o homem capaz de um altruísmo tão genuíno? Quem sabe? Se este livro tiver efeito significativo, porém, provará ser verdadeiro o pensamento de todos quantos acreditaram que a humanidade traz dentro de si o potencial para outras coisas que não a mera crueldade e egoísmo.

E como nos saímos nesse quesito? Tanto os otimistas quanto os céticos a respeito da natureza humana dizem que os resultados confirmam suas teses. Mudanças significativas ocorreram nos experimentos científicos e outras formas de maus-tratos contra animais. Na Europa, setores inteiros da economia estão se transformando graças à preocupação do público com o bem-estar dos animais de criação. Talvez o que mais encoraje os otimistas seja o fato de que milhões de ativistas ofereceram de graça seu tempo e seu dinheiro para apoiar o movimento pelos direitos dos animais, e muitos deles mudaram sua alimentação e seu estilo de vida para diminuir os maus-tratos infligidos aos animais. O vegetarianismo e até o veganismo (que evita todos os produtos de origem animal) estão muito mais disseminados na América do Norte e na Europa do que há trinta anos. Embora seja difícil saber até que ponto isso tem relação com a preocupação com os animais, não há dúvida de que em parte essa relação existe.

Por outro lado, apesar dos rumos geralmente favoráveis do debate filosófico a respeito da condição moral dos animais, as concepções populares sobre o assunto ainda estão muito longe de aceitar a ideia básica de que os interesses de todos os seres, independentemente de sua espécie, são merecedores de igual consideração. A maior parte das pessoas ainda come carne e compra o que é mais barato, indiferente ao sofrimento do animal que fornece a carne. O número de animais consumidos é muito maior hoje do que há trinta anos, e a crescente prosperidade do Extremo Oriente cria uma demanda de carne que ameaça aumentar ainda mais, e de forma explosiva, essa quantidade. Enquanto isso, as regras da Organização Mundial do Comércio ameaçam os progressos no bem-estar dos animais, pois lançam dúvidas sobre a possibilidade de a Europa excluir as importações de países onde não vigoram padrões tão rígidos. Em suma, os resultados obtidos até agora indicam que nós, como espécie, somos capazes de altruísmo para com outros seres; mas a falta de informação, os poder dos grandes interesses e o desejo de se manter na ignorância com relação a fatos perturbadores limitaram os ganhos obtidos pelo movimento em prol dos direitos dos animais.

GRÁFICA PAYM
Tel. [11] 4392-3344
paym@graficapaym.com.br